한국사
시민강좌

제47집

일조각

Number 47   AUGUST 2010

The Citizens' Forum on Korean History

ILCHOKAK

독자에게 드리는 글

I

요사이 우리나라는 이른바 '세계화' 물결에 휩쓸려 국사 교육을 등한시하는 풍조가 날로 심화되고 있다. 고등학교 교과과정과 대학 입학시험에서 국사를 선택과목으로 지정하고, 주요 국가고시의 시험과목에서 국사를 제외하다 보니 일부 대학에서는 아예 역사학과를 폐지해버렸다. 이러한 망국적 풍조가 계속 만연한다면 대한민국은 자기 나라 역사도 제대로 모르는 국민들로 가득 찬 나라가 되어 전 세계 '선진국' 가운데 자국 역사 인식 수준이 가장 낮은 나라로 전락할 것이다.

지금으로부터 23년 전 고 이기백 교수의 발의와 주도하에 '한국사의 대중화'를 표방하며 창간된 『한국사시민강좌』의 편집진은 위와 같은 우리나라 국사 교육상의 문제점을 심각하게 우려한 나머지 이번에 발간하는 제47집 특집 제목을 '대표적 독립운동가 12인'으로 잡아보았다. 편집진이 구태여 이 제목을 택한 이유는 한국 근현대사관련 주제 가운데 국민 교육상 가장 중요한 대목은 역시 독립운동사라는 점에 의견의 일치를 보았기 때문이다. 이밖에 1980년대 이래 크게 늘어난 독립운동사 전공 '신진연구자들'의 참신하고 우수한 연구성과를 광복 후 65년이 지난 현 시점에서 독자들에게 여과, 전달하는 것이 『한국사시민강좌』의 책무라고 판단했기 때문이다. 요컨대, 편집진은 이번에 발간하는 특집호를 통해 이 나라의 미래를 짊어질 지성인들에게 독립운동사의 정수를 소개함으로써 조국 독립운동사에 대한 관심을 높이고 나아가 한국 근현대사에 대한 올바른 역사인식을 갖추는 데 일조하고자 한다.

이번 특집호에서는 20세기 초반의 한국독립운동사를 인물 중심으로 접근함으로써 독자들이 독립운동사를 심층적으로 그리고 재미있게 이해할 수 있도록 꾸며보았다. 특집 제목을 '대표적 독립운동가 12인'으로 잡은 다음 편집진이 맨 먼저 고심했던 대목은 기라성같이 많은 독립운동가들 가운데 누구를 '대표적' 인물로 꼽느냐는 것이었다. 이번 특집호에서는 1910년부터 1945년까지 국권회복을 위해 헌신했던 독립운동가들을 대상으로 삼되, 그 기간에 우리 민족이 추진했던 네 갈래의 독립운동 — 즉 무장투쟁, 외교투쟁, 의열투쟁, 그리고 실력양성운동 — 을 대표하는 인물을 고루 물색하기로 결정하였다. 또한 대상인물을 상해~중경 대한민국임시정부에 직·간접적으로 관련되었던 독립운동가에 한정할 것과, 기왕에 출판된 『한국사시민강좌』 제43집(특집: 대한민국을 세운 사람들)에서 이미 다루어진 인물은 — 이승만을 예외로 하고 — 제외하기로 결정하였다. 그 결과 목차에 오른 12인이 선정되었는데, 이들을 목차에 배열할 때에는 출생년도 순으로 하기로 합의하였다.

편집진이 다음으로 고심한 대목은 집필자의 선정이었다. 편집진은 우선 능력 본위로 집필자를 고른다는 원칙에 합의했다. 말하자면, 한국독립운동사를 다룬 역사학자들 가운데 연구 업적이 탁월한 분을 집필자로 모시되 출신 대학이나 국적, 연령 등을 가리지 않음은 물론 이념적 성향도 따지지 않기로 합의하였다. 후보자 가운데 연구업적이 비슷한 경우에는 신진연구자 혹은 문장력이 빼어난 분을 택하기로 하였다. 그 결과 반병률(이동휘 담당), 유영익(이승만 담당), 도진순(김 구 담당), 이명화(안창호 담당), 윤경로(김규식 담당), 최영호(박용만 담당), 장규식(조만식 담당), 정병준(여운형 담당), 김기승(조소앙 담당), 이기동(이청천 담당), 한홍구(김두봉 담당), 염인호(김원봉 담당) 등 12인이 선정되었다.(유영익은 애당초 집필을 고사했으나 편집위원이기 때문에 불가피 집필을 응낙하였다.) 다행히도 필자로 선정된 분들 모두가 특집호의 취지에 공감하여 기꺼이 집필을 응낙하셨기 때문에 결과적으로 이번 특집호는 이상적인 집필진을 갖출 수 있게 되었다.

II

이번 특집호에서는 12명의 대표적 독립운동가들의 성함 밑에 아래와 같이 부제를 첨가함으로써 독자들로 하여금 주제를 쉽게 파악할 수 있도록 배려하였다.

이동휘 ─ 선구적 민족혁명가 · 공산주의운동가

이승만 ─ 건국과 집권에 성공한 외교독립운동가

김 구 ─ 임시정부를 이끈 민족주의 독립운동가

안창호 ─ 대공주의를 지향한 민족통합지도자

김규식 ─ 이념을 초월한 통일전선 지도자 · 외교가

박용만 ─ 문무를 겸비한 비운의 민족주의자

조만식 ─ 풀뿌리 민족운동의 개척자

여운형 ─ 좌우와 남북의 통일독립국가를 지향했던 진보적 민족주의자

조소앙 ─ 독립운동의 이념적 좌표를 제시한 사상가 · 외교가

이청천 ─ 일본육사 출신의 항일 무장투쟁 지도자

김두봉 ─ 혁명가가 된 한글학자

김원봉 ─ 의열투쟁과 무장독립운동의 선구자

따라서 이 특집호에 실린 논문들의 내용에 대해서는 여기서 사족을 달 필요를 느끼지 않는다. 다만 논문들의 장·단에 대해서는 집필자 및 독자 여러분에게 양해를 구하고자 한다. 애당초 이 특집호를 기획할 때 편집자는 집필자들에게 논문의 길이를 200자 원고지 60~70매 정도로 제한해줄 것을 당부했다. 그러나 막상 입수된 원고를 보니 그 한도를 초과하신 분이 여럿 계셨다. 『한국사시민강좌』의 편집진은 이 같은 경우 논문의 질이 우수하다면 이번 특집호만은 예외를 인정하여 그대로 싣기로 결정하였다. 이 논문들을 정독하는 독자는 편집진의 이러한 결정이 옳았다고 인정해주리라 믿는다.

　이 특집호의 원고를 검토하는 과정에서 편집위원이 느낀 가장 강렬한 소감은 집필자 여러분이 한결같이 심혈을 기울여 원고를 집필하였다는 것이다. 그 결과 이번 특집호에는 주옥같은 논문이 많이 실렸다. 때문에 편집위원은 이 특집호야말로 과거에 출판된 여러 '독립운동가 열전'에 비해 내용이 우수하다고 자부하고 싶다. 이 자리를 빌어 집필자 여러분에게 진심으로 감사의 뜻을 표하는 바이다.

　여기에서 이 특집호 독자들에게 한마디 충고를 곁들이겠다. 이 특집호에서는 이념의 좌우라든가 운동의 성패와는 무관하게 네 갈래 독립운동을 대표하는 독립운동가를 고루 선별하여 소개했고 집필자를 선정함에 있어서도 능력본위로 하였다. 결과적으로 집필자들이 제각각 소신에 따라 자기가 존경하거나 전공한 인물에 대해 백가쟁명百家爭鳴식의 주장을 펼칠 수 있는 장이 마련되었다. 따라서 12명의 독립운동가 가운데 과연 누가 존경받아야 마땅한 역사적 인물인가 하는 식의 문제는 독자들이 해결할 과제로 남겨 놓았다. 독자 여러분은 여기에 실린 논문들을 신중히 읽고 우리나라 독립운동가들에 대한 상대 평가를 시도함으로써 스스로 한국독립운동사에 대한 일가견을 갖추시기를 바란다.

III

독자들은 이번 제47집의 '한국의 역사가', '나의 책을 말한다', '역사의 진실을 찾아서', '한국사학에 바란다'와 같은 고정란을 통해서 우리 역사의 올바른 이해를 돕는 충실한 글들을 만날 수 있다. 우선 '한국의 역사가'에는 19세기 말부터 20세기 초까지 20여 년간 골똘하게 역사가의 길을 걸은 위암 장지연에 관한 노관범 박사의 알차고 신선한 글을 실었다. 노 박사는 장지연이 언론활동을 하면서 신문을 통해 역사가의 면모를 발휘했다는 점에서 그를 '언론사학의 개척자'라고 규정했다. 그러면서도 전반기에는 대한제국이 선포되고 유신이 도모되는 시대적 여건 아래 애국과 문명을 설파하는 현재적, 실천적 모습을 보여주었던 역사가 장지연이 후반기에 이르러 국권의 상실과 식민지화의 현실과 조우하면서 전통문화의 역사화 작업에 몰두하게 되는 사정을 넓은 시야에서 해박한 필치로 추적해주었다. 이로써 그의 행적을 둘러싼 과도한 논란보다는 과도기 역사가로서의 장지연의 실체와 그의 역사학이 담당한 역할에 대한 올바른 이해의 중요성을 일깨워주었다 하겠다.

'나의 책을 말한다'는 『상해시기 대한민국임시정부 연구』(2006)라는 역작을 저술한 윤대원 박사가 채워주었다. 이 글에서 윤 박사는 대학원 석사과정을 끝낸 후 군복무와 8년간의 '외도'(역사 대중화 운동)를 거쳐 1994년에 대학원 박사과정에 입학, 초창기 상해 대한민국임시정부에 관한 학위논문을 완성하기까지의 고난 찬 과정을 실감나게 설명하고 있다. 윤 박사의 진솔한 연구 경험담은 장차 한국현대사, 특히 독립운동사를 연구하려는 신세대 젊은이들에게 큰 고무가 되리라고 생각한다. 독자들에게는 윤 박사의 글이 세 가지의 다른 이유로 정독할 가치가 있다고 여겨진다. 첫째, 이 글은 이번 특집호에서 다룬 12인의 대표적 독립운동가들의 주요 활동무대였던 대한민국임시정부를 집중적으로 다룬 책이기 때문에 12인의 독립운동을 이해하는 데 크게 도움이 된다. 둘째, 윤 박사의 저서는 1998년에 우남이승만문서편찬위원회가 편찬한 『이화장소장 우남 이승만문서: 동문편』(전 18권)이 발간된 이후 이 자료를 처음으로 활용하여 저술된 두 권의 이승만 관련 저서 ─ 고정휴의 『이승만과 한국독립운동』(2004)과 정병준의 『우남이승만 연구』(2005) ─ 와 나란히 연구사적으로 중요한 의의를 지닌 '이정표적'인 저서이다. 셋째, 윤 박사는 이 글에서 자기 저서의 핵심 내용을 간결하게 요약·소개하고 있다. 그 핵심 내용 가운데 이승만의 역할에 관한 윤 박사의 주장은 장차 학계에서 열띤 논쟁을 불러일으킬 것으로 예상된다.

'역사의 진실을 찾아서'는 최근에 안동지역에서 독립운동사 사료 발굴에 진력하여 큰 성과를 거둔 김희곤 교수의 홍미진진한 얘기로 꾸며졌다. 당초 한국독립운동사 전공 역사학자인 김 교수는 안동대 교수로 부임하면서 이 지역 역사에 관심을 기울이고 연구를 진행하였다. 그 과정에서 안동지역이 한국독립운동의 발상지요, 가장 많은 독립유공자의 배출지임을 밝혀냈고, 이에 따라 지역사회에서 독립운동에 대한 관심이 고조되었다. 마침내 그 자긍심이 안동독립기념관의 건립으로 이어져 활발한 독립운동사 연수의 터전으로 자리 잡히기에 이르렀다는 것이다. 오랜 동안 이 일을 꾸준히 주도하여 성사시킨 김 교수의 소중한 경험담은 독자들에게 진한 감동을 줄 것이다. 또한 이 성공적 사례에서 인문학의 새로운 활로를 찾을 수 있으리라는 김 교수의 소회도 시사적이라 하겠다.

'한국사학에 바란다'에 정치학자 안병영 교수의 옥고 「고대사 논쟁에 붙여」를 싣게 된 것은 편집진에게 망외의 큰 기쁨이었다. 안 교수는 일찍이 외국 유학시절부터 키워온 한국고대사에 대한 깊은 관심을 되살리고, 교육부장관을 두 번 역임하면서 '한국현대사연구소'와 '고구려재단'의 설립을 주도

했던 '역사 애호가'로서의 입장을 드러내면서 한국사학계를 향하여 고대사, 특히 고조선 연구에 대해 적극적 해석의 자세를 취하고 그 기반확충에 힘써 줄 것을 주문하였다. 이 글은 두 가지 점에서 강력한 인상을 심어주었다. 첫째, 안 교수는 한국고대사에 대한 넓은 식견으로 신화, 고인돌, 화폐, 국가형성문제 등의 기초적 사안에 대한 해박한 지식을 동원하여 고조선을 중심으로 고대사 연구의 현주소를 상당히 적확하게 짚어주었다. 둘째, 그의 주장과 제안은 대체로 '주류 사학계'에 대한 비판을 기초로 하면서도 형평과 상식에 그리 어긋나지 않는다는 점이다. 이것은 그가 민족주의 사학의 경계해야 할 대목을 직시하고 실증주의 방법의 장점을 충분히 이해하면서 소위 재야사학의 비역사적 입장과는 궤를 달리하는 존재란 사실과 결코 무관치 않을 것이다. 그렇다면, 우리 학계는 물론 사회 모두는 한국고대사 연구의 진전을 위해 좀 더 열린 마음으로 다양한 한국고대사 사료에 접근하고, 여러 분야 학자들과 학문적 소통을 확대할 것을 당부하면서 동시에 국가 및 정책 차원의 지원을 강조한 안 교수의 소중한 충고에 마땅히 귀를 기울여야 하지 않을까.

IV

　편집위원으로서 이 특집호에 실린 옥고들, 특히 '대표적 독립운동가 12인'을 다룬 원고들을 여러 번 읽으면서 배우고 느낀 점이 많다. 그 가운데 하나는 이들 독립운동가 12인이 거의 다 그들의 생애를 비극적으로 끝마쳤다는 사실이다. 12인 가운데 3인(이동휘, 안창호, 박용만)은 조국의 광복 이전에 순사하거나 암살당하였고, 다른 2인(김구, 여운형)은 대한민국 건국 전후에 암살을 당하였다. 나머지 분들(김규식, 조만식, 조소앙, 김두봉, 김원봉)은 6·25전쟁의 와중에 희생되거나 1956년~1958년간에 숙청된 것으로 추정된다. 오로지 2인(이승만, 이청천)만이 천수를 다했지만 그들의 정치적 말로 역시 비극적이거나 불행했다. 한마디로, 우리나라의 대표적 독립운동가 12인은 우리 민족을 위해 희생의 제단에 바쳐진 인물들이었다.

올해는 한일강제합병 100주년에 해당하는 해이며, 오늘은 바로 광복 65주년을 기념하는 날이다. 독자 여러분과 함께 순국선열의 고귀한 희생에 충심으로 감사하며 그들이 이루지 못한 통일 조국 건설의 애틋한 꿈을 실현하는 데 진력할 것을 다짐하고자 한다.

2010년 8월 15일
편집위원 유 영 익

| 차례 |

이동휘
─선구적 민족혁명가·공산주의운동가─

반병률

1. 남북분단과 냉전시대에 잊혀진 민족혁명가

성재誠齋 이동휘李東輝(1873~1935)는 1873년 6월 20일 함경남도 단천에서 태어나 1935년 1월 31일 러시아 연해주 블라디보스토크 신한촌新韓村에서

潘炳律 한국외국어대학교 사학과 교수.

저서로는 『성재 이동휘 일대기』(범우사, 1998), 『1920년대 전반 만주·러시아지역 항일무장투쟁』(독립기념관 한국독립운동사연구소, 2009), 『국외 3·1운동』(공저, 독립기념관 한국독립운동사연구소, 2009)이 있고, 주요 논문으로는 「노령에서의 독립운동사연구」(『한국독립운동의 이해와 평가』, 독립기념관 한국독립운동사연구소, 1995), 「노령 연해주 한인사회와 한인민족운동, 1905~1911」(『한국근현대사연구』 7, 한국근현대사학회, 1997), 「제2회 특별전로한족대표회의(1918년 6월)와 러시아 한인사회」(『역사문화연구』 17, 한국외대 역사문화연구소, 2002), 「러시아 최초의 한인마을 地新墟」(『한국근현대사연구』 26, 한국근현대사학회, 2003), 「'전면적 집단화' 시기 러시아 연해주 수청水淸지방 한인농촌사회의 제문제」(『역사문화연구』 30, 한국외대 역사문화연구소, 2008), 「항일혁명가 이인섭(1888~1982)의 회상기에 기록된 스탈린대탄압과 항일혁명역사 복원기념운동」(『한국근현대사연구』 47, 한국근현대사학회, 2008) 외에도 재외동포와 독립운동에 관한 많은 논문이 있다.

62세를 일기로 세상을 떠난 독립운동가이다. 20세기 초 이동휘는 한말 계몽 운동과 의병운동을 이끌었고 함경도, 평안도, 북간도, 그리고 연해주 한인사 회에 기독교를 전파하는 독실한 전도사로 활약했다. 1910년대 후반 이동휘 는 러시아 볼셰비키 세력과 제휴함으로써 항일운동을 국제주의적 차원으로 확대한 한국 공산주의운동의 선구자로 활동했다. 이동휘는 자신의 기반이었 던 서북간도지역과 일부 국내지역을 기반으로 노령지역에서 임시정부를 지 향한 중앙기관으로 결성된 대한국민의회 주도세력과 결별하고, 1919년 11월 3일 통합 상해 임시정부의 초대 국무총리로 취임했다. 그는 자신의 정치적 이해관계나 이념과 지역적 파벌을 초월하여 민족 대동단결을 중시한, 자기희 생을 감수할 줄 아는 결단력 있는 인물이었다.

이동휘는 조국의 광복과 민족의 해방을 위한 일이라면 앞뒤를 가리지 않고 선봉에 섰던 실천적 혁명가였다. 그는 내우외환의 위기에 처해 있던 한말에 절박한 사회 발전을 가로막고 있던 전통적인 권위와 장애를 타파하려고 노력 했던 진취적 인물이었다. 그는 소외된 노동자, 농민 등 근로대중을 억압하는 사회적 제약과 굴레를 과감히 개혁하여 근로대중 우선의 사회를 건설하고자 한 대중적 혁명가였다. 무엇보다도 그는 나라와 민족을 위해 자기를 희생한 헌신적인 항일투사였다. 정치적 입장에 관계없이 이동휘의 진보적 행동성과 혁명성에 의심을 두는 사람은 아무도 없었다고 해도 과언이 아니다.

근래 TV의 기획물이나 다큐멘터리에서 많은 애국지사들이 소개되었지만, 이동휘는 여전히 잊혀진 민족지도자이다. 오랜 냉전시대를 지내오면서 이동 휘는 학계나 대중의 관심 밖에 놓여 있었고, 한국사회에 각인된 레드 콤플렉 스의 길고 짙은 잔영으로 인하여 그에 대한 연구와 평가가 제대로 이루어지 기 매우 어려웠다. 이동휘의 공산주의운동 참여에 대하여는 반공주의적 입 장에서 폄하하려는 이들이 많다. 이 점에서 민족주의운동과 공산주의운동의 양 전선에서, 그리고 이 전선들을 통합하고자 했던 흔치 않은 민족혁명가인 이동휘는 남북분단과 냉전의 가장 큰 피해자라 말할 수 있다.

2. 민족운동의 지도자

일제의 침략을 가속화시킨 강제적인 을사조약 체결(1905년 11월) 이후, 조국이 백척간두의 위기로 빠져들어 가고 있음을 감지한 이동휘는 특권적 군고위직을 과감히 떨쳐버리고 대중 속으로 들어가 교육운동과 기독교 전도에 착수했다. 경향 각지를 돌아다니며 그가 행한 연설로 깨달음을 얻고 그의 눈물에 감동한 지방 유지들의 의연義捐으로 지방 각지에 학교와 교회가 설립되었다. 대중적 교육운동과 기독교운동이 확산되던 한말 애국계몽운동기에 그의 족적은 오랫동안 남았다. 그의 감화를 받아 근대교육을 받게 된 사람들과 기독교에 입문한 사람들에게 이동휘는 영원한 스승이었다. 그의 훈도와 지도를 받아 후일 애국적 민족운동과 사회 각 분야에서 지도자로 성장한 인물들은 이루 헤아릴 수 없이 많다. 그는 대한자강회, 서북학회 등의 합법적 애국계몽단체는 물론, 신민회 같은 비밀결사의 영향력 있는 지도자로 활약했다. 그와 그의 추종인사들을 중심으로 꾸려나갔던 북간도와 노령 연해주의 간민교육회, 간민회, 권업회가 전개한 교육, 종교, 실업, 문화운동의 영향으로 이주 한인들의 자치, 단결, 민족의식이 크게 고취되었다. 1911년 초 기독교 전도차 순방했던 북간도에서 조직한 광복단, 1914년 러일전쟁 10주년을 계기로 조직한 대한광복군정부 등의 비밀결사들은 모두 그가 주도하여 조직되었다. 러시아혁명 이후 민족혁명운동의 주요 조직이었던 한인사회당, 대한국민의회, 고려공산당 등의 주요한 중견 간부들이 이동휘를 추종하였다.

이동휘를 항일운동의 가장 유력한 근거지였던 만주와 러시아지역의 민족운동세력의 대표적 인물로 꼽는 데는 그 누구도 주저하지 않을 것이다. 일제 당국 역시 이동휘를 가장 위협적인 민족운동 지도자로 간주하여, 만주와 노령지역에서 그를 체포대상 1호로 지목하고 검거하는 데 혈안이 되어 있었다. 일제 관헌들은 중국과 러시아 당국에 그를 체포하여 일본 당국에 넘겨줄 것을 끊임없이 요구했다. 국내에서 이미 일제에 의하여 두 번 수감되고, 한 번 유배당했던 이동휘는 해외에 나가서도 일제 관헌의 추격을 받았고 여러 번의 체포 위기를 넘겼다. 일제의 고문과 악행으로 이동휘는 망명 후에도 계속되는 고통에 시달렸다. 1916년 가을 북간도 하마탕蛤蟆塘에서 일본 간도영사관의 체포작전망을 탈출하는 과정에서 병을 얻었으며, 러시아 2월 혁명 후에는 새로운 활동에 대한 커다란 기대와 꿈을 품고 블라디보스토크로 갔으나 한인 정탐꾼에 의하여 러시아 관헌에 넘겨져 7개월 가까이 군옥에서 생활해야 했다. 러시아 10월 혁명 발발 이후인 1917년 11월 하순에 석방된 이동휘는 한인사회당을 조직했는데 이는 러시아 볼셰비키 세력과 연대하여, 러시아혁명에 간섭한 일본군을 상대로 효과적인 항일투쟁을 전개하기 위해서였다.

이동휘는 일부 비판적인 인물들에 의하여 함경도를 대표하는 인물로 매도되기도 했지만 한말 이래 1910년대 민족운동전선에서 보여준 활동은 그가 통합지향적 지도자였음을 보여준다. 그는 1908년 초 평안도 출신이 중심이 된 서우학회와 함경도 출신이 중심이 된 한북흥학회를 통합해 서북학회를 창립한 주요인물 중 한 명이었다. 1913년 가을 노령 연해주의 한인 자치기관인 권업회가 이른바 북파, 서도파, 기호파 간의 지방파쟁에 휩싸여 활동이 마비되었을 때, 이들 각 파를 단합시키는 계기를 만든 인물도 바로 이동휘였다. 그가 1913년 말 항일무장투쟁의 지휘기관으로 조직했던 대한광복군정부의 중요한 목표의 하나는 지방파쟁을 타파하여 고립 분산된 민족역량을 결집시키는 것이었다.

민족운동전선에서 보여준 이동휘의 통합지향적 면모는 상해의 대한민국임시정부에 참여한데서 가장 잘 나타난다. 이동휘는 1919년 3·1운동 이후에 대한국민의회의 선전부장宣戰部長으로 만주와 노령지역 항일무장세력의 총책임자로 선임되었지만 취임하지 않았다. 대한국민의회가 함경도 출신 인사들이 중심이 되어 전체 민족운동의 헤게모니를 잡고자 한 단체였던 데다가 일본이 승전국 자격으로 참여한 파리강화회의에 경도되어 친서방, 반볼셰비키적 노선을 취하였던 때문이었다. 그럼에도 불구하고 이동휘는 1919년 8월 31일 안창호가 파견한 상해 임시정부 대표 현순玄楯과 김성겸金聖謙이 참석한 가운데 블라디보스토크 신한촌에서 개최된 대한국민의회 상설의회에서 대한민국임시정부와 대한국민의회의 통합에 주도적인 영향력을 행사했던 것이다.

이후 통합협정의 위반여부를 둘러싸고 대한국민의회와 상해 임시정부 사이에 '승인개조분쟁'이 발생하고 대한국민의회 의장 문창범文昌範이 통합 상해 임시정부의 교통총장 취임을 거부했으나, 이동휘는 상해 임시정부 참여를 결정했다. 이동휘는 오랜 동지들이 참여한 대한국민의회의 '승인' 원칙을 고집함으로써 상해 임시정부 측과 정전政戰을 벌여 대국을 파괴하기보다는, '의견 충돌에서 양보'하여 대국을 살리고자 했던 것이다.

한말 이래 민족운동의 최정점에 위치한 상해 임시정부 참여는 결과적으로 이동휘에게 정치적 실패를 안겨주고 말았다. 한편으로는 이승만李承晚, 안창호安昌浩로 대표되는 민족운동의 우파 진영과의 통합에 실패했고, 대한국민의회 주류 측과 대립하며 상해 임시정부에 참여한 결과 공산주의운동 전선에서 이르쿠츠크파—국민의회 연합파라고 하는 적대적인 파벌과의 힘겨운 경쟁에 시달려야 했던 것이다.

1921년 1월 말 이동휘는 상해 임시정부의 개혁여부를 둘러싸고 대통령 이승만과 이동녕李東寧, 이시영李始榮, 신규식申圭植 등 기호畿湖 출신 총장들, 그리고 안창호 등과 대립하여 상해 임시정부를 탈퇴했다. 이후 이동휘는 고려 공산당(상해파) 창당에 나서게 된다. 이동휘는 임정 탈퇴와 고려공산당 창당 을 '민족운동'에서 '사회운동'으로 전환하는 것이며 "그 방향이 정당하고 필 연적으로 최후승리의 경로"라고 평가했다. 그러면서도 이동휘는 "동지들 간 에 호상분규互相紛糾가 있었음에는 무심자괴撫心自愧"하다고 스스로를 비판 했다. 이동휘는 또한 자신이 국무총리로 참여했던 상해 임시정부가 기성국 가의 모습을 갖추고 "전 국민을 호령하는 너무도 우활迂闊하여, 기실은 지상 공문紙上空文이었다"라고 반성했다(「동아일보를 통하여 사랑하는 내지동포에게」, 『동아일보』1925년 1월 18일자). 대통령 이승만과 이동녕, 이시영, 신규식, 안창 호 등 총장들이 현재의 '권력'과 체제유지를 우선시한 나머지 실제적인 운동 을 소홀히 할 때, 그는 대한민국임시정부를 항일운동을 명실상부하게 이끌어 갈 수 있는 '고려혁명위원회'로 개혁하고자 했던 것이다. 이처럼 민족운동전 선에서 이동휘는 평화적이고 안정된 체제에서 방안을 모색하는 정치가라기 보다는, 혁명적 방법으로써만 조국의 광복을 달성할 수 있다는 신념을 가진 혁명가의 모습을 보여주었다.

3. 사회주의운동의 선구자

우리는 공산주의운동을 매우 단순하고 포괄적으로 이해하려는 경향이 있 다. 그러나 유럽에서 시작된 사회주의운동은 사회주의 이념의 다양성만큼이 나 시대의 상황과 나라와 민족의 처지에 따라 다양한 전개과정과 역사적 성 격을 지녔다. 러시아 볼셰비키들이 창도한 공산주의운동(마르크스-레닌주의) 역시 그러하다. 공산주의운동이 중국, 일본, 한국 등 동아시아에 도입되었지 만, 이들 국가에서 일률적으로 진행되지 못한 것은 각국의 전통과 역사의 영향을 받지 않을 수 없었던 때문이다.

따라서 공산주의운동이나 공산주의자들에 대하여 일률적으로 평가하고 비판하는 것은 참으로 무모한 일이 아닐 수 없다. 그들이 처했던 구체적인 역사적 배경과 국제적 상황, 그리고 개인적인 계기를 반드시 고려할 필요가 있다. 그렇지 않고 그들을 일률적인 잣대로 공산주의자라는 하나의 범주에 넣고 도매금으로 성급하게 평가한다면 일방적이고 왜곡된 결론에 이를 가능성이 크다.

어느 나라든 공산주의운동에는 다양한 파벌이 존재했다. 공산주의운동에서 보편적으로 존재했던 파벌과 분파투쟁의 존재는 그만큼 공산주의자들 간에 존재했던 마르크시즘이나 공산주의에 대한 다양한 해석이 있었음을 말해준다. 파벌과 분파투쟁의 극단적인 폐해가 공산주의자들 간에 동지들을 탄압하고 제거했던 이른바 숙청이다. 러시아의 경우를 보면, 1930년대 중반 이후 스탈린Joseph V. Stalin에 의해 처형된 소련공산당 당원들 중 70퍼센트 이상이 10월 혁명 당시 레닌Vladimir I. Lenin의 동지였던 볼셰비키들이었음은 잘 알려진 사실이다. 한국 공산주의운동의 전개과정에서 상대 파벌과 경쟁자들을 견제하고 파괴하기 위하여 소련, 중국 당국자들에게 허위보고와 밀고를 하는 것은 물론, 심지어 공동의 적이어야 할 일본의 첩보조직과 손잡은 자들도 있었다. 북한정부에 참여한 남로당, 조선독립동맹 계열의 연안파, 그리고 소련에서 들어와 소련 군정에 협력한 이른바 소련파에 대한 김일성金日成의 숙청을 어떻게 설명할 것인가? 스탈린이나 김일성 같은 공산주의자에 대한 부정적 평가를 잣대로 소련이나 한국의 공산주의운동 또는 공산주의자들을 평가한다면, 이들과 대척점에 있다가 정치적으로 희생된 자들을 제대로 평가할 수 없다.

이동휘에 대한 평가 역시 이러한 전제 위에서 이루어져야 한다. 그렇지 않을 경우 우리는 공산주의운동에 대한 몰역사적 인식과 평가의 함정에 빠질 우려가 있다. 냉전과 남북분단의 그늘에서 벗어나지 못하고 있는 오늘날의 한국사회와 학계의 반공적 잣대로 그를 섣불리 평가해서는 안된다.

이동휘와 그의 동지들이 러시아 볼셰비키와 손잡고 협력한 것은 일제 강점하의 국제적 상황에서 가장 적극적이며 현실적인 최선의 길이었다. 1917년 3월 북만주에 도피해 있던 이동휘는 러시아 2월 혁명의 소식을 접하고 새로운 일을 도모하고자 블라디보스토크의 신한촌을 찾아갔다. 그러나 이동휘는 경쟁 파벌인 기호파 출신으로 러시아헌병대 정탐인 구덕성具德成의 밀고로 러시아헌병대에 체포·수감되었다가 10월 혁명 후인 1917년 11월 하순에야 아무르Amur 주(흑룡 주)의 알렉세예프스크Alekseevsk 시(후일 '자유'라는 뜻의 '스보보드니' 시로 개칭)에서 석방되었다. 이동휘가 석방된 것은 최초의 한인 볼셰비키인 김알렉산드라 페트로브나Kim Alexandra Petrovna를 비롯한 볼셰비키 혁명가들의 노력 덕분이었다. 김알렉산드라 등 러시아 볼셰비키들은 이동휘가 석방되기를 학수고대했는데, 그가 민족운동세력 내에서 갖고 있던 커다란 영향력에 기대를 가졌기 때문이었다.

이동휘가 석방된 당시, 즉 1918년 상반기에 볼셰비키 정부는 대내외적으로 위기에 처해 있었다. 미국, 영국 등 열강의 간섭군대가 아르한겔스크Arkhangeksk 항구에 상륙하여 러시아 반혁명세력의 봉기를 야기함으로써 내전(시민전쟁)을 촉발했고, 블라디보스토크에는 일본, 미국, 영국, 프랑스 등 14개 외국 무장간섭군 군함들이 정박하여 호시탐탐 상륙할 채비를 갖추고 있었다. 당시 일본은 자바이칼의 세묘노프M. G. Semyonov, 흑룡 주의 카모프Kamov, 하바로프스크의 카르미코프M. V. Kalmykov, 하얼빈의 호르바트D. L. Horvath, 블라디보스토크의 루자노프Ruzanov 등 볼셰비키 정부에 반대하던 잔인하기로 악명 높은 백위파 대장들을 지원하고 있었다. 뿐만 아니라 일본은 한인 농촌과 농민들에게 파괴와 약탈을 일삼던 홍후즈紅鬍賊(중국인 마적)를 지원했고, 독립군·빨치산 부대와 전투하는 백위파에 재정과 무기 등 적극적인 지원을 아끼지 않고 있었다. 또한 당시 제1차 세계대전 승전국으로 연합국 및 일본이 전후처리를 논한 파리강화회의가 한국 등 식민지, 반식민지 민족의 독립운동에 냉담한 정책을 취하고 있었다. 이러한 국제적 상황에서 신흥 소비에트 국가만이 한국과 같은 식민지 또는 반식민지 민족들의 독립운동을 물질적·정신적으로 지원하고 있던 상황이었다.

이러한 국제적 상황에서 철저한 항일투사였던 이동휘와 그의 동지들이 1918년 5월 13일 최초의 사회주의 정당인 한인사회당을 조직하여 볼셰비키 세력과 손잡은 것은 지극히 당연한 일이었다. '적의 적은 동지'라는 점에서 이동휘 등은 한인사회당을 조직하여 러시아 볼셰비키 세력과 손을 잡았던 것이다.

4. 초기 한인 공산주의운동의 파벌 문제

민족운동전선에서 이동휘를 함경도 지방 출신자들의 대표자로 평가절하하는 것처럼, 많은 사람들이 이동휘를 상해파 고려공산당의 수령으로서 파벌적 경향이 없지 않았다고 비판한다. 한국 공산주의운동에 적지 않은 해악을 끼친 상해파와 이르쿠츠크파 간의 파쟁의 본질은 무엇인가? 양 파벌 간의 파쟁은 출발부터 러시아 공산당 조직에서 볼셰비키의 지도를 받아 성장한 이르쿠츠크파와 민족운동에서 고립되고 있던 대한국민의회 세력의 연합세력이 볼셰비키의 권위와 권력을 등에 업고, 이동휘가 이끌던 한인사회당—상해파 고려공산당으로부터 공산주의운동, 나아가서는 민족운동의 주도권을 빼앗으려 한 데서 비롯되었다.

이르쿠츠크파—국민의회 연합파를 지원한 러시아 볼셰비키는 슈미야츠키 B. Z. Shumiatsky를 비롯한 시베리아의 러시아공산당 지방간부들이었다. 이들은 시베리아 내전 초기부터 한인사회당의 한결같은 지원자였던 크라스노셰코프Alexandr Krasnoshchekov와의 권력투쟁에서 승리하면서 러시아의 한인 무장운동과 공산주의운동에 대한 지도권을 장악했다. 블라디보스토크와 하바로프스크 등 러시아 극동지역을 근거로 활동하던 크라스노셰코프가 시베리아 내전기에 대한국민의회와 그 지도자들의 반혁명적 전력을 익히 알고 있었던 데 반하여, 코민테른 동양비서부의 책임자인 슈미야츠키나 보이틴스키Gregory Voitinsky 등은 한국 민족운동의 전통과 경험에 관한 지식이 없었다. 바로 이 점이 한인 2세들인 이르쿠츠크파—국민의회 연합파가 이들을 자기편으로 끌어들일 수 있는 여지를 제공했다. 이들은 러시아어에 능통하다는 강점을 활용하여 이동휘 등 시베리아 내전기에 볼셰비키 세력과 연합했던 민족운동가들을 반혁명자로 매도하는 데 성공했다. 이는 한인 공산주의운동에서 볼 수 있는 통역정치의 폐해라 할 수 있다.

이처럼 여러 가지 요인으로 인하여 이동휘와 그의 동지들(상해파)은 동양혁명을 책임진 러시아공산당 국제공산당 책임자들의 철저한 견제와 탄압을 받았다. 이동휘 등 상해파 지도자들은 한말 이후 민족운동을 이끈 주류였던 만큼, 민족운동에 대한 강한 자부심과 긍지를 갖고 있었다. 이러한 입장과 노선은 동양혁명을 책임진 국제공산당 동양비서부의 슈미야츠키와 보이틴스키 등 젊은 볼셰비키들에게 자신들의 지도와 권위를 거부하는 것으로 받아들여졌다. 그리하여 이동휘와 상해파는 러시아혁명의 전통과 경험을 기계적으로 한국혁명에 적용하려고 했던 젊은 볼셰비키들과 이들의 지도와 지시에 충실했던 이르쿠츠크파 고려공산당과는 정책과 노선에서 갈등을 겪을 수밖에 없었다.

거의 모두가 러시아공산당원이었던 이르쿠츠크파 고려공산당은 러시아공산당원들의 지도와 명령을 당연하게 받아들였다. 당 조직, 특히 중앙 핵심 조직에 러시아공산당원이 참여하는 것을 필수요건으로 당규에 규정할 정도였다. 이에 비해 상해파는 한국 민족혁명운동의 전통과 독자성을 강조했고, 이동휘를 포함한 핵심간부 대부분이 러시아공산당에 가입하지 않았다. 러시아공산당과의 관계 설정과 한국 민족혁명운동의 독자성과 전통에 대한 인식과 노선에 대한 본질인 입장 차이가, 슈미야츠키와 그의 후원을 받은 이르쿠츠크파가 자행한 1921년 6월 말의 자유시 참변, 즉 한인 빨치산 부대와 간도 독립군을 상대로 강제적이며 유혈적인 무장해제를 감행할 수 있었던 정치적 배경이었다.

5. 이동휘의 장례식과 스탈린 대탄압

이동휘는 생애 말년인 1930년대 초반 이후에는 일본 통치하의 국내 감옥에 수감된 항일투사와 공산주의자들, 그리고 이들의 가족을 후원하기 위하여 조직된 국제혁명자후원회MOPR의 원동지역 한인 책임자로 활동했다. 이동휘는 MOPR의 모금을 위해 수청水淸(현 파르티잔스크Partizansk) 지방을 방문한 후 알촘 탄광으로 나오던 길에 거센 눈보라를 만나 심한 독감에 걸려 쓰러졌다. 급히 블라디보스토크 신한촌으로 옮겨졌고 한인 의사들이 전력구호에 나섰으나, 1935년 1월 31일 오후 7시 62세를 일기로 마침내 세상을 떠났다. 이동휘는 눈을 감으면서 "나는 조선의 혁명이 성공하는 것을 보지 못하고 죽는다. 동무들은 반드시 고려소비에트공화국을 성립하시오"라는 유언을 남겼다고 한다.

이동휘의 사망 소식은 『선봉』 1935년 2월 2일자 4면에 각기 다른 명의의 부고를 통하여 알려졌다. 첫 번째 부고는 박동희, 한용헌, 이문헌, 박우, 김하석, 최길만, 정한립, 채동순, 최의수, 황동흡, 최중천 등 11명의 명의로 된 것으로 "정월 31일 오후 7시에 고려민족해방운동의 선구자이며 붉은 빨치산이며 또는 세계혁명자들의 후원을 위하여 투쟁하던 리동휘 동무가 불행히 병으로 세상을 떠났"다고 전했다. 두 번째 부고는 MOPR 연해주위원회와 장례위원회 명의, 세 번째는 블라디보스토크 빨치산코미씨야(위원회) 명의였다.

『선봉』 신문사가 주관하여 장례위원회를 조직하고 사회장으로 치르게 되었는데, 장례식은 2월 4일 오후 4시 블라디보스토크 근교 신한촌에서 가까운 다친거우재大靑溝子 후타라야 레츠카Vtaraia Rechka에서 치러졌다. 오랫동안 이동휘를 존경하고 따랐던 저명한 한인 공산주의자이자 한인 2세 지도자인 김아파나시Kim Afanasii, 김미하일Kim Mikhail, 그리고 장도정張道政, 이문헌 등 상해파의 지도자들로서 당시 한인사회의 유력한 지도자들이 장례식을 지도했다.

이동휘의 사망 소식은 일본영사관을 출입하던 기자가 이동휘가 "고령과 피로"로 블라디보스토크에서 사망했다는 『프라우다Pravda』지의 기사를 전함으로써 국내에도 알려졌다. 『동아일보』 1935년 2월 15일자에 이동휘의 사망 소식이 보도되었고, 설태희薛泰熙와 안창호의 소감이 실렸다. 다음날 삼천리사에서 이동휘 추도준비회가 조직되어 각 신문사, 사상단체, 교회 관계 인사들이 기독청년회관에서 연합추도회를 추진하고, 윤치호尹致昊가 일제 당국과 절충을 시도했으나 허가를 얻지 못했다. 이동휘와 인연이 깊었던 강화도의 친지들이 유경근을 중심으로 추도회를 가지려 했으나 역시 일제 당국이 불허하여 성사되지 못했다.

1936년 이후 이동휘의 장례식과 관련된 인사들은 여러 가지 이유로 체포되어 이후 출당과 처형 등 스탈린 대탄압의 희생자가 되고 말았다. 이동휘는

1930년대 중반 한인 엘리트들에게 불어닥친 스탈린 대탄압의 회오리에 앞서 세상을 떠났지만, 그를 추종했던 이들은 대탄압의 폭풍우를 피하지 못했던 것이다. 김아파나시(김성우)는 장례식에 참석하지 못하고 포시예트Posyet 구역 당책임비서 명의로 보낸 전보에서 "우리는 당신 이동휘가 진행하던 사업을 계속 실행하겠다"라고 말했다는 이유로 상해파로 몰렸다. 김미하일은 순얏센 숍호스(국영농장) 정치부장으로 경편輕便 자동차를 갖고 신한촌에 와 머물며 장례식 준비를 하고 장례식에 참석한 것이 상해파로 몰린 근거가 되었다.

김아파나시와 김미하일은 출당, 체포되어 시베리아 우파로 정배定配 갔다가 다시 체포된 후 처형되고 말았다. 『선봉』 신문사에서 레닌주의 선동부장으로 사업하던 이문헌 역시 이동휘 약사를 『선봉』 신문 전면에 초상까지 게재하고 장례위원회 위탁으로 제3국제공산당에 이동휘 사망 전보를 친 일로 인하여 상해파로 몰려 체포, 처형되었다. 박우(박정훈)는 블라디보스토크 공산당 간부인 양왈렌찐Yang Balentin의 위임을 받아 장례식에서 추도사를 했다는 이유로 출당, 처형되었다. 그는 과거 화요파와 이르쿠츠크파에 속한 인물이었으나, "아! 늙은 혁명가가 그만 자기의 뜻을 못 이루고 죽었구나. 불쌍하다. 그는 육십 평생을 한결같이 동으로 서로 분주하면서 고생만 하다가 끝내 좋은 날을 보지 못하고 죽었구나"라고 생각했다고 한다. 블라디보스토크의 조선사범대학 역사학과 교수(나의 책, 『성재 이동휘 일대기』, 범우사, 1988, 430쪽)이던 박모이세이Pak Moisei 교수 역시 사범대학의 전체 학생들을 이동휘의 장례식에 동원하려 한 죄목으로 출당, 처형되었다.

6. 중도좌파의 열렬한 민족혁명가

한인 2세로서 1921년 11월 28일 모스크바 크렘린에서 고려공산당 대표단의 이동휘, 박진순朴鎭淳, 홍도洪濤 등이 레닌을 면담할 때 통역으로 활약했던 김아파나시는 체포된 상태에서 1936년 4월 7일자로 러시아 공산당 변강위원회에 자신의 구명탄원서를 제출했다. 포시예트 구역 책임비서로서 한인으로서 당기관의 최고직에 있었고 당시 한인들 사이에서 '조선의 레닌'으로 불리었던 김아파나시는 이 탄원서에서 상해파와 그 주요 인물들을 깊이 있게 평가하였다. 그는 "상해파는 완전 실패로 끝났으며," "이동휘에 대한 더 이상의 신뢰가 남아 있지 않다"라고 선언했다. 동시에 그는 상해파의 한인사업 실패의 주범으로서 박진순, 박애朴愛, 김립金立 등을 거명하면서 이들은 "정치활동에 미숙했던 나이든 이동휘를 이용했고 파멸시켰지만, 이동휘는 한인 대중운동에 있어서 결코 작은 인물이 아니었다"라고 평했다. 상해파를 비롯한 각 파벌의 주요 인물들이 예외 없이 체포·처형되던 대탄압의 소용돌이 속에서 자신의 생명을 구하기 위하여 간곡한 심정으로 쓴 김아파나시의 탄원서 행간에서 정치적 타산에 무관심했던 이동휘의 혁명적 진정성을 짐작할 수 있다.

이동휘는 러시아식 공산주의를 답습하고 이를 한국혁명에 그대로 적용하려 했던 이른바 정통 공산주의자의 범주에서 떨어져 있었다. 동양혁명을 책임지고 있던 국제공산당 책임자들은 이동휘를 "비공산주의적이며 심지어는 반공산주의적인 요소"를 가진 인물로 평가했고, 이동휘의 그러한 경향을 좌절시키기 위하여 모든 책략을 동원했다. 이들이 이동휘를 드러내놓고 노골적으로 견제하지 못했던 것은 그가 한국 민족운동에서 차지하고 있던 엄청난 대중적 영향력 때문이었다.

이동휘의 한인사회당과 상해파 고려공산당이 사회주의혁명 단계로 일시에 들어가야 한다고 주장한 이르쿠츠크파 고려공산당과 달리 민족해방을 첫번째 과제로 설정한 것도 한말 이래 한국 민족운동이 쌓아올린 경험과 성과에서 비롯된 것이었다. 시베리아 내전이 종결된 후인 1923년 1월 블라디보스토크에서 이동휘의 추종자들을 주축으로 조직된 적기단赤旗團이 "민족혁명과 무산계급의 공산혁명이나 무엇이나 불구하고 우선 한민족의 해방이라면 하고자 하고 돕고자 한다"라고 선포한 것도 같은 맥락에서였다.

이와 관련하여 러시아 역사학계의 한국 공산주의운동사 연구의 최고 권위자인 화니 이사코브나 샤브시나의 이동휘에 대한 다음과 같은 평가에 주목할 필요가 있다.

코민테른은 이 시기와 그 이후로도 한국의 공산주의운동을 지도하는 데서 적지 않은 실수를 범했다. 러시아 학계에서는 코민테른의 과오를 정당하게 평가하지 않았다. 이것은 부분적으로 '파벌투쟁'의 문제와 관련된 것이다. '파벌투쟁'의 양상은 우리가 평가했던 것보다 미묘하고 의미심장하며 복잡다단한 것이었다. 이르쿠츠크파 공산당은 기본적으로 볼셰비키 전통을 끝까지 견지했다. 상해파 공산당은 본질적으로 다른 성격을 지녔는데, 만일 지금 상해파 공산당의 성향을 규정한다면, '좌익 중앙주의적(중도 좌파)'이었다고 할 수 있을 것이다. 상해파 공산당 지도자의 개성을 독특하고도 집중적으로 반영한 인물이 바로 이동휘였다. 그는 열렬한 사회주의자이자 민족주의자였으며, 헌신적인 애국지사로서 상해 임시정부의 성원이었다. 그는 종종 그에게 붙여졌던 바와 같은 종파주의자가 결코 아니었다.[1]

참고문헌

반병률, 「진보적 민족혁명가」, 『내일을 여는 역사』 3, 2000년 가을.
───, 『성재 이동휘 일대기』, 범우사, 1998.
윤병석, 『성재 이동휘 전서』, 독립기념관 한국독립운동사연구소, 1998.

---

1 화니 이사코브나 샤브시나, 「한국공산주의운동과 민족해방운동(1918~1945)에 대한 러시아 한국학자들의 견해」, 『한국독립운동사연구』 9집, 1995, 314쪽 참조.

이승만
―건국과 집권에 성공한 외교독립운동가―

유영익

1. 머리말
2. 이승만의 외교·선전독립운동 개관

3. 독립운동가 이승만의 집권 성공 요인
4. 맺음말

1. 머리말

우남雩南 이승만李承晩(1875~1965)은 일제 강점기에 조국의 독립을 위해 희생적으로 헌신했던 수많은 독립운동가들 가운데 가장 돋보이는 존재이다. 그는 3·1운동 후에 탄생한 대한민국임시정부의 초대 대통령직을 역임했고,

柳永盃 한동대 T. H. Elema 석좌교수.

저서로서는 『이승만의 삶과 꿈 : 대통령이 되기까지』 (중앙일보사, 1996), 『젊은 날의 이승만 : 한성감옥생활(1899~1904)과 옥중잡기 연구』 (연세대학교출판부, 2002) 등이 있고, 편서로는 『이승만 연구―독립운동과 대한민국 건국』 (연세대학교출판부, 2000), 『이승만대통령 재평가』 (연세대학교출판부, 2006), (Young Ick Lew, ed.), *The Syngman Rhee Correspondence in English, 1904~1948*, 8 vols. (Seoul: Institute for Modern Korean Studies, Yonsei University, 2009) 등이 있다. 논문으로는 「3·1운동 후 서재필의 신대한新大韓 건국 구상」 (『서재필과 그 시대』, 서재필기념회, 2003, 325~402), 「한미동맹 성립의 역사적 의의―1953년 이승만 대통령의 한미상호방위조약 체결을 중심으로」 (『한국사시민강좌』 36, 2005), 「이승만 국회의장과 대한민국 헌법 제정」 (『역사학보』 189, 2006) 등이 있다.

1933년과 1940년대 초반에는 유럽과 미국 수도에서 대한민국임시정부의 전권대표로 활약했다. 따라서 그는 대한제국 멸망 이후 광복까지 기간 동안 해외, 특히 구미지역에서 전개된 독립운동의 최고 지도자였다고 말할 수 있다.

이승만은 해외에서 활동했던 기라성 같은 독립운동가들 가운데 유독 광복 후 조국에 돌아와 38선 이남에 대한민국을 수립하고 초대 대통령이 된 인물이다. 말하자면 그는 독립운동 기간과 해방공간에서 자웅雌雄을 겨루었던 여러 라이벌들을 제치고 신생 공화국의 최고 통치자가 된 권력정치에서의 '최후 승자'였다. 그가 이렇게 된 것은 독립운동 기간에 그의 행보와 업적이 남달랐기 때문이었다고 말할 수 있다. 그렇다면 그가 독립운동가로서 집권에 성공한 요인은 무엇인가?

이승만이 독립운동가들 가운데 최후의 승리자가 될 수 있었던 것은―해방 후 3년간 남한이 미군정하에 놓여 있었다는 중대한 객관적 정황 이외에―근본적으로 다음과 같은 그의 탁월한 자질과 특수한 학력 및 경력에 힘입은 바가 크다. 즉, ① 그는 여느 독립운동가들보다 신분적으로 격이 높은 조선왕조의 왕족 출신이었다. ② 그는 발군의 총명함과 타고난 건강 체질을 지니고 있었다. ③ 그는 전통적 서당에서 한학漢學을 익힌 다음 기독교 선교학교인 배재학당에 들어가 영어와 신학문을 학습함으로써 동·서학문에 두루 통달했다. ④ 그는 독립협회의 일원으로 과격한 정치개혁운동을 펼치다가 한성감옥에 투옥되어 기독교에 입신하고 약 6년간 옥고를 치렀다. ⑤ 미국의 3개 명문대학(조지워싱턴, 하버드, 프린스턴)에서 5년간 공부한 끝에 한국인으로서는 역사상 처음으로 국제법 및 외교학 분야의 박사학위를 취득했다.

이승만이 독립운동가로서 갖추었던 이러한 근본적 이점들에 대해서는 이미 다른 글들에서 다루어진 바가 있기 때문에[1] 여기서는 논의를 생략하겠다.

1 이정식, 「해방 직후 정치지도자 4인의 성격 구성 : 이승만, 김구, 김규식, 여운형」, 『대한민

이 글에서는 그 대신 이승만이 1913년에 하와이로 망명한 다음 1945년 광복 전후까지 미주를 중심으로 독립운동에 종사할 때 그가 축적, 확보한 정치적 자산들—집권 성공의 요인들—을 살펴보고자 한다.

2. 이승만의 외교·선전독립운동 개관

  본격적인 논의에 앞서 우선 이승만이 펼친 외교·선전독립운동의 대강을 훑어보기로 하자. 이승만은 1910년 여름에 프린스턴대학교를 졸업한 후 10월에 귀국, 그때부터 1912년 3월까지 약 1년 5개월간 서울YMCA의 학감學監으로 근무하였다. 그러다가 1911년 말에 발생한 '105인사건'에 연루되어 1912년 3월 미국으로 출국하였다. 한동안 미국 동부에 머물면서 105인사건 피해자들을 구출할 방도를 강구하다가 여의치 않자 1913년 2월 하와이로의 망명을 결행하였다. 그 후 그는 1939년 11월까지 약 27년간 호놀룰루를 근거지로 삼아 주로 교육, 종교, 언론활동을 펼치면서 망명생활을 영위하였다. 1930년대 말에 이르러 미·일 간 전운戰雲이 감돌자 그는 하와이를 떠나 1939년 11월 미국의 수도 워싱턴 D.C.로 근거지를 옮겼다. 그곳에서 그는 1945년 10월 4일 귀국길에 오르기까지 대한민국임시정부(이하 임시정부로 약칭)의 승인 획득을 위한 외교·선전활동에 주력하였다.
  이승만은 호놀룰루에서 장기간 망명생활을 이어가면서 아래와 같이 여러 차례 하와이를 떠나 미국 동부, 중국 상해 및 유럽 각국 등지로 진출, 그 지역들에서 한국독립을 위한 외교·선전활동을 전개하였다.

국의 기원』, 일조각, 2006, 236~248쪽 ; 유영익, 「이승만, 건국대통령」, 『한국사시민강좌』 43, 2008, 1~24쪽 참조.

(1) 필라델피아와 워싱턴 : 1919.1.6~1922.9.7

이 기간에 이승만은 대한인국민회 중앙총회(회장: 안창호安昌浩)가 1918년 11월 말에 임명한 파리강화회의 한국대표 3인 중 하나로서 1919년 1월 미국 본토에 상륙하여, 동부 필라델피아에서 4월 14일부터 16일까지 '대한인대표자회의The First Congress'를 개최하고, 워싱턴으로 옮겨가 그곳에서 4월 중순부터 6월 말까지 상해에 수립된 임시정부의 국무총리(9월부터는 '임시대통령') 내지 서울에 선포된 한성 임시정부의 집정관총재('President')로서 파리강화회의를 상대로 문서외교활동을 펼쳤다. 1919년 6월 말 파리강화회의가 한국독립 문제를 외면한 채 폐회하자 그는 8월 25일에 한성 임시정부 집정관총재의 직권으로 워싱턴에 '구미위원부The Korean Commission to America and Europe'를 설치하고 홍보·선전활동을 개시했다. 그 후 그는 1921년 11월부터 1922년 2월까지 워싱턴에서 개최된 워싱턴회의에 '한국대표단' 단장으로 나가 임시정부의 승인획득을 위한 외교활동을 펼쳤지만 기대한 성과를 거두지 못했다.[2]

(2) 상해 : 1920.12.5~1921.5.29

이 기간에 이승만은 상해를 방문하여 '임시대통령'으로서의 직무를 수행하였다. 이때 이승만은 자신이 펼치는 구미위원부 중심의 외교·선전독립운동노선에 반대하는 이동휘李東輝(1873~1935), 안창호(1878~1938), 김규식金奎植(1881~1950) 등 내각(국무원) 각료들과 화합하는 데 실패, 초창기 내각의 붕괴를 초래했다. 그 결과 그는 신규식申圭植(1880~1922) 등 이른바 기호파畿湖派 인사들로써 새 내각을 조성해놓고 미국으로 돌아갔다.(신규식 내각은 워

---

2 방선주, 「1921~1922년의 워싱턴회의와 재미한인의 독립청원운동」, 국사편찬위원회 편, 『한민족독립운동사』 6, 1989, 217~222쪽 ; 고정휴, 『이승만과 한국독립운동』, 연세대학교 출판부, 2004, 410~418쪽 ; 나가타 아키후미 지음, 『일본의 조선통치와 국제관계 : 조선독립운동과 미국 1910~1922』, 박환무 옮김, 일조각, 2008, 335~341쪽.

싱턴회의에서의 외교 실패 후 총사퇴하였고, 이승만 자신은 1925년 3월에 상해 임시의 정원에 의하여 임시대통령직에서 탄핵·면직되었다. 거의 동시에 임시정부는 워싱턴의 구미위원부에 대해 폐쇄령을 내렸다.)[3]

(3) 제네바와 모스크바 : 1933.1.2 ~ 1933.8.19

이 기간에 이승만은 상해임시정부가 임명한 국제연맹The League of Nations 총회 특명전권수석대표의 자격으로 유럽으로 건너가, 제네바에서 개최된 국제연맹 총회를 대상으로 일본의 만주침략을 규탄하는 눈부신 선전활동을 펼쳤다. 이승만의 노력은 1933년 3월 27일 일본의 국제연맹 탈퇴에 간접적으로 기여하였다.[4] 귀로에 모스크바에 들러 소련 외무당국과 일본의 대륙침략 정책에 대항하는 미·중·소·한 등 4국 간 항일연대 구성을 협의하려 했으나 소련 측의 갑작스런 태도 변화로 좌절당했다.

(4) 워싱턴과 샌프란시스코 : 1941.6.4 ~ 1945.10.4

이 기간에 이승만은 충칭 임시정부의 주미외교위원장 겸 주화성돈전권대표駐華盛頓全權代表의 자격으로 미 행정부, 군부 및 의회를 상대로 임시정부의 승인을 획득하기 위한 외교·선전활동에 전력투구하였다. 결과적으로 미 정부로부터 임시정부의 승인을 받아내는 데는 실패하였지만 1943년 12월 1일 미·영·중 3대국 수뇌에 의한 '카이로 선언' 발표에 누구보다도 더 크게 영

---

3 1925년 3월 이승만 대통령의 탄핵·면직에 관해서는 이현주, 「임시의정원내 권력투쟁의 추이와 정치체제 변화」, 유영익 외 공저, 『이승만과 대한민국임시정부』(연세대학교출판부, 2009), 227~237쪽 참고.

4 방선주, 「1930년대의 재미한인독립운동」, 국사편찬위원회 편, 『한민족독립운동사』 8, 1990, 441~446쪽 ; 손세일, 「손세일의 비교 평전(53) : 한국민족주의의 두 유형—이승만과 김구—(1)제네바 국제연맹 회의에 가서 일본의 만주침략 비판」, 『월간조선』 2006년 8월호, 13~16쪽.

향을 끼쳤다.[5] 이승만은 1945년 4월부터 6월까지 샌프란시스코에서 개최된 국제연합 창립총회The United Nations Conference on International Organization에 한국대표단 단장으로 나가 '얄타 밀약설'을 터뜨림으로써 한국독립문제에 대한 총회 참가국 대표들과 언론의 관심을 유발하였다.

3. 독립운동가 이승만의 집권 성공 요인

(1) 하와이에서의 교육 및 종교활동과 교민 다스림의 경험

이승만은 독립운동 기간에 아시아 대륙에서 활약했던 독립운동가들에 비하여 더 많은 시간과 정력을 자기가 원하는 방향의 독립운동에 투입하였다. 그가 그렇게 할 수 있었던 것은 무엇보다도(1935년까지) 부양가족이 없는 독신獨身인 데다 해외로 망명할 때 다른 대부분의 독립운동가들처럼 만주, 시베리아 혹은 상해로 가지 않고 그 대신 태평양 한가운데의 외로운 군도群島 하와이를 망명지로 택했기 때문이었다. 하와이는 비록 외딴 섬이지만 기후가 온화하고 물산이 풍부하며 그곳에는 1905년 이전에 이민 온 한국인 약 4,500명이 살고 있었으므로 장기적으로 독립운동을 전개하기에 최적지였다. 이승만은 이곳에서 미국식 법률의 보호를 받으며 비교적 자유롭고 안정된 생활을 영위하면서 독립운동에 몰두할 수 있었다.

망명객 이승만이 하와이에 도착한 후 치중한 사업은 크게 두 가지, 즉 한인 교포 2세들의 교육을 위한 초급 학교와 한인 교포사회를 위한 교회를 설립·운영하는 것이었다. 처음에 그는 미 감리교 선교부에서 운영하는 한인 학교

---

5 신용하, 「백범 김구와 대한민국임시정부와 카이로선언」, 『백범 김구의 사상과 독립운동』, 서울대학교출판부, 2003, 222~238쪽 ; 정일화, 『대한민국 독립의 문 : 카이로 선언』, 선한약속, 2010, 70~74, 272~274, 455~460, 476~489쪽 참고.

를 인수받아 운영하다가 1918년에 이르러 '한인기독학원'이라는 미 감리교 선교부에서 완전히 독립한 한인학교를 설립하였다. 그는 또 처음에는 미 감리교 선교부에서 설립한 한인감리교회에서 봉사하다가 1918년에 '한인기독교회'라는 독립된 교단의 민족교회를 설립하였다. 이승만은 해방 전후까지 유지된 이들 두 기관의 설립자로서 하와이 망명기간 그곳의 백인 토착 세력과 한인 교포들로부터 존경을 받으며—적어도 호놀룰루에서 1930년에 이르러 그의 '독재'에 반대하는 이른바 '민중화' 운동이 발발, 자신의 입지가 크게 흔들리기까지—사실상 하와이 교포사회에서 '군림君臨'하였다.[6] 하와이에서 이승만이 이룩한 교육자 내지 교역자로서의 업적과 한인 교포사회에 대한 지도력 행사는 이승만이 누렸던 남다른 정치적 경험이었다.

(2) 언론 · 출판활동을 통한 국제적 명성 확보

이승만은 하와이에 도착한 후 우선적으로 『태평양잡지』라는 월간지를 발행하였다. 이 잡지는 하와이를 비롯한 해외 각지의 한인들에게 세계 정세를 알리면서 기독교를 전도하고 애국심을 유지, 고양하는 데 목적이 있었다. 이승만은 이 잡지에 실은 자신의 글들을 통해 자신의 정치사상을 홍보할 수 있었다.[7] 그는 또 1917년까지 호놀룰루에서 이 잡지 이외에도 자신이 저술 내지 번역한 『한국교회핍박』, 『독립정신』(제2판), 그리고 『청일전긔』 등의 책을 출판하였다. 1919년 대한민국임시정부의 국무총리 내지 한성 임시정부의 집정관총재가 된 그는 호놀룰루의 태평양잡지사를 통해 『대한독립혈전긔』

---

6 홍선표, 「이승만의 통일운동—1930년 하와이 동지미포대표회를 전후로—」, 『한국독립운동사연구』 11, 1997, 277~293쪽 ; 김도형, 「1930년대 초반 하와이 한인사회의 동향—소위 '교민총단관 점령사건'을 통하여—」, 『한국근현대사연구』 9, 1998, 204~205쪽.

7 오영섭, 「이승만의 언론활동」, 연세대 현대한국학연구소 편, 『이승만과 하와이 한인사회』, 연세대 현대한국학연구소, 2007.11, 27~49쪽.

라는 책을 발간(1919.8.15)하여 대한민국임시정부와 자신을 홍보하였다.

1919년 8월 이후에 이승만은 구미위원부 산하의 대한공화국 홍보부를 통해 영문으로 된 잡지와 책자 및 저서를 다수 출판하였다. 그 가운데 가장 중요한 것은 필라델피아에서 서재필이 편집·발간한 월간지 『대한평론Korea Review』이었다. 1922년 초까지 3년간 지속적으로 간행된 이 잡지에는 임시정부와 임정 수반으로서의 이승만의 활약상이 집중적으로 조명되었다. 1919년 4월에 필라델피아에서 열렸던 '대한인대표자회의'의 회의록인 『제1차 한인 의회The First Korean Congress』와 1942년 2월 말 워싱턴에서 개최된 '한인자유대회'의 회의록인 『한인자유대회Korean Liberty Conference』라는 책자 등에도 이승만의 활약상이 부각되어 있었다. 1933년에 제네바에서 외교·선전활동을 펼칠 때 이승만은 현지에서 "이승만 박사의 논평을 곁들인 리튼보고서 발췌Extracts from the Lytton Report with Comments by Dr. Syngman Rhee"라는 부제가 딸린 책자 『만주에 있는 한국인들The Koreans in Manchuria』을 출판하여 이를 국제연맹 총회에 참석한 각국 외교관과 언론인들에게 배포함으로써 자신의 성가聲價를 높였다. 태평양전쟁 발발 전 1940년 8월 초에 이승만은 일본인의 침략근성과 세계 제패의 야욕을 폭로하면서 미국이 일본에 대해 선제공격을 가할 것을 은근히 부추기는 저서 『일본내막기 : 오늘의 도전Japan Inside Out : The Challenge of Today』을 출판하여 이 책을 F. 루즈벨트Franklin D. Roosevelt 대통령 부처, 헐Cordell Hull 국무장관, 스팀슨Henry L. Stimson 육군장관, 혼벡Stanley H. Hornbeck 국무부 극동정치고문 등에게 증정함으로써 미국의 최고 정책수립가들에게 자기 자신을 홍보하였다.[8] 이러한 적극적이고 지속적인 홍보를 통해 이승만은 동포들과 국제사회에서 한국

---

8 고정휴, 「『일본내막기』의 집필배경과 내용 분석」, 연세대 현대한국학연구소 편, 『저서를 통해 본 이승만의 정치사상과 현실인식』, 연세대 현대한국학연구소, 2009. 11, 96~97쪽.

을 대표하는 독립운동가로서의 명성을 확고히 굳혔다.

(3) 구미위원부와 대한인동지회 등을 통한 활동자금 확보

이승만은 유교적 사고방식에 젖은 대부분의 독립운동가들과는 달리 현대
정치에 있어서 돈(자금)의 중요성을 누구보다도 더 빨리 깨닫고 적극적으로
모금 방법을 개발하여 필요한 활동자금을 확보하는 데 성공한 정치가였다.
그는 호놀룰루에 정착한 다음, 주로 하와이의 한인 교포들로부터 많은 기부금
을 거두어 '한인기독학원'과 '한인기독교회'를 설립함으로써 재미 한인들 가
운데 모금의 귀재로 알려지게 되었다. 1919년에 임시정부의 수반이 되자 그
는 한국독립에 필요한 외교와 선전활동을 활성화하기 위해 8월에 구미위원부
를 설립하고 이를 통해 '공채bond'를 발매함으로써 1922년까지—그 이전에
어느 개인이나 단체가 독립운동 명목으로 거둔 기부금의 액수를 훨씬 상회하
는 액수인—$148,653을 거두어들였다.[9] 그 후 그는 워싱턴회의, 제네바 국제
연맹 총회, 샌프란시스코 국제연합창립 총회 등 각종 국제회의에 임시정부 대
표로 나가 활동할 때 그 비용을 구미위원부, 동지회, 뉴욕과 캘리포니아 주의
여러 교포단체, 그리고 국내의 유지들로부터 모금하여 조달했다. 이러한 경
험에 바탕하여 그는 해방 후 서울에 돌아와 '경제보국회' 등 단체와 개인들로
부터 5,200여만 원(1977년 시가로 약 314억 4천만 원)이라는 거액을 '헌성금' 혹
은 '외교후원금' 명의로 모금할 수 있었다.[10] 한마디로, 그는 독립운동 기간에
자기가 필요로 하는 활동자금을 다른 어느 독립운동가보다 더 풍족하게 동포
들의 후원금에 의해 충당할 수 있었다. 이 점에서 그는 만성적인 재정결핍 상
태에 빠져 있거나 소련이나 중국국민당 정부의 지원금에 의존했던 다른 독립

---

9 고정휴, 『이승만과 한국독립운동』, 연세대학교출판부, 2004, 123쪽.
10 정병준, 『우남 이승만 연구』, 역사비평사, 2005, 606~609쪽.

운동가들에 비해 훨씬 유리한 입장에 놓여 있었다.

(4) 동지회를 통한 미국 내 한인들의 지지 확보

이승만은 1921년 7월 상해에서 미국으로 귀환하는 도중 호놀룰루에 들러 민찬호閔燦鎬, 이종관李鍾寬, 안현경安顯玄卿 등 자신의 지지자들을 앞세워 '대한인동지회大韓人同志會'(이하 '동지회'로 약칭)라는 이름의 후원단체를 조직하였다. 그 당시 이승만이 동지회를 서둘러 결성한 동기는 상해 임시정부와 자신을 적대시하는 세력—특히 박용만朴容萬이 1919년 3월 호놀룰루에 결성한 '대조선독립단'—의 비판적 공세로부터 임정과 스스로를 보호하며 동시에 자신이 워싱턴에서 추진하게 될 외교활동에 소요되는 경비를 지원받기 위함이었다. 그 후 이승만은 상해의 임시의정원에 의하여 탄핵·면직 당하기 전 1924년 11월에 '하와이 한인대표회'를 소집하여 동지회로 하여금 자기를 사실상의 종신 총재總裁로 임명하도록 조치하는 한편 비폭력주의, 희생정신 및 경제적 자립을 동지회의 정강으로 내세우고 『태평양잡지』(1930년 말부터는 『태평양주보』)를 동지회의 기관지로 삼아 발행토록 함으로써 동지회를 일종의 정당으로 격상시켰다. 그리고 나서 그는 '1백만 동지 확보'라는 야심 찬 목표하에 로스앤젤레스, 뉴욕, 시카고, 몬태나, 디트로이트 등지에 동지회 지회支會를 만들어 동지회 회원 확보에 힘을 쏟았다. 그 결과 형성된 미국 본토의 동지회 지회들은 1943년에 로스앤젤레스 지회를 중심으로 '동지회 북미총회'로 통합되어 하와이의 동지회 중앙부와 쌍벽을 이루게 되었다. 이승만은 이렇게 확대, 강화된 동지회 조직을 통괄함으로써 상해 임시정부에 의해 탄핵·면직 처분을 당한 다음에도—자신은 한성 임시정부가 추대한 집정관총재임을 주장하면서—여전히 교포사회에서 높은 권위를 유지하고 필요한 활동 자금을 조달받을 수 있었다.

동지회 회원 수는 정확히 알 수 없으나 1920년대에는 '200~300명', 그리고 1930~1940년대에는 '1천 명 정도'였다고 추정된다.[11] 이 수치는—1940년대 초반을 중심으로 볼 때—미주에서 회원 수가 가장 많았던 단체로 알려진 '대한인국민회총회'(일명 '북미국민회')의 회원 수에 비해 약간 적거나 거의 비등한 것으로 여겨진다. 동지회의 회원 가운데에는 이원순李元淳(1890~1991), 손승운孫承雲, 송철宋哲(1896~1986), 이종림李宗林, 허정許政(1896~1988) 등 재력가 내지 사업가가 있는가 하면 미국의 대학이나 대학원에서 정규교육을 받은 지식인들도 많았다. 그들 가운데 남궁염南宮炎(1888~1961), 임병직林炳稷(1893~1976), 정한경鄭翰景(1890~1985), 김도연金度演(1894~1967), 장덕수張德秀(1896~1947), 김양수金良洙(1896~1969), 이기붕李起鵬(1896~1960), 노디 김(1898~1972), 윤치영尹致暎(1898~1996), 김세선金世旋(1901~1989), 김현철金顯哲(1901~1989), 한표욱韓豹頊(1916~2003) 등[12]은 해방 후 국내 혹은 미국에서 대한민국 수립과 이승만의 집권을 적극 지원하는 역할을 맡았다. 요컨대 해방 이전의 이승만은 미주의 한인교포들로부터 따돌림을 받는 '외톨이' 독립운동가가 아니라, 미주 내 여러 한인 교포단체 가운데 수적으로나 질적으로 가장 실속 있는 단체 중 하나로부터 확고한 지원을 받는 독립운동가·정치가였다고 말할 수 있다.

(5) 흥업구락부 등을 통한 국내 지지세력 확보

독립운동 기간 이승만은 청년시절에 배재학당, 한성감옥 및 서울YMCA 등

---

11 홍선표, 「이승만과 동지회」, 연세대 현대한국학연구소 편, 『이승만과 하와이 한인사회』, 연세대 현대한국학연구소, 2007.11, 65쪽.
12 윤치영이 1928년 1월 14일에 이승만에게 보낸 서한에 의하면, 김도연, 장덕수 및 김양수는 1928년 1월에 동지회 뉴욕지부에 익명으로 가입한 것으로 보인다. 유영익 등 편, 『이승만 동문 서한집』(하권), 연세대학교출판부, 2009, 139쪽.

에서 인연을 맺은 국내외의 동창생 내지 신앙동지들과 계속 접촉하면서 그들과의 교분을 활용하고 있었다. 특히 그는 국내에 있는 옛 동지들로부터 물심양면의 지원을 받으며 장차 한국에 돌아가 정치활동을 전개할 때 필요한 정치기반을 미리 조성하고 있었다. 이와 같이 그가 국내에 자기세력을 부식扶植하려고 노력할 때 그를 가장 많이 도와준 사람은 이상재李商在와 신흥우申興雨 등 옥중동지들이었다. 조선일보사 사장과 신간회 회장직을 역임한 이상재는 1919년 4월 23일에 서울에서 선포된 한성 임시정부를 출범시킨 가장 중요한 막후 인물로서 이승만이 집정관총재로 추대된 사실을 증명하는 증빙서류, 1921~1922년 워싱턴회의에서 이승만이 회의 참석자들에게 배포한 '한국인민치태평양회의서韓國人民致太平洋會議書', 그리고 1923년 1월 상해임시정부가 와해의 위기에 직면했을 때 대통령 이승만의 입장을 강화시켜줄 목적으로 작성된 '경고해외각단체서敬告海外各團體書' 등 문건을 작성하여 이승만에게 밀송함으로써 미주와 상해에서의 이승만의 정치외교활동을 원격지원하였다. 그는 또 워싱턴회의 당시 이승만이 필요로 하는 외교활동 자금을 국내에서 비밀리에 모금하여 조달해주기도 했다. 한성감옥 동지로서 서울YMCA 총무를 역임한 신흥우 역시 3·1운동 후 한성 임시정부 관련 문건을 미국으로 직접 갖고 가서 이승만에게 전달하는 등 이승만의 독립운동을 도왔다.

  독립운동 기간 이들 두 사람처럼 이승만을 아끼고 존경했던 국내의 기독교계 인사들은 1925년 3월 23일 서울의 신흥우 자택에서 동지회의 자매단체인 '흥업구락부興業俱樂部'를 비밀리에 결성하였다. 흥업구락부의 창립회원은 이상재, 신흥우, 윤치호尹致昊, 장두현張斗鉉(1874~1938), 오화영吳華英(1879~1959), 구자옥具滋玉(1891~1950), 박동완朴東完(1885~1941), 유성준兪星濬(1860~1934), 이갑성李甲成(1889~1981), 유억겸兪億兼(1895~1947), 안재홍安在鴻(1891~1965), 홍종숙洪鍾肅(1877~?) 등 12명이었고, 초대 회장은 이상재였다. 1938년 이 단체가 일제 경찰에 발각되어 해산될 때 회원 수는 52명으로 늘어 있었다. 흥업구락부 멤버들은 대체로 기호지방 출신의 기독교 감리교 교인들로서 미국이나 일본에 유학한 경력이 있는 민족주의 계열의 우파 지식인들이었다. 이들은 서울YMCA의 간부, 『조선일보』·『동아일보』의 편집인 내지 기자, 혹은 연희전문학교와 이화전문학교 교수들이었다.[13] 그들 중 일부(신흥우, 백관수, 송진우, 유억겸, 김양수, 김활란)는 1925년과 1927년 여름에 호놀룰루에서 개최된, 태평양문제연구회The Institute of Pacific Relations가 주관하는 '태평양회의'의 한국대표로 호놀룰루에 가서 이승만과 직접 만나 서로 교분을 다졌다.[14]

흥업구락부와 그에 연관된 단체의 멤버들은 해방 후에 대부분 '한국민주당'의 주요 멤버가 되었다. 이 점을 고려할 때 이승만은 1920~1930년대에 이미 국내의 보수적 민족주의 지도자들을 지지 세력으로 확보함으로써 집권에 필요한 기반을 닦았다고 말할 수 있다.

(6) 상해·중경 임시정부 내 지지세력 확보

이승만은 1925년에 상해 임시의정원으로부터 대통령직을 탄핵·면직당하는 수모를 겪었지만 1932년 이후 김구金九가 영도하는 임시정부와 상호의존적인 공생symbiotic관계를 맺었다. 김구는 1922년 8월 이승만 대통령에 의해 임시정부의 내무총장으로 임명되면서 임시정부 내의 실력자로 부상한 다음 1926년에 국무령 그리고 1940년에는 주석主席직에 취임함으로써 임시정부의 최고 실력자가 되었다. 김구는 1923년 1월 임정 내의 반反이승만 세력이

---

13 고정휴, 『이승만과 한국독립운동』, 연세대학교출판부, 2004, 309~314쪽 ; 정병준, 앞의 책, 349~358쪽.
14 고정휴, 『1920년대 이후 미주·유럽지역의 독립운동』, 천안독립기념관 한국독립운동사연구소, 2009, 86~90쪽.

'국민대표회의'를 개최하여 임정의 개조 혹은 창조를 논의할 때 내무총장의 직권으로 '내무부령 제1호'를 발하여 국민대표회의를 해산시킴으로써 이승만을 간접적으로 도왔다. 그 후 1930년에 임정 내의 기호파를 규합하여 '한국독립당'을 창당한 그는 윤봉길尹奉吉 의거 후 상해에 있는 국무원으로 하여금 1932년 11월 이승만을 임시정부의 국무위원으로 임명하고 동시에 제네바에서 개최될 국제연맹 총회의 전권대표로 임명케 함으로써 이승만과 임정 간의 협력관계를 성립시켰다. 이어서 그는 1934년 4월에 이승만을 '주미외무위원'으로, 그리고 1941년 6월에는 대한민국임시정부 주미외교위원회의 '주미외교위원장 겸 주화성돈전권대사'로 임명함으로써 이승만에게 미국정부를 상대로 한 외교를 전담시켰다. 바꾸어 말하자면, 이승만은 1932년 이후 중국에 있는 임시정부와 협조적인 관계를 성립, 유지하는 데 성공한 것이다.

이승만은 김구가 영도하는 '한국독립당' 내의 이시영李始榮, 이동녕李東寧, 조완구趙琬九, 조소앙趙素昻, 신익희申翼熙 등 기호파 인사들과 우호적인 관계를 유지했다. 이들 가운데 임시정부의 외교부장직을 오래 맡았던 조소앙은 1925년 3월 임시의정원의 이승만 대통령 탄핵·면직 조치에 극력 반대했던 인물로서 1926년 말까지 하와이에 있는 이승만에게 임정 내부의 사정을 내보内報하며 이승만의 복권을 도모하였다.[15] 임정의 내무부장직을 역임했던 신익희 역시 이승만에 대하여 호의적인 태도를 견지하였다. 이들 임정 지도자들 이외에 이승만은 1940년 9월에 창설된 광복군光復軍의 이청천李靑天 사령관 및 이범석李範奭 제2지대장과도 친밀한 관계를 유지했다.

요컨대, 이승만은 1932년 이후 임시정부와 화해하고 임정 지도자들 가운데 한국독립당 계열의 우파 인사들과 유대를 강화하면서 김규식, 김원봉金元

---

15 유영익, 「『이승만 동문 서한집』 해제」, 유영익 등 편, 『이승만 동문 서한집』(상권), 연세대학교출판부, 2009, 27~28쪽.

鳳(1898~?) 등으로 대표되는 좌파세력을 견제하는 입장을 취하고 있었다. 1932년 이후 이승만과 임시정부 간에 형성된 유대는 해방 후 이승만이 귀국하여 정치활동을 전개할 때 절대적으로 유리하게 작용했던 정치적 자산이 되었다.[16]

(7) 미국인 지지세력의 확보

1) 민간인 지지세력

이승만은 1904년 11월 처음으로 도미渡美할 때 6명의 미국·캐나다 출신 개신교 선교사들로부터 미국 대학 입학에 필요한 19통의 추천장을 받아 챙겨 미국으로 떠났다. 그 후 그는 미국 대학에서 공부하면서 동부의 여러 교회와 YMCA의 초청을 받아 무려 170여 회에 걸쳐 한국에 관련된 연설과 설교를 함으로써 미국인 개신교 교도들 간에 지면知面을 넓혔다. 이렇게 맺은 미국 기독교인들과의 인맥을 바탕으로 그는 1919년 4월 필라델피아에서 열린 한인대표자회의가 끝나자 곧 서재필의 친구인 필라델피아 소재 성삼위일체 교회The Holy Trinity Church의 교구사제rector 톰킨스Floyd W. Tomkins 박사의 주도하에 미국 내 18개 도시와 유럽의 런던 및 파리 등지에 '한국친우회 The League of Friends of Korea'를 결성, 1921년 말까지 1만 명 정도의 회원을 확보하는 개가를 올렸다.[17] 한국친우회 멤버들은 1919년 후반 이승만이 서재필, 헐버트Homer B. Hulbert, 벡S. A. Beck 등 선교사들과 함께 미국 내 주요도시를 순회하면서 한국독립운동 관련 강연회를 개최할 때 이를 적극 후원했고, 1921년 워싱턴회의 때에는 백악관과 국무성에 편지쓰기 운동을 펼침으

---

16 정병준, 「태평양전쟁기 이승만과 충칭 임시정부의 관계와 연대 강화」, 유영익 외, 『이승만과 대한민국임시정부』, 연세대학교출판부, 2009, 292~294쪽.

17 고정휴, 『이승만과 한국독립운동』, 연세대학교출판부, 2004, 371쪽.

로써 이승만의 외교를 측면 지원하였다.

1941년 12월 태평양전쟁이 발발하자 이승만은 그때까지 자기를 밀어준 미국인 친구들을 규합하여 1942년 1월 16일에 "한국의 독립과 대한민국임시부의 승인을 얻기 위하여 미국인들의 동정을 확보함"을 표방하는 로비 단체 '한미협회The Korean—American Council'를 발족시켰다. 연이어 1942년 9월 말에는 이 단체의 후원기관으로 '기독교인친한회The Christian Friends of Korea'를 출범시켰다.[18] 이승만은 '한미협회'의 이사장으로는 워싱턴에서 영향력이 큰 파운드리 감리교회The Foundry Methodist Church의 담임목사 겸 미 연방상원의 원목chaplain인 해리스Frederick B. Harris 박사를, 그리고 회장으로는 주 캐나다 특명전권공사를 역임한 크롬웰James H. R. Cromwell을 모시고, 그 밑에 자기의 오랜 친구인 INS(International News Service)의 기자 윌리엄스Jay Jerome Williams와 워싱턴의 변호사 스태거스John W. Staggers를 재무담당 이사 및 법률고문으로 각각 영입하였다. '기독교인친한회'의 회장으로는 아메리칸대학The American University의 더글러스Paul F. Douglass 총장을 모시고, 그 밑에 연희전문학교 교장직을 역임한 애비슨Oliver R. Avison 박사와 미 장로교계 상해지역 선교사였던 핏치 여사Mrs. Geraldine Fitch를 서기겸 재무 및 서기보로 각각 영입하였다.

이승만은 이렇게 확보된 미국인 후원자들 가운데 특히 해리스 목사, INS의 윌리엄스 기자, 워싱턴의 변호사 스태거스, 그리고 1942년 8월에 처음 만나 알게 된 시라큐스대Syracuse University의 변론학 교수 올리버Robert T. Oliver 박사 등 네 사람을 자신의 참모로 삼아 그들로 하여금 미 행정부, 의회 및 언론기관을 상대로 로비 활동을 펼치도록 했다. 이들은 각기 자기의 직업분야에서 전문성을 높이 인정받는 고급두뇌로서—아래에서 거론하는 굿펠로우

18 고정휴, 앞의 책, 428~432 참조.

등과 더불어—1946년 12월 이승만을 위하여 '전략 협의회strategy council'를 조직하고 대한민국 수립에 필요한 구체적인 행동강령을 고안하고 실천하는 데 협력함으로써 이승만의 건국 작업과 집권을 적극 도왔다.[19] 요컨대 이승만은 1942년에 대미 외교에 박차를 가하면서 미국의 종교계, 법조계, 언론계, 학계 등 여러 분야의 저명인사들을 '한미협회'와 '기독인친한회'의 주요멤버로 영입함으로써 그들로부터 자발적이고 조직적인 지원을 받아냈던 것이다.

2) 미 행정부 및 군부 내 지지세력

이승만은 1905년 8월에 뉴욕의 오이스터 베이Oyster Bay에서 T. 루스벨트 Theodore Roosevelt 대통령을 면담한 것을 시작으로 미국의 최고 정치지도자들과 직접 만나거나 그들에게 편지와 전보를 보내는 외교 스타일을 추구하였다. 그는 프린스턴대에서 공부할 때 그 당시 프린스턴대 총장이었던 윌슨 Woodrow Wilson의 관저를 여러 번 방문하여 그의 가족과 친교를 맺었었다. 그 후 그는 1921년에는 하딩Warren G. Harding 대통령, 그리고 1940년대에는 F. 루즈벨트 및 트루먼Harry S. Truman 대통령에게 빈번히 서신과 전보를 보내면서 그들의 관심을 끌려고 노력했다.[20] 이승만은 1945년 3월, 즉 F. 루즈벨트 대통령의 서거 한 달 전에 영부인 엘리노어 루즈벨트Mrs. Eleanor Roosevelt를 뉴욕 주 하이드 파크Hyde Park에 있는 그의 자택에서 만나 한국인의 항일무장활동에 대한 그녀의 협조를 요청하기도 했다. 그는 또 미 국무성을 상대로 임시정부 승인획득 운동을 하는 과정에서 국무장관 헐과 극동국의 동아시아 정치담당 고문 혼벡, 국무장관 특별보좌관 히스Alger Hiss 등 주요 관리들을 여러 번 찾아가 그들에게 임시정부와 자신의 요구사항을 제시하

---

19 Robert T. Oliver, *Syngman Rhee : The Man Behind the Myth* (New York : Dodd Mead and Company, 1960), pp. 231~232.
20 유영익, 「(원)이화장 소장 이승만 영문서한, 1903~1948」, 명지대 국제한국학연구소 편, 『이남 이승만 대통령 관련 사료의 이해』, 명지대학교 국제한국학연구소, 2008.6, 5쪽.

였다. 그런데 이 국무성 관리들은 이승만을 '귀찮은 고집쟁이 늙은이'로 취급하면서 그의 요구를 들어주지 않았다. 그러나 1947년 3월 '트루먼 독트린'의 발표를 계기로 미국의 대소정책이 바뀌면서 이승만은 국무성의 점령지역 국무차관보 힐드링John R. Hilldring 장군 등으로부터 우호적인 대우를 받기 시작했다.[21]

　태평양전쟁 발발 후 이승만은 미국정부로부터 임시정부의 승인을 얻어내는 데 총력을 기울였다. 그 방편의 하나로써 그는 미 군부에 접근하여 미국이 해외에 있는 한국인 청년들, 특히 중국에 있는 광복군을 대일對日전쟁에 활용할 것을 설득하는 일종의 참전외교를 시도했다. 이 과정에서 그는 미국 전략첩보국Office of Strategic Services: OSS의 특수공작 담당 부국장 굿펠로우M. Preston Goodfellow 대령과 친숙하게 되었다. 굿펠로우는 이승만의 반소·반공사상과 일본에 대한 한·미 간 군사협력방안에 공명하여 1942년부터 1945년까지 이승만의 요구사항들을 실현시키려고 노력하였다. 그 직접적 결과로서 1943년 초에 이승만이 추천한 12명의 미국 내 한국 청년들이 OSS의 특수훈련을 받은 다음 중국 혹은 태평양지역에서 미군의 첩보활동에 참여하였고, 간접적 결과로서는 1945년에 70명의 한인들이 OSS가 추진한 두 갈래의 한반도 침투작전—즉, 물 밑으로 침투하는 납코작전Napko Project과 광복군을 이용한 독수리작전Eagle Project—에 특공대원으로 선발되어 훈련을 받았다.[22] 굿펠로우는 해방 후 이승만이 귀국을 서두를 때 미 국무성으로부터 여권을 얻는 일을 도와주었고, 그 후 미군정 사령관 하지John R. Hodge의 정

21　Robert T. Oliver, ibid., pp. 233~234.

22　방선주, 「미주지역에서 한국독립운동의 특성」, 『한국독립운동사연구』 7, 1993, 499~511쪽 ; 방선주, 「아이프러기관과 재미한인의 복국운동」, 『해방50주년, 세계속의 한국학』, 인하대 한국학연구소, 1995.5, 131~132쪽 ; 고정휴, 『이승만과 한국독립운동』, 연세대학교출판부, 2004, 451~452쪽.

치고문으로 서울에 도착하여 1946년 5월 서울을 떠날 때까지 이승만의 정치적 정지整地작업을 지원함으로써 이승만의 집권에 기여하였다.[23]

이승만은 1945년 5월 샌프란시스코에서 열린 UN창립총회 도중에 '얄타밀약설'을 제기함으로써 미국의 보수적 언론들로부터 각광을 받아 반소·반공주의자로서의 명성을 굳혔다. 그 결과 그는 반소·반공사상을 공유하고 있던 미 태평양지구 총사령관 맥아더Douglas MacArthur 장군의 관심을 유발, 1945년 7월부터 그와 교신을 개시할 수 있었다. 맥아더는 이승만이 1945년 10월 귀국할 때 그에게 미 군용기 탑승을 허용하였고 이승만이 동경東京에 들렀을 때 두 번이나 만나서 환담하는 등 각별한 친절을 보여주었다.[24] 맥아더의 이러한 배려가 그 후 미군정하에서 치열한 정치투쟁을 벌여야 했던 이승만에게 커다란 보탬이 되었음은 물론이다.

요컨대, 이승만은 해방 전에 미국 내 민간인들 가운데 영향력 있는 인사들을 다수 지지자로 확보함은 물론 군부 내에도 자신의 입장에 동조하는 인사들을 상당수 포섭하는 데 성공한 것이다. 이렇게 확보된 미국의 고급인력이야말로 이승만이 미주지역을 대표하는 독립운동가로서 거둔 정치적 수확 가운데 가장 소중한 것이었다.

4. 맺음말

종래 일부 이승만 연구자들은 독립운동가로서의 이승만을 논할 때 그가 임시정부의 대통령 내지 전권대표로서 정치적, 외교적으로 실패를 거듭한 나머

---

23 Bruce Cumings, *The Origins of the Korean War: Liberation and the Emergence of Separate Regimes, 1945~1947*(Princeton, N.J.: Princeton University Press, 1981), pp. 188~189 ; 정병준, 앞의 책, 431~432, 530~536쪽.
24 정병준, 앞의 책, 440~446쪽 ; 이정식, 「해방 전후의 이승만과 미국」, 앞의 책, 316~319쪽.

지 해외교포들 간에 존경과 지지를 얻지 못했던 결격缺格 정치지도자라고 묘사하면서 그가 해방 후에 집권한 것은 오로지 그의 노회한 권모술수와 미국 정부의 적극적 지원 때문이었다라고 간주하는 경향이 있다. 달리 말하자면, 그들은 이승만이 자기의 실력과 업적, 그리고 국민 대다수의 여망에 바탕하여 정정당당하게 집권한 것이 아니라 교활하게도 외세를 등에 업고 권력을 잡은 일종의 괴뢰였다고 보는 것이다.

이 글에서는 우선 독립운동 기간에 이승만이 추진했던 외교와 선전활동이 모두 실패로 끝난 것이 아니었다는 전제하에, 1945년 이후 그가 대한민국을 건국하고 대권大權 달성에 성공한 것은 그의 탁월한 개인적 자질과 투옥 및 유학 경력 등 남다른 배경적 요인 이외에, ① 하와이에서의 교육자—교역자로서의 업적과 교민 다스리기의 경험, ② 꾸준한 자가 홍보를 통한 국내적, 국제적 명성의 획득, ③ 구미위원부와 동지회 등을 통한 비교적 풍부한 정치자금의 확보, ④ 동지회 조직을 통한 상당수 미주 한인들의 지지 확보, ⑤ 흥업구락부 등을 통한 국내 보수 세력의 지지 확보, ⑥ (1932년 이후) 상해·충칭 임시정부로부터의 확고한 지지 확보, ⑦ 미국의 다수 민간인(종교인, 언론인, 변호사, 교수 등)과 군부 내 보수적 지도자들의 지원 확보 등 다양한 정치적 자산을 축적하였기 때문에 가능하였다는 주장을 폈다. 총괄하건대, 필자는 이승만이야말로 한국 역사상 최초의 민주공화국을 건설하고 그 공화국의 초대 대통령이 되는 데 필요한 정치가로서의 자질과 경력을 상대적으로 가장 잘 구비한 인물로서, 해방 이전 독립운동에 종사하는 동안 새로운 국가 건설과 정권 장악에 필요한 요건들을 다른 독립운동가들에 비해 더 주도면밀하게 탐구하고 준비하였기 때문에 대한민국 건국과 대통령직 달성이 가능하였다고 판단한다. 말하자면 이승만은 자기의 집요한 노력을 통해 건국이라는 위업을 달성하고 권력을 쟁취爭取한 독립운동가였다고 보는 것이다.

김 구
—임시정부를 이끈 민족주의 독립운동가—

도진순

1. 머리말
2. 민족주의자 백범의 탄생

3. 중국에서의 독립운동
4. 김구가 남긴 과제

1. 머리말

백범白凡 김구金九(1876~1949)는 한국을 대표하는 독립운동가요 민족주의 자이다. 그런데 이런 강한 정체성은 다른 한편으로 평범에서 비범으로 나아 간 김구의 오랜 역동성을 파악하는 데 장애가 되는 측면도 없지 않다. 우리의 근·현대사가 외세의 침략과 민족운동, 봉건적 질곡과 근대화운동으로 점철 된 파란만장한 격동의 시기였음에 주목한다면, 김구와 당시의 지도자들 대부 분이 역동적인 다양한 삶을 경험한 것은 전혀 이상한 일이 아니다. 근대화론

都珍淳 창원대학교 사학과 교수.
『백범일지』(돌베개, 1997), 『백범어록』(돌베개, 2007), 『한국민족주의와 남북관계』(서울대 학교출판부, 1997) 등 백범과 관련한 일련의 연구가 있고, 현재 한중일 삼국의 전쟁에 대한 기 억과 기념을 평화의 초석으로 전환시키는 문제를 천착하고 있다. 관련 논문으로 「세기의 망 각을 넘어서—러일전쟁 100주년 기념행사를 중심으로」, 「남북 접경 지역의 평화적 활용을 위 하여—서해, 한강, DMZ」, 「안중근 가문의 유방백세와 망각지대」 등이 있다.

자·민족주의자·사회주의자·식민주의자 따위의 총론적 규정은 '천부天賦의 무엇'이 아니라, 개인의 삶이 역사의 파란을 헤집고 나서 비로소 주형된 것으로, 그 전후 주변엔 상반과 굴곡의 여분이 남아 있게 마련이다.

이 글은 비록 짧지만 김구의 삶을 시대와 더불어 역동적으로 파악하면서 그가 민족주의자로서 성장, 귀결되는 과정을 보여주고자 한다. 또한 무릇 인간은 비범한 무슨 주의자 이전에 보편적 인간에서 출발하기에 김구가 지닌 민족주의자의 면모를 보편적 인간과 결합시키는 것에도 유의하고자 한다.

2. 민족주의자 백범의 탄생

(1) 김창암 : 상놈의 현실, 양반의 꿈

김구는 병자수호조약(강화도조약)이 체결된 1876년, 7월 11일 황해도 해주 텃골에서 태어났다(아명 김창암金昌巖). 그의 집안은 안동 김씨로 원래 서울의 명문이었지만, 김자점金自點 역모사건(1651) 이후 황해도 산골로 은신하여 신분을 숨기고 천민에 가까운 생활을 하였다. 그러나 "텃골에 11대조부터 내려오는 문중의 묘역이 있었다"라는 『백범일지』의 기록에서 알 수 있듯이 그의 집안은 그냥 상놈이 아니라, 과거 양반 내력을 비전秘傳하면서 다시 입신양명을 도모하는 집안이었다. 그의 삼촌이나 아버지가 유명한 불평분자였던 것도, 가족들이 과거로 입신출세를 꿈꾸는 어린 김창암을 적극 후원한 것도, 이러한 집안 내력이나 욕망과 무관하지 않다.

1887년 12세의 김창암은 집안 어른이 갓을 쓰지 못하는 것이 상놈이기 때문이란 사연을 듣고 양반이 되기 위해 과거 공부를 시작하였다. 그는 어려운 환경 속에서 5년간이나 준비하여 1892년 과거를 치렀지만, 결과는 낙방이었다. 그런데 그것은 재기를 모색할 수 있는 그런 낙방이 아니라, 자신의 실력

이상으로 답안을 제출했지만 낙방한, 절망적인 것이었다. 『백범일지』를 유심히 읽어보면 알 수 있지만, 부정행위가 난무했던 과거장에서 김창암도 일종의 부정행위로 답안지를 제출하였다. 그는 자신의 스승이 지어준 답을, 자신은 다음에 또 볼 수 있다면서 아버지의 이름으로 제출하고자 하였고, 이러한 효심에 감복한 다른 접장이 글씨도 써 주었다. 즉 김창암은 과거장에서 아무 것도 한 일이 없이 자신의 실력을 훨씬 상회하는 스승들의 실력으로 답안지를 제출하였지만, 더 큰 부정이 난무하는 과거에서 낙방하였던 것이다.

어린 김창암은 이에 상당한 충격을 받아 석 달간 두문불출하고, 근 1년간 방황하였다. 김구는 만년에 자신의 인생을 "18세에 붓을 던진 이후 시종 유랑생활"이라고 회고하였는데, 붓을 던진 계기가 바로 1892년 과거 낙방이었다. 이제 김창암에게 과거는 길이 아니었으며, 이로써 그는 파란만장한 유랑과 변신의 행로로 나아가게 되었다.

(2) 김창수 : 동학과 의병

과거에 낙방한 이듬해(1893) 김창암은 전격적으로 동학에 입문하였다. 과거로 양반사회의 편입이 좌절된 그에게 존비귀천이 없다는 동학은 새로운 희망이었다. 그는 동학에 입문하면서 김창수金昌洙로 개명하였는데, 이것은 새로운 삶을 살겠다는 일종의 선언이었다. 그는 동학에 매진하여 교주 해월海月 최시형崔時亨을 직접 만났고, 1894년 동학농민전쟁이 발생하자 19세의 애기접주로서 황해도 지역 최선봉에서 싸웠다.

그러나 그해 말 황해도 동학농민군의 야심찬 해주성 공격이 일본군의 개입으로 실패하였다. 이후 동학농민군은 황해도 일대에 흩어져 각 지역을 통치하고 있었는데, 이때 안중근 의사의 아버지인 안태훈安泰勳이 동학군에 맞서는 의병을 일으켰다. 그런데 안태훈은 아들 안중근보다 겨우 세 살 많은 청년

적장敵將 김창수에게는 특별히 밀사를 파견하였다. 이를 계기로 둘 사이에는 "서로 공격하지 않을 뿐만 아니라 어느 한 쪽이 불행에 빠지면 서로 돕는 공동원조하자"는 밀약까지 성립되었다. 이것은 민족적 위기 상황에서 인재를 알아보는 안태훈의 안목과 더불어, 아직 계급적 인식이 철저하지 않았던 동학군의 한계를 보여준다. 심지어 황해도 일대를 장악하고 있던 동학군은 서로 영역 싸움까지 벌이고 있었다. 그 와중에 김창수 부대는 의병이 아닌 같은 동학군인 이동엽 부대에 의해 해체되었다.

패장 김창수는 석 달간의 방황과 고민 끝에 적장 안태훈을 찾아 청계동으로 들어갔다. 청계동에서 안태훈과의 동거는 청년 김창수에게 중요한 인연과 계기들을 마련해주었다. 안태훈의 각별한 후원으로 김창수는 부모님과 더불어 안정된 생활을 할 수 있었으며, 무엇보다 안태훈의 식객인 선비 고능선高能善은 동학의 꿈이 깨어진 청년 김창수에게 새로운 사상적 지주가 되었다. 이때 고능선이 가르쳐 준 "벼랑에 매달렸을 때 잡은 손마저 놓는다면 가히 대장부(懸崖撒手丈夫兒)"라는 구절은 김창수에게 일생의 화두가 되었다.

김창수가 고능선에게서 얻은 더욱 중요한 성과는 비록 중세적인 것을 완전히 벗어나지 못했지만, 청일전쟁 등 국제정세 속에서 나라를 생각하는 것이었다. 즉 '국가'의 발견이었다. 이제 김창수는 황해도지역에서 상놈이냐 양반이냐의 차원을 넘어서 국가를 본격적으로 고뇌하게 된다. 그 연장선상에서 그는 안태훈의 또 다른 식객 김형진金亨鎭과 같이 두 번에 걸쳐 청국淸國을 방문해 국제연대를 모색하기도 하고, 그것과 일정한 관련하에서 의병 거사를 도모하기도 하였다.

1895~1896년 김창수가 청국에 다녀오던 시기 국내의 정세는 긴박하게 돌아갔다. 1895년 8월 명성황후가 시해되었으며(을미사변乙未事變), 이듬해 1월 전국 각지에서 을미의병이 일어났다. 이해 3월 김창수는 황해도 안악 치

하포에서 명성황후 시해사건에 대한 복수의거로서 일본인 쓰치다 조스케土田讓亮를 죽이게 된다. 양반을 타도하기 위해 동학군의 선봉에 섰던 청년 김창수는 이제 국가를 발견하게 되고, '국모 시해'에 대한 '복수의거'로 사형의 문턱까지 가게 되었다.

이 사건으로 김창수가 근 2년간 옥살이를 하는데, 이것은 그의 생애에 커다란 영향을 미쳤다. 치하포 사건으로 재판을 받으면서 김창수는 저명인사가 되었다. 또한 감옥생활에서 불한당不汗黨 두목 김진사를 만나 비밀결사에 대한 비법을 듣게 되는데, 이것은 이후 김구의 독립투쟁 방략에 많은 영향을 주어 한인애국단 등 비밀결사와 의거義擧를 중시하는 방법으로 이어졌다. 그런데 더욱 중요한 것은 심문과정에서 고종과 명성황후에 대해 절절한 충군애국적 입장을 과시하던 그가 감옥에서 이와 전혀 다른 세계인 근대를 만나게 되었다는 사실이다.

(3) 백범 김구 : 근대의 민권과 국권

청년 김창수는 감옥에서 『태서신사泰西新史』 같은 '신서적'을 통해 근대적 문물에 눈뜨게 됨으로써, 자신을 충군애국의 의병으로 나아가게 한 스승 고능선의 화이론적 세계관이 잘못된 것임을 깨닫게 되었다. 1898년 탈옥 이후 이름을 김구金龜로 바꾸고, 스승 고능선을 찾아가 충군애국론을 격렬하게 비판하였다. 문명개화론의 입구에 막 들어선 김구는 임금(고종)을 "벼슬 값을 매겨 파는 오랑캐"로 규탄하고, "남의 나라(서양) 오랑캐"보다 우선 "내 나라 오랑캐(임금)"를 먼저 배척할 것을 주장하였다. 이리하여 그는 스승 고능선과 사상적 사제관계를 단절하였다.

1903년 근대문명의 상징인 기독교에 입교하였으며, 이후 근대적인 애국계몽운동에 매진하였다. 1905년 을사늑약에 대한 항쟁으로 '을사의병'이 전국적으로 일어났을 때, 그의 입장은 을미의병 때와는 완전히 달랐다. 근대적 '신사상가'임을 자부하며 의병을 '한심한' '산림학자山林學者들의 구사상'이라고 비판하였다. 그가 신민회新民會에 가입한 것은 이제 자신은 단순히 봉건적 반대파인 동학군도, 중세적 화이론에서 벗어나지 못한 의병도 아닌, 근대적 새 인간임을 선언한 행동이었다.

그러나 한말 일제에 의한 망국의 위기에 비례하여 근대적 민권民權에 집착하던 김구의 인식은 또다시 바뀌게 된다. 그것의 핵심은 황제(고종)로 대표되는 국권國權의 문제였다. 1909년 당시 김구가 계몽운동의 일환으로 강연회를 진행할 때에는 먼저 환등기로 황제의 사진을 보여주며 한국인과 일본인 모두에게 기립국궁의 극진한 예를 취하게 하고 난 이후 본인의 강연을 시작하였다. 즉 그간 격렬하게 비판하던 황제를 독립과 국권의 상징으로 다시 존중하게 된 것이다.

김구가 근대적 계몽운동의 한계를 더욱 절감하게 되는 것은 안명근 사건에 연루되어 서대문감옥에 투옥되고 난 이후이다. 1911년 투옥되었을 당시만 해도 그는 감옥에서 만난 중세적 의병들의 '한심한 수준'을 여전히 개탄하였다. 그런데 바로 그 감옥에서 반년 만에 '심리상태의 대변동'을 자각하게 된다. 그 계기는 일제의 고문과 이에 대한 의병의 사생관死生觀이었다. 김구는 체포 이후 일곱 번이나 질식하는 혹독한 고문을 통해서 일본 제국주의의 진면목을 실감하고, 일제에 몸을 던져 맞서는 의병의 의리관과 사생관을 다시 받아들여 근대 계몽주의자의 허점을 보완하게 된다. 이리하여 그는 의병들의 낡은 세계관에 대해서는 여전히 비판하면서도 서대문감옥에서 옥사한 의병지도자 이강년李康秊과 허위許蔿의 절의를 칭송하였고, 그들의 혼령이 나약한 근대주의자인 자신을 질책하는 소리를 들었다고 기록하였다.

1914년 출옥에 대비하여 자신의 이름을 구龜에서 구九로, 호를 백범白凡으로 고친다. 이름을 고친 것은 일제의 적籍을 피하기 위한 단순한 이유지만, 백정범부白丁凡夫를 뜻하는 백범白凡으로 호를 정한 것은 의미심장한 것이다. 그것은 한국민족주의의 3대 원류인 동학의 서민성庶民性, 의병의 기개와 사생관, 근대 계몽운동의 민주주의를 종합한 것이라 할 수 있다. 즉 김창암은 1876년 태어났지만, 그로부터 38년이 지난 후 근대적 민족주의자 백범 김구로 다시 탄생한 것이다.

3. 중국에서의 독립운동

(1) 상하이 : 임시정부 참여와 이봉창, 윤봉길 의거

김구의 본격적인 독립운동은 그의 나이 44세가 되던 1919년, 중국으로 망명하여 상해 임시정부에 참여하면서부터이다. 3·1운동 직후 망명길에 오른 김구는 그해 8월 임시정부의 경무국장을 맡으면서 정력적인 활동을 시작하였다. 경무국장으로서 그가 담당한 일은 일본 경찰과의 첩보 대결, 동포사회의 안녕질서 확보와 임시정부 요인의 경호, 임시정부에 도전하는 인물과 세력을 처단하는 일 등이었다. 1923년 초 김구는 내무총장직을 맡아 국민대표회의 과정에서 임시정부를 해체하고 새 정부를 세우자는 창조파에 대해 해산령을 내렸으며, 그 후 혼란한 임시정부를 수습하기 위해 노력하였다.

일반적으로 김구가 임시정부의 문지기를 자청하면서 경무국장을 사양한 것은 널리 알려져 있지만, 경무국장을 맡고 난 이후 그의 자부심에 대해서는 비교적 잘 알려져 있지 않다. 관리가 되기 위한 과거에 낙방하여 '붓을 던진 지' 무려 27년 만에, 44세의 늦은 나이로 국가 중앙기구의 고위관리가 되었다는 것은 김구에게 특별한 경험이라 할 수 있다. 경무국장 시절 백색 정장과 구두, 그리고 콧수염을 기른 멋진 모습의 사진을 남긴 것을 보면 당시 김구의 자부심을 짐작할 수 있다.

그런데 독립운동가들의 기대와 열망 속에 출발한 임시정부는 사상과 조직의 혼란으로 얼마가지 않아 극심한 위기에 빠졌다. 김구의 표현을 빌리면 "임시정부는 이름만 있고 찾아오는 동포들이 없는" 상태여서, "해 지는 외딴 성에 슬픈 깃발 날리듯 암담한 시기"였다. 김구 개인의 형편 또한 급속하게 악화되었다. 1924년 1월 부인 최준례崔遵禮가 프랑스 조계지역 밖인 홍커우 폐병원에서 숨을 거둘 때 그는 마지막 자리를 함께하지 못하였다. 이후 어머니와 아들마저 본국으로 돌아가, 상하이에서 김구는 낮에는 "자신의 그림자를 짝하고" 밤에는 "자신의 허벅지를 끌어안고 자는" 외로운 생활을 하였으며, "동가식 서가숙"하는 "거지 중의 상거지"가 되었다.

1927년 임시정부가 결국 무정부 상태에 처하자, 임시의정원 의장 이동녕李東寧은 김구에게 임시정부의 국무령에 취임할 것을 권유하였다. 김구는 "해주 서촌 미천한 김 존위尊位의 아들인 내가 한 나라의 원수가 되는 것은 국가와 민족의 위신을 크게 떨어뜨리는 일"이라며 사양하였다. 여기서 우리는 김구의 가슴에 아직 반상班常의 신분의식이 내면 깊이 남아 있었음을 확인할 수 있다. 그러나 자신의 신분에 대한 김구의 강한 자의식은 다른 한편으로 임시정부와 독립운동을 민주화하고 활성화하는 동력이 되었다. 김구는 개헌 작업을 거쳐 임시정부를 국무령제에서 국무위원제로 개편하였고, "죽자구나!" 하는 결의로 거사를 도모하였다. 그것이 이봉창과 윤봉길로 대표되는 한인애국단의 의열투쟁이다.

이봉창李奉昌(1900~1932)은 그야말로 사회 밑바닥 노동자 출신이었다. 그는 어려서부터 서울에서 일본인 과자점의 점원, 용산역의 기차운전 견습생으로 일했으며, 그 후 일본으로 건너가 도쿄·오사카 등을 전전하며 장기간 노동자로 생활하였다. 그가 상해 임시정부를 찾아왔을 때의 면모는 "일본어를 절반이나 섞어 쓰고", "조선인인지 일본인인지 분간하기 어려운" 모습이었다. 이동녕 등 임정의 지도자들이 수상한 사람을 들인다고 김구를 꾸짖기도 했지만 김구는 그에게 주목하였다. 이봉창은 밑바닥 출신답게, "인생의 목적이 쾌락이라면 31년 동안 대강 맛보았습니다. 그러니 이제는 영원한 즐거움을 얻기 위해 독립운동에 몸을 던지고 싶습니다"라고 토로하였고, 김구는 이런 이봉창을 신뢰하여 거금의 거사자금을 마련해주었다. 도쿄에서 이봉창이 다시 거사자금을 요청하였을 때에도 김구는 두말없이 보내주었다.

이봉창의 의거는 비록 실패하였으나 제국의 심장 도쿄에서 다름 아닌 천황을 제거하겠다는 그 의도는 매우 충격적이었으며, 정치적 반응도 매우 컸다. 특히 한국인과 동병상련의 입장에 있는 중국인들은 이봉창의 의거를 크게 환영하고 이에 고무되었다. 또한 윤봉길이 이봉창의 의거 소식을 듣고 김구를 찾아왔다.

윤봉길尹奉吉(1908~1932)은 이봉창과 거의 모든 면에서 대비되는 인물이었다. 이봉창이 노동자였다면, 그는 고국에서 열성적으로 농민계몽을 전개한 바 있는 선비였으며, "살아서 집으로 돌아오지 않겠다"라는 글을 남기고 망명했다. 이봉창이 행동이 앞섰다면, 윤봉길은 사전에 면밀하게 준비하였다. 그는 거사 직전(4월 28일)에 현장인 홍커우공원虹口公園을 답사하고, 그날 밤 김구를 만나 김구를 기리는 시, 조국 청년들에게 남기는 시, 강보에 싸인 두 아들에게 남기는 시, 내년에는 다시 볼 수 없는 홍커우공원의 신록新綠에 대한 시 등을 유서로 남겼다. 그리고 1932년 4월 29일 의거에 성공하였다.

사회 밑바닥을 전전하던 노동자 이봉창, 선비와 의병의 결기를 갖춘 지식인 윤봉길, 너무나 다른 두 사람은 모두 김구를 찾아 역사적 의거를 이루었다. 이것은 김구가 동학의 계보로 이어지는 서민성과 더불어 의병이나 계몽운동의 지도자적 인격을 겸비하였던 삶의 내력과 무관하지 않을 것이다. 또한 "벼랑에서 잡은 손마저 놓는" 김구의 결단, 비밀결사와 의거를 중시하는 김구의 노선이 반영된 것이었다.

(2) 피신과 유랑 : 임정과 독립운동의 중심으로

이봉창, 윤봉길 두 의사의 의거로 김구는 저명해졌지만, '현상금 60만 원'이 걸린 위험인물로 도피생활을 해야 했다. 김구는 1932년 4월 윤봉길 의거 이후 상해에서 20여 일의 잠복생활을 거쳐 그해 5월 자싱嘉興으로 피신하였다. 장진구張震球 등의 가명을 사용해야 했던 김구의 피신생활은 한편으로 늘 추적과 체포의 위험 속에 위기일발의 상황도 있었지만, 다른 한편으로는 이제 독립운동의 중심에 섰다는 자부심과 거사 뒤의 안식도 함께하였다. 이런 점에서 그의 도피생활은 34년 전 탈옥 이후 국내에서의 도피생활과 많이 달랐다.

이제 김구의 명성은 중국의 지도자들에게도 널리 알려져 자싱에서는 저장성장浙江省長을 지낸 바 있는 주푸청諸輔成 등이 김구의 도피생활을 적극적으로 도와주었다. 또한 "상하이에서 한 걸음도 밖으로 나가지 못하고" "죽자구나" 독립운동에만 매진하던 김구는 13년여 만에 "세월 가는 줄 모르고" 자싱과 하이옌海鹽의 명승지와 산수를 감상할 수 있었다. 그리고 아내와 사별한 지 8년여 만에 뱃사공 주아이바오朱愛寶와 선상 부부생활을 하는 등 생활의 여유도 있었다.

피신생활 1년 만인 1933년 5월, 김구는 난징南京에서 중국의 최고 지도자 장제스蔣介石와 면담함으로써 대한민국임시정부와 독립운동의 중심으로 우뚝 서게 되었다. 면담의 직접적인 성과인 중국 중앙육군군관학교 뤄양분교洛陽分校는 일제의 반대로 비록 1년 만에 폐쇄되었지만, 김구는 난징에서 임시정부를 옹호하기 위해 한국국민당과 한인특무독립군을 조직하였다. 그리고

"한 이불 속에서 딴 꿈을 꾸는 통일운동에 참가할 수 없다"라며 당시 김원봉 金元鳳을 중심으로 전개된 유일당운동唯一黨運動과 임정무용론臨政無用論을 비판하면서 임정을 고수하였다.

1934년 김구는 주아이바오를 난징으로 데려와 친와이허秦淮河 웨이칭차오 回淸橋 옆에서 같이 살았다. 또한 9년 만에 어머니, 아들 인과 신도 난징으로 데려왔다. 비록 같은 집에서 함께 산 것은 아니었지만, 김구 일가는 난징에 모두 모였다. 1936년 난징의 웨이칭차오 옆에서 주아이바오와 같이 살 때 김 구는 회갑을 맞이하였다. 이때 그는 충무공 이순신의 시「진중음陣中吟」의 "바다에 맹세하니 어룡魚龍이 움직이고(誓海魚龍動)/산에 다짐하니 초목草木 이 알더라(盟山草木知)"라는 구절을 자신의 회갑 기념으로 썼다. 이 구절은 이 순신이 칼에 새겼던 유명한 검명劍銘으로 현실의 평가를 넘어서 역사와 대면 하는 내면을 보여준다. 즉 김구는 난징의 친와이허 강가에서 주아이바오와 더불어 몸을 숨기고 있지만, 회갑을 맞이하여 충무공처럼 역사와 대면하는 결의로 새롭게 다짐하였고, 이후 역사의 전면으로 도약하였다. 그 무대는 충 칭重慶이었다.

(3) 충칭 : 당·정·군 체제의 정비

1937년 7월 7일 루거우차오蘆溝橋사건으로 중일전쟁이 발발하자, 중국정 부는 충칭으로 수도를 옮겼으며, 대한민국임시정부와 대가족 백여 명도 한커 우漢口, 창사長沙 등을 거쳐 충칭으로 이동하였다. 임시정부가 충칭에서 활동 한 기간은 1940년 9월에서 1945년 11월 환국할 때까지 5년 남짓이었지만, 이때가 임시정부 27년 중 가장 활발한 독립운동을 전개했던 시기이다.

김구가 상하이에서 임시정부에 들어가 최고지도자의 위치에 오르고, 난징 에서 중국 최고지도부와 연대하는 발판을 마련하였다면, 충칭에서는 이를 기반으로 본격적으로 독립운동을 전개하였다. 충칭에서 김구가 추진한 사업은 크게 세 가지로 정리할 수 있다. 하나는 오랜 피난생활로 흐트러진 임시정부의 조직과 체제를 정비·강화하는 것, 둘째는 좌익세력과의 정치적 합작을 확대하는 것, 셋째는 군사활동으로 국내진입작전을 추진하는 것이었다.

1940년 5월 김구는 민족주의 계열 3당을 통합하여 새로이 한국독립당을 결성하여 임시정부의 세력기반으로 삼고, 9월 한국광복군을 창설하였으며, 10월 임시정부의 헌법을 개정하여 주석제主席制를 도입, 강력한 지도체제를 확립하였다. 이로써 김구를 중심으로 하는 당·정·군의 체제가 확립되었다.

이를 기반으로 김구는 좌우합작을 추진하였다. 1942년 7월 좌익진영의 조선의용대가 광복군에 편입하여 제1지대가 되었고, 10월 좌익진영의 인사들이 의정원 의원에 선출되었다. 1944년 4월 김규식金奎植을 비롯하여 좌파 인사들이 부주석 및 국무위원과 행정부서 책임자로 선출됨으로써 임시정부는 좌우연합정부로 확대되었다.

나아가 김구는 옌안延安에서 활동하고 있던 조선독립동맹과도 합작을 모색하였다. 독립동맹 위원장 김두봉金枓奉에게 편지를 보내 양측의 통일을 제의하고, 장건상張建相을 옌안으로 파견하여 합작을 추진하였지만, 협상이 실현되기 전에 일제가 패망하였다. 잘 알려져 있지 않지만, 일제 말 김구는 김일성金日成과도 합작을 모색하였다. 안우생安偶生의 회고에 따르면, 이충모李忠模가 김일성에게 보내는 김구의 신임장을 휴대하고 충칭을 출발하여 산시성山西城 타이위안太原까지 이르렀으나 중도에서 8·15 광복을 맞이하게 되어 성사되진 못했다고 한다.

이처럼 충칭에서 김구는 임시정부의 주석으로서 항일독립운동의 확대와 연대를 위해 중국 관내지방의 김원봉·민족혁명당 세력과 합작을 성사시키는 한편, 옌안의 김두봉·독립동맹에는 장건상을 통해, 김일성·빨치산 부대에는 이충모를 통해 합작을 시도하였다. 이러한 합작 시도는 해방 이후 그가 남북협상을 추진하는 배경이 된다.

한편, 군사활동과 관련하여 김구는 두 가지 전략을 갖고 있었던 것으로 보인다. 하나는 연합군과 함께 대일전쟁을 전개함으로써 전후 연합국의 지위를 획득한다는 것이었다. 이런 취지에서 임시정부는 일제가 미국의 진주만을 기습공격하자 즉각 대일선전포고를 발표하였고, 광복군 대원들을 인도 버마전선에 파견하여 영국군과 함께 대일전쟁을 수행하게 하였으며, 미국의 첩보기구인 OSS와 '독수리작전'이란 이름으로 공동작전을 추진하였다. 또한 김구는 제주도를 교두보로 국내에 진입하려는 구상을 하고 있었다. 그는 미국의 중국전구사령관인 웨드마이어Albert C. Wedemeyer에게 "미군이 제주도를 해방해주면 임시정부가 제주도로 들어가 한국인을 영도하여 미군의 작전을 돕겠다"라고 제의하였지만, 성사되지는 않았다.

임시정부는 상하이 시절과 비교하면 충칭 시절은 김구의 표현대로 "비약적으로 진전"되었고, 김구의 위상도 임시정부의 영수로서 우뚝했다. 그러나 개인과 가족의 측면을 살펴보면 김구의 충칭 시대(65~70세)는 '죽어가는 시대'라 할 수 있다. 임시정부가 충칭에 제대로 자리 잡기도 전인 1939년 4월 평생의 정신적 지주였던 어머니 곽낙원郭樂園 여사가 돌아가셨고, 해방을 5개월 앞둔 1945년 3월에는 장남 인仁도 사망하였다. 이처럼 김구는 어머니를 잃은 직후 충칭 생활을 시작하여 장남을 잃고 난 뒤 충칭 생활을 마감하였다. 이제 만년의 김구에게 남은 가족은 미혼의 차남 신信, 남편 없는 맏며느리 안미생安美生, 그리고 손녀 효자孝子뿐이었다. '죽어가는' 충칭에서 김구의 최대 소원은 "독립이 성공한 후 본국에 들어가 입성식入城式을 하고 죽는 것"이었다.

4. 김구가 남긴 과제

1945년 11월 김구는 꿈에도 그리던 조국 땅을 밟게 되었다. 공식적으로 임시정부의 주석 자격은 부인되었지만, 임정 요인들이나 일반인들은 대부분 임시정부를 사실상의 정부로 생각하였다. 때문에 귀국 직후 김구의 위상은 누구 못지않게 높았다. 그러나 해방 이후 정국은 김구와 임정 요인들이 경험한 독립운동의 세계와는 또 다른 차원이었다.

해방 직후 한반도의 정세와 정국은 마치 우주의 빅뱅처럼 급속하게 확대되었다. 미·소가 한반도를 분할 점령하였고, 좌우남북의 대립이 심화되었다. 물론 김구는 중국에서 독립운동 중에 이미 좌우합작을 경험한 바 있다. 그러나 그가 상대한 좌파는 김원봉과 민족혁명당 정도였으며, 해방 직후 좌파 중에서 이들의 영향력은 미미하였다. 좌파의 실세는 남한에서는 조선공산당, 남조선노동당으로 이어졌으며, 북에서는 김일성의 항일빨치산파가 집권하였다. 김구와 임정의 영향력 안에 편입된 적이 없는 이들에게 어떻게 대처할지가 당면한 커다란 과제였다.

김구에게 더 큰 문제는 미·소에 대한 대처였다. 김구가 평생 경험한 외국은 적으로서는 일본제국주의, 동맹으로서는 중국국민당의 장제스정부였다. 해방 당시 김구와 임시정부의 세계관은 장제스정부의 그것에 크게 제약되어 있었다. 그러나 해방 이후 한반도의 남북에 들어온 미국과 소련은 그간 동아시아를 두고 쟁패하던 장제스정부와는 차원이 다른, 2차대전 이후 전 세계의 정세를 주도하는 최선도국이었다. 김구와 임시정부 요인들은 미·소가 주도하는 세계정세에 익숙하지 않았다. 따라서 그들에게 이 문제를 어떻게 처리할지는 수십 년의 독립운동보다 더 어려운 과제였다.

해방 직후 김구가 당면한 현실은 이처럼 어려웠다. 누구보다 위상이 높은 임시정부의 주석으로 귀국하였지만, 임정을 모태로 정부를 수립한다는 그의 '임정법통론臨政法統論'은 실패하였다. 이어 남북 분단이 현실로 박두하자, 그는 좌우남북의 합작을 주장하였지만, 1949년 6월 암살되었고, 이듬해 한국 전쟁이 발발하였다. 즉 일제에 의한 망국의 시기 김구가 동학—의병—계몽 주의를 거치면서 민족주의자로 다시 탄생하였다면, 미·소가 주도하는 해방 —분단—전쟁의 시기에 김구의 만년晩年 행로는 다시 비약하지 못하고 죽음 으로 중도 차단되었다. 김구가 당면한 또는 처리하지 못한 과제까지 소화하 여 세계에서도 소통될 수 있는 한반도 평화와 통일 방안을 마련하는 것, 이것 이 김구가 우리에게 남긴 과제일 것이다.

안창호
─대공주의를 지향한 민족통합지도자─

이명화

1. 머리말

우리 역사에서 도산島山 안창호安昌浩(1878~1938)만큼 다양한 평가를 받고

李明花 한국독립운동사연구소 책임연구위원.

저서로는『김규식의 생애와 민족운동』(한국독립운동사연구소, 1992),『수난의 민족을 위하여─도산 안창호의 생애』(도산안창호선생기념사업회, 1999),『근대화의 선각자 최광옥의 삶과 위대한 유산』(역사공간, 2006),『도산안창호의 독립운동과 통일운동』(경인문화사, 2002),『1920년대 일제의 민족분열통치』(한국독립운동사편찬위원회, 2009), 공저로는『한국독립운동사강의』(한울아카데미, 1998),『헤이그특사와 한국독립운동』(한국독립운동사연구소, 2007),『북간도지역 한인민족운동』(한국독립운동사연구소, 2008),『간도와 한인종교』(한국학중앙연구원 문화와 종교연구소, 2010), 편저로는『島山安昌浩全集』(도산안창호선생기념사업회, 2000),『미주 국민회자료집』(도산학회 도산안창호선생기념사업회, 2005), 논문으로는「도산 안창호 연구의 성과와 과제」(『한국근현대사연구』6, 1997),「도산 안창호의 이상촌 운동에 관한 연구」(『한국사학보』8, 2000),「흥사단원동임시위원부의 인적 구성과 그 성격」

있는 역사적 인물도 드물 것이다. 안창호는 '우리 민족의 선각자요, 독립운동의 위대한 지도자'로 평가되지만 다른 한편으로는 '개량주의자', '조선독립불가론자' 또는 '자치론자'로서 독립운동계에 파벌을 조장한 인물이라는 부정적 평가를 받기도 한다. 근래 안창호의 활동 범위에 관한 방대한 관련 사료가 발굴되어 자료에 근거한 객관적 연구가 이루어지고 있는 만큼 이제까지의 추앙 일변도나 근거 없는 추정을 모두 배제하고 안창호의 진정한 면모에 접근한 올바른 평가가 내려지기를 기대한다.

안창호는 한국 근대사상 경제, 정치, 언론, 문화 각 방면에서 뚜렷한 족적足跡을 남겼다. 그가 참여하거나 직접 결성한 정치조직으로는 독립협회 관서지회·공립협회·국민회·미주 대한신민회·국내 신민회, 대한인국민회, 대한적십자회, 시사책진회, 한국노병회·한국독립당 등이 있다. 언론활동으로는 『공립신보共立新報』(후일 『신한민보新韓民報』로 개칭), 『독립신문獨立新聞』(상해판), 『동광東光』 등 정기간행물의 발행에 직·간접적으로 관여하였고, 교육운동으로서는 점진학교의 설립을 시작으로 평양 대성학교, 상해 인성학교, 난징 동명학교와 북미의 클레어몬트 학생양성소를 포함해 각 동포사회의 국어학교 설립을 주도하였다. 또한 그는 인재 양성을 위해 태극서관·청년학우회·흥사단·흥사단 원동임시위원부·동우회 등을 조직하고 지도하였으며, 식산·경제활동으로는 밀산 독립운동기지 개척과 마산동 도자기회사·북미 실업주식회사 및 공평합작사 사업 등을 주관하였다. 안창호는 인재 양성과 재정 마련 등을 통해 독립운동의 토대를 마련하였을 뿐만 아니라 독립운동이 장벽에 부딪혀 위기에 처했을 때마다 돌파구를 마련하고 정국을 전환하여 독

(『한국근현대사연구』 22, 2002), 「조선총독부 학무국 운영과 식민지교육의 성격」(『향토서울』 69, 2007), 「도산 안창호의 교육관과 초기 미주 한인사회의 교육」(『한국독립운동사연구』 31, 2008) 등이 많이 있다.

립운동에 활기를 불어넣었다.

2. 해외 한인공동체의 창설

안창호는 1878년 11월 9일 평안남도 강서군 초리면 칠리 봉상도鳳翔島(일
명 도롱섬)에서 농부 안흥국의 3남 1녀 중 셋째아들로 태어났다. 8세 되던 해
에 부친이 별세하는 바람에 할아버지 슬하에서 성장한 안창호는 서당에서 한
학을 수학하며 유년기를 보냈다. 1894년 16세의 안창호는 역사와 전통의 도
시 평양이 청일전쟁으로 파괴당하자 큰 충격을 받았다. 평양이라는 울타리
를 벗어나 큰 세상을 경험하고자 서울로 올라온 안창호는 언더우드학당[1]에서
3년간 신교육과 기독교교육을 받았는데, 이는 이후 그의 일생을 지배하게 되
는 도덕심과 윤리의식의 밑바탕이 되었다. 졸업 후 사회로 나온 20세의 청년
안창호는 1897년 독립협회에 가입하여 독립협회 관서지부에서 활동하면서
사회와 민족에 대한 소명의식을 갖게 되었고, 근대적 교육체계를 확립하여
'국민'을 교육해야 하는 것이 시급하다는 생각을 하게 되었다. 독립협회가
해산되자 안창호는 고향으로 돌아가 점진학교와 탄포리교회를 설립하고 교
육과 기독교 전도운동에 뛰어들었다. 그는 이에 머물지 않고 선진국의 교육
학을 공부해 교육전문가가 되고자 미국 유학의 길을 택하였다.

1902년 10월 샌프란시스코에 정착한 안창호는 소학교에 입학해 영어 공부
를 시작하면서 자신보다 먼저 미국에 이주해온 한인들이 다툼을 일삼아 조소

---

1 선교사 언더우드Horace G. Underwood(한국명 원두우, 1859~1916)가 설립한 구세학당으
로 처음에는 고아들을 모아 교육했으며 우사 김규식도 이 학당 출신이다. 언더우드의 후임자
인 밀러Frederick S. Miller(한국명 민노아, 1866~1937) 목사가 학당을 관리할 때 안창호가
입학하였으며 그 당시 민노아학당이라고도 불렸다. 경신학교의 전신이다.

거리가 되고 있음을 목격하게 된다. 고국에서 멀리 떠나와 열악한 생활을 하면서 협동하기는커녕 민족의 품위를 떨어뜨리는 행동을 하는 한인들이 상호부조할 수 있는 결사를 조직하고 이들을 대상으로 계몽교육을 실행하는 일이 절실함을 절감하였다. 그 결과 안창호는 뜻을 같이하는 동지들과 함께 1903년 9월 북미 최초의 한인 조직인 상항친목회桑港親睦會를 결성했다. 그리고 상항친목회 회장에 선출된 그는 교민을 지도하는 일에 몰두하면서 결국 본인의 학업은 포기했다.

1904년 3월 안창호와 한인 노동자들은 일거리를 찾아 로스앤젤레스 인근의 리버사이드로 이주하였다. 이 무렵 하와이 이주 한인들 중에 북미로 건너온 이들이 정착하지 못하고 떠돌이생활을 하면서 치욕스러운 일들을 벌이자, 안창호는 가족을 리버사이드에 남겨놓고 홀로 샌프란시스코로 가서 한인을 위한 노동소개소를 개설하였다. 이주 한인들에게 직업을 소개하고 농장주들과 임금을 협상하여 그들이 불이익을 당하지 않도록 분주히 주선하였다. 이렇듯 한인의 권익을 위해 일하는 동안 그는 한인노동자들에게 기독교 신앙과 민족의식을 불어넣어 주는 계몽운동을 게을리하지 않았다.

초기에 미국으로 이주한 한인들은 백인들로부터 비위생적이라는 불신을 받았으며 백인 주인들은 한인들에게 집을 빌려주려 하지 않았다. 안창호는 한인들의 집마다 방문하여 집안 곳곳은 물론 심지어 화장실까지 청소해주고 화분을 놓아 꽃을 가꾸는 일에 솔선수범하였다. 그리고 "오렌지 하나라도 정성껏 따는 일이 애국하는 길이다"라며 애국의 길은 작은 일로부터 시작한다는 소박한 진리를 가르쳤다. 특히 안창호는 영국의 식민지 통치하에서 독립을 쟁취한 미국이라는 나라의 무한한 가능성과 민주주의 발전을 높이 평가하고 조국이 미국과 같은 부강한 독립국가로 발전하려면 먼저 한인들이 단결하고 군건한 조직을 갖추어야 한다고 생각했다.

한편 조국에서 러일전쟁에서 승리한 일본이 대한제국을 위협하여 식민지화할 준비를 하고 있다는 소식이 한인사회에 전해지자, 안창호와 상항친목회 동지들은 단합하여 국권회복운동에 참여할 것을 결의하고 1905년 4월 5일에 공립협회共立協會를 창립하였다. 공립협회 초대 회장에 취임한 안창호는 11월 22일에 『공립신보共立新報』를 창간하고 조국 광복을 목표로 한 언론활동을 개시하였다. 그리고 조국의 상황을 예의 주시하면서 국내 및 일본 유학생들과도 교류하고 북미 각지에 지방회를 만들어 조직을 확산시켜나갔다. 안창호가 예상한 대로 일제는 1905년 11월 17일 을사늑약을 통해 한국의 외교권을 박탈하고 미국과 영국의 지원을 받아 한국의 주권을 빼앗았다. 이에 안창호와 공립협회 동지들은 1907년 1월, 리버사이드에서 대한인신민회大韓人新民會를 설립하고 북미가 중심이 되어 국내를 비롯한 전 세계 한인사회를 하나로 연결해 조직적인 국권회복운동을 전개함으로써 궁극적으로 독립된 국민국가를 건설한다는 목표를 세웠다. 그리고 안창호는 그것을 실천하기 위해 1907년 2월 귀국하였다.

3. 귀국과 국권회복운동

귀국 후 안창호는 항일비밀결사인 신민회新民會를 조직하였다. 신민회는 "우리 한국의 부패한 사상과 습관을 혁신하고 국민을 유신하고자 하며, 쇠퇴한 교육과 산업을 개량하고 사업을 유신하게 하여 새로워진 국민이 통일연합, 새로운 자유문명국을 성립하게 한다"[2]는 목표를 세우고 회원들을 모았다. 안창호는 1907년 5월에 제3대 공립협회 회장으로 선출되면서 미주와 국

---

2 「大韓新民會趣旨書 別紙」, 憲機 第501號(1909.3.5), 『韓國獨立運動史』(資料編 I), 국사편찬위원회편, 1965, 1027~1028쪽.

내 독립운동에 대한 전권을 부여받아 공립협회와 신민회의 조직을 연결하는 네트워크를 구축하고 신문·잡지의 발간과 교육 및 실업의 진흥 등 여러 가지 사업을 조직적으로 전개하였다. 안창호는 우리 민족이 자유문명국의 신민新民, 즉 새로운 국민으로 재탄생하려면 각 개인의 내면과 의식 저변의 변화가 일어나야 한다고 믿었다.

일제는 1907년 6월에 헤이그에서 개최된 만국평화회의에 특사를 파견한 책임을 물어 고종황제를 폐위시키고 8월 1일 대한제국의 군대를 해산시켰다. 군대 해산 당일 안창호는 남대문 밖 김형제상회에 유숙해 있다가 대한제국 군인들이 일본군에 의해 무참히 살해당하는 장면을 목격하였다. 신민회 동지이며 세브란스병원 의사인 김필순과 함께 이틀간 밤을 꼬빡 새우며 부상자 구호활동을 펼친 안창호는 후일 이 경험을 바탕으로 상해에서 대한적십자회大韓赤十字會를 조직하였다.

안창호와 신민회 동지들은 1909년 8월, 이 땅의 미래를 짊어질 건전한 청년들을 사회 각계각층에서 큰 역할을 할 수 있는 인재로 키우고자 청년학우회青年學友會를 창립하였다. 청년학우회는 신민회의 해체와 동시에 역사 속으로 사라졌으나 1913년 5월에 샌프란시스코에서 흥사단興士團으로 부활하여 오늘날까지도 그 조직이 이어지고 있다.

공립협회는 1908년 10월에 아세아실업주식회사[3]를 설립하고 시베리아와 만주의 이주 한인사회를 연결해주는 북만주 밀산 봉밀산 지역의 토지를 사서 한인 이주와 농업 개척, 무관학교 설립 등의 사업을 시작하였다. 이 사업은 한국 최초의 기획투자 개척사업으로 안창호는 이들 사업을 진두지휘하였다. 한편 미주에서 1908년 전명운田明雲·장인환張仁煥의거가 일어나고 그 영향

---

3 아세아실업주식회사는 1909년 3월 1일에 태동실업주식회사로 승계되었다. 김원용, 『재미한인 50년사』, 캘리포니아 리들리, 1959, 286쪽.

으로 1909년 10월 하얼빈역에서 안중근安重根의거가 일어나게 되었는데, 이들 의열투쟁의 이면에는 공립협회와 공립협회 시베리아지방총회가 연계되어 국외 한인사회 애국운동에 불을 당겼다. 이처럼 국외 한인사회의 독립운동 중심에는 안창호와 공립협회가 있었다. 안중근의거의 여파로 안창호는 평양 대성학교大成學校에서 체포되어 용산헌병대에서 취조를 받고 영등포 감옥에 수감되었다. 그해 말 석방되었다가 이듬해 초에 재소환되는 등 안창호와 신민회 지도자들의 일거수일투족은 일제에 의해 철저히 감시당하였다. 신민회 회원들은 더 이상 국내에서의 활동은 불가능해졌음을 깨닫고 비밀리에 긴급 간부회의를 개최하였다. 이 자리에서 신민회는 국외에 독립군기지를 개척하고 무관학교를 설립하는 등 장기적인 독립항쟁을 펼치는 독립전쟁론을 최고의 구국전략으로 채택하였다. 이와 같은 전략 아래 안창호는 1910년 4월경 신민회 회원들과 국내를 탈출하여 망명길에 올랐다.

4. 망명과 독립운동 방략의 정립

1909년 2월 공립협회는 미국 본토와 하와이 한인 단체들을 통합하여 국민회國民會를 발족시켰다. 그 이듬해 5월에는 국민회와 북미 대동보국회大同保國會가 통합하여 대한인국민회大韓人國民會로 개편됨으로써 명실상부한 미주 최대의 한인 통일조직으로 격상되었다.

안창호와 신민회 동지들은 중국 칭다오靑島에 모여 향후 독립운동의 방략을 논의한 다음 블라디보스토크로 이동했는데, 그곳에서 강제병합 소식을 들었다. 1911년 8월 안창호는 재러 한인사회를 돌아보며 동포들의 단결을 호소하고 새로 부임한 연흑룡주 총독인 곤닷찌N. L. Gondatti를 상대로 한인사회를 위한 적극적인 교섭활동을 전개하였다.

대한인국민회는 1910년 5월에 해외 한인사회에서 설립된 각 지방총회의 상위조직인 중앙총회中央總會를 설치하였다. 이 중앙총회는 "대한국민을 총히 대표하는 공법상에 허한 바 가假정부의 자격을 의방依倣한" 3권 분립과 납세의무를 부과할 수 있는 '준정부'였다.[4] 안창호가 미주로 돌아간 후 1912년 11월 8일 샌프란시스코에서 열린 대한인국민회의 각 지방총회 대표 회합에서 '중앙총회 결성 선포문'을 채택하고 '대한인국민회 헌장'을 제정하였다. 이 자리에서 안창호는 중앙총회장에 취임하였다. 국외의 한인들을 일본의 신민臣民으로 취급하려고 했던 일본의 의도를 전면 부인하고 대한인국민회는 중앙총회 아래 하와이·북미·만주·시베리아 등지에 지방총회와 각 지방총회 아래에 160여 개의 지방회를 두었다. 멕시코와 쿠바지역에까지 조직을 확산한 대한인국민회는 명실상부한 전 세계 한인 대동단결의 네트워크였다. 한편 1913년 청년학우회의 전통을 계승해 설립된 흥사단은 무실역행·충의용감·건전인격·단결훈련·국민개업國民皆業 등을 목표로 한 동맹수련단체로서, 독립운동의 기반인 인재를 지속적으로 배출하는 역할을 담당하였다.

안창호가 있는 곳에는 언제나 통일이 있었다. 안창호는 특유의 인화력과 자기희생적인 인격, 솔선수범하는 실천력과 민주적이며 통합적인 리더쉽을 발휘하여 공의에 헌신하는 공적 공간으로 흩어져 있던 교민들을 이끌어 조직 안으로 결집하게 함으로써 통일을 가능하게 했던 것이다. 전 세계의 한인사회를 통일하여 국민국가 건설의 비전을 실현하고자 했던 안창호의 희망은 1914년 제1차 세계대전의 발발로 실패하고 말았다. 일본이 대전에 참전하여 국제연맹의 동맹국이 되면서 만주 및 러시아지역의 대한인국민회의 독립운동은 큰 타격을 받았다. 1915년 대한인국민회 중앙총회 총회장으로 재선된

---

4 안창호, 「대한인의 자치기관」, 『新韓民報』, 1910년 10월 5일자.

안창호는 북미 한인사회를 지도하며 제1차 세계대전 종전에 따른 국제사회의 변화를 지켜보았다. 1917년 10월 뉴욕 약소국동맹회의에 박용만朴容萬을 한인대표로 파견한 바 있고, 제1차 세계대전 종전 처리 과정에서 대두된 윌슨의 민족자결주의를 적극 수용하고자 1918년 11월에는 대한인국민회 중앙총회 전체회의를 소집하여 이승만李承晚·정한경鄭翰景·민찬호閔燦鎬 등 3인을 파리강화회의 파견 대표로 선출하였다. 미국정부가 일본의 항의를 받고 여권을 발급해주지 않음으로써 대표들의 파리행이 좌절되었지만 안창호는 상해 신한청년당新韓靑年黨에서 파견한 김규식金奎植 등 파리대표단에게 소요 경비 3,500달러를 송부해 그들의 외교활동을 지원하였다. 이처럼 안창호는 그 어떤 경우에 직면해서도 새로운 출구를 마련하여 국제정세에 기민하게 대처하였다.

5. 대한민국임시정부 참여와 민족전선통일운동

1919년 국내에서 3·1운동이 일어났다는 소식을 들은 안창호는 3월 13일 대한인국민회 긴급위원회를 개최한 자리에서 '3·1운동을 계승하자'라는 연설을 하였다. 이 연설에서 그는 제1차 세계대전의 종결과 민족자결주의의 공포, 그리고 파리강화회의 개최와 같은 외부적 요인보다는 민족의 실력을 보여준 3·1운동이야말로 훨씬 중대한 가치를 지니고 있다고 평가하고 우리 민족의 역량 성숙과 독립의 기회가 도래했음을 강조하였다. 그리고 전 한인사회가 독립전쟁 준비를 위해 단결할 것을 역설하고, 특히 북미·하와이·멕시코의 한인동포들은 재정 공급과 선전활동에 주력해줄 것과, 나아가 미주 각지의 여성단체들은 통합하여 독립운동에 참여할 것을 호소하였다. 안창호는 워싱턴·유타·네바다 등 9개 주에 대표를 보내 3·1운동의 소식을 전하는 한

편 재미한인전체대표자대회를 소집해 중앙총회장인 자신의 명의로 13개조
의 결의문과 포고문을 발표하였다. 그리고 대한인국민회 중앙총회의 명의로
미국의 윌슨 대통령과 영국·프랑스·이탈리아·중국 등 5개국 대사에게도
편지를 보내 "우리 2천만 한인의 권리와 자유를 위하여 노예의 속박에서 해
방시켜 줄 것과 김규식의 파리강화회의 출석권을 허락해줄 것"을 요청하였
다. 이처럼 3·1운동이 일어나자 안창호는 발 빠르게 전 한인사회를 추동하
여 독립운동의 길로 나가도록 독려하였다.

대한인국민회 중앙총회 전체대회에서 원동위원으로 임명된 안창호는
1919년 5월 25일에 상해에 도착하였다. 그 이튿날 저녁에 상해 한인친목회
가 마련한 환영회 석상에서 안창호는 "우리가 무엇을 희생하더라도 여기 이
정부를 영광스런 정부로 만들어야 하겠소. 세상에 조소를 받지 않도록 하여
야 하겠습니다. 나는 여러분의 머리가 되려 하지 않습니다. 여러분을 섬기러
왔습니다"[5]라며 임시정부의 이상과 운영방향을 제시한 다음, 대한민국임시
정부의 내무총장 겸 국무총리 서리로 취임하였다. 안창호는 인구조사를 행
할 것, 국채를 발행하여 재정을 확보할 것, 인두세를 징수하고 군사에 노력할
것, 구국재정단을 조직할 것, 파리와 워싱턴을 중심으로 외교에 힘쓸 것, 한
일관계사를 조사·편찬할 것 등을 정부의 시정방침으로 정하여 발표하였다.

그리고 안창호는 연통제 실시와 교통국 설치를 추진하여 임시정부의 국민
적 기반 구축에 착수하였고, 북간도와 서간도 등지에 특파원을 파견하여 만
주의 독립군 조직을 임시정부 산하로 통합하고자 교섭하였다. 그 외에도 대
한적십자회를 재건하고 임시사료편찬위원회를 조직해 사료편찬에도 착수하
였다. 또한 인성학교를 정비하여 공립학교로 출범시키고 정부기관지 『독립』

---

5 안창호, 「제1차 북경로 예배당 연설」, 『安島山全書(中)-言論·資料篇』, 범양사출판부, 1990,
91~92쪽.

을 창간하여 언론 선전활동도 개시하였다. 안창호의 이와 같은 조직, 실천경험은 대한민국임시정부가 일개 독립운동 단체가 아닌 정부로서의 면모를 갖추는 데 결정적으로 기여하였다.

1919년 8월 이후 안창호는 한성(서울)·상해·블라디보스토크에 수립된 3개의 임시정부를 통합하는 운동을 정력적으로 추진하여 정통성을 가진 민족정권을 출범시켰다.[6] 이승만李承晩 대통령을 정부 수반으로 한 통합 임시정부 내각에서 안창호는 노동국총판勞動局總辦으로 취임하였다. 그러나 안창호는 통합 전 내무총장 겸 국무총리 대리로서 수행해왔던 일의 연장선상에서 독립운동에 관여하게 되면서 '야심가'라는 비판을 받게 되자, 의욕적으로 추진해왔던 활동들을 접을 수밖에 없었다. 그럼에도 안창호는 1920년 신년축하회 석상에서 '우리 국민이 결단코 실행할 6대사'라는 연설을 통해 군사·외교·교육·사법·재정·통일의 6대사업의 구체적 진행방법과 실행을 주창하며 우리 민족에게 무엇보다 중요한 일은 통일임을 거듭 강조하였다. 그는 국내외의 모든 국민이 독립전쟁이 일어나면 병사가 되어 병역의 의무를 다해야 하고(국민개병), 임시정부에 인두세를 내 조세의무를 지켜야 하고(국민개납), 직업을 갖고 생업에 종사해야 한다(국민개업)는 방침을 발표했다. 이는 국내외 한인들에게 대한민국임시정부의 국민은 정부의 주인이므로 책임감을 갖고 정부를 유지하는 데 기반이 되어주어야 함을 주지시킨 것이다. 이 무렵 안창호는 상해에서 흥사단 원동위원부遠東委員部 조직에도 박차를 가함으로써 이를 독립운동에 필요한 인재와 재정을 공급하는 기초단체로서 발전시키고자 노력하였다.

---

6 안창호는 통일정부를 성사시키기 위해서 임시정부의 특사로 현순과 김성겸을 파송하고 블라디보스토크의 대한국민의회와 교섭했다. 이동휘만이라도 상해에 와야 한다는 것을 강조하고 적극 교섭한 결과, 이동휘는 국무총리로 참여했으며 박은식 등도 상해로 와 임시정부에 참여했다. 그 뒤 우여곡절 끝에 '통일정부'가 출범할 수 있었다.

1921년 1월부터 집무를 개시한 통합 임시정부는 이승만 중심의 기호지방 출신 인사로 내각이 구성되었고 현실적인 외교활동 노선을 중심으로 운영되었다. 이 무렵 이승만이 위임통치안을 제출했다는 소식이 정계에 알려지자 이승만의 국정운영에 불만을 품고 있던 이들은 대통령의 퇴진을 요구하였다. 안창호는 정부는 결코 인물 개인에게 복종하는 것이 아니므로 국민은 대통령의 권위를 인정하고 정부를 중심으로 통일해야 한다고 설득했지만 북경 군사통일회의軍事統一會議로 조직화된 반이승만 세력에 의해 반反정부운동이 번지면서 임시정부는 분열의 위기를 맞게 되었다.

정치적 상황과 이주 조건이 다른 각지의 재외 독립운동 세력 모두를 만족시킬 수 없다는 현실에 직면한 안창호는 이 문제를 해결하기 위해 독립운동 세력을 횡적으로 연대시킨 독립당을 결성하고 정당체의 합의에 의해 독립운동을 지도하고자 대독립당운동大獨立黨運動을 주창하였다. 그리고 노동국총판직에서 물러나 외각에서 임시정부를 지원하면서 여운형呂運亨과 함께 국민대표회의國民代表會議 기성회를 조직하고 국민대표회의 소집에 나섰다. 안창호는 국민대표회의가 소집되기 전 각 방면의 주장과 이익을 충분히 검토, 토의한 후 최선의 방책을 마련하고자 시사책진회時事策進會를 결성하고 회장에 취임하여 민족 내부의 의견 통일을 위해 노력하였다. 1923년 1월 3일 마침내 국내외에 산재한 각 단체의 대표 140여 명이 소집되어 국민대표회의가 개최되었다. 열띤 토론이 이루어졌지만 임시정부를 무조건 유지해야 한다는 '현상유지파', 현재의 정부를 없애고 새로운 정부를 탄생시켜야 한다는 '창조파', 그리고 중도적 입장의 '개조파'로 분열되면서 국민대표회의는 결렬되었다. 안창호는 평행선을 유지하며 조금치도 양보하려 들지 않는 현상유지파와 창조파에게 중도적 해결책으로서 개조안을 내걸고 합의점을 끌어내려 했으나 '개조파'라는 비난을 받았을 뿐이다. 그러나 안창호는 자신을 개조파로 분류해 파벌화하는 견해에는 동의하지 않았다. 애초부터 국민대표회의를 헤게모니 쟁탈장으로 인식한 이들에게 중도적 입장이란 있을 수 없었던 것이다.

국민대표회의에 실망한 독립운동 세력들은 상해를 떠나거나 독립운동을 포기했지만 안창호는 좌절하지 않고 대독립당운동과 이상촌理想村건설운동에 매진하며 독립운동의 돌파구를 마련하고자 동분서주하였다. 1924년 12월부터 1926년 2월까지 안창호는 새로운 독립운동의 길을 모색하고자 미국을 방문하여 재미한인들에게 침체에 빠진 임시정부를 지지해줄 것과 인두세를 임시정부에 수납해줄 것을 호소하고 상해로 돌아왔다. 안창호가 상해를 비운 동안 2대 대통령으로 박은식朴殷植이 선출되었으며 박은식대통령 재임 중에 임시정부는 대통령제에서 국무령제의 체제로 바뀌었다. 1926년 국무령에 취임한 홍진洪震은 임시정부에 이당치국以黨治國체제를 도입함으로써 안창호와 보조를 함께하였다.

국민대표회의 결렬 후 안창호는 재야에서 임시정부경제후원회를 만들어 재정 위기에 빠진 정부를 후원했으며 각지에 한국유일독립당준비회를 만들어 각 지역별 독립운동 단체를 유일당체제로 통일시키는 운동을 전개했다. 그 결과, 1926년 10월부터 1927년 9월까지 베이징·상하이·광저우·우한·난징 등지에 한국유일독립당촉성회가 설립되었고 마침내 1927년 11월에 한국독립당관내촉성회연합회가 출범했다. 이처럼 안창호는 이념과 노선이 다양한 독립운동 세력들을 효율적으로 지도해나갈 수 있는 현실적 대안으로서 유일독립당 결성의 행보를 멈추지 않고 만주지역에까지 확대해나갔다.

6. 독립운동의 새로운 패러다임, 대공주의大公主義

독립운동 세력의 여러 계파가 경쟁을 통해 역량을 축척하고 발전해가는 것이 아니라 원시적 힘겨루기로 전락한 현실을 보면서 안창호는 국제주의자와 계급혁명론자들에게는 민족의 가치를 호소하였고, 민족주의자들에게는 그들의 약화된 투쟁성을 퇴행적이라고 비판하였다.[7] 독립운동계 각 파가 자파自派의 주의와 노선에 집착하며 상대를 무조건 배척하는 동안 독립운동계는 일제의 민족분열공작에 농락되어갔으며 주적主敵인 일제를 향한 투쟁의지보다는 동족을 '적敵'으로 규정하고, 지역주의·계급주의에 함몰되어 주도권 쟁탈이나 일삼고 있었다. 안창호는 이런 독립운동계를 각성시켜 민족문제를 해결하고자 했다. 그는 1920년대 내내 독립운동의 진행을 가로막던 고질적인 사상분열을 극복하고 민족주의자와 공산주의자 간의 사상과 노선 갈등의 극한 대립을 융화融和시키고자 그 어떤 주의와 노선으로도 분파할 수 없는 자기희생의 대공주의大公主義라는 제3의 길을 민족 앞에 제시하였다.

개인의 당리나 사익보다 사회 전반의 이익을 우선으로 하고 민주적 토론절차를 통해 형성된 공론을 중시하는 대공주의는 독립운동계에 분열을 초래했던 자본주의(자유주의)와 사회주의 등의 이데올로기 대립을 상대화할 수 있는 개념이었다. 안창호는 이를 통해 민족평등·정치평등·경제평등·교육평등의 사회민주주의적 국가 수립을 지향하는 중도적 노선을 민족 앞에 제시하였다. 그러나 그는 정치적 분파와 이데올로기 분열에 빠진 좌파와 우파 양측으로부터 비판과 공격을 받았다. 그럼에도 불구하고 안창호는 불굴의 의지로 각 계파 진영과의 대화를 멈추지 않고 민주주의적 민족국가 수립의 비전을 제시하며 오로지 항일투쟁의 역량을 하나로 합해 투쟁해나갈 것을 호소하였다. 그리고 일본에 대해서는 비타협적 항일투쟁 노선을 견지하면서 민족 내부로는 동족 간의 신뢰와 사랑에 바탕을 둔 민족 우선의 통일주의를 강조하

---

7 안창호, 「조선민족의 문화향상과 민족적 대계」, 『삼천리』 10, 1931.

였다.

1927년 1월에 만주의 유일당운동을 전파하기 위해 지린吉林에 도착한 안창호는 지린성 동대문 밖 대동공사에서 '조선독립운동의 과거와 현재'라는 주제로 연설하다가 갑자기 들이닥친 중국경찰에 체포되어 20여 일 만에 풀려나는 이른바 '길림사건'을 겪었다. 석방된 이후 안창호는 만주 각지를 순회하며 대동단결을 호소했고, 4월 1일 지린의 교민들과 농민호조사 결성에 참여하였다. 그리고 재만 독립운동 단체인 정의부·신민부·국민부 3부의 통합을 위한 신안툰新安屯회의에 참가하여 만주에서의 유일당운동을 구체화시켰다. 1928년에 이르러 그는 독립운동계에 중국과 연대해 항일협동전선을 구축할 것을 역설하고 그 실천에 매진하였다.

민족 내 유일당 결성과 중국과의 항일공동전선 구축 문제는 1928년 코민테른 제6차대회에서 채택된 이른바 '12월 테제'의 영향으로 협동전선운동에 동반 참여했던 공산주의와 민족주의 진영 간에 분열을 초래하였다. 이후 코민테른의 좌파 중심 협동전선체 결성과 헤게모니 전취론이라는 전술은 좌우익 통합의 민족적 명분을 압도해버림으로써 안창호가 그토록 심혈을 기울였던 민족통일전선운동은 큰 타격을 받게 되었다.

7. 서거와 독립운동의 계승

좌우익이 합작한 한국유일독립당촉성회가 깨져버리자 안창호는 1930년 1월 우익 세력만으로 한국독립당韓國獨立黨을 창당하고 한국독립당의 당의·당강으로 '삼균주의三均主義'를 채택하였다. 독립국가 건설의 목표를 달성하기 위해서는 민족 내부만의 전선통일이 아닌 중국과도 반일전선을 연합해가야만 한다고 본 안창호는 1931년 7월에 상해한인각단체연합회上海韓人各團体

聯合會(16개 단체 참여)를 출범시키고 중국 당국과의 교섭을 시작하였다. 그리고 교섭을 위한 조직으로 대일전선통일동맹對日戰線統一同盟을 결성하여 중국과의 통일전선운동의 행보를 멈추지 않았다.

1932년 4월 29일 상해 홍커우공원에서 윤봉길尹奉吉의거가 일어난 날, 안창호는 일본영사관 경찰에 체포되어 국내로 압송당했다. 체포되기 3개월 전, 중국에서 부인에게 보낸 마지막 편지에서 안창호는 혁명을 위해 목숨까지도 희생하기로 한 자신의 결연한 의지를 보여주었다.[8] 일제는 안창호를 "약 30년간 시종일관하여 일본의 기반羈絆으로부터 탈피하여 국토와 주권을 광복하고 완성된 독립국가를 건설하려 할 목적하에서 활동하고 있는 자"[9]로 파악하였다.

3년간 옥고를 치른 안창호는 1935년 2월 대전 감옥에서 가출옥하여 평남 대보산 송태산장에 머물었는데 이때 그는 아무런 활동을 할 수 없도록 일본의 감시를 받았다. 일제는 중국 침략을 앞두고 일체의 민족운동을 억압하기 위해 1937년 6월, '동우회 사건'을 일으켰으며 안창호는 동우회同友會 회원들과 함께 다시 체포되어 서대문 감옥에 투옥되었다. 일제는 "동우회가 표면으로는 수양단체를 가장하여 교묘히 당국의 취체를 면하고, 이면에서는 조선의 독립을 목적으로 집요한 운동을 계속해왔다"는 혐의를 두고, 181명의 동우회 회원들을 체포하고 독립운동의 증거를 찾기에 혈안이었다. 동우회 회원들은 경기도 경찰부에 수감되어 취조를 받다가 종로경찰서로 넘겨져 집중적으로 조사를 받았다. 그 과정에서 고문으로 옥사한 이들이 생겼다. 안창호도 고문을 받았는지는 알려지지 않으나 8월 15일 예심종결을 거쳐 서대문

---

8 독립기념관 소장, 안창호가 이혜련에게 보낸 편지(1932년 1월 16일자).
9 대한민국국회도서관 편,「홍구공원 폭탄사건 범인의 연류 혐의 조선인의 취조전말」,『日本外務省陸海軍省文書』354, (1932. 6. 4), 25356~25362.

형무소로 옮겨졌을 때 그의 건강은 극도로 악화되었다. 생명이 위독한 상태에 빠진 안창호는 12월 24일 일제에 의해 급히 경성제국대학병원으로 옮겨졌다. 위하수증과 간경화, 만성기관지염으로 진단받은 안창호는 병마를 이기지 못하고 1938년 3월 10일, 만 59년 4개월을 일기로 서거하였다.

8. 맺음말

우리 민족의 독립운동은 중국 관내와 만주, 그리고 미주와 연해주 등지의 한인사회와 연계되어 광범위하게 전개되었다. 안창호는 이들 지역을 직접 방문하여 그곳 동포와 지도자들과 교통하였고 그들로부터 정보를 수집하고 종합할 수 있었기에 누구보다도 객관적인 정세파악을 할 수 있었다. 동시에 그는 우리 민족이 당면한 고난의 상황을 과학적으로 분석하여 합리적 방략을 세우고 공론을 이끌어내어 전 세계 한인사회를 조국 독립의 목표 안으로 결집시켰다. 안창호는 확실한 신념과 목표가 있었기에 민족 수난의 어두운 밤 길에서 헤매지 않고 새벽을 준비할 수 있었다. 독립운동 세력 간에 팽배했던 배타와 분열의 수난 속에서도 그는 좌절하지 않고 민족 내부의 소통과 통일을 지향하며 독립운동계를 이념과 지역을 초월한 광장으로 이끌어냈다.

안창호가 제시한 독립운동의 길은 일본 식민지통치로부터 해방하는 데 그치지 않고 독립을 쟁취한 후 민족번영과 조국중흥이라는 민족의 비전을 향해 매진하는 것이었다. 안창호는 이를 '민족혁명'의 길이라고 명명하였다. 안창호의 민족혁명론은 당대 정파들 간의 주도권 장악 욕구 때문에 번번이 좌절되었으나 안창호의 의지는 중도에서 꺾이지 않았고 계속 진화해갔다.

안창호의 서거로 그의 민족혁명의 실험도 끝났다. 안창호의 서거소식이 전해지자 좌·우익 독립운동계는 그의 업적을 추모하는 추도식을 거행하고 그의 민족통합과 민족혁명의 유지를 받들고자 했다.[10] 안창호가 참여하고 주도한 독립운동의 노선과 방략은 한 계파의 것이 아니라 한국독립운동 전체의 흐름을 형성하였고 그의 정신은 우리 민족운동에 중추적 맥을 이루었다. 이제 후대는 그가 독립운동을 추진하는 과정에서 개발한 대공주의를 민족의 유산으로 이어받아야 한다. 그리고 그가 우리 민족을 향해 외쳤던 "나라가 없고서 한 집과 한 몸이 있을 수 없고 민족이 천대받을 때 혼자만이 영광을 누릴 수 없다"는 말씀을 끝없이 되새겨야 한다.

---

10 안창호가 서거했을 때 좌파 지도자 김성숙은 『조선민족전선』에 「애도도산선생」이라는 추도문을 실었다. 여기서 "(도산)선생은 처음부터 끝까지 민족의 자유 독립을 위하여 분투노력하였으며 마침내 희생하였습니다. 선생은 혁명운동 중에 일관적 주장을 하시고 나아가 전 민족적 역량을 집중하였으니, '실간고간實幹苦幹'의 정신으로써 앞으로 나아가 매진하였습니다. 왜적들이 대거 중국으로 진공해 들어와 전 조선민족적 반전운동이 거세게 일어나고 있는 금일에……선생의 전 민족 역량의 유지를 모아 전 민족적 통일전선을 건립하여 일본제국주의를 타도합시다!"(김성숙, 「애도도산선생」, 『조선민족전선』 창간호, 1938. 4. 10)라며 안창호를 추모했다.

김규식
―이념을 초월한 통일전선 지도자·외교가―

윤경로

1. 머리말

우리는 우사尤史 김규식金奎植(1881~1950)을 일제 강점기 항일독립운동가로 인식하는 데 그렇게 익숙하지 않다. 그보다는 해방 직후 이승만, 김구와 함께 우익 3영수의 한 사람으로 나중에 좌우합작운동을 견인하고 자주적 통일국가 수립운동에 앞장섰던 인물로 깊게 인식하고 있다. 이 글에서는 이러

尹慶老 한성대학교 역사문화학부 교수.
  저서로는 『105人事件과 新民會硏究』(일지사, 1990), 『한국근대사의 기독교사적 이해』(역민사, 1992), 『安昌浩一代記』(역민사, 1995), 『韓日YMCA 交流의 歷史(1905~2002)』(韓日 YMCA 共同 出版, 2004), 『한국근현대사의 성찰과 고백』(한성대학교 출판부, 2008) 외에도 다수의 논문이 있다. 사료 번역서로는 『105인사건 공판참관기The Korean Conspiracy Trial』(한국기독교역사연구소, 2001) 등이 있다.

한 김규식의 활동 중 일제 강점기 항일독립운동 관련 부분을 정리하여 소개하고자 한다.[1]

김규식은 태생적으로 독립운동과 민족해방 투쟁가로 활동하기에는 여러 가지 취약점을 지닌 인물이었다. 익히 알려진 대로 그는 그리 건강하지 못했으며 체구도 크지 않았다. 성격 또한 호방하기보다는 내성적이어서 남들 앞에 나서기보다 사색을 즐기는 문인기질의 학자형 인물이었다. 그러한 그가 다혈질적 의협심과 거친 성격의 독립운동가들 사이에서, 그것도 생면부지의 이국 땅 중국을 중심으로 32년이라는 장구한 기간을 항일독립운동이라는 고난의 길을 걸었다는 것은 쉽게 이해하기 어렵다. 이러한 김규식이 어떻게 항일독립운동이라는 고난의 길을 걷게 되었으며 그가 남긴 독립운동의 족적과

1 지금까지 김규식에 관한 연구로는 이정식, 『김규식의 생애』(신구문화사, 1974); 류근일, 『이성의 한국인 김규식』(동서문화사, 1981); 강만길, 「좌우합작운동의 경위와 그 성격」, 송건호·강만길 편, 『한국민족주의론 II』(창작과비평사, 1983); 안정애, 「좌우합작운동의 전개과정」, 최장집 편, 『한국현대사 1945~1950』(열음사, 1985); 송남헌, 『해방 3년사 2』(까치, 1985); 송남헌, 「우사 김규식」, 한국사학회 편, 『한국현대인물론 II』(을유문화사, 1987); 이정식, 「여운형·김규식의 좌우합작」, 동아일보사 편, 『현대사를 어떻게 볼 것인가』(동아일보사, 1987); 안정애, 「좌우합작운동의 재평가」, 이수인 편, 『한국현대정치사 I』(실천문학사, 1989); 서중석, 『한국현대민족운동연구: 해방 후 민족국가 건설운동과 통일전선』(역사비평사, 1991); 노경채, 「김규식론」(『쟁점 한국 근현대사』 4, 1994); 김영미, 「미군정기 남조선 과도입법의원의 성립과 활동」(『한국사론』 32, 1994); 도진순, 「해방 직후 김구·김규식의 국가건설론과 정치적 의미」, 한국역사연구회 편, 『근대 국민국가와 민족문제』(지식산업사, 1995); 이상훈, 「김규식의 구미위원부 활동」(한림대학교 석사학위논문, 1995); 윤덕영, 「통일전선과 대중운동」, 한국역사연구회 엮음, 『한국역사입문 ③: 근대·현대편』(풀빛, 1996); 정윤재, 「해방정국과 우사 김규식」(『한국현대사』 창간호, 1998); 윤민재, 「한국의 현대국가 형성과정에서 중도파의 위상에 관한 연구」(서울대 박사학위 논문, 1999); 강만길·심지연, 『항일독립투쟁과 좌우합작』(한울, 2000); 서중석, 『남북협상—김규식의 길, 김구의 길』(한울, 2000); 송남헌 외, 『몸으로 쓴 통일독립운동사』(한울, 2000); 한상도, 「해방정국기 중간파의 활동과 그 의의」(『한국근현대사연구』 13, 2000); 윤민재, 「김구와 김규식의 민족주의」, 『한국민족운동사연구』(나남, 2003); 이준식, 「김규식의 민족운동 노선과 이념」(『한국민족운동사연구』 39, 2004); 윤경로, 「기독교인으로서의 우사 김규식」, 『한국근현대사의 성찰과 고백』(한성대학교 출판부, 2008) 등이 있다.

그것이 지닌 역사적 의의와 한계는 무엇인지 그리고 왜 김규식은 그동안 주목받지 못했는지에 대해서도 함께 생각해보고자 한다.

2. 중국으로의 망명 동기와 목적

먼저 김규식이 1913년에 어떻게 망명지를 미국이 아닌 중국으로 정하게 되었는지에 대해 살펴보자.

미국 유학생활을 마치고 돌아온 젊고 유능한 김규식에게는 유혹의 손길이 많았다. 당시는 그이만큼 영어를 자유롭게 할 수 있는 인재가 국내에 없던 때라 그것만으로도 그는 좋은 조건의 직장을 택할 수 있었다 그러나 김규식은 주변의 권유와 유혹을 물리치고 자신의 모교회인 새문안교회와 YMCA, 그리고 선교사 언더우드가 세운 경신학교 교사와 언더우드의 비서역할 등 기독교와 연관된 일로 자신의 활동영역을 엄격히 제한했다. 그러나 1910년 8월 국권이 일본에 강점되면서 평소 자제력이 강했던 그였지만 더 이상 관망하는 자세만 취하고 있을 수 없게 되었다. 특별히 105인사건이 그에게 준 충격은 상당했던 것으로 보인다. 평소 친밀한 관계를 갖고 있던 여러 인사들, 곧 언더우드 및 여러 미국인 선교사들과 윤치호尹致昊를 비롯한 당대 한국교계 지도자들을 '총독모살미수사건'의 교사자 및 주모자로 지목, 구속하여 반인륜적인 가혹한 고문을 가하는 만행을 보면서 그는 엄청난 충격과 분노에 치를 떨었을 것이다. 훗날 "그놈의 왜놈들이 하도 못살게 굴어서"[2]라고 당시 심정을 전했다고 하지만 실제 당시 그가 받았던 충격과 분노는 그 이상이었을 것이다.

---

2 이정식, 『김규식의 생애』, 신구문화사, 1974, 43쪽.

여기에 일본 측이 귀국 직후부터 지속적으로 뻗쳐오던 회유의 손길이 1910년 국권강점 이후 더욱 심해졌던 점도 그를 해외로 나가게 한 요인으로 작용했던 것으로 보인다. 김규식과 같은 새문안교회 교인이자, 훗날 동서지간이 된 서병호徐丙浩의 증언에 따르면, "일본 측은 우사가 (미국에서 귀국 후) 경신학교에서 역사를 가르치고 있던 때에 그에게 접근하여 일본의 대학교수로 가도록 권유했다"라고 하며, 김규식 자신의 「자필 이력서」에도 "(1913년) 봄에는 도쿄외국어대학교 영어교수 자리와 함께 도쿄제국대학 동양학과 장학금을 주겠다는 총독의 제의를 뿌리치고" 중국 망명길에 올랐다고 했다.

그렇다면 중국으로의 망명이 단순히 일본의 간섭과 회유의 손길을 피할 뜻에서 결행되었던 것인가? 그렇지 않다. 단순히 일제의 통치권을 벗어나 개인의 안위와 자유만을 위한 망명이었다면 그는 당연 미국행을 택했을 것이다. 당시 여건으로 보아 미국행이 그렇게 어려운 일도 아니었다. 이승만李承晩이 미국으로 망명한 것도 1913년 3월로 김규식이 망명한 해와 같은 해였다. 그러나 김규식은 미국이 아닌 중국을 택했으니 이는 항일독립운동에 투신할 의지의 표현이었다 할 것이다. 훗날 그는 중국으로 망명할 당시의 심정을 "모든 것을 집어치우고 새로운 길을 개척할 목적에서였다"라고 했다. 여기서 '새로운 길'이란 바로 일제의 압제로부터 조국을 해방시키기 위한 '새로운 길'이었을 것이다. 이즈음 항일독립운동의 뜻을 품고 많은 민족지도자들이 해외, 특히 중국 쪽으로 망명길에 나섰지만 허약한 체질의 기독교 장로이자 미국통이며 문인기질인 김규식이 망명지를 중국으로 택했다는 것은 그렇게 쉬운 결정이 아니었을 것이다. 바로 이렇듯 쉽지 않은 결정을 했기에 이후 그는 다른 독립운동가에게서 찾기 어려운, 그만이 할 수 있는 일을 해낼 수 있었다 할 것이다.

3. 파리강화회의와 구미위원부에서의 활동(1913~1920)

1913년 11월 말 중국 상해에 도착한 김규식은 앞서 중국에서 활동하고 있던 여러 애국지사들과 접촉하면서 민족운동 내부의 분파성과 파당성에 상당한 충격과 실망감을 느꼈던 것 같다. 훗날 작성되었다는 점이 감안되어야겠지만 그의 「자필 이력서」에 따르면 자신의 항일민족운동 방향은 처음부터 '운동의 통일과 통합'에 있었다고 한다. 여기서 말하는 민족운동의 '통일과 통합'은 후술하듯 '김규식 민족운동론'의 핵심정신이라 할 수 있다. 우리민족은 역사적으로 운동의 역동성과 다양성에서 타민족의 추종을 불허할 만큼의 장점을 갖고 있는 반면, 운동의 분열과 파당성이 유난히 강하다는 결점을 지니고 있는 것이 사실이다. 김규식은 이 점을 직시하고 처음부터 유달리 연합, 협력, 통합을 강조했던 것으로 보인다.

중국 망명 후 김규식은 여러 한인 애국인사뿐만 아니라 신해혁명을 주도한 황싱黃興, 탕쥐우唐聚五, 구웨이진顧維鈞 등 중국 측 혁명세력 지도급 인사들과도 활발하게 교류하면서 쑨원孫文의 난징정부南京政府에 호감을 갖고 쉬저우徐州까지 진군하는 혁명군에 동행하기도 했다. 그러나 혁명군이 쉬저우에서 군벌 장쉰張勳에게 패하자 이후 김규식은 1914년 가을부터 독자적으로 외몽골 지역에 독립군 군사학교를 세우려는 계획을 추진했다. 그의 「자필 이력서」에 따르면, "가을(1914)에는 유동열柳東說 장군(당시 소령), 이태준李泰俊 박사 및 젊은 학생들과 함께 독립군 또는 게릴라 부대의 미래 장교를 양성할 초보적인 군사학교를 운영할 목적으로 외몽골 우르가庫倫(울란바토르)로 갔다"[3]라고 한다. 이 일은 국내에서 오기로 한 지원자금이 도착하지 않아 계획에 그

---

3 강만길·심지연, 『항일독립투쟁과 좌우합작』, 한울, 2000, 45~47쪽.

치고 말았지만, 그가 이렇듯 '군사학교 설립'을 계획했던 사실은 지금까지 외교활동가로서의 김규식에 대한 인식에 새로운 의미를 더해준다는 점에서 주목할 만하다. 또한 이 같은 김규식의 군사학교 설립계획은 이 시기 항일독립투쟁 방략의 주류였던 독립전쟁론과 맥을 같이한다는 점에서도 주목된다.

몽골에 군사학교를 세우려던 계획이 무산된 후 김규식은 1918년까지 몽골 우루가와 중국의 여러 지역을 돌면서 외국회사의 직원으로 혹은 책임자로 근무하면서 당시 불치병(폐병)을 앓고 있던 부인(趙恩受)을 돌보는 등 매우 어려운 시기를 보냈다. 결국 1917년 부인이 사망하고, 1918년 3월 마이어회사(Anderson & Meyer Co. Ltd.)의 몽골 수도 우루가 지점 설치를 위해 몽골에 다시 갔다가 만주지역에 목장 설립을 구상하던 중 1919년 1월 파리강화회의 한국 대표로 부름을 받게 되었다. 이로써 김규식은 항일독립운동에 투신하겠다는 뜻을 세우고 중국으로 망명한 지 6년 만에 비로소 항일독립운동에 뛰어들게 되었다.

김규식의 독립운동은 중국망명 직후부터 시작되었지만, 본격적인 활동은 1918년 신규식申圭植을 중심으로 상해에서 결성된 동제사同濟社에 가담하고 이어 같은 해 11월 28일 역시 상해에서 결성된 최초의 해외 망명 정당인 신한청년당新韓青年黨에 여운형呂運亨, 장덕수張德秀, 서병호徐丙浩 등 30여 명의 청년혁명가들과 함께 참여하면서부터이다. 그리고 이듬해인 1919년 파리강화회의에 신한청년당 대표 자격으로 파견, 활동하면서 독립운동가로서, 특히 외교활동가로서의 이름이 세상에 알려지기 시작했다.

1919년 2월 1일 상해를 출발한 김규식 일행은 3월 13일 파리에 도착, '불라베라'라는 시인의 집에 '한국공보국Bureau de Information Coréen'을 설치하고 시급한 인력충원에 나섰다. 그 결과 당시 스위스 취리히에 유학 중이던 이관용李灌鎔과 상해의 김탕金湯, 그리고 미국군 지원병으로 유럽전선에 참전했다 제대한 황기환黃玘煥을 독일에서 불러들였고, 뒤이어 조소앙趙素昂, 여운홍呂運弘도 합세하면서 한국공보국의 활동이 활기를 띠었다. 공보국을 개소한 지 한 달여 만에 국내에서 봉기한 3·1운동 모습을 생생하게 담은 사진과 기사들로 꾸며진 「공보국회보Circulaire」를 발간했다. 또한 4,200여 년의 장구한 역사를 지닌 주권문화 국가인 한국이 일본의 반인륜적 식민통치하에서 기독교와 교회들이 박해를 받고 있다는 점 등을 호소하는 내용의 20여 개 조항의 「독립공고서獨立控告書」(Petition Presentée a la Conference de Paix a Versailles)를 간행하여 각국 대표들과 기자단에 배포하는 등 적극적이고 활발한 홍보선전활동을 벌였다.

4개월 남짓한 극히 제한된 기간, 그것도 대내외적으로 매우 열악한 조건에서 펼쳐진 한국공보국 활동의 대미는 8월 6일 외국기자클럽에 80여 명의 각국대표들과 기자단을 초치招致한 연회이다. 이날의 연회는 당시 프랑스 하원 부의장인 샤를르 르북Charels Leboucq의 사회로 진행되었으며, 참석자 전원에게는 프랑스어로 번역한 「한국독립선언서」와 조르주 뒤크로George Ducrocq의 『가난하나 아름다운 한국Pauvre et Douce Corée』이라는 책자와 한국을 상징하는 작은 한국깃발을 기념품으로 증정하는 등 세심한 성의와 정성이 돋보였다. 그러나 이러한 각고의 노력과 활동에도 불구하고 한국문제는 파리강화회의에 정식의제로 상정되지 못했다. 이는 파리강화회의가 지니고 있는 태생적 한계였다. 이 회의는 제1차 세계대전의 승전국들이 모여 패전국 독일의 식민지 재분할 문제를 논의하는 승전국들의 '잔치'였기에 승전국 일본의 식민지 '조선' 문제는 처음부터 논의의 대상이 아니었다. 따라서 매우 열악한 조건에도 굴하지 않고 역동적인 홍보 및 언론외교 활동을 펼친 점은 높이 평가받을 만하나 힘이 지배하던 당시 국제사회 현실은 너무도 냉엄했다.

아무튼 김규식은 파리강화회의 기간 동안 외교관으로서 능력을 평가받아 한성 임시정부로부터는 학무총장, 상해 임시정부로부터는 외무총장, 그리고 대한국민의회로부터는 강화전권대사로 각각 임명됨으로써 당대 한국민족운동 진영의 지도급 외교가로 크게 부상했다. 1919년 3·1운동 시기까지 항일 민족운동과 독립운동의 노선과 방략이 주로 외교독립론이었기에 외교가로서의 김규식이 더욱 돋보였을 것이다.

그러나 이러한 주위의 명망과 달리 당시 김규식 자신의 마음은 편하지 않았을 것으로 짐작된다. 그의 깔끔한 성격과 성품으로 보아 학무총장이나, 외무총장이라는 직함에 들뜨거나 기뻐만 했을 것으로 보이지 않기 때문이다. 오히려 결과적으로 아무런 결실도 보지 못한 파리강화회의 활동에 대한 자책과 울분에 깊게 잠겨 있었을 가능성이 높다. 분명한 사실은 당시 그의 심정이 매우 불편했을 것이라는 점이다. 바로 이 점에 유념할 때 파리에서 공보국 활동을 한창 하고 있던 1919년 5월, 김규식이 이승만에게 보낸 아래의 편지 내용은 주목을 요한다.

그동안 우여곡절 끝에 우리의 사업과 이곳의 우리 대표부와 관련된 여러 문제 및 신임장 문제 등이 적절하게 처리되지 못했습니다. 저는 지금부터 우리가 일을 좀 더 잘 꾸려나갈 수 있기를 바라며 국제연맹The League of Nations의 태동으로 일을 더 잘해나갈 수 있을 것으로 믿습니다. 만약 소문대로 9월에 국제연맹 제1차 회의가 워싱턴에서 개최된다면 저는 최소한 잠깐이라도 미국에 가서 귀하와 함께 한국의 독립을 호소할 수 있기를 희망합니다.[4]

위의 내용은 우선 김규식이 1919년 8월 파리강화회의 활동을 접고 도미 길에 오른 것이 지금까지 집정관 총재 이승만의 초청에 따른 것이었다고 보아

---

4 김규식이 이승만에게 보낸 편지, 1919년 5월 25일자, Young Ick Lew, ed., *The Syngman Rhee Correspondence in English, 1904~1948*(Seoul: Institute for Modern Korean Studies, Yonsei University, 2009), vol.2, p.226.

온 견해에 강한 의문점을 던져주고 있다. 이 문제는 매우 지엽적이고 사소한 것으로 보일 수 있다. 그러나 이 점은 김규식의 독립운동 양태 및 성격과 관련해볼 때 시사하는 바가 적지 않다고 생각한다. 즉, 김규식의 독립운동은 거의 '초청과 권유에 의한 참여'라는 매우 수동적인 양태의 특징을 지니고 있다. 그런데 이러한 특징과 한계점 중 예외적인 행동의 하나가 바로 이때 파리에서 미국으로 건너간 사례이다. 즉, 이승만의 초청에 의한 것이 아니라 김규식의 제안을 이승만이 수용한, 다시 말해 김규식 자신의 능동적인 판단과 의지에 의한 미국행이었다는 사실이다.

또한 위의 편지에서 김규식 자신이 파리강화회의 파견 활동 결과에 대해 "적절하게 처리되지 못했다"라고 스스로 인정하고 있다는 점도 주목을 끈다. 바로 이러한 만족스럽지 못한 점을 만회하기 위해 그는 미국에 건너가 마침 그해 9월에 태동될 것으로 기대되는 국제연맹에서 다시 한번 조국의 독립을 호소하는 보다 강력한 외교선전활동을 펼칠 수 있기를 희망했다. 다시 말해 파리강화회의에서의 '실패'를 만회할 수 있는 기회로 미국행을 원했던 것이다.

그러나 1919년 8월 22일 뉴욕에 도착한 김규식을 맞이한 이승만은 생각이 달랐다. 당시 이승만의 초미의 관심사는 재정후원금 모금에 있었다. 다시 말해 김규식은 파리에서 다하지 못한 외교선전활동에 도미목적을 두었으나, 그를 맞는 이승만은 외교선전활동은 자신의 몫이고 김규식에게는 재미동포들을 상대로 '공채표' 발매를 통한 재정후원금을 거두는 역할을 맡기려 했던 것이다. 뿐만 아니다. 구미위원부 위원장에 김규식을 임명한 것도 매우 정치적인 의도, 즉 당시 미주 교포사회 내부의 역학관계와 깊은 관련이 있었던 것 같다. 김규식이 구미위원부 위원장에 선임된 데는 당시 미주 한인사회의 양대 산맥, 곧 이승만파와 안창호파에 속하지 않으며 양쪽을 중재할 수 있는 인물로 김규식이 적격이라는 정치적 이유가 작용했던 것이다.

이러한 미주 동포사회의 복잡 미묘한 정치적 역학관계에 깊은 이해가 없던 김규식은 병약한 몸으로 4개월간 파리에서 격무를 본 후 잠시 휴식도 취하지 못한 채 미국으로 건너갔다. 1919년 9월부터 이듬해 9월까지 만 1년간 미국 서부일대를 중심으로 순회강연회를 강행하며 구미위원부 이름으로 발행한 공채표 판매에 나서 3주 만에 5만2천 달러를 모금하는 성과를 올리기도 했다.

한편 당시 김규식은 심신이 매우 피곤한 상태였는데, 그 이유 중 하나가 앞서 언급한 공채표 발매 문제였다. 미주지역에서는 오래 전부터 대한인국민회가 임정 재무총장의 위임을 받아 '애국금' 모금을 진행했다. 그런데 구미위원부를 결성하고 공채표를 발매하자, 자연 대한인국민회 중앙총회와 구미위원부 사이에 갈등이 야기되었다. 이러한 '돈 문제'로 인한 동포사회의 갈등과 반목을 바라보는 김규식의 마음이 편할 리가 없었다. 여기에 국제연맹 창립을 주도했던 윌슨 대통령마저 선거유세 중 돌연 서거하자, 김규식이 기대했던 미국에서의 활동과 희망은 모두 물거품이 되고 말았다. 뿐만 아니라 구미위원부 일로 1년간 가까이에서 접해본 이승만의 독선적인 지도력에 대한 회의와 실망이 또한 그를 몹시 피곤하게 했던 것으로 이해된다. 오랜 지병인 편두통이 더욱 심해져 뇌종양 수술을 받은 것도 바로 이즈음이었다. 이때 김규식이 미국을 떠나 다시 상해로 돌아가려고 결심한 것도 이러한 여러 이유에서였던 것 같다. 이 무렵 그가 서재필에게 보낸 "그들이 그렇게 하고 싶으면 그들은 그들끼리 싸우도록 내버려두고 나는 상해로 가서 그곳 문제를 조정하는 데 일조하겠습니다. 이것이 유일한 논리적 결론인 것 같습니다"[5]라는 편지 행간에 당시 김규식의 불편했던 심정이 잘 묻어나 있다.

김규식이 하와이에서 한 달여의 요양을 마치고 상해에 도착한 것은 1921년

---

5 김규식이 서재필에게 보낸 편지, 1920년 2월 20일자, Young Ick Lew, ed., 앞의 책, vol.5, p.24.

1월이다. 2년 만에 다시 찾은 상해 임시정부의 사정 또한 매우 혼란스러웠다. 독립운동방법론과 이념적 대립을 넘어 임원들 출신지역 간의 대립과 갈등 등이 지나쳐 수습할 수 없는 형편이었다. 따라서 김규식이 중재에 나서보았지만 상호간에 불신과 반목의 골이 너무 깊었다. 이는 미국에서 이와 유사한 경험을 하고 막 돌아온 김규식에게 거듭된 실망과 좌절감을 안겨주었다. 이에 김규식은 임정 학무총장직 등 일체의 공직을 사임하고 본래부터 그가 하고자 했던 교육사업, 곧 남화학원南華學院을 세워 중국에 유학 오는 한국청년들을 가르치는 교육사업에 종사하는 등 한동안 독립운동 일선을 떠나 있었다.

4. 모스크바 극동민족대회와 국민대표회의 활동(1921~1923)

모스크바 극동민족대회(일명 극동피압박민족대회)는 본래 미국에서 워싱턴회의가 진행 중이던 1921년 11월 이르쿠츠크에서 열리게 되어 있었다. 그래서 김규식, 여운형 등 한국 측 56명의 대규모 대표단은 힘든 여정 끝에 이르쿠츠크에 도착했다. 그리고 대표자 일행은 각자마다 '조사표'라는 이름의 12개 항목의 신상명세서를 작성했다. 이때 김규식 자신이 작성한 신상명세서에 따르면, 생년월일을 1881년 1월 29일로, 직업은 교육가로, 교육정도는 고등高等이라 적었으며 구사할 수 있는 외국어로 6개 국어(영어, 프랑스어, 독일어, 러시아어, 중국어, 일본어)를 적고 있다. 이 점 하나만으로도 당시 김규식이 국제회의에서 차지할 위상과 역할을 기대할 만했다. 그런데 이 신상명세서 내용 중 우리의 눈길을 끄는 것은 스스로 자신을 '이르쿠츠크공산당의 후보당원'이라고 밝히고 있는 점이다. 그러나 김규식의 전후 경력과 활동을 고려해볼 때 비록 '후보당원'이라고는 하지만 그가 공산당에 가입했다는 점은 쉽게 믿어지지 않는다. 만일 그렇다면 과연 언제 어떤 경로로 공산당 후보당원이 되었던 것일까? 현재로서는 확인할 길이 없다. 또한 당시 극동민족대회 참가 이유가 "소련의 원조라도 받아 임정을 좀 더 키워보자는 생각으로 공산주의와는 아무 관계도 없이 우리가 가게 된 것이다"[6]라는 증언과 그가 '조선대표단 집행위원회 의장' 자격으로 참석했으니 형식적이라도 '후보당원'이라고 기재하지 않을 수 없는 당시 사정 때문에 '후보당원'이라고 적었던 것은 아닌가 하는 의문점도 없지 않다. 그러나 광복 이후 1948년 4월 평양에서 열렸던 남북지도자 연석회의에 참석했을 때 한때 이르쿠츠크파에 가입했다가 제명당했다고 술회했다는 점으로 보아 이때 '후보당원'이었던 것은 사실이었던 것 같다.

아무튼 적어도 모스크바 극동민족대회에 참가하고 있던 기간에 김규식이 보여 준 언행 등을 볼 때 당시 김규식은 사회주의 쪽에 상당히 경도되었던 인상을 짙게 풍기고 있다. 또한 그가 왜 미국이 주도하는 워싱턴회의에 참석하지 않고 소련의 코민테른이 주도하는 극동민족대회에 참석했는가에 대해서도 이해할 수 있다. 그 한 예로 그가 조선대표 자격으로 행한 개회연설에서 "모스크바는 세계 프롤레타리아트 혁명운동의 중심지로서 극동 피압박민족의 대표자들을 환영하고 있는데 워싱턴은 세계의 자본주의적 착취와 제국주의적 팽창의 중심으로 존재하고 있다"고 미국 측을 강하게 비난하고 있는 점이나, "우리 조선대표들은 하나의 불씨, 세계제국주의·자본주의 체제를 재로 만들어 버릴 불씨를 얻기 위해 모스크바에 왔다"[7]는 연설 내용에서 당시 김규식의 세계관이 앞서와는 달리 사회주의 쪽에 상당히 경도되었다는 인상을 지울 수 없다.

또한 이즈음에 발표한 「아시아 혁명운동과 제국주의The Asiatic Revolu-

---

6 나용균 회고, 이정식, 앞의 책, 77~78쪽.
7 임경석, 「극동민족대회와 조선대표단」, 『역사와 현실』 32, 1999, 32쪽.

tionary Movement and Imperialism」(『공산평론Communist Reveiw』, 1922년 7월 호)에서 김규식은 "우리는 종종 극동의 혁명과업과 연관하여 '연합전선'과 '협동'의 필요성에 관해 언급해왔다. 최근에 우리는 어느 때보다도 더 이것을 깨닫게 되었다. 왜냐하면 우리가 서유럽과 미국의 자본주의적 힘이 동아시아 전체를 연대 착취하기 위해 어떻게 결합했는가를 보았기 때문이다"라고 하며 당시 자본주의 진영, 즉 구미 자본주의 열강의 제국주의적 침략, 압박 및 착취 등에 대해 강도 높게 비판하고 있다.

이 밖에도 위의 글에는 1920년대 우리나라를 비롯한 극동정세, 특히 일본과 중국 그리고 서방열강들 사이의 역학관계의 추이에 대한 김규식의 예리한 통찰력이 담겨 있다. 예컨대 향후 한국의 독립은 국제적 역학관계의 변화 없이는 불가능하다고 진단하면서 향후 한국의 독립운동 양태는 "혁명적·급진적 투쟁을 선택할 수밖에 없으며 그 이유는 그들이 싸운다고 해서 더 이상 잃을 것도, 싸우지 않는다고 더 나을 것도 없기에 그들은 저항하지 않을 수 없다"는 강경함으로 선회한 입장을 취하고 있다.

이상에서 보듯 모스크바 극동민족대회 참가 전후부터 김규식의 국제인식과 독립운동론은 큰 변화를 보였고, 그 인식과 사상 이면에 사회주의적인 성향이 적지 않게 풍겨나고 있다. 또한 이때부터 민족해방운동을 통일전선운동 차원에서 피압박 약소민족들과의 연대를 강조하는가 하면 민족 내부의 문제, 곧 임시정부의 노선문제에 대해서도 과거와 같은 거중조정자의 입장이 아닌 좀 더 진보적인 입장을 취하고 있다. 이러한 변화에는 여러 요인이 작용했겠지만 파리강화회의와 워싱턴회의 등에서 얻은 경험이 큰 요인이 되었다. 그가 그동안 믿고 신뢰했던 미국을 비롯한 구미 열강들이 기대와 달리 제국주의 힘의 지배논리에서 약소민족의 비애를 경청하려 하지 않는 점에 대한 반작용, 곧 일종의 배신감 같은 분노에서 모스크바 극동민족대회 쪽으로 선회하게 되었고, 따라서 사회주의 쪽으로 경도되었던 것이 아닌가 한다. 그러나 후술하듯 이러한 입장 또한 오래가지 못했다.

냉혹한 열강들의 지배논리와 약소민족의 비애를 온몸으로 체험하며 국제인식에 일대 변화를 보인 김규식은 상해 임시정부 노선과 위상문제를 둘러싸고 이른바 개조파와 창조파가 대립하는 국면에서 창조파 입장을 택했다. 1923년 벽두부터 3개월에 거쳐 90여 차례가 넘는 국민대표회의를 개최하는 진통 속에 김규식은 창조파로 입장을 굳히고 창조파 국무위원과 외무위원장에 선임되었다. 그리고 창조파 새 정부를 노령지역으로 옮기고 소련과 코민테른의 지원을 기대했다. 마침 코민테른과 소련이 이때까지는 조선의 민족해방운동에 호의적인 입장을 취하고 있었으므로 1923년 9월 김규식 등 국민대표회의 대표들은 다시 소련에 입국할 수 있었다. 따라서 김규식 일행은 그해 말까지 연해주에 머물면서 코민테른과 접촉하며 새로운 임시정부를 조직하는 문제 등을 논의했다. 이 기간에 군무담당 국무위원인 이청천李靑天과 공동명의로 작성해 코민테른 극동국 꼬브류로 의장에게 제출한 비망록에서 김규식은 "현재 실질적인 조선공산당은 존재하지 않는다. …… 인민은 공산주의자와 민족주의자 두 요소가 조선 민중의 해방을 위해 협력해야 한다는 것을 알아야 한다"고 기술했다. 즉, 공산주의자와 민족주의자들이 함께 협력한 민족통일전선운동이 요구된다는 점을 강조했던 것이다.

그러나 상해 임시정부를 대신할 새로운 정부를 만들고자 했던 김규식과 창조파의 노력은 수포로 돌아가고 말았다. 창조파를 지원하겠다던 코민테른과 소련이 레닌의 서거(1924년 1월)와 그 후 일본과의 밀약체결로 시베리아 일대에서 활동하고 있던 한국독립운동가들을 강제 추방시키는 등 정세가 급변했기 때문이었다. 이러한 사정으로 김규식, 조완구趙琬九, 원세훈元世勳 등은 뜻을 이루지 못하고 상해로 추방당했다. 김규식 등이 추방당하면서 받은 충격과 배신감은 앞서의 그것보다 더욱 크고 깊었을 것이다. 피압박 약소민족에게 독립과 해방의 희망을 주겠다고 굳게 약속했지만 자국의 이익 앞에서는 약속을 헌신짝처럼 버리는 엄혹한 현실 앞에 김규식은 약소민족의 비애를 거듭 뼈저리게 느껴야 했다. 김규식이 이후 한동안 독립운동 일선을 떠났던 소이가 이러한 저간의 사정과 무관하지 않을 것이다.

5. 통일전선운동을 견인하며 맞이한 광복(1924~1945)

1924년 5월 러시아에서 상해로 다시 돌아온 이후 1926년 중반까지 약 2년여간 항일민족운동 선상에서 김규식의 활동은 찾기 어렵다. 그러나 1927년에 들어서면서 그는 다시 운동일선에 등장한다. 그해 2월 김규식이 유자명柳子明, 이광제李光濟, 안재환安載煥, 그리고 중국인 무광루睦光錄, 인도인 간타싱 등과 함께 한국, 중국, 인도 3국 지도자들로 결성된 동방피압박민족연합회東方被壓迫民族聯合會의 회장에 선임된 것은 이러한 사실을 잘 말해준다. 또한 같은 해 4월 한국유일독립당 상해촉성회의에 집행위원으로 추대된 것도 같은 맥락이라 하겠다. 그러나 전체적으로 보아 이 시기 항일독립운동가로서의 김규식의 활동은 다소 침체했던 것으로 이해된다.

그러던 김규식이 민족해방운동의 전면에 다시 등장한 것은 1930년대 초부터이다. 만주사변(1931)과 상해사변(1932)을 거치면서 일제의 중국 침략이 노골화되는 상황에서 1932년 4월 윤봉길 의사의 홍커우공원 사건에 고무되어 동년 11월 상해에서 한국독립당, 의열단, 조선혁명당, 한국광복동지회, 한국혁명당의 5개 혁명단체들이 연합하여 한국대일전선통일동맹을 조직했다. 이때 김규식은 한국대일전선통일동맹의 집행부 외교위원장에 선임되었다. 또한 중한민중대동맹中韓民衆大同盟을 결성하여 한국대일전선통일동맹과 통합하는 지도력을 발휘하기도 했다.

김규식은 1933년 1월 한국대일전선통일동맹과 중한민중대동맹 외교위원장 자격으로 도미하여 여러 후원단체를 결성하는 동시에 수천불의 활동자금을 모금하기도 했다. 그리고 이때 「원동 정세Far Eastern Situation」라는 등사물을 발표하기도 했는데, 이 등사물은 10년 전 모스크바 극동민족대회 참가 당시의 세계정세 인식과 비교된다는 점에서 주목된다. 즉 10년 전에는 소련과 일본 사이의 전쟁을 예측했으나 10년 후에는 미국과 일본 사이의 전쟁 발발 가능성이 높다고 보았다. 만약 미일전쟁이 일어난다면 "미국이 승리할 것이고 그렇게 되면 미국은 조선에 대한 위임통치권을 획득하고 만주에서 일본이 장악한 이권을 인수할 수 있겠지만 미국은 그렇게 하지 않을 것"이라고 예측했다. 따라서 그는 중국을 비롯한 동방피압박민족들이 연대하여 무장투쟁을 준비할 것을, 말하자면 10년 전에 비해 중·한 간의 연대와 통일전선의 구축을 더욱 강조했다.

1935년 6월에 난징南京에서 기존의 통일동맹 대신에 강력한 통일전선 정당을 표방하면서 (조선)민족혁명당을 조직하고 김원봉金元鳳, 김두봉金枓奉, 이청천, 조소앙 등과 함께 중앙집행위원이 되었던 것도 이러한 시대인식에서 비롯된 것이라 할 수 있다. 민족혁명당의 실질적 지도자는 서기부 부장으로 당무를 총괄한 김원봉이었지만, 김규식은 통일전선운동 조직으로서의 민족혁명당을 상징하는 인물이었다. 민족혁명당은 당강黨綱을 통해 '봉건 세력과 일체 반혁명 세력의 숙청, 소수인이 다수인을 박삭剝削하는 경제제도의 소멸, 민중무장의 실시, 토지국유제, 대규모 생산기관 및 독점적 기업의 국영화, 국민 일체의 경제적 활동의 국가통제' 등을 표방했다. 물론 이러한 방침에는 실제로 민족혁명당의 주류를 이루고 있던 의열단의 견해가 상당 부분 반영된 것으로 보인다. 따라서 민족혁명당의 당강이 김규식의 정치노선과 꼭 일치했던 것 같지는 않다. 김규식은 「자필 이력서」에서 "김원봉과 그의 의열단이 헤게모니를 휘두르는" 데 대한 불만을 표했지만 민족혁명당의 노선 자체에 대해서는 특별히 이의를 제기하지 않았던 것 같다. 이것을 보면 김규식은 민족통일전선이라는 대의 아래 자신의 개인적 견해와 입장을 자제하며 의열단 측 요구를 수용했던 것으로 이해된다.

중일전쟁(1937)에 이어 태평양전쟁(1941)이 발발하면서 민족해방운동전선의 통합운동은 활기를 띠며 한층 진전되었다. 우선 임정이 변했다. 즉 종전과 달리 1941년에 제정된 건국강령을 통해 토지의 국유화를 표방하는 등 임정은 좌익의 요구를 폭넓게 수용하는 변화를 보였다. 이로써 민족통일전선이 더욱 확대 발전할 소지가 마련되자 민족혁명당도 종래의 입장을 바꾸어 임정에 참여하기로 했다. 그동안 지속적으로 민족해방운동 세력 결집에 앞장서온 김규식 또한 임정 참여를 결정하였고 1942년 10월 임정 국무위원으로 선출되었다. 이어 1943년 1월 임정 선전부장이 되고, 1944년 2월에는 임정 약헌 개정에 따라 새로 마련된 부주석 자리에 올랐다. 김규식은 임정의 부주석 자격으로 1945년 8월 광복을 맞이해 그해 11월 23일 임정요원 제1진으로 환국했다. 1913년 중국으로 망명길에 오른 지 32년 만의 귀국이었다.

6. 맺음말 : 김규식 독립운동의 의의와 한계

이상에서 우리는 독립운동가로서 김규식의 활동 '보폭'을 추적해보았다. 1913년 상해로 망명하여 파리강화회의 한국대표, 상해 임정 외무총장·학무총장, 구미위원부 위원장, 극동민족대회 조선대표단 의장, 한국대일전선통일동맹 상무위원, 민족혁명당 중앙집행위원, 조선민족혁명당 주석, 그리고 중경 임정 부주석을 거쳐 환국 후 좌우합작운동과 자주적 통일민족국가 건설운동 등 평생을 민족문제에 진력했다. 병약한 몸으로 낯선 이국땅에서 32년이라는 장구한 기간을 조국의 광복과 독립을 위해 헌신한 그의 생애를 돌아볼 때 우리는 경의를 표하지 않을 수 없다.

지역과 시기에 따라 여러 형태로 전개된 한국독립운동사라는 큰 틀에서 김규식의 독립운동 양태를 어떻게 규정할 것인가? 이 문제는 그렇게 용이한 일이 아니나, 한마디로 정의한다면 외교독립론에 토대한 항일독립운동이었다고 할 수 있을 것이다. 파리강화회의와 워싱턴 구미위원부 활동, 그리고 모스크바 극동민족대회 활동과 동방피압박민족연합회 결성 및 통일전선운동 등 다양한 활동과 활약을 했지만, 큰 틀에서 볼 때 그의 운동은 구미열강과 코민테른 및 소련을 상대로 '탄원과 호소' 중심의 외교독립활동이었다고 할 수 있다.

김규식이 펼친 독립운동의 또 다른 특징은 어느 특정한 노선과 이념이나 종교, 그리고 인맥 또는 지맥이나 학맥 등에 매이지 않았다는 점이다. 다시 말해 그는 그때그때 상황과 조건에 따라 본인이 가장 합당하다고 판단되는 입장과 노선을 취했다. 이 점은 주목할 만하다고 생각한다. 우리나라 독립운동사에서 흔히 볼 수 있는 파당성을 극복한 흔치 않은 사례에 해당하기 때문이다. 이는 그가 개인적 욕망이나 정치적 야심에 매이지 않은 매우 이성적이며 합리주의적 사고의 학자형 인물이었기에 가능했던 것으로 이해된다. 그러나 엄격히 따져보면 그는 다른 많은 우익 독립운동가들에 비해 상대적으로 진보적인 노선을 견지했다고 보아야 할 것이다. 1922년 모스크바 극동민족대회 참가에서 보듯 그는 한국 독립에 도움이 되는 길이라면 공산당의 '후보당원'이 되는 것을 마다하지 않는 진보성을 보인 것이 사실이다.

이 밖에 그가 일반 대중과의 접촉을 꺼린, 대중지도자로서의 자질이 부족한 인물이었다는 점도 한 특징이자 한계라 하겠다. 이 점은 광복 이후 자신의 정치적 소신을 밝혀달라는 기자단의 요청을 여러 번 기피한 태도에서 잘 드러나기도 했다. 이러한 한계와 특징은 김규식이 평생을 민족문제에 투신한 독립운동가였지만 태생적으로 '직업적인 독립운동가'도 '전업적인 정치인'도 아니었다는 점에서 그 이유를 찾아볼 수 있을 것 같다. 엄밀히 말해 김규식은 독립운동가와 정치인 이전에 교육자였다. 32년간의 중국 망명생활 중 교수, 저술가, 학자로서 활동한 기간을 합산해 보면 무려 20여 년이나 된다. 이렇게 볼 때 그는 본직을 교육활동에 두고 나머지 시간을 독립운동에 헌신한 인물로 보아도 크게 어긋날 것 같지 않다. 이 점과 관련해 1922년 모스크바 극동민족대회에 참가한 50여 명 가운데 유일하게 자신의 직업을 '교육사업'이라고 밝히고 있는 것도 자신의 정체성을 교육자로 인식하였기 때문이 아닌가 한다. 아무튼 김규식은 '직업적인 독립운동가', '전업적인 정치가'가 아니었기에 특정한 정파에 경도되지 않고 자신의 신념과 소신에 따라 발언하고 행동했던 한국근현대 사상史上 흔치 않은 인물 중의 한 사람이었다 할 것이다. 그렇기에 그는 어느 쪽으로부터도 환영받지 못한 '중간자'의 외로운 삶을 영위해야 했는지 모른다.

박용만
―문무를 겸비한 비운의 민족주의자―

최영호

1. 머리말

우성又醒 박용만朴容萬(1881~1928)은 한국독립운동의 거목巨木이었다. 그는 나라 잃은 한국의 주권회복과 독립을 쟁취하기 위해 평생 몸과 마음을 바친 민족주의자였다. 흔히 그는 우리나라 독립운동사에서 군사력을 양성하여 무력으로 일본과 싸우기를 주장한 무장투쟁의 지도자였다고 평가받아왔다. 이러한 평가가 비록 틀렸다고는 말할 수 없지만 박용만을 단순히 무력투쟁을 주

崔永浩 하와이주립대학교 역사학과 명예교수.
저서로는 *The Civil Examinations and the Social Sturcture in Early Yi Dynasty Korea, 1392~1600*(Seoul: Korea Research Center, 1987) 등이 있고, 편저로는 *Sourcebook of Korean Civilization*(NY: Columbia University Press, 1993~1996), *Sources of Korean Tradition*(NY: Columbia University Press, 1997~2000), *From the Land of Hibiscus: Koreans in Hawaii, 1903~1950*(Honolulu: University of Hawaii Press, 2007) 등이 있다.

장한 독립운동가만으로 볼 수는 없다. 그는 자신의 고유한 정치이론을 갖춘 우리나라의 선구적인 정치사상가였다. 이를테면, 그는 독립운동을 직접 지도하면서 다른 한편으로 구체적 방법과 이론을 가지고 우리가 어떻게 독립운동을 전개해야 하는가를 설파하려고 했고 또한 그가 지향하는 국가와 사회가 어떠한 성격과 체제를 갖추어야만 하는가를 이론적으로 제시하였던 것이다.

그는 말년에 불행하게도 많은 독립운동가들로부터 변절자라고 지탄을 받았고 이것이 한 요인이 되어 끝내 살해당함으로써 파란 많은 인생을 비극적으로 끝마칠 수밖에 없었다. 그런데 과연 그는 독립운동을 배신한 변절자였는가? 그리고 그는 왜 1924년에 일본정부 당국의 양해를 받아 잠시나마 고국을 방문하였는가? 이 방문으로 인해 그는 변절자라는 낙인이 찍혀 오랜 기간 함께 독립운동을 했던 동지들의 신뢰를 잃고 결국 1928년 암살당하였다. 이러한 그의 비극적인 종말에 어떠한 배경이 있었는지에 대해서는 여태까지 확실한 해명이 없었던 것이 사실이다. 이 글에서 이러한 의문점을 밝히고 독립운동가로서 그가 남긴 발자취와 업적을 되새기고자 한다.

2. 초기 국내 활동

박용만의 출생년도에는 약간의 혼동이 있다. 박용만 연구의 개척자인 방선주가 미국 네브라스카주립대학University of Nebraska에서 얻은 기록을 보면 1881년 7월 2일생으로 되어 있다.[1] 그리고 1924년 조선총독부 경무국장이 박용만의 신원을 자세하게 조사한 보고서에는 1882년 7월 2일 강원도 철원군 철원면 궁전리宮田里에서 상민常民으로 출생하였다고 한다. 당시 출생신고를 늦게 했던 관습을 감안하자면 1881년이 신빙성이 있어 보인다.

1 방선주, 『재미한인의 독립운동』, 한림대학교 아시아문화연구소, 1989.

그의 본관은 밀양이다. 어릴 때 고아가 되어 숙부 박희병朴義秉의 슬하에서 자라났다. 그는 어릴 적부터 총명하여 글공부를 잘 하였다고 한다. 숙부를 따라 서울에 올라간 박용만은 관립 일본어학교를 다녔고 이를 계기로 일본에 유학생으로 가게 되었다. 거기서 중학교를 졸업하고 게이오기주쿠慶應義塾에서 2년 동안 정치학을 전공하였다. 이때 그는 박영효朴泳孝 등을 알게 되었다. 이를 미루어보면 박용만은 신문명에 일찍 눈을 뜨게 되었고 개화사상에도 심취했음을 쉽게 짐작할 수 있다.

귀국한 후 그의 친구인 안국선安國善, 오인영과 함께 개혁운동에 적극 참여하여 활빈당活貧黨과 보안회輔安會를 통하여 당시 집정자의 부패, 사회의 불의와 부조리, 일본세력의 침범 등을 반대하는 운동에 앞장섰다. 이러한 혁신활동 때문에 박용만은 1904년 여름 한성감옥에 투옥되었다.

감옥에서 그는 옥중 동지인 이승만李承晩, 정순만鄭淳萬과 함께 이른바 '삼만'이라는 의형제를 맺는다. 이렇게 서로 영원한 형제로서 사랑과 협조를 약속하였지만 나중에 박용만과 이승만은 독립투쟁의 방법론에서 의견을 달리해 격렬하게 대립하는 경쟁자가 되었다.

3. 미국 본토에서의 활동

1905년 초에 박용만은 미국으로 갔다. 그때 동행한 사람 중에는 유일한柳一韓, 정한경鄭翰景, 정양필鄭良弼(정순만의 아들)과 이승만의 아들 이봉수李鳳秀 등이 있었다. 그리고 그는 이승만이 한성감옥에서 쓴 『독립정신』의 원고를 가져가 1910년 로스앤젤레스Los Angeles에서 출판하였다. 그가 고국을 떠날 무렵 일본은 러일전쟁에서 승리한 후 한국의 주권을 더욱 심각하게 침탈하는 바람에 나라의 운명은 말 그대로 풍전등화에 놓인 지경이었다.

1908년 그는 공부를 위해 네브라스카주립대학교에 입학, 정치학과 군사학을 전공하여 1912년 졸업으로 학사학위를 수여받았다. 그때 그가 특히 관심을 가지고 연구한 것은 미국 독립전쟁의 역사였다. 나중에 언급하겠지만 그는 1911년에 자신의 저서 『아메리카 혁명』의 원고를 탈고하였다.

(1) 애국동지대표회

미국에서 그가 처음으로 공개적인 대중행동을 시작한 것은 1908년 애국동지대표회愛國同志代表會를 소집한 일이다. 마침 그해 미국 민주당 전당대회가 콜로라도 주 덴버Denver에서 개최되었다. 그는 이를 계기로 덴버에서 같은 시기에 미국과 하와이에 있는 한인들의 대표회의를 소집한 것이다. 당시의 한국을 "세계에서 가장 수치스러운 일을 당한 나라"라고 말하면서 "이런 비통한 역경에서 어찌 동포들이 가만있겠느냐"며 대표회를 개최하여 의견을 교환하고 토의함으로써 한인들의 뜻을 모은 대책을 마련해야 한다고 호소하였다. 그리고 미국 민주당 전당대회를 이용하여 미국 정치지도자들을 상대로 한국이 처한 상황을 알리면서 외교활동을 전개하기로 하였다.

여기서 우리는 박용만이 뛰어난 지도자의 자질을 지녔음을 알 수 있다. 미국 각 지역에 흩어져 있던 전체 동포들을 단결시키고 공동행동을 할 수 있도록 시도한 것은 아마도 이 모임이 처음이다. 그는 "국가의 흥망을 판단함은 결단코 한 사람의 손으로 못 할 바"라고 하면서 미국에 있는 전체 동포들이 단결하여 나라의 위중한 문제를 함께 풀어나가자고 제안한 것이다.

대표회에 참석한 사람은 모두 36명이었고 그 가운데 이상설李相卨, 이승만, 윤병구尹炳求, 김헌식金憲植, 안정수安定洙 등이 지도급 인물이었다. 여기에서 한인사회단체들의 연합에 대하여 논의하였으나 구체적인 성과는 없었던 것 같다. 방선주에 의하면, "이 회의의 가장 큰 소득이자 박용만이 노린 것은

'한인군사학교'의 설립 결정"이었다고 한다.[2]

(2) 소년병학교

박용만이 자기가 직접 조직하고 경영한 최초의 단체는 소년병학교少年兵學校였다. 이 학교는 네브라스카 주 헤이스팅스Hastings에 자리를 잡았다. 정확한 숫자는 모르겠지만 당시 네브라스카와 콜로라도 지역에는 꽤 많은 한인들이 모여 살았다. 당시 한인들이 미대륙에서 쉽게 직장을 구할 수 있는 곳이 이 지역이었다. 왜냐하면 당시 미국은 철도건설의 전성시대였고 대륙 횡단철도를 계획하면서 지방마다 새로운 철도를 건설하는 공사가 도처에서 일어나고 있었기 때문이다.

소년병학교는 1909년 6월 커니Kearney에 있는 어느 한국인이 경영하는 농장에서 처음 시작하였다가 다음 해 4월, 미국인 장로교회의 도움으로 헤이스팅스로 옮겨 자리를 잡았다. 박용만의 목적은 앞으로 있을 '독립전쟁의 지휘관'을 양성하는 것이었다. 15세에서 50세 사이의 한인들이 함께 모여 공부를 하고 농사를 짓고 여가시간에 군사훈련을 받았다. 학생 수는 한때 60여 명이 되었다. 훈련을 위한 무기는 미군이 쓰던 중고 총기를 구입해 사용하였다. 놀라운 것은 박용만이 이 학교를 네브라스카 주정부에 정치단체로 등록하여 정식 인가를 받았다는 사실이다. 이로 인해 한국인이 운영하는 군사학교가 미국의 한 주정부의 법적보호를 받을 수 있는 정치단체가 된 것이다. 법적으로 매우 치밀하게 준비했다고 말할 수 있다.

이 소년병학교는 역사상 해외에 설립된 최초의 사관학교다. 그리고 국립기관이 아닌, 사립 사관학교로서도 최초라고 할 수 있다. 또한 박용만이 해외로 망명한 후 국권회복을 위해 공개 활동을 시작한 첫 사업이기도 하다. 장래

---

2 방선주, 앞의 책.

의 '독립전쟁의 지휘관'을 양성하는 목적이었던 이 학교는 박용만의 국권독립의 굳건한 결심과 그를 위한 열성을 잘 보여주는 사업이었다.

그러나 이 학교는 오래 지속되지 못하였다. 1912년 박용만이 하와이로 옮겨간 뒤 박처후朴處厚가 교장을 맡아 계속하였으나 2년 후에 문을 닫고 말았다. 방선주가 지적하였듯이 그 지역의 한인인구가 점차 줄어들어 인원을 계속 충원할 수가 없었기 때문이다.[3]

헤이스팅스의 소년병학교는 비록 짧은 기간에 소규모로 운영되었지만 박용만의 목적이었던 '독립전쟁의 지휘관' 양성에 있어서는 큰 의의가 있다. 첫째, 박용만은 군사학교를 조직하고 운영함으로써 미주에 있는 한인들에게 주권회복운동을 해야 한다는 마음을 일깨우고 고무시켰다. 그리고 비록 많은 수는 아니었지만 이 학교를 통하여 독립운동의 중요한 인물들이 배출되었다. 정한경, 백일규白一圭, 유일한, 김현구金鉉九 등은 소년병학교를 거쳐 우리나라 독립운동에 크게 기여한 인물들이다.

(3) 정치사상가로서의 박용만

잘 알려지지는 않았지만 방선주와 김도훈이 지적한 것처럼 박용만은 대단한 학식의 소유자였고 정치사상가였다.[4] 이를테면 그는 문무文武를 겸비한 인물이었다. 정치와 군사 활동을 하였을 뿐만 아니라 학문 활동도 왕성하게 하였다.

박용만은 지적으로 매우 비상했을 뿐만 아니라 여러 가지 어려운 일을 한꺼번에 추진할 수 있는 역량도 아울러 갖춘 다재다능多才多能의 인물이었다. 헤이스팅스 소년병학교의 설치와 운영은 그가 1908~1912년간 네브라스카

---

3 방선주, 앞의 책.
4 김도훈, 「1910년대 박용만의 정치사상」, 『한국민족학연구』4, 1999.

주립대학에서 공부하던 와중에 추진한 일이다. 그뿐만 아니라 같은 시기 그는 1911년에는 『신한민보』의 주필을 맡았고, 1911년에는 『아메리카 혁명』과 『국민개병설』을, 1912년에는 『군인수지』를 저술하였다. 웬만한 사람이라면 그 가운데 하나도 제대로 성취하기 힘들었겠지만 박용만은 이 모든 것을 불과 4년 동안에 이루어냈다. 실로 놀라운 일이라 아니 할 수 없다. 더욱 감탄을 자아내는 것은 그의 저서가 하나같이 깊이 있고 수준 높은 내용이라는 사실이다.

1) 『아메리카 혁명亞美里加革命』

이 책은 박용만이 1911년 1월 29일 네브라스카주립대학에서 탈고하고 1915년 6월 호놀룰루의 국민보사國民報社에서 출간되었다. 필자가 소장하고 있는 책은 겉표지가 찢겨나간 상태라 어떤 양식의 표지였는지는 알 수가 없다. 첫 쪽에 조지 워싱턴George Washington의 초상이 실려 있고, 서문 2쪽, 목차 2쪽, 본문 288쪽의 총 292쪽으로 구성되어 있는 이 책은 그의 학위논문인 미국 독립운동전쟁사 연구의 한글판인 것 같다.

박용만이 이 책을 출판한 목적은 한국인이 미국 독립전쟁의 역사를 교훈삼아 우리도 미국처럼 많은 난관을 극복하고 독립을 쟁취하자는 것이었다. 특히 그는 우리가 미국의 자유와 독립정신을 배워야 한다고 강조한다. 서문에 "이제 이 글을 만들어 세상에 전함은 곧 우리 동포로 하여금 소위 자유를 알고 소위 독립을 알아 혁명의 뜻과 혁명의 일이 어떠한 것을 깨닫게 하고저 함"이라고 쓰고 있다. 한국 사람들이 자유와 독립이 무엇인지를 알고 깨달아 이를 성취하기 위해 매진하기를 그는 희망하고 있는 것이다.

이 책에서 그는 자유와 독립 사상을 강조하고 있다. 당시 한국에서는 자유와 독립의 개념을 아직 잘 모르고 있던 상태였다. 자유와 독립이라는 단어 자체가 많은 사람들에게 아직 생소하였다. 그래서 박용만은 자유와 독립을 강조하여 그것이 얼마나 한국인에게 중요한가를 지적하려 하였다. 식민지였던 미국이 영국의 압제와 착취에 반항하여 수많은 고통과 희생을 치르고서 궁극적으로 승리해 자유와 독립을 쟁취한 역사를 거울삼아 한국도 미국처럼 독립운동을 전개하자는 것이다.

박용만은 미국의 독립운동 쟁취를 '아메리카 혁명'이라고 부른다. 그는 잔학하고 횡포한 권력에 반대하고 이를 제거하는 것이 혁명의 과제이고 혁명이 추구하는 것은 국민이 '자유하고 자유하는 권리를 불러' 오게 하는 것이라고 선언한다. 혁명의 목적은 국민이 자유를 누리고 또한 자유의 권리를 행사할 수 있게 하는 것이다. 단순한 독립만을 추구하는 것이 아니라 국민이 자유롭게 자기의 권리를 행사할 수 있도록 한 미국 독립운동전쟁을 '아메리카 혁명'이라고 그는 정의한다. 그래서 "특별히 아메리카 혁명에 당하여는 과연 덕의德義상 혁명이요 또한 정신적 혁명이라"(서문)고 극찬한다.

이 책은 모두 16장으로 되어 있는데, 전편에 해당하는 제1장부터 제7장에서 독립전쟁 이전의 배경을 서술하고 있다. 미국의 사회, 정치, 종교, 교육, 경제, 우편제도와 신문의 시초 등을 매우 자세하게 설명하면서 식민지 미국사회를 소개하고 있다.

이 책에서 그는 미국 정치제도를 소상하게 설명하고 있다. 박용만은 미국의 자치제도에 많은 관심을 가졌다. 각 지역의 선거제도와 입법제도 등을 설명하면서 각 지방정부의 자치적 성격을 소개하고 있다. 그리고 그는 정치권력의 원천이 백성에게 있음을 강조하고 있다. "정치적 권리는 인민으로 쫓아나오고 관장官長으로 쫓아 나오지 않음"(34쪽)이라고 한다. 그리고 헌법은 미국에서 처음 제정하였으며 "다만 아메리카 백성으로 백성을 위하여 쓴 것이니 이 헌법의 근본적 권리는 오직 아메리카 백성에게 있는 것"(53쪽)이라고 한다. 또한 그는 모든 권력이 백성에게서 나오고, 권력의 남용을 방지하기 위하여 백성의 의견에 따라 헌법을 제정하였다는 점을 강조한다.

종교에 대하여는 종교와 국가의 분리, 그리고 신앙의 자유를 지적하고 있다. 그리고 양심良心의 자유도 강조하여 "양심의 자유는 천연한 권리"(71~72쪽)라고 한다. 교육에 대해서도 하버드대학 등 초기에 동부에 세워진 사립대학들의 큰 역할을 소개하고 공립학교제도의 중요성도 강조하고 있다. 그리고 교육을 통하여 미국인의 애국심과 독립심이 형성되었다고 보면서 "교육이여, 교육이여, 참나라를 만드는 근원이요. 교육이여, 또한 나라를 다시 만드는 약석藥石이로다"(78쪽)라고 평한다.

우체제도와 신문에 관한 설명도 흥미롭다. 특히 신문의 중요한 역할을 강조하며 신문은 정부의 권력 남용과 사법권의 불공정성을 방지할 수 있는 중요한 공기公器라고 지적한다. "나는 차라리 신문은 있고 법률이 없는 나라에서 살지언정 결단코 법률만 있고 신문은 없는 나라에서는 살지 못하겠다"는 제퍼슨Thomas Jefferson의 명구를 인용하며 박용만 자신은 "밥은 한 때 굶을지언정 신문은 한 장이라도 끊지 못하겠다"(110쪽)고 한다. 그가 신문의 역할을 얼마나 중요시하고 있었는가를 짐작하게 한다.

특히 관심을 끄는 것은 미국 혁명의 동기에 대한 그의 특이한 분석이다. 그는 인류역사의 경제적 결정론Economic Determinism을 수용하여 "미국혁명전쟁의 근원을 연구하면 이것이 종교적으로도 쫓아온 것 같고 이것이 사회상으로 쫓아온 것 같으나 긴요한 까닭을 연구하면 오직 정치와 경제로 시작된 것이라. 아직도 또 이 두 가지를 가지고 연구하면 그 가장 긴요한 점은 경제에 있고 정치에 있지 않은 바니 …… 그 자유와 권리를 구하여 상당한 법률을 만들고저 하는 생각은 원래 경제상으로 나왔나니"(83쪽)라고 하여 경제 우위의 결정론을 주장하고 있다. 박용만이 당시 마르크스Karl Marx의 이론을 접하였는지는 알 수 없다. 하지만 그가 미국 독립혁명을 경제결정론으로 해석

한 것은 당시 미국사연구들 가운데에도 극히 드문 학설이었다. 미국 독립의
원인을 경제적 결정론으로 분석하고 서술한 가장 유명한 연구는 비어드
Charles A. Beard의 『미국헌법의 경제적 해석Economic Interpretation of the
Constitution of the United States』이다. 이 책은 1913년 출판되자마자 학계에
서뿐만 아니라 정계에서도 많은 비난을 받았다. 미국을 건국한 존경받던 영
웅들이 자기들의 경제적 이권으로 인해 헌법을 제정하였다는 학설을 당시 미
국에서는 받아들일 수가 없었다. 1930년대에 이르러야 비어드의 학설은 인
정받기 시작하여 지금은 미국사의 필독서가 되어 있다. 박용만은 비어드가
그 학설을 제기하기 2년 전인 1911년에 경제결정론을 내놓았으니 실로 놀라
운 일이다.

우리는 이 저서를 통하여 박용만의 정치사상을 잘 이해할 수 있다. 그는 근
대 구미의 역사와 정치 사조를 매우 깊이 숙지하고 있었다. 영국의 명예혁명
Glorious Revolution(1688년) 이후 전개된 민권사상의 발달, 프랑스혁명의 기
본 취지(평등, 자유, 박애), 미국의 민주주의와 '권리장정Bill of Rights' 등에 대
하여 깊이 이해하고 있었다. 그가 이야기하는 '아메리카 혁명'은 이러한 사
상들을 집약해 그 사상을 초석으로 삼아 미합중국이라는 신생국가가 탄생한
것을 일컫는다.

이 저서는 학문적으로 매우 수준 높은 연구서이다. 이 연구를 위하여 박용
만은 "미국 역사가의 수십 종 서적을 의지"하였다고 하며 그중에 "가장 많이
참조한 것은 피스크John Fiske(1842~1901)와 프로팅햄Richard Frothingham과
밴크로프트George Bancroft(1800~1891) 세 사람의 글"이라고 하였다. 그리고
"이 글을 읽은 후에 더 자세한 사건을 알고저 하면 응당 또한 이 세 사람의 글
을 참고하여 볼진저"(서문 2쪽)라고 하여 참고 문헌도 밝혀두고 있다. 이들의
연구서에 입각하여 미국 독립운동의 역사를 아주 자세하게 서술한 데다 내용

도 매우 깊이가 있는 연구서이다. 이 책은 박용만이 얼마나 대단한 학자적 자질을 가진 인물이었는가를 잘 알려주고 있다.

그리고 박용만의 『아메리카 혁명』은 한국 사학사史學史에서도 꼭 기억하여야 할 업적이다. 한국 사람이 한국어로 서양의 역사 문제를 다룬 연구서로는 이 책이 효시다. 한국이 서구문명과 접촉한 지 그리 오래되지 않은 시점에, 서양역사에서 가장 중요한 사건 가운데 하나인 미국 독립혁명을 전문적으로 다룬 연구서를 저술함으로써 박용만은 한국 사학사의 선구자 역할을 하였다.

2) 『국민개병설國民皆兵說』

『국민개병설』은 박용만이 1911년 5월에 쓴 저서이다. 이 책의 원본은 현재 사라지고 없다. 그러나 다행히 조선혁명당 미주 지방의 기관지인 『독립』에 1945년 10회에 걸쳐 새로 연재한 것을 방선주가 발굴하여 자신의 저서 『재미한인의 독립운동』을 통해 다시 일반인에게 공개하였다. 하마터면 이 귀중한 문헌이 우리들에게 전해지지 못하고 사라질 뻔했다.

제목이 시사하듯 이 책은 모든 국민이 군인이 되어 국권을 회복하여야 한다고 제창하고 있다. 한국이 독립을 쟁취하기 위해 군사력을 양성하여야 한다는 그의 무력항쟁 이론과 방법을 구체적으로 제시하고 있다. 이 책의 내용을 좀 더 깊이 살펴보면 박용만의 매우 심오한 세계관과 정치사회사상을 찾아볼 수 있다. 그리고 그가 구상한 국가재건國家再建의 철학도 알 수 있다.

그러면 나라가 왜 군사력을 기르지 않으면 안 되는가? 그는 당시 세계를 격심한 생존경쟁의 사회라고 한다. "원래 하늘과 땅이 열리어 사람과 동물이 생긴 후에 소위 생존경쟁하는 것으로 말미암아 가히 피하지 못할 일"이라고 표현한다. 이 생존경쟁의 세계에서 강한 자가 약한 자를 삼키듯이 "만일 내가 사람을 침로侵虜치 않으면 사람이 곧 나를 침로할지라"라고 한다. 이 경쟁에서 "형세가 넉넉한 자는 이기고 형세가 부족한 자는 패하여 오직 강한 자 생존하나니"라고 하여 세상을 적자생존과 약육강식의 무대로 이해하고 있다. 여기에서 살아남기 위해서는 군사력을 길러야만 한다고 역설하였다. 그래서 그는 "오늘날 국가는 국민으로 하여금 다 군사되는 주의를 행치 않으면 세계상에 나서 생존경쟁을 도모하기 능치 못하"게 되어 "다만 나라로 하여금 지도 우에 한 병사밖에 남기지 못할진저"라고 하여 국민개병설을 강조하였다.

그래서 이 책의 첫 구절에 "군사를 양할 일은 국민의 빚진 것이요 나라를 방비하는 것은 국민의 의무"이라고 하여 국방國防을 위해 군사력을 기르는 것은 국민의 의무이고 응당한 부담負擔이라고 주장하고 있다.[5]

여기에서 우리는 박용만이 사회진화론Social Darwinism을 믿고 있었음을 알 수 있다. 사회진화론은 1900년대에 한국에 도입되었다. 박용만이 한국에 있을 당시 이 사상을 이미 알고 있었는지는 알 수 없다. 그러나 그가 미국에서 대학을 다닐 때 사회진화론은 미국사회를 거의 지배할 정도로 풍미하고 있었다. 아마도 박용만은 미국에서 이 사상을 수용하여 그 영향으로 『국민개병설』을 썼으리라고 짐작할 수 있다.

『국민개병설』을 좀 더 자세히 들여다보면 단순히 군사력을 기를 것을 주장하는 것에 그치지 않음을 알 수 있다. 이 책은 어떻게 국권을 회복하고 또한 독립한 후 어떻게 독립국가를 계속 유지할 것인가에 대한 박용만의 청사진이기도 하다. 마치 레닌Vladimir I. Lenin이 쓴 『우리는 무엇을 하여야만 하는가 *What Is To Be Done?*』가 볼세비키Bolshevik혁명의 교본이 된 것처럼 『국민개병설』도 한국 독립운동의 지침과 방법을 제시하는 저서이다. 적자생존의 경쟁의 세계에서 살아남기 위해 군사력을 양성하는 방법을 그는 레닌처럼 제시

---

5 방선주, 앞의 책, 176쪽.

하고 있다.

박용만은 조직을 중시한다. 그러나 그것보다 더 중요시한 것은 군인정신이다. 각종 무기보다 투철한 군인정신이 더 중요하다고 강조하고 있다. 그는 군인정신을 네 가지 요소로 설명하고 있다. 첫째는 애국심이다. "애국심은 곧 몸을 사랑하고, 집을 사랑함은 곧 나라 사랑하는 마음의 첫째 근원"이라고 하며, 애국심은 문명과 야만을 구별하는 기준이라고 한다. 애국심이 강하면 나라가 강하고, 약하면 나라도 약해진다고 하였다. 그리고 "나라의 혼"은 국민의 "애국정신의 더운 피로 잉태하여" 단군부터 4천 년 우리나라에 이어지고 있다고 한다. "그런고로 나라의 혼이 없으면 군인이 어디 있으며 군인이 없으면 나라의 혼이 어디 있으리요"라고 하여 애국심을 첫째로 강조하고 있다. 둘째는 공덕심公德心이다. 그는 공덕심은 자기를 희생하여 단체를 살리기 위하는 정신이라고 정의하면서 군대처럼 죽음을 같이 하는 사람들의 조직에서 필수적인 덕목이자 나라를 위하여 기꺼이 목숨을 바치는 정신이라고 설명한다. 셋째는 명예심이다. 그가 이야기하는 명예는 자기가 맡은 책임을 어떠한 어려움에도 굴하지 않고 죽음을 무릅쓰고라도 끝까지 완수하는 것이다. 명예란 "무서운 것도 없고 원망하는 것도 없고 거짓도 없고 오직 직분과 한번 죽을 정신이라"고 한다. 넷째는 "자격과 참는 힘"이라고 하는데, 이것은 어떠한 어려움에도 꺾이지 않는 불요불굴의 정신이다. 백번 넘어져도 다시 일어나 끝까지 싸우는 인내심과 기백이다.[6] 이렇게 박용만은 애국심, 공덕심, 명예심, 인내심 등 네 요소가 군인정신의 기본이라고 강조한다. 그는 물질이나 무기武器보다 정신적인 무장을 중시하였다.

그러나 박용만은 이러한 정신은 군인들만 가질 것이 아니라 모든 국민이

---

6 방선주, 앞의 책, 178쪽.

갖추어야만 한다고 주장한다. 달리 말하자면, 모든 국민이 군인이 되어 이러한 정신으로 무장하여야 한다는 것이다. 이 목적을 달성하기 위해 그는 교육을 중시한다. 교육은 모든 국민을 대상으로 실시해야만 하는데, 그것을 세 분야로 나누어 강조하고 있다. 가정교육, 학교교육, 사회교육이 그것이다. 그는 "가정교육은 실로 개인교육의 근본"이라고 한다. 그리고 "정승이 되고 장수가 되는 것이 어찌 종자가 있겠"는가 라고 만민평등을 주장했고, 인간이 어떠한 사람이 되는가 하는 것은 교육에 달려 있다고 하면서 유년교육을 중요시하였다. 그는 고대 희랍의 스파르타Sparta식 교육을 이상적이라고 보고 그들처럼 아이들에게 소박한 것을 숭상하고 무기를 좋아하고 이를 잘 다룰 수 있게 가르쳐주어야 한다고 역설한다.

그는 "학교라는 것은 좋은 국민을 제조하는 기계창機械廠이요, 나라 풍속을 개량하는 데 근원이요, 국민 직업의 예비하는 곳"이라고 학교교육을 정의한다. 그리고 "진실로 국민 전체의 조직을 군인으로서 하고저 할진데 마땅히 학교로부터 시작할 것이요"라고 하여 학교교육을 중요시하고 있다. 학교에서는 통상 "운동과 작란" 등을 통하여 군사실습을 체득하고 군율을 습관화하고 군사적 지식을 배워야 한다고 한다. "군사상 지식은 국민을 다 군인 만드는 주의의 긴요한 것"이라고 강조한다. 그래서 소학교, 중학교, 대학교도 소대, 중대, 대대 등으로 조직하여 전 국민이 군인이 되도록 조직하고 훈련을 실시하여야 한다고 주장한다. 그는 우리 국민들은 보통 무기를 무서워하는 결점이 있는데 어릴 때부터 이것을 극복하고 군인의 기상을 주입시켜야한다고 강조한다. 여기서 주목할 만한 것은 학교가 "국민을 제조하는 기계창"이며 "풍속을 개량하고 직업을 훈련하는 곳"이라며 학교교육의 중요성을 강조한 점이다.[7]

---

7 방선주, 앞의 책, 179~181쪽.

셋째, 사회교육은 어떻게 국민을 조직하고 또 문화적으로 어떻게 지도하는가에 관한 것이다. 그는 "사회라 하는 것은 국민을 만들어내는 큰 화로火爐"라고 규정하면서 "사회는 그릇과 같고 국민은 물과 같아 물은 그릇의 모나거나 둥근 것에 따라 유동하듯이 국민은 사회의 모양을 따라 행동하나니"라고 하여 나라의 조직과 성격에 따라 국민이 움직이고 행동하게 된다고 보았다. 이러한 사상은 요즘 세상에서 이야기하는 '사회공학Social Engineering'과 같은 사고이다. 국민성은 나라가 만든 모형에 따라 형성된다는 의미로 둥글거나 모나거나 하는 모양은 나라라는 화로가 만드는 형태에 따라 정해진다는 것이다. 그리고 군대조직은 각기 자기 직분에 충실하고 기율을 준수하고 무협심을 숭상하고 약속을 중히 여기고 의義를 사랑하고 공동체를 위해 서로 돕는 정신을 배양하는 기관이라고 설명한다. 이를 위해 국민의 관습과 풍기를 혁신하여 모든 국민이 무기를 숭상하도록 해야 한다며 "무기를 숭상함은 일반 국민을 다 군사 만든 데 본분"이라고 주장한다. 또 하나 관심을 끄는 것은 그가 이러한 목적을 달성하기 위하여 문학, 연극('연극'이라는 용어가 없던 때여서 '광대놀음'이라고 불렀다), 음악, 무용 등을 중요시했다는 사실이다. 이러한 문화 분야까지도 동원, 국민 모두가 무를 숭상하고 군인이 되어야 한다는 것이다.[8] 이렇게 문화 선전의 기능과 역할을 소련과 독일의 전체주의 체제가 형성되기 전에 이미 박용만은 인지하고 이를 실천하도록 시도한 것이다. 매우 선구적이고 독창적인 사상이다.

그는 지금 비록 나라가 없고 정부가 없으므로 정부의 지휘하에 이런 준비를 할 수는 없겠지만 우리가 가정과 학교와 사회를 통하여 대비할 수 있다고 주장한다. "사람의 자유는 법률이 능히 구속하나 오직 일개인의 사상 자유는

---

8 방선주, 앞의 책, 182~184쪽.

빼앗지 못하나니 이는 사람마다 다 천연으로 가진 자유"라고 말하면서 비록 나라는 잃었지만 천부의 개인의 자유를 이용하여 국내외에서 가정과 학교와 사회의 교육을 통하여 모든 국민이 군인이 되는 훈련을 받아야 한다고 말한다. 그리고 일본의 인구는 6천만이고 한국인은 2천만이라고 언급하면서 "만일 조선의 강산을 회복하고 일본의 섬조각을 맛보고저 하면 응당 한 사람이 왜놈 여섯을 대적하기 전에는 되지 않을지라"고 부연하면서 국민개병설을 제창하고 있다.[9]

『국민개병설』은 우리나라가 어떻게 국권을 다시 회복해야 하는가 라는 국가적 대명제에 대한 박용만의 구체적인 설계도다. 그는 모든 국민이 어릴 때부터 군사훈련을 받고 군인이 되어 일본과 싸울 때 한국인 한 사람이 일본인 여섯 사람을 대결할 수 있는 실력을 배양할 수 있다고 주장한다. 이러한 그의 숭무사상은 당시 한국이 당면한 극도의 위기의식에서 나온 것이다. 또한 그의 숭무사상은 필연적으로 그 당시 서구사회에 팽배하던 사조를 반영하였을 것으로 보인다. 20세기 초 서구사회는 사회진화론이 극도로 성행하고 제국주의가 맹위를 떨치며 군비경쟁이 극심하던 시대였다. 박용만의 사상도 이러한 시대적 사조에 영향을 받은 당대의 산물이었다.

3) 『군인수지軍人須知』

이 책은 1911년 7월 신한민보사新韓民報社에서 인쇄하고 신서관新書館에서 출판하였다고 적혀 있는데 '박용만 역술譯述'이라고 되어 있는 것으로 보아 그가 직접 쓴 책이 아니라 일본과 미국의 군사교본을 토대로 번역하고 편집한 책인 듯하다. 예를 들어 29~30쪽에 '일본병대의 군복'과 '미국장교의 군장'을 설명하고 있고, 제8장은 '일본군인의 잠언과 미국군인의 계명'이라는

---

9 방선주, 앞의 책, 185~187쪽.

제목을 달고 있기 때문이다. 그러나 내용 면에서 일본 쪽 교본을 더 많이 참조한 것 같다. 내용은 총 40장, 280쪽으로 구성되어 있는데, 책의 크기는 18 ×11cm의 수첩 사이즈로 군인들이 편리하게 휴대할 수 있도록 만든 데서 그의 세심함이 잘 묻어난다.

내용은 총 40장으로 주요제목은 '군대의 편제'(제1장), '군인의 계급'(제4장), '군인의 맹세'(제6장), '군기와 풍기'(제9장), '사졸의 출입하는 규칙'(제13장), '주방과 목욕실'(제17장), '연대 대대 중대자의 직무'(제19~21장), '연대 대대 중대 본부의 각 군관의 직무'(제22~24장), '명령하달'(제27장), '우체와 전보'(제32장), '군인의 경례'(제34장), '관병식'(제39장), 그리고 마지막으로 '예포식'(제40장) 등이다. 군대의 조직과 직무 등을 자세하게 설명하고 군인으로서 행동해야 하는 규칙을 세밀하게 규정하고 있다. 여기에서 그가 특별히 강조한 점은 명령체계를 확립하고 준수하는 것이다. 그는 국민개병설을 제창한 후 그것을 실제로 실천하기 위하여 군인에게 필요한 교본을 역술한 것이다.

(4) 가정부假政府 설립 제창

박용만은 1911년 2월 샌프란시스코San Francisco에 있는 『신한민보』의 주필이 되었다. 미주에서 가장 중요한 신문으로 대한인국민회大韓人國民會의 기관지였다. 그가 주필로서 제창한 가장 중요한 제안은 가정부를 설립하자는 것이었다.(불행하게도 필자는 박용만이 『신한민보』에 실은 글을 직접 접할 수가 없어 주로 방선주의 논문에 의거했음을 밝힌다.)[10]

박용만이 제안한 가정부 설립 문제는 그의 정치사상을 잘 드러내는 논설일

---

10 방선주, 앞의 책.

뿐만 아니라 필자가 보기에 근대 한국 정치사상사 연구에서도 반드시 기억해야 할 중요한 논문이라고 생각한다. 그 이유는 첫째, 한국 사람이 가정부, 즉 임시정부를 설치하자고 제안하고 이에 필요한 헌법을 구상한 것은 우리 역사상 처음이기 때문이다. 둘째, 그가 구상한 임시정부는 공화정체로서 민주주의 원칙을 기본으로 삼고 아울러 지방자치 제도를 시행하려는 것이었다. 근대 한국 정치사상사에서 획기적인 발상이요, 구체적인 시도라고 할 수 있다.

가정부를 설립하자는 주장은 한국인이 해외에서 독립운동을 하는 데 정치조직체가 필요하다는 박용만의 절실한 신념에서 나왔다. 그는 조직을 중요시하였다. 조직 가운데도 정치조직을 특히 강조하였다. 해외의 한인들이 많은 조직을 만들었지만 정치조직은 만들지 못하였다. 그래서 그는 "나는 정치 외에는 사상도 없고 정치 외에는 종교도 없고 정치 외에는 학문도 없다"고 주장하면서 "우리 조선국민의 단체로 마땅히 사회적 제도를 변하여 정치적 제도를 조직할 것이라"라고 했다. 사회, 종교, 군사, 교육 등을 목적으로 하는 단체들이 많이 있기는 해도 그들이 추구하는 것은 제한적이고 부분적인 데다 구속력이 없다고 보았다. 그가 구상하는 가정부는 한국인이면 모두 소속할 수밖에 없는 조직이다. 즉 "일반 동종同種을 다 포함함이니 여기 당하여는 입회入會·출회出會도 없고, 청원서·보증인도 없고 다만 일반 조선민족을 한 헌법 아래 관할하여 한 무형한 국가를 설립하자 함이니"라고 하여, '조선민족'이면 무조건 포함하는 정치조직을 설치하여 이른바 '국가'를 만들자는 것이다. 식민지하에 영토가 없으므로 무형국가無形國家를 만들자는 것이다. 달리 말하자면, 해외 망명정부를 세우자는 뜻이었다.

그렇다면 그는 왜 가정부 수립을 제창하였는가? 그것은 무엇보다 독립운동을 더욱 효과적으로 전개시키기 위해서였다. 여기서 그가 했던 미국 독립전쟁 연구의 영향을 발견할 수 있다. 가정부가 없는 상황에서 그는 "독립전쟁은 누가 선언하며 그들은 누가 부르며 또한 누가 지휘하리오"라고 하였다. 미국 독립전쟁의 경우 대륙의회Continental Congress를 소집하여, 각 지역에서 선출한 대표들이 모여, 거기서 독립선언을 공식적으로 선포하고, 또한 워싱턴을 총사령관으로 임명하여 그에게 전쟁을 수행할 수 있는 권한을 부여하여 결국 독립전쟁을 승리로 이끌었다. 미국 독립전쟁사의 전문가였던 박용만은 이러한 미국을 본보기로 우리도 가정부를 조직하여 그를 통해 독립을 선언하고 사령관을 임명하여 독립전쟁을 전개하자는 것이었다.

그가 구상하는 '무형국가'는 미국처럼 주권재민主權在民의 사상에 입각하여 삼권분리가 되어 있고 연방제를 따르고 있다. 이렇게 성립된 '무형국가'의 국민은 당연히 의무와 권리가 있다. 그런데 이 두 가지는 항상 공존하지 한쪽만 있을 수는 없다고 단언한다. 그는 "만일 의무를 다하지 않으면 권리가 없고 권리를 쓰고자 하면 의무를 다하는 것이다"라고 한다. 이러한 권리와 의무에 관한 법은 미국 의회에서도 제정되어 있다고 하며 "그 백성이 군대에 종사하여 그 나라를 보호하는 의무가 있고 그 백성이 부세賦稅를 물어 그 나라의 경비를 지탱하는 의무"가 있다고 한다. 즉 국민의 중요한 의무는 군에 복무하여 국방의 의무를 다하고 또 세를 내어 나라 살림을 돕는 데 있다는 것이다.

그러면 이러한 형태의 '무형국가'를 어떻게 형성할 수 있을까? 이에 대해 박용만은 우선 미주와 하와이에 있는 국민회國民會를 이용하자고 제안한다. 국민회는 1909년 기존의 많은 한인 단체들을 통합하여 조직된 미국과 하와이의 대표기관이었다. 그는 이 국민회를 개조해 재조직하여 '무형국가'를 만들어 가정부로 설립하자고 제안했다. 미국의 연방제처럼 미주와 하와이에 있는 국민회는 "정치적 구역으로 나누어놓고", "각각 대표자들을 새 법률을 제정하게 하여 모두 일동한 주의 아래 서게 할 일"이라고 한다.

그러면 왜 이러한 조직을 만들지 않으면 안 되는가? 박용만의 궁극적인 목적은 독립전쟁이었다. 이를 위한 조직이 꼭 필요하다는 것이다. 독립전쟁을 전개하려는데, 그것을 지휘해야 하는 총사령관이 없고 또한 그것을 수행할 수 있는 권한도 부여하지 못하고 있다. 그러니 어떻게 독립전쟁을 성공적으로 추진할 수 있겠느냐고 되묻는다. 그가 주장하는 것은 가정부를 설립하여 거기에서 독립전쟁을 총지휘하는 사령부를 만들고 그 지휘와 명령계통 아래에서 독립운동을 수행하자는 것이다.

그는 이러한 임무를 수행하는 기구로서 국민회를 재조직하여 이용하자고 주장한다. 나아가 이 국민회를 미주와 하와이뿐만 아니라 해외의 모든 한인을 조직해내는 통일된 기구로 만드는 것이 박용만의 꿈이었다. 원동의 시베리아, 만주, 중국 등의 모든 한인들을 대상으로 하나의 조직체를 만들어 연방제에 따라 각 지역 기관은 자치를 유지하면서 가정부의 지휘 아래서 독립전쟁을 수행하자는 것이었다. 실로 원대한 계획으로 한국의 독립을 쟁취하기 위해 이렇게 종합적이며 체계적으로 논의를 전개한 사람은 드물다고 하겠다.[11]

(5) 대한인국민회

1903년부터 1905년 사이 약 7천3백 명의 한인이 하와이로 이민하였다. 그중 약 1천4백 명은 미국 본토로 다시 이주하였다. 이들은 각 지역에서 여러 단체를 만들었다. 그러다 각 지역에 흩어져 있던 한인 단체 전체를 통합하는 기관이 필요하다고 판단하여 1909년 2월 대한인국민회大韓人國民會를 창설하였다. 이는 미국과 하와이에 거주하는 한인 전체를 대표하는 조직이었다.

박용만은 이 국민회 조직을 이용하여 자기의 웅대한 꿈을 이루고자 대한인

---

11 방선주, 앞의 책, 44~67쪽.

국민회를 자기의 설계도에 따라 새롭게 재조직하였다. 1912년 11월 샌프란시스코에서 열린 국민회 지방총회의 대표들은 그가 초안한 「(중앙총회) 결성 선포문」을 채택하였다. 이 선언문에서 그는 새 국민회의 취지를 다음과 같이 정리하였다.

지금 국내와 국외를 물론하고 대한정신으로 대한민족의 복리를 도모하며 국권 회복을 지상 목적으로 세우고 그것을 위하여 살며 그것을 위하여 죽으며 그것을 위하여 일하는 단체가 어데 있는가. 오직 해외에 '대한인국민회'가 있을 뿐이오.

국민회는 민족의 복리와 국권회복을 지상 목적으로 삼아 이를 위해 목숨을 바치는 단체가 되어야 한다는 것이다. 여기서 국민회의 목적을 확실하게 새로 정립했다. 그리고 그는 국민회의 중앙총회의 기능도 새로 정의하였다. 즉 "대한인국민회 중앙총회를 해외 한인의 최고 기관으로 인정하고 자치제도를 실시할 것" 이라고 하여 중앙총회를 해외 한인의 총사령부로 인정하자고 하였다. 그리고 각 지회는 자치를 하여 연방제로 구성하자고 하였다. 이렇게 재조직된 국민회의 권한과 임무도 새로 정의되었다. "각지에 있는 해외 동포는 대한인국민회의 지도를 받을 의무가 있으며 대한인국민회는 일반 동포에게 의무 이행을 장려할 책임을 가질 것" 이라고 하였다. 해외의 한인은 모두 각 지역의 국민회로부터 지도를 받을 의무가 있다는 것이다. 또한 이러한 의무를 수행하기 위하여 국민회는 모든 한인을 장려할 책임이 있다는 것이다. 그리고 별도로 「결의안」을 채택하여 "대한인국민회 중앙총회를 설립하여 각지의 지방총회를 관리하며 독립운동에 관한 일체 규모를 중앙총회 지도에 의하여 행사하기로 함" 이라고 규정하였다.[12]

---

12 김원용, 『재미한인 50년사』, 캘리포니아 리들리, 1959년, 100~110쪽.

이렇게 새로 재구성된 대한인국민회는 해외 한인 전체를 통합하고 한민족의 복리와 국권회복에 매진하는 단체로 새롭게 출발하였다. 연방제를 채택해 각 지방의 총회는 자치를 실시하고 각 지역의 한인은 자기가 속한 국민회의 지도를 받을 의무가 있다. 국민회의 최고 기구인 중앙총회는 각 지방총회를 관리하고 독립운동을 총지휘한다. 이것이 새 국민회의 취지다. 박용만의 가정부안假政府案이 수용되어 그의 구상에 따라 국민회가 새롭게 출발했다. 이는 박용만이 꿈꾸던 '무형국가', 즉 영토가 없는 국가를 해외에 설립하자는 것이었다.

4. 하와이에서의 활동

박용만은 1912년 12월 하와이로 옮겨갔다. 위에 이야기한 새 국민회의 「중앙총회 결성 선포문」이 샌프란시스코에서 1912년 11월 20일 반포된 것을 보면 이 회의가 끝나자마자 곧 하와이로 갔다고 볼 수 있다. 그는 국민회 하와이지방총회의 기관지인 『국민보』의 주필이 되었다. 당시 하와이에는 약 5천여 명의 한인이 거주하고 있었는데, 박용만은 이들을 상대로 독립운동을 전개하기로 한 것이다. 마침 국민회도 자기가 구상한 계획에 따라 새로 조직하였기 때문에 하와이에 도착하였을 때 그는 장래에 대해 큰 희망을 품고 있었다. 미국으로 건너간 후 이 시점까지 비록 어렵기는 하였지만 그가 시도한 사업은 거의 대부분 성공적으로 잘 이루어졌다. 그러나 하와이에서 그가 벌인 사업은 순조롭지 않아 결국에는 심한 좌절을 겪게 된다.

(1) 「대한인국민회 하와이지방총회 자치규정」
박용만이 하와이에서 『국민보』 주필로 활동할 때 쓴 글이 많이 남아 있지 않아 그에 대해 언급할 수 없어 유감스럽다. 그가 하와이에서 시도한 첫 사업은 국민회 하와이지방총회의 자치규정을 제정한 일이다. 1913년 2월 1일 확정되어 반포된 「대한인국민회 하와이지방총회 자치규정」은 총 155조로 구성되어 하와이지방총회의 조직 강령, 각 기구의 행동 규칙, 회원의 권리와 의무 등을 자세하게 정의한 정관이다. 우리는 여기에서 그가 구상했던 연방제에 의거한 지방총회의 성격이 무엇이었는가를 찾아볼 수 있다. 그리고 이 규정을 통하여 그가 미국 헌법을 얼마나 존중하고 있었는가도 잘 알 수 있다. 하와이지방총회는 확연히 삼권분립의 원칙에 따라 조직되었다.

「자치규정」은 모두 6장으로 구분되어 ① 총칙, ② 지방총회(이는 다시 입법부, 입법부의회, 행정부, 사법부로 세분됨), ③ 회원의 권리와 의무, ④ 재정, ⑤ 중앙 총회와 지방총회, 지방회 및 경찰구역의 권한, ⑥ 장정개정의 조례로 되어있다. 서언에서 그는 다음과 같이 선언하였다.

우리의 안녕한 질서를 유지하고 공변된 이익을 도모하여 우리 군민 전체를 위하여 실력을 양성하며 우리 부모국을 위하여 국민된 의무를 다하고저 하여 이에 각처 동포들이 대의원을 선거하여 전능하고 거룩하신 상제의 이름 아래 이 규정을 제정함.

교포의 안녕, 질서, 공동이익을 도모하며 국민의 실력을 배양하여 조국을 위해 당연한 의무를 다하자고 제안하고 있다. 제1장 제2조에 국민회의 목적을 다음과 같이 정의하였다.

교육과 실업을 장려하여 민족의 실력을 배양하는 고로 마땅히 권리와 의무를 고취하여 국민의 천직을 알게 하며 또 그 동시에 자유사상과 평등주의를 제창하여 만세 구국의 독립을 회복코저 함.

그는 하와이 국민회의 목적은 교육과 실업을 통하여 국력을 양성하는 것이라고 하였다. 이를 위해 회원들의 권리와 의무를 고취하고 "자유사상과 평등주의"를 강조하여 독립을 회복하자고 하였다. 여기서 자유와 평등에 대한 그의 강한 신념을 읽을 수 있다.

하와이 국민회는 대의제도를 도입하였다. 즉 "대의제도와 자치제도를 채용하여 총회와 지방회에서 다 법률을 만들 권리"가 있다고 하였다. 그리고 해외 국민회는 입법부, 행정부, 사법부로 구성되어 있다. 입법부는 양원제兩院制를 쫓아 참의원과 대의원으로 되어 "무슨 법안이든지 두 의원을 통과치 못하면 그 법안은 성립지 못한다"(제33조)고 못 박았다. 행정부에는 총회장이 "행정주권을" 맡아 그 아래에 부회장, 총무, 서기, 재무, 학무, 법무, 구제, 군무, 농상 등을 맡는 부처를 두어 보필하게 하였다. 총회장의 임무는 "각 지방의 질서를 유지하며" "헌장과 법률을 실행"(제49조)하고 "일체 행정상의 내무와 외교를 통할"(제50조)한다고 하였다. 사법부는 사법장, 판사원, 검사원 각 한 명으로 구성하여 회원의 재판권을 가지고 있으며 법을 해석하는 권한이 있다. 여기서 주목할 점은 국민회가 회원들에 대해 경찰권과 사법권을 규정하고 있다는 것이다.(제58-76, 139-149조) 그리고 미국 영토였던 하와이정부도 실제로 국민회의 사법권과 경찰권을 어느 정도 묵인해주었다.

제3장(제77-88조)은 회원의 권리와 의무를 규정하고 있다. 첫째 "이전 문벌과 당시 직업을 물론하고 이 헌장 아래에는 일체로 평등함"이라고 하였고, 이 평등은 남녀 모두 평등하다고 명기하였다(제83조). 그리고 법의 범위 안에 누구든지 언론과 결사의 자유, 종교와 신앙의 자유를 누린다고 하였다. 또한 억울하거나 옳지 않다고 생각하는 재판과 경찰의 결론에 대해 공소할 권리가 있다고 하여 상소권을 인정하였다. 이것은 미국의 기본 민권사상을 반영하고 있다.

권리에는 의무가 반드시 따른다고 하여 회원의 가장 중요한 의무는 회를 지탱하기 위한 의무금義務金을 납부하는 것이라고 명시하였다. 의무금은 매년 5원으로 정하고 이것은 "만세 국가의 주권을 회복"하기 위해 쓰이며 "국민된 책임을 다할 때에 정당한 부세"라고 하였다. 재정에 대하여 제4장 (제89-123조)에 매우 자세하게 정의하고 있다. 의무에 관하여 주목할 만한 조항이 있는데 제86조에 "남녀 물론하고 15세 이하의 자녀를 가진 자는 그 아해들을 다 학교에 보내는 의무가" 있다고 하여 남녀평등의 의무교육을 정립한 것이다. 이는 당시로서는 매우 선진적인 사상이라고 할 수 있다. 그런데 흥미로운 점은 하와이 국민회 정관에는 군역軍役에 대하여 아무런 언급도 하고 있지 않다는 사실이다. 그가 제창한 '가정부 수립안'에는 군역과 부세의 의무를 강조하였는데 하와이 국민회 자치규정에는 군에 관한 언급이 전혀 없다.

국민회 하와이지방총회 자치규정은 박용만이 '무형국가'를 세워 '가정부'를 설립하자는 웅대한 계획안을 제창한 후 이 계획에 따라 하와이 거주의 한인들을 상대로 연방제에 따른 지역자치에 필요한 정관을 규정한 것이다. 자기 복안을 실제로 실현하기 위한 구체적인 법규이기 때문에 이 규정은 그가 품고 있던 정치사상을 잘 반영하고 있다. 미국식 연방제, 삼권분리, 대의제도, 남녀 모두의 평등권, 언론과 결사의 자유 등 근대 민주주의사상을 기반으로 한 정관이다.

(2) 대조선국민군단과 병학교

하와이에 도착한 후 박용만은 그가 갈망하던 군대를 창설하기 위하여 백방으로 노력하였다. 그의 원래 목적은 2천~3천 명의 장정을 수용하는 병학교를 설립하는 것이었다. 이를 위해 1913년 6월부터 자금을 모집하기 시작했다. 국민회의 의무금을 사용하려는 생각도 하였으나 여의치 못하였다. 마땅한 장소와 충분한 자금을 마련하지 못하였기 때문이다. 그런데 뜻밖에 그렇게 갈구하던 기회가 온 것이다. 그것은 박종수朴種秀[13]의 애국적인 희생으로 가능하였다. 필자가 소장하고 있는 박종수의 수기에 의하면, 1913년 11월 그는 오아후Oahu섬 카홀루우Kahuluu지역에 1,660에이커의 광대한 농장을 리비회사Libby Company로부터 5년간 도지賭地권을 얻어 파인애플을 재배하기 시작하였다. 얼마 후 박종수는 안원규安元奎를 통해 박용만의 포부를 알게 되었고, 이 세 사람은 호놀룰루Honolulu 부둣가에서 만나 국민군단 문제를 진지하게 상의하였다. 여기서 박종수는 자기 농장을 박용만이 모두 사용하도록 자원하였고 이것을 보고 있던 안원규도 즉시 그가 농장 경영에 이미 투자한 1천 2백 불을 희사하겠다고 밝혔다. 그리고 1914년 4월 박종수는 모든 도지권을 군단조직에 정식으로 인계하였다. 박종수가 농장주로부터 획득한 도지권은 당시로서는 막대한 이익을 낼 수 있는 권한이었다. 그리고 안원규가 희사한 금액도 엄청난 액수였다. 나라를 위해 이런 것들을 기꺼이 바치겠다는 세 사람의 사심 없는 희생으로 국민군단을 창설할 수 있었다.

대조선국민군단大朝鮮國民軍團은 1914년 6월 10일 정식으로 창설되었다. 세 사람이 합의한 후 박용만은 『국민보』를 통해 하와이 각 섬을 상대로 군인들을 모집하였다. 그 결과 박종수의 수기에 따르면, 약 240명이 응모하였다고 한다. 농장에서 일하던 중국인과 일본인 노동자를 다 보내고 모두 한국인만 고용하였다. 그리고 2층 건물의 기숙사도 새로 짓기 시작하였고 6월에 정식으로 군단을 창설했다. 둔전屯田제처럼 농사일을 해 자급하면서 군사훈련을 받은 것이다.

군단조직은 박용만이 군단장이 되고 박종수가 대대장이 되었다. 그 밑에

---

13 박종수의 아들 관두寬斗는 병학교에서 영어를 가르친 후 MIT에서 공부해 건축가가 되었는데 대한민국 국회의사당 설계 때 고문을 맡았고, 딸 에스터Esther는 1947년부터 1980년까지 서울 YWCA 고문이었다.

중대와 소대를 두었다. 군단에 입단한 사람 중에 상당한 수는 구종곤具種坤, 태병선太炳善, 김석현金錫鉉처럼 대한제국 말의 광무군인光武軍人이었다. 이들은 낮에는 농장에서 일하고 훈련을 받았다. 첫 해의 농사가 풍작이어서 수입도 매우 높아 은행에 저금한 돈이 2천 불이 되었다고 한다.

그는 국민군단 안에 병학교兵學校를 설립하였다. 박용만의 숙원이었던 독립전쟁의 간부를 훈련하려는 목적이었다. 신문과 연설을 통해 크게 홍보되어 교민들의 대환영을 받았고 많은 사람이 모여들었다. 호놀룰루주재 일본 총영사의 조사보고에 의하면 중국의 상하이와 간도에서도 학생이 왔다고 한다. 1914년 12월 218명의 학생이 있었으며, 그 가운데 75명은 광무군인이었다. 학생의 연령은 17세에서 35세였으며 그들의 일과는 아래와 같다.

> 오전 4시―기상
> 　　5시―식사
> 　　7시―농장작업
> 　　9시부터 11시까지―군사훈련
> 오후 1시부터 5시까지―농장작업
> 　　7시―학교교육

이렇게 학생들은 노동을 하며 군사훈련과 학교교육을 동시에 수행하였다. 교육과목은 국어, 수학, 지리, 한문, 『군인수지』와 외국어였다. 외국어는 영어, 일본어, 중국어 및 러시아어였는데 일어교사인 이주한李周漢은 일본사관학교를 다녔던 인물이라고 한다. 매우 빡빡한 일과였고 의욕에 넘친 교육이었다. 과소평가하려는 일본 총영사의 보고에 의하면 학생들은 피로로 인해 학업을 잘 받지 못하였다고 한다. 그리고 학교장비는 다음과 같다.

목총―400정(한인 목수들이 제작)

지휘도指揮刀—18정 (미 육군으로부터 불하 받아 네브라스카에서 수입)
나팔—8개
북—3개
복장—미 육군의 제복을 만들어 입고 훈련 받음

병학교의 정식 낙성과 공식 개교식은 1914년 8월 30일 전체 하와이 한인 사회의 대행사로 거행하였다. 500여 명의 군중이 모인 가운데 이승만이 '믿음'이라는 제목으로 연설을 한 후 150명의 사관학생들이 사열을 하고 북을 치고 노래 부르고 춤을 추며 축제를 올렸다. 모두 감격해 눈물을 흘리며 국권회복을 맹세하였다고 한다.

그러나 카훌루우에서의 훈련은 오래 가지 못하였다. 일본총영사의 보고에 의하면 1915년 10월 병학교는 카후쿠Kahuku지역으로 옮겼다. 이 보고에 따르면 대원들은 군대의 성격에서 탈피하여 보통 노동자가 되었으며, 숫자도 111명에서 80명으로 감소되었다고 한다. 그러나 옮겨간 새로운 기지에서도 농장 일을 하면서 군사훈련을 받았다. 통신장비가 있었고 사격장도 있었다. 무기는 총 25정, 목총 40정, 지휘도 10개, 나팔 3개였다. 총은 군인용 실총 15~16정과 엽총 10여 정을 가지고 있었는데 평균 한 달에 한 번 정도 사격실습을 하였다.

김원용에 따르면 1916년 10월 군단은 문을 닫았다고 한다.[14] 희망과 감격에 들떠 창설한 국민군단과 병학교는 불과 1년이 지난 후 첫 본거지를 떠나 거기서 북쪽으로 20km정도 옮겨갔다. 이때 이미 군단의 기세는 많이 약해진 것이다. 거기서 감축된 규모로 1년 동안 더 활동하다가 문을 닫은 것이다.

그러면 군단이 문을 닫은 이유는 무엇이었을까? 김원용은 농장경작 계약

---

14 김원용, 앞의 책.

이 만료되어 문을 닫았다고 한다. 그러나 아마도 이것은 사실이 아닐 것이다. 박종수의 수기에 의하면, 그가 1913년 11월 농장주 리비회사와 계약한 기한은 5년이었다. 그렇기 때문에 경작계약 만료는 이유가 될 수 없다. 또 1년 이내에 땅을 내놓아야 한다면 많은 자금을 투자하여 병사 건물들을 새로 지을 이유도 없다. 다음으로 생각해볼 만한 이유는 재정문제이다. 이것도 수긍할 만한 이유가 되지 못한다. 김원용에 의하면, 국민군단은 2년 동안 경작 도급과 특별 기부금으로 78,642불의 수입을 올렸으며, 경비 58,442불을 빼면 잔금이 20,200불이 되었다고 한다.[15] 2년 동안 막대한 수입을 올린 것이다. 그러니 재정적인 이유도 아닐 것이다. 그러면 박용만과 이승만의 분쟁이 이유가 되었을까? 1915년 이들 둘은 심하게 대립한다. 이에 대하여 아래에 좀 더 상세하게 설명하겠지만 이 분쟁이 어느 정도 영향을 주었을지 모른다. 그렇다고 그것이 군단 존폐에 결정적 요인이 될 수 없다고 본다. 왜냐면 이승만의 협력 없이도 박용만은 얼마든지 자립할 수 있었기 때문이다. 그렇다면 어떠한 이유로 군단은 문을 닫게 되었을까?

이에 대한 답은 일본에 있었다. 즉, 일본정부의 압력이 있었다는 말이다. 하와이 주정부 문서보관소Hawaii State Archives에는 미 국무부 및 내무부와 하와이 주지사가 교환한 문서가 있는데 거기에 1915년 7월 6일 국무장관 로버트 랜싱Robert Lansing이 쓴 글이 있다. 이것은 워싱턴주재 일본대사관이 비공식적으로 미 국무부에 통보한 것으로, 그 내용은 미국에서 한인들의 반일反日활동에 대한 불평이었다. 특히 하와이의 국민회와 국민군단이 일본의 한국지배를 전복하고 혁명revolution in Korea을 기도하고 있다고 주장하면서 어떻게 미국이 이러한 운동을 허용하고 있느냐고 항의한 것이다. 만일 미국

---

15 김원용, 앞의 책.

이 한인들의 이러한 반일활동을 허용한다면 일본은 미국이 일본에 대해 적대감을 가지고 있다고 결론을 내릴 수밖에 없다고 주장하였다. 이에 대해 하와이 주지사 핀캄Lucius E. Pinkham은 1915년 7월 27일자로 회신을 보내면서 자신은 '혁명활동'에 대하여 전혀 모르고 있다고 답하며 좀 더 자세한 내용을 조사하겠다고 하였다. 그리고 자기가 보기에 반일활동이 사실이라면 그것은 몇몇 사기꾼들이 어리석은 한인들을 농락하는 행동일 것이라며 일본의 주장을 부정하였다.

사실 주지사의 이런 회답은 명백한 거짓말이다. 국민회와 국민군단의 활동은 하와이의 영자신문에 여러 번 보도되었다. 한인들이 군사훈련을 하고 혁명을 기획하고 있다는 보도도 있었다. 그리고 국민군단 군인은 호놀룰루 시내의 공식 행사에서 가끔 군인정장으로 사열을 시범하였다. 이러한 상황을 주지사가 모르고 있었다는 것은 상식 밖의 일이다. 그리고 호놀눌루주재 일본영사관에서도 국무부에 통보해주었던 것과 같은 내용을 주지사 측근인사에게 알려주었다. 그렇다면 왜 주지사는 모른다고 사실을 은폐하려 하였을까? 그것은 아마도 연방정부와 일본정부가 가하는 압박을 느끼고 자기의 책임을 피하기 위한 반응이었을 것이다. 주지사가 직접 박용만과 국민군단에 어떠한 조치를 취하였는지는 모른다. 그렇지만 주지사는 틀림없이 리비회사에 이 내용을 통보하였을 것이고, 이에 리비회사가 국민군단의 농장 경작권을 박탈했으리라고 믿어진다. 이로 인해 국민군단은 문을 닫은 것으로 보인다. 박용만은 실망이 컸을 것이다. 그러나 이것보다 더 큰 실망이 박용만을 기다리고 있었다.

(3) 국민회의 분쟁

1915년 하와이 국민회에 큰 분쟁이 일어나 박용만은 다시 한번 큰 좌절감을 느끼게 된다. 이 분쟁의 결과로 의형제를 맺었던 이승만과 박용만은 관계가 소원해지고 서로 정적이 되고 만다.

1915년 1월 김종학金種學이 국민회 회장으로 다시 선출되어 취임하였다. 그러나 얼마 후 국민회의 재정에 문제가 생겼다. 간부 몇 사람이 정당한 절차 없이 공금을 빌렸거나 유용한 사실이 드러났다. 이들은 곧 그 돈을 적당한 시기에 환불하겠다고 약속했지만 이를 반대하는 사람들은 회장과 간부들이 책임을 지고 사직하고 새로 회장을 선출하자고 요구하였다. 이렇게 의견이 대립하기 시작하면서 분쟁이 일어났다. 그 과정에서 폭력도 발생하여 호놀룰루 경찰까지 동원되어 치안을 유지하여야 할 정도였다. 새로 대의원을 소집하여 회장을 선출하였는데 그 결과 국민회는 새로운 구성원들에게 넘어갔다. 이 대립의 배경에는 구 지도부를 지원한 박용만과 새로운 지도부를 후원한 이승만이 있었다. 결국 이 분쟁은 박용만과 이승만의 대결이었고 국민회의 주도권은 박용만 측에서 이승만 진영으로 넘어갔다.

겉으로 보기에는 불미스러운 재정 문제로 인하여 야기된 사건처럼 보이지만 분쟁의 근원을 깊이 들여다보면 매우 복잡하고 심각한 요소가 끼어 있었다. 그것은 단순히 두 거물 독립지도자의 충돌이 아니라 한국독립운동 자체에 내재한 전략과 방법상의 차이로 인한 대립이었던 것이다.

박용만은 앞서 본 것처럼 무력으로 싸워 국권회복을 하자고 주장하여 이를 위해 많은 정력과 재원을 쏟아부었다. 그러나 이승만은 박용만의 전략이 위험하다고 생각하였다. 일본은 당시 세계 최강대국의 일원이어서 무력으로 대결하는 것은 승산이 없다고 보았다. 오히려 무고한 생명만 희생될 뿐이라고 생각하였다. 그래서 그는 외교와 섭외활동을 중요시하였다. 즉, 세계의 여론과 인도적 양심에 호소하여 미국을 비롯한 서구국가가 한국의 독립을 지지하게 만드는 것이 가장 효과적이라고 주장하였다. 이를 위해 해외 한인들은 선량하고 책임감 있는 세계시민이 되어 한국인이 독립을 유지할 수 있는 능력이 있음을 보여주어야지 과격한 폭력과 무력투쟁은 오히려 위험하다고 생각하였다. 그래서 이승만은 외교와 교육을 강조하였다. 1915년의 분쟁은 이렇게 서로 양립하기 어려운 전략의 충돌이었다.

다른 요소는 국민회의 주도권 쟁탈이다. 위에서 본 것처럼 국민회는 하와이 전체 한인을 대표하는 기관이었다. 실제로 하와이 내에서 일종의 준정부准政府 역할과 활동을 하고 있었다. 그리고 더 중요한 점은 국민회가 막대한 재력을 소유하고 있었다는 사실이다. 당시 약 5천 명의 한인들이 의무금으로 매년 5불씩 납부하게 되어 있었다. 게다가 개인적인 헌금도 수시로 있었다. 당시 사정을 잘 아는 한 사람은 국민회가 항상 3만 5천 불 정도의 현금을 가지고 있었다고 증언했다. 이렇게 국민회가 매년 수 만 달러의 고정수입이 보장되어 있다시피 하니 정치에 야심을 가진 사람이라면 누구라도 당연히 탐낼 만한 조직이었던 것이다. 정치에 대한 야심이 누구보다 크고 강렬했던 이승만과 박용만은 이러한 조직을 장악하려고 했던 것이다.

이 분쟁의 결과 국민회의 주도권은 박용만에게서 이승만으로 넘어갔다. 그러나 새 국민회는 이미 허물어진 집과도 같았다. 하와이의 한인들은 분열되어 구심점을 잃어버렸다. 박용만과 이승만을 지지하던 세력은 서로 대립하여 오랜 세월 서로 원수가 되었다. 이 분쟁의 여파는 미 본토에도 미쳐 미국 전체의 한인사회도 양분되어 많은 어려움을 겪었다.

비록 박용만이 공을 들여 만든 국민회의 주도권이 이승만에게 넘어갔지만 박용만을 지지하는 세력은 결코 굴복하지 않았다. 이들은 독자적인 조직을 만들어 박용만을 끝까지 후원하였다. 그리고 박용만이 구상한 국민회는 국내에도 스며들어 평양에서도 조직되었다. 1917년 3월 하와이에서 박용만의 영향을 받은 장일환張日煥이 귀국한 후 숭실학교崇實學校와 장로교신학교長老

敎神學校 학생들을 중심으로 조직한 것이다. 창설에 참가한 사람들은 25명이었는데, 그 가운데 배민수裵敏洙, 김형직金亨稷, 노덕순盧德淳 셋은 '대한독립'이라는 혈서를 써 독립의 의지와 회원의 단결을 다짐하였다. 여기서 언급한 김형직은 김일성金日成의 아버지다. 박용만의 영향이 김일성 가문에까지 미쳤던 것이다.[16]

실의에 빠졌던 박용만은 1919년 3월 3일 새로운 조직인 대조선독립단大朝鮮獨立團을 만들었다. 이 조직을 새로 꾸린 것이 3·1운동과 관계가 있는지는 아직 확인하지 못하였다. 그러나 이것을 계기로 이승만과의 관계가 본격적인 경쟁 체제로 굳어졌다고 보인다. 국민회 사태 이후 얼마 동안 이승만과 서운한 관계였지만 그렇다고 완전히 단절하지는 않았다. 그런데 이렇게 불안정하던 관계가 완전히 정리된 것으로 보인다. 즉, 독립단을 조직함으로써 자신은 독자적인 길로 나가겠다고 선언한 것으로 보인다. 그리고 독립단은 박용만이 굳게 신뢰하는 열성적인 지지자들로 조직되었다. 박용만에 대한 충성심은 대단하였고 그 후 박용만이 중국지역에서 했던 활동을 물심양면으로 적극 지원하였다. 박용만은 독립단의 헌신적인 후원으로 시베리아와 중국에서 활동할 수 있었다.

5. 중국에서의 활동과 모국 방문의 비밀

(1) 중국에서의 활동

실의에 싸인 박용만에게 새로운 돌파구를 열어준 것은 3·1운동과 미국의 시베리아 출병出兵이었다. 3·1운동이 일어났다는 소식은 1919년 3월 9일에

---

16 강덕상, 『현대사자료』 25, 도쿄: 미스즈 쇼보, 1977, 35~39쪽.

야 하와이에 도착하였다. 그리고 4월 서울에서 선포된 한성 임시정부에서는 그를 외무부총장으로 임명하였다. 이러한 소식에 박용만은 크게 고무되었을 것이다. 그는 5월 호놀룰루를 떠나 시베리아로 향했다. 1917년 러시아의 볼셰비키혁명 이후 시베리아지역의 적군赤軍과 백군白軍 사이에 내란이 일어나 이에 개입하고자 연합군의 일부인 미군이 파견되었다. 그 일부가 하와이에 주둔하고 있던 부대였다. 박용만은 그 부대 사령관을 설득하여 시베리아 원정군에 참가하게 된 것이다. 시베리아지역에 관한 정보를 전혀 모르고 있었던 미군사령관에게 자기가 좋은 정보를 제공할 수 있다고 설득하여 종군한 것이다.[17] 그전부터 시베리아와 만주지역의 진출에 많은 관심을 가지고 있었던 박용만은 자신의 활동에 전기를 마련할 수 있는 좋은 기회라고 보았던 것이다.

시베리아에 도착한 초기는 미국파견대와 같이 행동하였다고 보이지만 이에 대한 자료가 없다. 한편 일본 정보당국에 따르면, 박용만은 1920년 모스크바에 가서 대한민국임시정부 외무부총장 명의로 소련정부와 공수攻守동맹 조약을 체결하였고 소련 지휘하의 중로연합선전부中露聯合宣傳部의 부위원장이 되어 소련과 연대하여 반일운동을 하고 있다는 보고가 있었다. 그러나 이것은 확인된 사실은 아닌 것 같다.[18] 그가 원동에 나타나자마자 그러한 보도가 나온 것으로 보아 그가 얼마나 거물급 독립운동가였는가를 잘 보여준다.

박용만은 연해주와 만주를 거쳐 1921년 3월 베이징으로 갔고, 거기에서 활발하게 많은 활동을 전개하였다. 보합단普合團을 조직하고 군사통일회軍事統一會를 조직하였다. 군사통일회는 각 지역에서 활동하는 독립군을 통합하여 투쟁하려는 원대한 목적으로 신숙申肅, 신채호申采浩 등과 함께 조직한 단체

---

17 방선주, 앞의 책, 108~110쪽.
18 필자에게 보낸 반병율의 2010년 6월18일자 전자서신.

다. 1922년에는 흥국실업은행興國實業銀行을 설립하였다. 뒤에 서술하겠지만 이것은 그의 독특한 독립운동 방법 가운데 하나이다. 1924년 2월 블라디보 스토크에서 김규식, 신숙 등과 함께 한국국민위원회韓國國民委員會를 조직하 여 비서장이 되었다. 그의 수많은 활동을 주어진 지면의 제약으로 다 언급할 수는 없지만 여기에서 하나 짚고 넘어가야할 점은 그가 1919년부터 1924년 까지 5년 동안 연해주, 만주, 그리고 중국 전역을 다니면서 그 지역의 상황을 면밀하게 관찰하였다는 사실이다. 연해주는 혁명의 와중에서 매우 혼란했고 만주지역도 군벌치하에 법질서가 없어 무정부상태나 다름없었다. 박용만은 이러한 정황이 한국인에게 새로운 기회를 줄 수도 있다고 보았다. 이것은 그 의 독립운동노선에 엄청난 변화를 불러일으켰다.

(2) 모국 방문

박용만은 1923년 12월 말부터 1924년 1월 사이 비밀리에 한국을 방문했는 데, 당시 독립운동가들은 그의 모국방문을 심하게 비난하였고 이 방문은 후 세 역사학자들 사이에서도 논쟁의 대상이 되었다. 그렇다면 그는 왜 갑자기 자기가 철천지원수로 여기고 싸우던 일본의 지배하에 있는 한국을 방문하였 을까? 여기에는 복잡한 사정이 있었다.

1923년 8월 14일 박용만은 난데없이 중국경찰에 억류되었다. 왜냐하면 그 의 부하인 김현구金鉉九(하와이의 김현구와는 동명이인 듯함)가 권총으로 자살을 기도한 사건에 연루되었기 때문이다. 이 정보를 얻은 사이토 마코토齋藤實 조 선총독은 즉시 일본 외무성을 통하여 톈진天津주재 공사 요시다 시게루吉田茂 에게 일본의 영사권領事權을 빙자하여 박용만을 한국으로 송치하도록 지시하 였다. 이에 따라 일본공사관의 통역관인 기토 가츠미木藤克己가 중국 당국과 교섭을 하였으나 이미 다음날인 15일 석방되었음을 알게 되었다. 박용만이 중국으로 귀화한 데다 사건과 관련한 증거 불충분으로 석방되었다고 한다. 이것으로 보아 일본당국은 어떻게든 박용만을 한국으로 끌어들이려고 혈안이 되어 있었음을 알 수 있다.

그해 11월 조선총독부 경찰국 보고에 의하면, 박용만은 음력 10월 얼음이 얼기 전에 러시아 배편으로 블라디보스토크에 갈 준비를 하고 있었다. 이 보고는 또한 박용만이 가난하고 궁핍한 처지로 고난을 겪고 있다고도 하였다. 이와 비슷한 시기에 베이징주재 공사의 보고에 의하면, 박용만은 블라디보스토크에 갈 수 있는 입국허가증을 중국인 우성于醒(박용만의 호는 원래 又醒인데 문서에는 于醒으로 잘못 표기)이라는 이름으로 수령하였다고 한다. 이에 따라 그는 12월 5일 이전에 러시아 국경을 통과할 계획으로 준비하고 있다고 하였다. 그리고 12월 22일 일본공사는 다음과 같이 보고한다.

박(용)만은 남만주를 경유하는 여행을 위험시하여 출발을 주저하고 있었는데 그후 몰래 기토木藤 통역관과 만나 동관同官을 통하여 상해, 나가사키長崎를 경유, 경성京城에 미행하여 총독부의 양해를 얻어 포조浦潮(블라디보스토크)로 가 장래 점차 일본에 친근할 수 있도록 하는 희망을 총독부에 신고하여 그 결과로 동부同府의 승인을 얻어 기토 통역관과 동도同道 12월 20일 아침 북경발 상해로 향했음.

즉, 박용만은 자발적으로 일본 정보원을 만나 서울에 은밀하게 들어가기를 원한다고 하였고, 게다가 장차 일본과 친근하고 싶다는 의사를 전달하였다는 것이다. 이 뜻을 총독부가 양해하여 그의 서울 방문을 허가하였다는 말이다.

그렇지만 그가 한국에 언제 입국했고 출국하였는지 그 정확한 시일에 관한 기록은 없다. 그런데 그는 12월 20일 베이징을 출발하여 상해, 나가사키를 경유해 서울로 갔다. 그리고 다음 달인 1924년 1월 13일 하얼빈에 도착하였다. 그리고 15일 블라디보스토크로 향했다. 그가 한국을 방문했던 기간에 누구를 만났고 무엇을 하였는지도 알려진 바가 없다. 총독부는 그를 독립운동의 최대 거물급 지도자로 인식하고 있었기 때문에 틀림없이 총독 자신이나 최측근이 박용만을 면담하였을 것으로 보인다. 그러나 이에 관한 사료가 아직은 발견되지 않았다.[19]

이것이야말로 청천벽력과도 같은 얘기였다. 그 누가 박용만 스스로 일본 총독의 허가를 받아 일제치하의 한국을 방문하리라고 상상할 수 있었겠는가. 그리고 누가 감히 박용만이 일본과 친근한 관계를 원한다는 것을 상상이나 하였겠는가. 그러나 놀랍게도 그러한 기상천외의 사건이 벌어졌던 것이다.

박용만은 서울을 방문하고 1924년 1월 13일 하얼빈에 도착, 2월 15일 블라디보스토크로 가 2월 19~23일 한국국민위원회 개회에 참석하였다. 여기에서 그는 국민위원회의 비서장으로 임명되었다. 이를 보아 아마도 이 회의에서는 자신이 한국을 방문한 사실을 전혀 언급하지 않았던 것 같다. 그리고 6월 15일 국민위원회 집행위원은 박용만의 비서장직을 박탈하고 국민위원회에서 제명시켰다. 그 결의문은 다음과 같다.

국민위원 박용만은 적의 양해로써 국내에 출입한 사실이 본인 구공口供에 의하야 명백한 독립운동의 총책임을 부負한 국민위원 우又는 비서장의 중직을 대帶한 신분으로서 차등 불철저한 탈궤脫軌적 행동을 감위함은 비록 일시적 수단으로 이용적 계획에서 출하였다 할지라도 도저히 차此를 용대容貸할 수 없는지라……[20]

박용만은 '일시적인 수단'으로 이용할 계획으로 일본의 양해를 얻어 한국을 방문하였다고 국민위원회에 직접 진술했다. 이로 인해 그는 제명처분을

19 『불령단관계잡건 조선인의 부 재지나각지 3』, 일본외무성 외교사료관 소장.
20 「국민위원회공보國民委員會公報」제1호, 1924년7월10일. (UCLA소장 "The Hei Sop Chin Archival Collection")

받았고 이후 그에 대한 비난은 사방에서 쏟아져나왔다. 심지어 그는 변절자로 몰렸고 결국 살해당하기까지 하였다.

그러면 박용만은 왜 일제치하의 모국을 방문하였을까? 이에 대한 답변을 우리는 그가 쓴 『연경야화』에서 찾을 수 있다.

(3) 『연경야화燕京夜話』

1924년 4월 16일자로 조선총독부 경무국장이 외무성에 보낸 문건 가운데 『연경야화』라는 제목의 책자가 하나 있다. 이 책자의 부제는 "모某 유력 한인의 수기"라고 되어 있다. 제목 옆에 이 책자의 "필자는 금년 1월 조선총독부의 양해를 얻어 하얼빈을 경유하여 블라디보스토크에 왕래한 재在베이징 조선인일 것이다"라고 써놓은 펜글씨로 보아 박용만이 『연경야화』의 저자임은 확실하다. 극비라는 도장이 찍혀 있는 이 책자는 틀림없이 박용만이 한국어로 쓴 것을 일본어로 번역한 것이다.[21]

『연경야화』는 두 부분으로 되어 있다. 제1부는 '나의 연해주 왕복에 관하여' 그리고 제2부는 '적화赤禍 방지에 대하여'라는 부제가 붙어 있다. 내용은 강력한 반소련反蘇聯 반공산주의反共産主義의 신념을 담고 있는데, 마치 일본 정부의 지도자를 염두에 두고 썼으리라는 인상을 준다.

제1부에서 그는 국제공산당 지도자와 국민위원회 간부들을 만나 독립운동에 대하여 의견을 교환하고 느낀 감상을 적었다. 특별히 주목할 부분은 그가 각 지역 한인 민단장民團長, 학교주임, 독립군 지도자 등을 만나 의견을 교환한 내용이다. 이들 한인지도자들은 공산당을 통렬하게 비난하고 있었다고 한다. 그 요점 15개를 밝혀두었는데, 중요한 내용은 다음과 같다. ① 공산당

---

21 『한국독립운동사 자료 37—해외언론운동 편』, 국사편찬위원회, 2001, 460~469쪽 ; 조규태, 「박용만의 중국에서의 민족운동」, 『한국민족운동사연구』 45, 2005.

은 지난해 농작물을 몰수하고 농경지를 제한, ② 신경제라 하여 물화매매를 못하게 하므로 상업이 쇠퇴, ③ 일정한 법률 없이 생살여탈을 임의로 자행, ④ 소련 국가보안부는 인명을 임의로 살해, ⑤ 이혼을 장려하여 가정을 파괴, ⑥ 신앙을 속박하고 기독교를 압박, ⑦ 결사·집회·저작·언론의 자유가 일절 없음, ⑧ 교육의 자유를 없애고 공산당 교과서만 강요, ⑨ 통신의 검열. 이러한 불만은 이구동성으로 연해주 전역에 퍼져 있으며 한인뿐만 아니라 러시아인들도 같은 의견이라고 하였다. 박용만은 이렇게 지역 거주민의 불만이 드높아 곧 대변동이 일어날 것이라고 보았다. 말하자면, "곧 하루아침에 대변동이 일어나 전 지역에 도화선을 만들 것은 조만간 일어날 사실이며, 이는 다만 시간문제다"라고 하였다. 연해주에 소비에트정부를 전복하는 대변동이 터질 것으로 그는 예견했다. 이렇게 박용만은 연해주의 상황을 반소련 반공산주의 입장에서 서술한 것이다.

제2부 "적화방지에 대하여"에서 박용만은 소련의 위협을 근절하는 방법으로 일본은 한국인을 앞세워 싸워야 한다고 제안하고 있다. 우선 소련과 공산주의는 동아시아 전체를 위협하고 있다고 보고 "금일 노국露國의 적화운동은 우리 동아 각 민족에게 공동의 위험이다. 그리고 이를 방지하기 위한 노력도 또한 우리 각 민족의 공동책임"이라고 지적하였다.

그리고 러시아의 "화환禍患은 민족 존망의 문제가 달려" 있는 것이며, 전번 노일전쟁전의 위험은 단순한 '외이外夷'였지만 금일의 화환은 '골수에 들어온 병'이라고 하였다. 우리가 당면한 최대의 위협은 적화赤禍이며, 이로 인해 아시아의 모든 국가가 위험에 처해 있다고 하였다. 이러한 적화의 위험을 방지할 책임은 일본과 중국에 있다고 하였다. 그러나 중국은 현재 내홍외환內訌外患으로 그 책임을 다 할 수 있는 능력이 없기 때문에 일본만이 그 책임을 다할 수 있다고 보았다. 그런데 일본은 앞서 시베리아 출병에 실패하였고 국내의 민심과 국제상 문제 등으로 대부대를 동원하여 다시 출병하기 어려우니 이에 대한 대안을 그는 다음과 같이 제시하였다.

나의 우견愚見으로 볼 때 일본은 오히려 조선인민을 지휘하여 움직여 정노征露의 임무를 맡겨 시베리아의 동부를 숙청하는 것이 제일의 양책良策이라고 생각한다.

나아가 만약 일본이 박용만의 이 제의를 받아들여 적화방지의 공동작전을 전개한다면 그는 "즉시 전위전초前衛前哨의 첨병이 되어" 일본과 함께 싸우겠다고 하였다.[22]

박용만은 소련 공산주의의 팽창은 동아시아 국가 모두를 위협하는 적화라고 하였다. 지금 아시아 전체가 당면하고 있는 시급한 과제는 이 적화를 막는 것이라고 하였다. 이를 위해 일본이 마땅히 앞장서서 싸워야 할 책임이 있지만 일본은 당면한 국내문제와 국제관계 때문에 다시 군대를 동원하여 소련과 전쟁을 할 형편이 되지 못하니 차라리 일본은 한국인을 군사적으로 동원하고 지휘해 소련을 공격하여 시베리아 동부지역을 점령하자는 것이다. 이러한 한국과 일본의 공동작전이 현실화되면 박용만은 자신이 그 작전의 최전선에서 싸우겠다고 주장하는 것이다. 실로 엄청난 제안으로 지금껏 그가 해온 독립활동 방향과 방법에서 크게 변화한 것이다. 여태까지 그가 주장해온 무력투쟁에서는 일본이 유일의 적이었다. 일본과의 투쟁을 위해 그는 자신의 모든 정력을 아낌없이 쏟았다. 그런데 이제 주적이던 일본과 손을 잡고 제3의 적과 싸우자는 것이다. 박용만의 독립운동에 대변동이 일어난 것이다.

그러면 왜 그는 투쟁의 방향을 바꾸게 되었을까? 첫째, 그는 소련 공산주의

---

22 「인쇄물 송부의 건」(고경 제1272호, 1924년 4월 16일), 『불령단관계잡건 조선인의 부 신문잡지 3 별책』, 일본외무성 외교사료관 소장 ; 국사편찬위원회, 『한국독립운동사』 자료, 37, 460~469쪽.

는 전체 아시아에 위험하다고 진정으로 믿었던 것 같다. 그는 3·1운동 이후 시베리아로 가서 볼세비키혁명하의 실태를 몸소 체험하였다. 게다가 국제공산당의 활동을 누구보다 가까운 위치에서 직접 보았다. 그렇기 때문에 소련이 추구하는 목적과 방법을 잘 알고 있었다. 그리고 1921년 자유시사건自由市事件에서 수많은 한인 독립군들이 무참히 학살된 사실을 보고 충격을 받았을 것이다. 그러나 박용만은 미국에서 공부하고 미국의 민주주의, 자유, 민권 사상 등을 받아들인 사람인 데다 기독교도 독실하게 믿고 있었다. 이러한 그의 사상 배경을 고려하면 그가 소련 공산주의자들이 위험한 존재라고 결론내린 것은 어쩌면 당연한 귀결이라고 할 수 있다.

그렇다면 그는 적화를 막기 위해 한국의 독립운동을 포기한 변절자였을까? 결코 그렇지 않다. 민족주의에 대한 그의 믿음은 전혀 흔들리지 않았다. 다만 그가 꿈꾸던 민족주의를 실현하기 위한 목적과 방법에 큰 변화가 있었던 것이다. 그는 한국의 장래에 대하여 새로운 꿈을 가지고 있었다.

(4) 신천지 개척안

박용만이 새로 구상한 꿈은 정말 기상천외의 생각이었다. 그는 연해주, 만주, 몽고 지역이 한국의 옛 영토였기 때문에 한국인이 다시 이 지역을 차지하자고 제안하면서 이를 추진하기 시작하였다. 대륙에 신천지를 개척하자는 것이다.

이를 위해 박용만은 하와이로 다시 가 후원을 요청하였다. 1925년 7월 그는 하와이를 방문하여 1년 동안 체류하였다. 하와이는 그가 1912년에서 1919년까지 7년간 활동한 기지였고 많은 옛 친구와 동지들이 있었다. 그는 이들에게 그의 새로운 포부를 설명하고 지원을 호소하였다.

우선 그는 자신이 조사한 만주지역의 사정을 설명하였다. 동북아대륙의 토지는 면적이 광대할 뿐만 아니라 인구가 거의 없는 형편이라고 하였다. 땅값은 하와이에 비해 저렴하고 한국인이 중국에 귀화하기 위한 수속을 특별하게 배려해주고 있어 정착하는 데 아무런 문제가 없다고 하였다. 그렇기 때문에 "한족韓族이 영주하고 토착하여 자손의 발전을 꾀하기에 최고로 적합한 땅임에 의심할 여지가 없다"고 하였다. 이렇게 아시아대륙의 무한한 땅을 한인들이 개간하자고 제의한 것이다. 그는 이곳을 '신천지新天地'라고 부르며 "신천지의 개척을 목적하여 자신은 하와이에 와 자금모금을 호소한다"고 하였다. 그리고 이 목적을 달성하기 위해 저축회사儲蓄會社를 설립하겠다고 하였다.

박용만이 하와이에 간 동기를 일본 총영사가 다음과 같이 보고했다는 사실은 놀랄 만하다.

> 박용만의 내포來布의 동기는 금년 봄 문창범文昌範과 안창호安昌浩와 회합한 결과 무장적武裝的수단으로 다년간 쓰라린 경험을 하였지만 하등 효과가 보이지 않음으로 이를 고려하여 무력해결은 도저히 확실한 각속覺束을 주지 않음을 통감하여 경제적으로 안정한 영주 토착지 개척의 계획을 수립하게 되었다.

이것은 박용만의 설명을 직접 들은 여러 한인들로부터 수집한 정보를 바탕으로 일본 총영사가 작성한 보고서의 일부이다. 중요한 점은 이 "신천지 개척안"을 박용만 혼자 제창한 것이 아니라는 점이다. 그것은 안창호와 문창범을 만나 합의한 결과라고 한다. 그리고 특히 주목할 점은 이 세 지도자가 과거의 무장투쟁은 아무런 효과가 없었으며 앞으로도 무장투쟁을 통해서는 좋은 성과를 기대할 수 없다는 결론을 내렸다는 것이다. 그렇기 때문에 그들의 장래계획은 만주와 같은 대륙에 경제적 안정을 위한 "영주토착지"를 개척하는 것이라고 하였다. 즉, 무장투쟁을 중단하고 "영주토착지" 개척으로 방향을 바꾸자고 한 것이다.

이 신천지 개척을 위하여 설립한 저축회사의 자본금 마련도 세 사람이 분담하기로 합의하였다고 한다. 그 액수는 문창범이 북만주와 연해주 방면에서 30만 원圓, 박용만은 하와이지역에서 20만 원, 안창호는 북중국과 미국 캘리포니아지역에서 10만 원을 조달하기로 하였다고 한다. 그리고 박용만은 중국의 군벌 우페이푸吳佩孚와 친교를 맺고 그를 지원하여 장쭤린張作霖을 만주에서 축출한 후 우페이푸의 병력을 빌려 한국독립을 지원할 것이라고 하였다. 이를 위해 저축회사를 빨리 설립하여 장정훈련을 기획해야 한다고 제안하였다.

박용만의 이러한 설명과 제의는 하와이에 있는 지지자들로부터 적극적인 호응을 얻었다. 이 사업을 추진하기 위해 하와이에 저축회사 설립위원회를 조직하여 그 임원으로 사장은 이원순李元順(이는 李元淳의 잘못인 듯), 부사장은 김서기金瑞基와 박낙선朴洛善, 총무는 김홍범金弘範, 재무는 이복기李福基, 이사는 이원순, 안원규, 박상하 등 9명이 맡았다. 모금은 당시 3만 불이 넘었다고 한다.[23]

박용만은 다음 해 중국으로 다시 돌아갔다. 그러나 한 가지 의문이 있다. 과연 안창호와 문창범이 박용만의 신천지 개척 계획에 정말로 동조하여 공동작전을 약속하였을까? 이에 대해서는 별도의 연구가 필요하다고 본다. 그러나 여기서 주목할 만한 점은 박용만의 새로운 구상과 방법이다. 즉, 무장투쟁은 효과가 없으니 이를 포기하고 대륙의 신천지 개척에 치중하겠다는 것이다. 그는 여태까지 무력투쟁만이 주권을 회복할 수 있는 유일한 방법이라 믿었고 이를 위해 모든 정력을 바친 인물이었다. 그런데 무력투쟁은 효과가 없

---

23 「선인 박용만 내포 및 계획에 관한 건」(기밀 제71호, 1925년 8월 15일), 『불령단관계잡건 조선인의 부 재구미 8』, 일본외무성 외교사료관 소장.

으니 포기하고 평화로운 신천지 개척을 제창하기 시작했다. 그렇다면 여기에서 그가 일본 총독의 양해로 한국을 방문한 동기도 찾을 수 있다고 본다. 틀림없이 그는 서울에서 총독 또는 총독부의 상당한 고위인사와 이 문제를 가지고 의견을 교환하였으리라는 짐작이 가능하기 때문이다.

그러면 박용만은 어떻게 신천지 개척이라는 계획을 구상하였을까. 1912년 네브라스카에 있을 때부터 그는 이미 만주지역 개척에 관심을 가지고 있었던 것으로 보인다. 당시 그는 손정도孫貞道[24]와 서신을 교환하였는데 거기에서 이를 확인할 수 있다. 박용만이 1912년 10월 10일자로 쓴 편지를 하얼빈주재 일본 총영사가 입수하여 번역한 것이다. 그 편지에서 박용만은 "만주식민책滿洲殖民策"에 관심이 있다고 하며 이를 위해 그 지방의 적당한 "장소, 지질, 지가地價" 등을 속히 알려달라고 요청하였다.[25] 이렇게 그는 네브라스카에 있을 때부터 만주 개척을 생각하고 있었다.

박용만은 그 후 신채호를 만나 자신의 생각에 더욱더 확신을 갖게 되었을 것이다. 박용만이 만주와 중국에서 활동하였을 때 신채호와 친밀한 관계를 맺어 서로 많은 협조를 하였다. 박용만이 베이징에서 1921년 중국인 여자와 결혼하였을 때 신채호는 불과 8~9명밖에 되지 않는 결혼식 참석자 가운데 한 사람이었다. 신채호와 그렇게 친밀한 관계를 형성한 박용만은 신채호의 역사인식, 특히 한국고대사에 관한 역사관도 잘 알게 되었을 법하다. 신채호의 『독사신론』을 읽었거나 그의 지론을 통하여 대륙지역이 고대 한족의 무대

---

24 손정도는 서울 정동교회 목사였고, 상해 임시정부 의정원 의장을 맡았다. 그는 만주 지린에서 한인교회를 개척하였고, 거기에서 젊은 김일성을 지도하였다. (김일성, 『세기와 더불어』 2, 조선로동당출판사, 1~16쪽). 손정도의 아들 손원태는 필자에게 자기 소년 시대 친구 김일성은 그때 유년주일학교 선생이었다고 증언하였다. (Yong-ho Choe, "Christian Background in the Early Life of Kim Il-song," 『Asian Survey』 26, 1986.

25 「재미 배일선인의 서신에 관한 건」, 『불령단관계잡건 조선인의 부 재구미 1』, 일본외무성 외교사료관 소장.

였다는 주장을 잘 이해했을 것이다. 박용만은 하와이의 자기 동지들에게 이렇게 이야기하였다. "현재의 조선반도는 지역이 협애狹隘하여 도저히 완전한 독립국으로 만들기 부족하다. 구조선舊朝鮮영토였던 시베리아 및 만주, 몽고의 땅을 근거로 하여 조선인을 여기에 이주시켜 발전을 추구하여 이 지방을 사실상 동포의 영유로 귀속하게 할 것이다."[26]

한반도는 너무 좁고 험준하여 완전한 독립국으로 만들기 부족하다는 것이다. 동북아대륙이 한국의 원래 영토였기 때문에 이 지역을 다시 회복하여 여기에 대조선국을 건설하자는 꿈이다.

박용만의 신천지 개척계획은 매우 원대한 구상이었다. 그러나 다른 한편으로는 돈키호테의 꿈과 같았다. 하와이에 있던 그의 충실한 지원자들을 제외하고는 그의 계획안에 동조하고 후원해주는 사람은 별로 없었다. 오히려 그는 많은 독립운동가들부터 변절자로 몰려 결국 살해당하였다. 박용만은 1928년 10월 16일 베이징의 자택에서 이해명李海鳴이 쏜 총에 맞아 절명하였다. 실로 비운의 삶이었다.[27]

6. 맺음말

박용만은 파란만장한 일생을 살다간 한국 독립운동의 지도자였다. 그는 매우 다재다능한 인물이었다. 그는 역사와 정치부문에 조예가 깊어 『아메리카 혁명』과 같은 매우 수준 높은 연구서를 쓴 뛰어난 학자였을 뿐만 아니라 그는 심오한 정치사상가이기도 하였다. 특히 그가 저술한 『국민개병설』, '가

---

26 「선인 박용만 내포 및 계획에 관한 건」, 앞의 책.
27 박용만의 죽음에 관하여 중요한 논문은 다음과 같다. 방선주, 앞의 책 ; 배경석, 「임시정부 초대 외무총장 박용만 암살사건─공개처형인가, 암살인가?」, 『역사문제연구』 18, 2007.

정부 설립'의 필요성에 관한 논문, 「대한인국민회 정관」 (중앙총회 및 하와이지 방총회) 등은 그의 정치사상을 잘 반영하고 있다. 미국의 민주주의와 자유사상, 민권헌장, 연방제 정치구조 등을 그는 높이 평가하고 존중하였다. 아마도 박용만은 한국 근대사에서 처음으로 정치사상을 체계적으로 설파한 인물이었을 것이다. 그가 보여준 학자적인 면 하나만 가지고도 그는 후세인들로부터 높은 평가를 받을 만하다. 그는 국어와 국어교육에도 깊은 관심을 가지고 개혁적인 시도를 하였다. 예를 들면, 한글 가로 쓰기, 한글의 필사체(로마자의 알파벳처럼), 한글 교과서 등을 고안해 보급하려 하였다.

무엇보다 박용만은 주권회복을 위한 독립운동에 평생 헌신했다. 독립운동을 하던 시기의 대부분을 그는 일본과 무력으로 대적하여 싸워야 한다고 믿고 실천해갔다. 이를 위해 미국에서 병학교와 대조선국민군단을 조직하여 독립운동의 사관과 간부를 양성하고 훈련시켰다. 그리고 국민회를 재조직하여 무형국가의 임시정부를 만들어 해외독립운동의 사령탑으로 세우려 하였다. 이를 실현하기 위해 그는 강력한 지도력을 발휘하였다. 그에 필요한 이론적, 법제적 토대도 마련하였다. 그러나 박용만의 무장투쟁 사상과 전략은 한때 의형제였던 이승만의 반대에 부딪혀 큰 좌절을 겪게 된다.

1919년 미국이 시베리아로 출병할 때 박용만은 정보원으로 원동에 갔다. 도착하자마자 그는 독립운동의 거물 지도자로 인정받았다. 그는 지상 목적인 조국의 독립을 쟁취하기 위하여 군사통일회, 국민위원회 등을 조직하여 분열되어 흩어져 있던 독립군을 통일하려고 백방으로 힘썼다. 그러나 그의 노력은 좋은 성과를 맺지 못하였다.

거듭되는 좌절을 겪으며 박용만의 독립운동 방향에 큰 변화가 일어났다. 그는 당시 아시아 전체가 당면한 가장 시급한 위협을 소련과 공산주의의 팽창이라고 보았다. 이 '적화'의 위협을 방지하기 위해 일본, 중국, 한국이 공동전선을 마련하여야 한다고 믿었다. 이러한 반공전선에 한국독립군이 전위부대로 싸우면 자기는 그의 첨병이 되어 앞장서겠다고 하였다. 이 반공독립군을 일본이 물심양면으로 적극 후원하여야 한다고 생각하였다. 이것을 위한 일본의 협조를 타진하기 위해 그는 비밀리에 조선 총독의 양해 아래 한국을 방문한 것 같다.

일본과 손을 잡아 반공전선을 구축하자는 박용만의 구상에는 나름대로 원대한 포부가 있었던 것이지 결코 독립정신의 변절에서 온 것은 아니다. 그의 포부는 동북아대륙을 한국의 신천지로 개척하자는 것이었다. 그는 연해주, 만주, 몽고 등은 한국 상고시대의 영토였고 한국 사람의 발원지라고 믿어 이 지역에 한국 사람이 영주해야 한다고 생각하였다. 이를 위해 지금이 가장 좋은 기회라고 믿었다. 당시 만주, 연해주 일대를 그는 그 어떤 나라도 자신들의 국가권력과 법 안에 두지 못했던 텅 빈 공간이라고 생각하였다. 그는 여기에 한국의 장래를 위한 신천지가 있다고 호소하면서, 무장투쟁을 중단하고 평화적으로 새로운 신천지를 개척하자고 제창하였다.

그러나 그의 야심찬 구상은 많은 사람으로부터 동조를 얻지 못하였다. 아마도 그의 복안을 많은 사람들에게 충분히 설명할 기회가 없었는지도 모른다. 결국 그는 한국방문과 일본과 연합하자는 제의로 말미암아 많은 독립운동가로부터 변절자로 지목되어 끝내 살해당하였다.

박용만은 비상한 두뇌와 지도력을 발휘하여 조국의 주권 회복에 평생을 바친 철저한 민족주의자였다. 그러나 그가 낭만적으로 그린 한국의 장래는 인정을 받지 못하고 47세의 한창 나이에 비운의 생을 마감하였다.

조만식
―풀뿌리 민족운동의 개척자―

장규식

1. 머리말

고당古堂 조만식曺晩植(1883~?1950)은 한국민족운동사에서 매우 독특한 위치를 차지하는 인물이다. 그는 일본 유학 5년간과 조선일보 사장으로 재직하며 서울에 머물렀던 약 1년간을 제외하고는 평생 자신이 태어나고 자라난 평안도를 떠난 적이 없었다. 또한 조선물산장려를 비롯해 소비 합리화와 세입자 문제같이 의식주에 걸친 일상생활의 문제를 민족운동의 새로운 어젠다로 개발해 '조선의 간디' 란 칭호를 얻기도 하였다.

張圭植 중앙대학교 역사학과 부교수.
저서로 『일제하 한국기독교민족주의 연구』(혜안, 2001), 『서울, 공간으로 본 역사』(혜안, 2004), 『민중과 함께 한 조선의 간디, 조만식의 민족운동』(역사공간, 2007), 『서울 독립운동의 역사현장』(서울특별시사편찬위원회, 2008), 『1920년대 학생운동』(한국독립운동사편찬위원회, 2009) 등이 있다. 그 밖에 일제 식민지시기 지성사와 도시사에 관한 논문이 여러 편 있다.

함석헌은 그러한 조만식을 몸소 실천을 보임으로써 민중의 신임을 얻은 '말 없는 웅변가'라 평한 바 있다.[1] 실제 조만식 하면 떠올리는 무릎을 치는 깡뚱한 검정 무명 두루마기와 말총모자에 편리화는 걸어 다니는 토산장려의 '광고판'이었다. 또한 그가 총무로 10여 년간 재직한 평양YMCA의 사무실은 지역사회의 현안은 물론 개인의 대소사를 상담하러 찾아오는 사람들로 부산했던 평양 사람들의 민원 창구이자 무관無冠의 지방정부였다. 해방 후 숱한 정치 지도자들이 서울로 발길을 옮기며 저마다 정치적 야심을 불태울 때도 그는 언제나 그랬듯이 평안도라는 삶의 자리에 굳게 서서 민족의 장래를 설계하였다.

그렇다고 그가 편협하게 평안도의 지방색만을 고집한 것은 아니었다. 그는 일본 유학 시절 지방열地方熱의 타파를 주장하며 조선유학생친목회의 창립을 주도하였고, 신간회가 민족협동전선으로 출범할 때 발기인으로 참여하여 이념을 넘어선 민족의 대동단결을 추구하였다. 가장 토착적인 것이 가장 세계적이라는 말처럼, 그는 자신의 삶의 터전이었던 평안도에 대한 향토애를 애국애족으로 승화시키고, 생활세계의 개조를 통해 민족운동의 돌파구를 마련하면서, 인도와 정의에 기초한 새 나라의 건설이라는 보편 가치를 실현하려 하였다.

오늘날 지구적인 것과 지역적인 것이 만나는 '글로컬Glocal'의 지점에서 조만식의 삶과 사상을 다시 읽어야 할 필요가 여기에 있다. 조만식이야말로 지역에 두 발을 딛고 민족과 세계의 장래를 내다봤던 풀뿌리 민족운동의 개척자였기 때문이다. 이 글에서는 그가 꿈꾸었던 '풀뿌리 민주주의에 기초한 하나된 국민국가의 건설'에 초점을 맞추어 조만식의 민족운동이 갖는 현재적 의미에 다가가려 한다.[2]

1 함석헌, 『죽을 때까지 이 걸음으로』, 한길사, 2009, 221쪽.

2. 기독교 입문과 일본 유학

조만식은 1883년 2월 1일 아버지 창녕 조씨 조경학曺景學과 어머니 경주 김씨 김경건金敬虔 사이에 외아들로 평양에서 태어났다. 조만식의 아버지 조경학은 매년 벼 백 섬을 거둬들이는 평안도 강서 출신의 향반鄕班으로, 평양에서 일종의 위탁판매업이라 할 수 있는 물산객주 일을 하던 상인이었다.

어린 시절 조만식은 몸집은 작았지만 괄괄한 성격에 여간 날랜 게 아니어서 골목대장 싸움꾼으로 유명하였다. 특히 요즘 태권도와 비슷한 일종의 호신무술인 날파람에 능해 날파람의 명수로 통했다. 또 해마다 음력 정월에 평양 주민이 성내군과 성외군으로 나뉘어 서로 돌팔매질을 하며 대항하는 격렬한 민속경기인 평양석전의 열렬한 응원꾼이기도 하였다. 열세 살에 두 살 연상의 박씨와 조혼한 조만식은 열다섯 살에 서당을 그만두고 평양 종로거리에 무명과 베를 파는 포목점을 차렸다. 그리고 뒤에는 서당 동문인 한정교韓鼎敎와 동업으로 지물포를 경영하기도 하였다.

조만식이 평안도 상인의 후예로, 그 자신이 10대 후반부터 스물두 살 때까지 포목점과 지물포를 경영한 사실은 그의 삶과 사상을 이해하는 데 중요한 실마리를 제공한다. 평안도는 조선후기 들어 상공업의 발달로 전국 8도에서 가장 번창하던 지역이었다. 그러나 정치적 차별과 소외는 여전해 과거에 합격해도 중앙 관직에 나아가기는 하늘의 별 따기였다. 이 때문에 오산학교 설립자 남강 이승훈李昇薰이 언급한 대로[3] 오백 년 묵은 원한이 맺힌 평안도에는 조상 우려먹는 정승 판서의 사당도, 사색당파도, 양반 상놈 따지는 차별도 없었다. 조만식의 아버지처럼 지역에서 양반 행세를 하는 향반들이 있었지

---

2 이 글은 『내일을 여는 역사』 제26집(2006. 12)에 발표한 원고를 수정·보완한 것이다.
3 李昇薰, 「追慕와 感激—西北人의 宿怨新慟」, 『新民』 14, 1926. 6.

만, 객주로 생업을 삼은 데서 알 수 있듯이 살아가는 방식은 일반 평민과 차이가 없었다.

그 결과 평안도에서는 신분보다 능력을 중시하는 평민문화가 일찍부터 발달하였다. 조만식이 10대 후반에 상업에 뛰어든 것도 그러한 맥락에서 살필 필요가 있다. 당시 평양에서는 부유한 집안의 자제라 해도 놀고먹게 놔두지 않고 일찍부터 상업이나 그 밖의 사업을 맡겨 경험을 쌓게 하는 것이 관례였다고 한다. 스스로의 힘으로 세상을 살아갈 수 있게끔 하려는 일종의 실업교육이었던 셈이다.

그러나 상인 시절 조만식은 남다른 장사 수완보다는 술 잘하고 잘 노는 난봉꾼으로 이름을 날렸다. 밤새워 술을 마시는 일이 다반사였고, 기생집 출입도 잦아 그 시절 배운 가락으로 나중에도 수심가 한 자락은 썩 잘했다고 한다. 담배도 골초여서 특제 담뱃대에 성천초 세 잎사귀를 꽁꽁 말아 석 대를 피운 뒤에야 아침 잠자리에서 일어날 정도였다. 이때 그는 기독교 신자도 아니었고, 나라와 겨레의 앞날을 걱정하며 비분강개하는 지사도 아니었다. 그저 평양 저잣거리의 한낱 장사치였을 뿐이다.

그러던 조만식이 심기일전해서 새로운 세계로 뛰어든 것은 러일전쟁을 겪으면서였다. 무슨 까닭에서였는지 이 무렵 그는 기독교에 입교를 하고, 이듬해인 1905년 만학의 길에 접어들었다. 스물세 살의 나이로 숭실학교 1학년 예비과정에 입학한 조만식은 이후 술, 담배를 끊고 학업에 정진하여 보통 5년이 걸리는 과정을 월반으로 3년 만에 졸업하였다. 그가 숭실학교의 설립자 베어드William M. Baird 선교사에게 사회봉사와 민족구원의 신앙을 전수받고, 독실한 신앙인으로 민족의식에 눈을 뜬 것도 이때였다.

1908년 봄, 평양 숭실학교를 제5회로 졸업한 조만식은 교원생활을 하라는 주변의 권유를 뿌리친 채 일본 동경으로 유학의 길에 올랐다. 동경에서 조만식은 먼저 세이소쿠영어학교正則英語學校에 입학하여 2년 동안 영어와 일본어, 수학 등의 과목을 익히고, 1910년 4월 메이지대학明治大學 전문부 법학과에 진학하였다.

동경 유학 시절 조만식은 동경한인교회의 영수로, 기독교청년회YMCA의 회장으로 바쁜 나날을 보냈다. 그러면서 그는 자신이 영수로 시무한 장로교단 소속의 동경한인교회를 1911년 여름, 백남훈·김영섭 등과 함께 장로교와 감리교의 연합교회(재일본 동경조선예수교연합교회)로 개편하였다. 1909년 5월 한인 장로교회가 설립된 이후 하나둘씩 늘어난 감리교회 출신 유학생들이 따로 예배를 드리는 것을 목격하고, 이국땅에서까지 교파 문제로 기독교인들이 분열된 듯한 인상을 주어서는 안 되겠다고 판단한 때문이었다.

더불어 조만식은 지방별로 나뉘어 따로 놀던 동경 유학생사회를 하나로 통합하는 데도 많은 노력을 기울였다. 망국적인 지방할거주의 문제를 통감한 때문이었다. 그래서 "고향을 묻지 말자"고 외치며 전라도 출신의 송진우宋鎭禹, 경기도 출신의 안재홍安在鴻과 힘을 합해 1911년 겨울, 출신지방별로 나뉘어 있던 유학생회를 조선유학생친목회로 통합하였다. 조선유학생친목회는 창립 몇 달 만에 일제에 의해 해산당하고 말았지만, 1913년 가을 재일본동경조선유학생학우회의 발족으로 이어지며 2·8독립선언의 디딤돌이 되었다.

3. 오산학교 재직과 물산장려운동

1913년 3월 서른한 살의 늦은 나이에 메이지대학 전문부 법학과를 졸업하고 고국으로 돌아온 조만식은 가족들과 회포를 풀 새도 없이 평안북도 정주로 직행하여 오산학교 교사로 부임하였다. 낮은 데로 나아가, 청산맹호青山猛虎 식의 평민정신과 자립자존의 민족정신과 참사랑의 기독정신을 가르치는 민중의 교사로서 공생애公生涯를 시작한 것이다. 당시 오산학교는 설립자 이승훈이 신민회 사건으로 투옥되어 학교를 유지하기조차 힘든 위기에 놓여 있었다. 조만식은 그런 학교에 부임하여 봉급도 받지 않고 교사로, 교장으로 만 8년 동안 모두 세 차례에 걸쳐 봉직하면서 학교를 반석 위에 올려놓았다.

오산학교에서 조만식은 교사로, 교장으로, 교목으로, 사감으로, 사환으로 1인 5역을 담당하며 학생들에게 일상에서의 실행과 모범의 위력을 가르쳤다. 학생들과 마찬가지로 기숙사에 기거한 것은 물론, 오전 6시 기상에서 오후 10시 취침까지 모든 일정을 똑같이 소화하면서 솔선수범의 본을 보였다. 학생들과 같이 일어나 체조하고 뒷산을 뛰어 돌았으며, 아침 기도회를 인도하고, 잠자리에 들기에 앞서 뜰을 돌며 같이 교가를 불렀다. 학생들이 겨울 땔감을 마련하기 위해 나무를 하러 갈 때도 동행하여 함께 땀을 흘렸다.

훤칠한 외모나 화려한 언변이 아닌, 검소한 생활태도와 몸소 본을 보이는 실천궁행實踐躬行으로 민중의 신임을 얻은 진실의 사람, 실천의 사람으로서 그의 면모는 그렇게 만들어졌다. 그런데 그것은 오산학교 설립자 이승훈의 삶의 자세이기도 하였다. 이승훈은 학교에 사환을 따로 두지 않고 변소 치우는 일부터 밤에 기숙사 군불 때는 일까지 학생들과 함께 하는 솔선수범을 통해 학생들에게 근면과 신의, 열과 성, 그리고 일상생활의 도리를 가르쳤다. 그러한 환경에서 조만식은 의복에서 일용품에 이르기까지 토산품을 사용하고 몸소 생활 개신改新을 실천궁행함으로써 훗날 물산장려운동의 상징으로 부각될 수 있었다.

지금도 조만식 하면 물산장려운동을 떠올리듯이, 조만식이 민족지도자로서 전국적인 명성을 얻은 것은 조선물산장려회朝鮮物産獎勵會를 창립하면서부터였다. 그가 평양의 상공업계·교육계·기독교계 인사들을 망라하여 조선물산장려회를 발기한 것은 1920년 7월이었다. 오산학교 교장직을 사직하고

3·1운동 직후 중국 망명을 시도하다 체포되어 평양형무소에서 10개월간의 옥고를 치르고 나온 지 얼마 안 되었을 때였다. 그러나 조선물산장려회의 창립은 일제 당국과 일본인 상인들의 방해로 유산되고 말았다. 이에 그는 지역의 유수한 기독교계 인사들을 규합하여 평양YMCA를 설립한 뒤, 조선물산장려회의 조직에 다시 착수하여 1년여의 산고 끝에 1922년 6월 20일 창립총회를 거행하였다.

물산장려운동은 조만식이 오산학교 교장 시절부터 평소 생활신조로 실천해오던 것을 사회에 널리 보급하여 대중적으로 조직화한 운동이었다. 그가 기초한 것으로 보이는 「조선물산장려회 취지서」에는, "현금 상공업이 발달한 선진국들도 저마다 모두 보호무역주의를 행하는데, 우리는 나라가 없어 법령이나 정책으로 그것을 실행에 옮기지 못하니, 자위상 불가불 민간의 공덕심과 공익심에 의지할 수밖에 없다"는 대목이 나온다.[4] 민간사회의 자위권을 발동하여 경제주권을 확보하자는 풀뿌리 민족운동 선언이라 할 수 있는데, 민간 차원의 보호무역운동, 나아가 시민경제주권운동으로서 물산장려운동은 그렇게 탄생하였다.

평양에서 조선물산장려회가 조만식을 회장으로 하여 발족한 이후 물산장려운동은 전국적인 운동으로 발전하여 1923년 1월 서울에서도 조선물산장려회가 창립되었다. 그러나 서울 물산장려회의 「취지서」에서는 민족산업의 육성이라는 일반론을 넘어서는, 민간사회의 자위권 발동이라는 개념이 발견되지 않는다. 조선인과 일본인이라는 민족적 구별에 상응해 국가와 사회를 구분하는 데까지 인식의 지평이 확장되지 못한 때문이었다. 그에 비해 평양 물산장려회는 민족의 논리를 민간사회로 등치시켜, 민간사회의 자율공간을

---

4 「조선물산장려회 취지서」, 『동아일보』, 1920년 8월 23일자.

조성함으로써 조선총독부 권력에 맞서는 진지전 전략을 구사하였다. 조선왕조 5백년간의 정치적 소외와 차별의 경험을 밑거름 삼아 국가권력으로부터 자유로운 민간 영역의 확보에 눈길을 돌린 것인데, 그것을 민족운동의 새로운 패러다임으로 제시한 인물이 바로 조만식이었다.

4. 풀뿌리 민족운동의 근거지, 평양YMCA

조만식이 해외로 망명한 도산 안창호安昌浩를 대신하여 평안도를 대표하는 민족 지도자로 자리매김을 한 것은 1921년 3월 창립된 평양YMCA의 초대 총무에 취임하면서부터였다. 평양YMCA는 인도와 정의의 지상천국 건설을 기치로, 식민지 조선의 제2도시 평양에서 경제·문화 방면으로 가장 큰 세력을 확보하였던 기독교계 인사들을 망라하여 발족한 사회단체였다. 조만식은 1921년부터 1932년까지 12년간 평양YMCA의 총무로 봉직하며 그곳을 근거지로 조선물산장려회를 창립하고, 자신이 구상한 풀뿌리 민족운동을 실천에 옮겨나갔다.

그가 총무로 재직할 당시 사람들은 지역사회의 현안이나 건의사항은 물론, 개인의 억울한 호소나 딱한 사정, 심지어 자녀 학업 문제나 집 나간 아내 문제 같은 가정사를 가지고 평양 대동문 안 광명서관 2층에 위치한 열댓 평짜리 YMCA 사무실을 찾았다. 회관 앞에는 조선물산장려회와 민립대학기성회民立大學期成會의 간판까지 붙어 있었는데, 사실 조선물산장려회와 평양YMCA는 하나의 단체나 다름없었다. 총무 조만식이 조선물산장려회의 회장을 겸임하였을 뿐 아니라, 창립이사 12명 가운데 9명이 평양YMCA의 임원이었다. 이렇게 조만식은 YMCA를 거점으로 지역사회의 공론을 형성하고, 물산장려회 같은 어젠다별 조직을 만들어 지역의 기독교계와 상공업계·교육계·여성계·청년계를 하나의 네트워크로 엮어나갔다. 그리하여 비록 정치권력은 없었지만 지역사회의 숙원사업들이 일제 총독부 권력과 무관하게 평양YMCA를 무대로 해서 논의되고 집행되었다.

평양에서 조선인의 손으로 운영된 최초의 사회사업이라 할 평양고아원이 1921년 10월 평양YMCA 사무실에서 발기되었고, 1921년 12월 평양실업저금조합이 평양YMCA를 중심으로 조직되어 이듬해 여름부터 '대동강'이란 상표를 붙인 잉크를 제조 판매하였다. 또한 1923년부터는 매년 음력 설날을 맞아 조선물산장려 선전대가 평양YMCA회관 뒤뜰에서 발대식을 갖고 시가행진에 들어갔다. 설날 선전행렬에는 평양 시내의 유수한 제조업체와 상점은 물론 평양노동연맹회, 금주단연동맹, 차가인借家人(세입자)동맹 같은 사회단체까지 참여하여 과거 평양석전의 장관을 재현하였다.

이 과정에서 조만식은 평양 조선인사회의 크고 작은 일들을 손수 챙기며 '무관의 제왕'으로서의 모범을 보였다. 산정현교회의 장로로 김동원金東元·오윤선吳胤善 장로와 함께 평양의 기독교계를 이끌었고, 조선민립대학기성회의 중앙집행위원 겸 지방순회위원으로 평안도 일대를 돌며 선전강연과 모금운동을 벌였다. 1927년에는 숭인학교 교장으로 부임하여 재정난에 빠진 학교를 상업학교로 탈바꿈시켰으며, 1928년에는 김동원·오윤선 등과 함께 조선인 상공업자의 공동 발전을 도모할 지도기관으로 평양상공협회를 설립하였다. 또한 1931년에는 관서체육회의 회장에 취임하여 민간에 체육을 보급하는 활동을 펼쳤고, 관서협동조합경리사의 이사장과 조선기독교절제운동회의 공동회장을 맡아 생활개선운동에 앞장섰다. 뿐만 아니라 민간의 기부와 모금을 조직하여 공공사업으로 공회당(백선행기념관, 1929)과 도서관(인정도서관, 1931)을 건립하기도 하였다. 그 결과 식민지 상황에서도 평양은 여전히 조선사람의 평양으로서 활력을 유지할 수 있었다.

이렇게 조만식이 평양YMCA를 거점으로 지역사회의 공론을 주도하며 풀뿌리 민족운동에 매진한 것은 나라가 없더라도 최소한 살 길은 스스로 찾아야 하지 않겠냐는 현실적인 당면 요구와 더불어, 민간사회의 튼실한 기초 없이 제대로 된 독립국가의 건설을 기대할 수 없다는 평소의 신념 때문이었다. 그에게 총독부 권력을 배제한 조선인의, 조선인에 의한, 조선인을 위한 민간사회 영역의 개척은 독립국가의 기초를 다지는 실로 중차대한 사업이었다. 그래서 기회 있을 때마다 청년들에게 서울이나 대도시에 모여 웅성거리지 말고 자신이 나고 자란 곳에서 죽기를 각오하고 향토를 지키라고 당부하였다. 저마다 지방으로 돌아가 조선사람이 존립할 터전을 지음으로써 새 나라의 기초를 놓으라는 것이었다.

5. 민족의 대동단결을 위하여

조만식이 거대 담론보다 생활세계의 구체적인 사안에 집중하고, 무력항쟁이 아닌 비폭력 무저항의 길을 선택했다고 해서 그를 타협적인 민족주의자로 보는 사람들이 있다. 그러나 그는 이승훈이 '벽창호'라 놀릴 정도로 원칙을 중시하고, 스스로에게 엄격했던 지조의 사람이었다. 조선물산장려회를 발기하며 그가 제창한 민간 차원의 자위권 발동은 총독부 권력과 무관하게 민간사회 독자적으로 살 길을 찾자는 비타협의 선언이었다.

실제로 조만식은 비타협적 민족주의자와 사회주의자의 민족협동전선으로 신간회新幹會가 출범할 때 발기인으로 참여하였고, 평양지회의 회장을 맡아 지역 차원에서 정치적 공론장을 만드는 데 심혈을 기울였다. 조만식의 주재 하에 신간회 평양지회는 평안남도연합회의 조직을 추진하고, 차가인동맹이 조직될 정도로 심각해진 평양의 집세 인하운동을 위해 사회단체를 망라한 협의회를 발의하는 등 지역사회의 공론에 기초한 생활정치를 실험하였다. 그러나 그 활동은 기대에 미치지 못하였다. 물산장려운동 이래 조만식과 행동을 같이했던 김동원이 신간회에 참여하지 않은 데서 살필 수 있듯이, 평양 조선인사회의 주축을 이루었던 토착 자본가들이 총독부 권력에 타협적 태도를 보이며 민족운동 일선에서 하나둘씩 떨어져 나간 때문이었다.

조만식의 생활정치 실험은 1930년 12월에 열린 신간회 평양지회 제4회 정기대회에서 사회주의자들의 해소 주장이 다수 의견으로 채택됨으로써 결국 막을 내렸다. 이 과정에서 조만식은 농촌운동과 생활개선운동으로 눈길을 돌려 새로운 돌파구를 찾으려 하였다. 그와 더불어 물산장려운동도 종래 조선물산에 대한 수요를 창출하여 토착 상공업을 육성하려던 데서, 합리적 소비를 통해 파산 지경에 이른 도시서민과 소농민의 생활 안정과 개선을 도모하는 방향으로 중심을 이동해갔다.

이후 조만식은 1932년 11월 조선일보 사장에 취임하여 서울로 활동무대를 옮겼다가, 신문사 경영난과 지역감정의 혹독한 단련을 받고 9개월 만에 다시 평양으로 돌아왔다. 그리고 조선물산장려회와 관서체육회의 회장으로 복귀하여 지역사회의 대소사를 챙겼지만, 예전 같은 활기를 찾기는 힘들었다. 50을 넘긴 초로의 나이에, 갈수록 거세지는 일제의 압박이 더해져 운신의 폭이 크게 좁아진 때문이었다. 1936년 5월 을지문덕 묘산수보회의 회장을 맡아 고적보전운동을 전개한 것이 일제하에 그가 수행한 마지막 공식 경력이었다. 조선물산장려회를 비롯해 그가 회장으로 있던 단체들은 1937년 중일전쟁 무렵 모두 일제에 의해 강제로 해산당하였다. 그 뒤 중일전쟁과 태평양전쟁을 연이어 도발하며 단말마적 발악을 하던 일제가 전시 협력을 강요하자, 그는 비타협의 입장을 고수하며 은신의 길을 택하였다.

해방과 더불어 조만식은 평안남도 건국준비위원회 위원장에 추대된 데 이어, 소련군 진주 후 민족진영과 공산진영이 반반씩 참여하여 구성된 평안남도 인민정치위원회의 위원장에 선임되었다. 그리고 1945년 11월 3일 민족독립, 남북통일, 민주주의 확립을 정강으로 하는 민족주의정당 조선민주당朝鮮民主黨을 창당하여 당수에 취임하였다. 당시 그는 38도선 이북지역에서 좌우익 모두로부터 신망을 받는 유일한 지도자였다.

신간회 평양지회 회장 시절처럼 해방 직후에도 그는 민족의 대동단결을 위해 혼신의 힘을 기울였다. 평안남도 인민정치위원회에서 무상몰수 무상분배의 토지개혁 문제를 놓고 좌우익이 대립할 때, 그는 토지개혁의 필요성에 공감하되 그 방법은 좀 더 신중히 검토하자는 선에서 사태를 중재하였다. 그러나 모스크바 3상회의 결정으로 그러한 노력은 이내 벽에 부딪히고 말았다. 그는 소련 측에서 후견제로 표현한 3상회의 결정의 신탁통치 조항에 반대 의사를 분명히 하였고, 그 결과 숙소인 고려호텔에 연금당하는 신세가 되었다. 1946년 1월 5일 개최된 평안남도 인민정치위원회 전체회의가 3상회의 결정에 대한 좌우익의 입장 차이로 결렬된 직후의 일이다.

그에 앞서 오산학교 시절 제자였던 북한 정권의 제2인자 최용건崔庸健이 수차 방문하여 설득을 했으나, "선생의 입장은 만세 반석이었다"고 한다. 설득과 회유가 통하지 않자 최용건은 2월 5일 조선민주당 열성자협의회를 열어 조만식 규탄선언문을 채택하고, 강양욱康良煜을 임시 당수로 선출하였다. 그 뒤 소련군 당국이 3상회의 결정을 지지하겠다고 번의만 하면 북한지역 최고지도자의 지위와 권한을 넘길 용의가 있음을 내비치며 회유했지만 그 또한 소용이 없었다.

한편 주변 인사들이 나서 조만식을 월남시키려는 비밀공작이 수차에 걸쳐 추진되기도 하였다. 그러나 이때에도 그는 이북의 동포를 버려두고 혼자 떠날 수 없다며 거절했다고 한다. 그리고 첫 부인과 사별하고 재혼한 전선애田

善愛 여사와 1946년 가을 마지막으로 만나 자신의 머리카락이 든 봉투를 건넸다. 자신의 운명을 예감하고 고난의 십자가를 걸머질 각오를 한 것이다.

1947년 7월 제2차 미소공동위원회 미국 측 대표로 평양에 온 브라운Albert E. Brown 소장과 면담한 것을 끝으로 이후 조만식의 행적은 확인되지 않는다. 6·25전쟁 직전 북에 억류된 조만식과 남에 구속되어 있는 김삼룡·이주하를 맞교환하자는 북한측의 제의가 있었지만, 곧바로 동족상잔의 비극적 전쟁이 일어났고 그것이 마지막이었다.

6. 맺음말

고당 조만식은 흔히 인도의 정신적 지도자 마하트마 간디Mahatma Gandhi에 비견된다. 상인 집안 출신으로 식민본국의 심장부에 유학하여 법학을 전공한 이력이라든지, 일상에서 몸소 토산장려의 모범을 보이며 민중의 교사로 나선 점이라든지, 그리고 강한 종교적 신념을 바탕으로 비폭력 무저항의 민족운동을 이끌어 나간 점까지 두 사람은 닮은꼴이었다. 더욱이 두 사람은 최후마저도 비슷했다.

제2차 세계대전이 끝난 뒤 간디는 힌두교도와 이슬람교도, 시크교도가 평화롭게 더불어 사는 하나된 인도의 건국을 소망했다. 그러나 현실은 힌두교도가 다수를 차지하는 인도와 이슬람국가 파키스탄이 각각 분리 독립하는 것으로 나타났다. 설상가상으로 각처에서 종교분쟁이 일어나 수많은 양민이 학살당하는 사태가 속출했다. 이때 간디는 두 종교의 화해와 공존을 외치며 마지막 단식에 들어갔고, 악화일로에 있던 분규는 점차 진정의 기미를 보였다. 하지만 그는 1948년 1월 30일 반이슬람 힌두교 근본주의자가 쏜 총탄에 최후를 맞아야 했다. 그의 주검은 힌두교도와 이슬람교도 사이에 평화를 되찾는 제물로 불살라졌다.

조만식 또한 동족상잔의 전쟁이 한창이던 1950년 10월 북한 인민군의 평양 후퇴 과정에서 희생당한 것으로 알려져 있다. 간디와 마찬가지로 민족의 제단에 화해의 제물로 자신을 바친 것이다. 그가 일신의 안락을 구하려 했다면 아마도 월남의 길을 택했을 것이다. 그러나 그에게는 그동안 생사고락을 함께해온 북녘 땅의 민중이 무엇보다 소중했다. 그가 일신의 영달을 탐하려 했다면 아마도 소련군 당국이 내민 북한지역 최고지도자의 감투를 달게 받았을 것이다. 그러나 그것은 그의 민족적 양심이 허락하지 않았다. 그래서 간디가 걸었던 마지막 길을 따라, 조만식은 민족분단의 한가운데서 '아니' 하고 죽어 보이는 십자가의 고난을 선택한 것이다. 부활의 신앙으로 통일과 공생의 새벽을 내다보며. 그러나 그 주검의 부활은 아직도 미완인 채로 남아 있다.

참고문헌

고당전·평양지간행회, 『고당 조만식』, 평남민보사, 1966.
한근조, 『고당 조만식』, 태극출판사, 1972.
고당기념사업회, 『고당 조만식 회상록』, 조광, 1995.
장규식, 『일제하 한국기독교민족주의 연구』, 혜안, 2001.
──, 『민중과 함께 한 조선의 간디, 조만식의 민족운동』, 역사공간, 2007.
──, 「'조선의 간디' 고당 조만식」, 『내일을 여는 역사』 26, 2006. 12.

여운형
―좌우와 남북의 통일독립국가를 지향했던 진보적 민족주의자―

정병준

자유주의자 여운형은 좌우익 양자 모두에게서 나타나는 전체주의와 기회주의에 대항해서 투쟁했다. 때때로 그는 우유부단하다는 이유 때문에 미국인들이나 한국인들로부터 기회주의자라는 욕을 듣기도 했다. 그러나 내가 보기에 여운형은 자신을 질시하고 욕하는 그 누구보다도 훨씬 더 한국인들을 잘 이해하고 사랑했다.

　　　　　　　　　　　　　　　　— 주한미군 군사관 리처드 로빈슨Richard Robinson

선생의 모든 말과 행동을 종합하고 분석함으로써 내가 도달한 결론은 여 선생이 개인적으로 또 정신적으로 소련보다는 미국과 더 가까웠지만 정치적으로는 이들 양국에 대하여 절대적으로 중립이었으며 그가 갖고 있던 유일한 목적은 미·소 양

鄭秉峻 이화여자대학교 사학과 부교수 · 이화사학연구소 소장.
　저서로는 『몽양여운형평전』(한울, 1995), 『우남이승만연구』(역사비평사, 2005), 『한국전쟁』(돌베개, 2006), 『광복직전 독립운동세력의 동향』(독립기념관, 2009), 『독도 1947』(돌베개, 2010) 등이 있음.

국으로 하여금 가급적 빨리 한국으로부터 물러나게 하는 일이었다.

— 주한 미정치고문 윌리엄 랭던William R. Langdon

　나는 그가 강한 민족주의자라고 생각한다. 때때로 그는 기회주의자가 되었지만 그것은 조선인들의 공통적 성격이었다. 과거에 그는 일본정부나 총독부에 귀를 기울인 적이 없다. 총독부는 그에게 중직을 거듭 제공하였으나 듣지 않았다. 그는 순수한 민족주의자이다

— 조선총독부 정무총감 엔도 류사쿠遠藤柳作

1. 머리말

　몽양夢陽 여운형呂運亨(1886~1947)은 구한말에 태어나 한국·중국에서 교육받았으며, 한국·중국·일본·러시아에서 한국독립을 위해 투쟁했다. 식민지하 그의 삶은 독립운동의 한길에서 벗어난 적이 없으며, 해방 후에는 대표적 정치가로 통일·독립을 위해 좌우합작·남북연합의 길을 추구했다.

　그의 생애는 크게 네 시기로 구분된다. 첫 번째는 유년·청년기(1886~1914)로 양반의 후예에서 민족주의자·기독교 전도사로 성장하는 시기이다. 두 번째는 중국 활동기(1914~1929)이다. 그가 독립운동가로 입신하고 이름을 얻은 때이다. 세 번째는 국내 항일운동시기(1929~1945)이다. 두 차례 투옥되었고, 독립운동가·언론인·체육인으로 활동했다. 네 번째는 해방 후 활동기(1945~1947)이다. 환갑의 여운형은 해방정국의 주역으로 그의 명성과 활동이 최정점에 달했다.

2. 가계와 교육

여운형은 1886년 5월 25일 경기도 양평군 양서면 신원리 묘곡에서 여정현 呂鼎鉉의 장남으로 출생했다. 대대로 소론파에 속하는 양반가문이었다. 태양을 치마폭에 감싸 안는 태몽을 꾸었다는 며느리의 말을 듣고, 그의 조부는 손자의 호를 몽양夢陽, 즉 '태양을 꿈꾸다'로 지었다.

어릴 적 향리에서 한학을 배운 여운형은 14세 되던 해, 서울에 올라와 근대식 학교교육을 받았다. 그는 미국선교사 아펜젤러가 세운 배재학당(1900), 고종의 시종무관장으로 을사늑약에 항거해 자결한 민영환이 설립한 흥화학교(1901), 통신원 부설 우무학당(1903)을 다녔다. 미국유학생 출신으로 혁신유학·양명학의 신봉자였던 숙부 여병현呂炳鉉의 영향이 컸다. 여병현은 배재학당의 영어교사, 흥화학교의 교사였으며, 소년기 여운형이 근대로 향하는 인적 통로였다. 여운형은 여러 곳의 학교를 다녔지만, 졸업하지는 못했다. 부인·조부·부친의 사망이라는 개인적 비극과 국망이라는 국가적 비극이 겹쳤기 때문이었다.

여운형은 배재학당에서 영어와 기독교, 근대적 학문을 최초로 접했으며, 서재필이 조직한 협성회 토론회에서 토론과 웅변을 익혔다. 안창호의 웅변에 매료되었던 여운형은 이후 일제하 조선의 손꼽히는 웅변가로 거듭났다.

기독교의 '백만인 구령救靈운동'이 벌어진 1911년 여운형은 열변으로 4천여 명을 기독교에 입교시켰을 정도로 열성적 전도사였다. 또한 승동 기독교 청년회를 통해 전덕기·이동녕·이회영·안창호·김좌진 등 초기 민족주의 애국자들과 만났다. 기독교는 청년 여운형의 세계관을 형성하는 밑바탕이 되었고, 그의 초기 사회활동의 출발점이 되었다.

여운형은 학교보다는 시대와 경험으로부터 배웠다. 소년기의 학창시절은 대한제국의 멸망, 식민통치의 첫 시기에 해당했다. 러일전쟁, 을사늑약, 민영환의 자결, 국채보상운동, 한일병합, 105인 사건 등을 통해 그는 초보적 민족주의자로 거듭났다. 그의 첫 사회활동은 광동학교·초당의숙 등 사립학교에서의 교육운동, 기독교 전도활동, 애국계몽운동에 대한 동참이었다. 이 시기 초보적인 민족의식을 갖게 되었고, 전통적인 유교사상과 신유학·양명학의 영향, 그리고 강력한 기독교의 영향 등을 받았다. 특히 1912~1913년에는 평양의 장로교회연합신학교를 다니며 총 5년간의 과정 중 2년을 마쳤는데, 신학교 수학과 신학공부를 목적으로 한 중국 유학계획은 그가 열성 기독교 전도사였음을 보여준다.

1911년 일제가 조작한 105인 사건으로 한국의 민족주의 진영 및 반일 기독교 진영은 대탄압을 받았다. 105인에게 총 630년의 형량이 언도되었고, 일본의 조합교회를 비롯한 친일교회의 발호가 본격화되었다. 1912년 이승만은 미국으로, 김규식은 몽고로 망명했다. 여운형이 선택한 망명지는 중국이었다.

3. 중국시대 1 : 신한청년당과 3·1운동

일생의 향로를 결정한 15년간의 중국시대(1914~1929)는 그를 항일운동가이자 대중정치가로 단련시켰으며, 국제적 명성을 지닌 혁명가로 부각시켰다. 여운형의 무대는 중국대륙은 물론 한국, 일본, 러시아, 싱가포르, 필리핀까지 뻗어 있었다. 그는 독립운동 진영의 주목을 받았고, 국제연대의 주요 지도자가 되었다.

여운형은 1915~1917년 3년간 난징 금릉대학金陵大學 영문과에서 수학한 후 1917년 동양의 마드리드로 불리던 국제도시 상해로 이주했다. 제1차 세계대전과 러시아혁명의 여파로 술렁이던 상해에서 여운형은 미국인이 운영하던 협화서국協和書局에 취직해 한인청년들의 구미유학과 도항절차를 알선했다. 여운형에게 애국운동의 기회가 찾아온 것은 1918년 여름이었다. 1차대전의 뒤끝에 제정러시아가 혁명으로 붕괴되고 사회주의국가가 처음 출현했으며, 미국의 윌슨 대통령은 민족자결주의를 내걸고 새로운 세계질서를 제시했다. 인도정의, 인류공영, 민족자결에 기초한 이상향이 가까운 것으로 비춰졌다.

1918년 11월 독일의 항복으로 제1차대전이 종결되고, 파리강화회의 개최가 결정되었다. 파리강화회의 개최가 알려지자 중국 상해, 러시아 블라디보스토크, 미국 샌프란시스코 등 해외 거주 한국인들은 한국이 독립할 수 있는 기회가 도래했다고 판단했다.

1918~1919년간 여운형은 3·1운동과 상해 임시정부 수립에 기여했다. 여운형은 상해를 방문한 미대통령특사 크레인Charles R. Crane을 만나 한국 대표의 파견에 도움을 요청하며, 파리강화회의에 보내는 독립청원서를 전달했다. 파리강화회의 대표파견을 위해 여운형은 이미 교류하고 있던 동지들과 신한청년당新韓靑年黨을 조직했다. 청원서 제출자격을 갖추기 위한 것이었다. 재일사학자 강덕상에 따르면, 신한청년당은 중국혁명운동에 동참했던 신규식이 주도한 동제회同濟會·신아동제회新亞同濟會를 계승하면서도 그것을 능가하는 것으로, 상해 독립운동세력의 세대교체를 의미하였다. 여운형은 평생의 동지가 된 김규식을 텐진으로부터 초빙해 파리강화회의 대표로 파견했다.

여운형은 동경의 2·8독립선언과 국내의 3·1운동에도 깊이 관여했다. 장덕수·여운홍이 일본·국내로 잠입했고, 신한청년당의 선우혁·김철·서병호는 국내로, 여운형은 간도·시베리아로 떠났다. 하얼빈에서 3·1운동 소식을 들은 여운형은 상해로 돌아와 초기 상해 임시정부에 참가했다. 여운형은 정부 수립보다는 독립운동가들의 정당을 결성하자는 쪽이었지만, 임시정부 수립이 결정되자 외무부차장을 지내는 등 임정의 적극 지지자가 되었다.

여운형이 독립운동가로 명성을 확고히 한 것은 1919년 말 일본 방문의 결과였다. 일제는 상해 임시정부에 대한 무력검거·해산에 실패하자, 유력한 청년지도자를 귀순시켜 변절케 하려는 귀순공작을 본격적으로 시작했다. 반일적이지만 합리적이며, 대중적이지만 온건한 기독교 전도사였던 여운형을 회유하기 위해 일본 조합교회 목사들이 나섰다. 일본 내각과 총독부가 그의 방일문제에 깊숙이 개입했고, 풍부한 공작자금이 조합교회 측에 주어졌다. 이에 따라 여운형의 동경행은 상해 임시정부와 독립운동 진영 내부에서 논란의 표적이 되었다. '일제에 매수된 친일파', '민족의 치욕', '독립운동의 병균'이라는 극언이 난무했다. 이처럼 동경행은 여운형의 일생에서 최대의 모험이자 승부처 중 하나였는데, 결과적으로는 대의를 위해서라면 적진에도 대담하게 뛰어든다는 그의 정치적 장점이 드러났다.

3주간의 동경 방문에서 여운형은 고가 렌조古賀廉造 척식국장관, 다나카 기이치田中義一 육상陸相, 미즈노 렌타로水野鍊太郎 총독부 정무총감, 도코나미 다케지로床次竹二郎 내상內相, 노다 우타로野田卯太郎 체신상遞信相, 하라 다카시原敬 수상 등과 회담했다. 그는 일본의 위협과 자치제 제안을 공박하고 즉시독립을 주창했다. 불과 34세의 식민지 청년이 제국의 원로 고관들을 공박하고, 제국주의의 심장부에서 한국독립을 주장하는 외교·선전전을 펼쳤던 것이다. 여운형은 제국호텔 기자회견에서 한국의 독립운동이 세계의 대세이자 신의 뜻이며 한민족의 각성이라고 갈파했다. 여운형은 한국의 독립이 한국의 생존권이자 인간 자연의 원리라고 강조했다. 여운형과 만난 당대의 지식인 요시노 사쿠조吉野作造는 여운형에게 "확실히 한 가지 범하지 못할 정의의 섬광"이 있다고 평했다.

일본 제국주의는 여운형을 설득하여 귀순시키거나 자치론 동조자로 만들어 상해 임시정부를 와해시킬 의도였으나 그는 이를 한국독립운동에 역이용했다. 임정은 국무원 포고를 통해 그의 일본행이 '독립운동의 일환'이었다고 선언했고, 박은식도 '도일선전' 활동이었다고 기록했다. 여운형이 떠난 후 일본의 제42회 제국의회는 '여운형 규탄국회'로 불렸다. 여운형 귀순공작이 실패하자 그 책임이 내각으로 비화되었고, 하라내각이 붕괴되는 한 원인이 되었다.

4. 중국시대 2 : 고려공산당과 극동피압박민족대회

상해로 돌아온 여운형은 1918년 이래 기대를 모았던 파리강화회의와 민족자결주의가 파열음을 내며 가라앉는 것을 지켜보았다. 한국독립운동 진영에는 기대를 걸었던 외교독립노선에 대한 반성과 회의가 제기되었다.

이후 여운형은 본격적으로 사회주의·공산주의와의 접촉하게 된다. 그는 새로운 길로 접어들었고, 이후 중국생활은 점점 혁명적 조류에 가까워졌다. 기독교 전도사에서 독립운동가로 전환한 이래 그의 두 번째 번신翻身이었다. 민족주의자에서 사회주의에 공명하는 진보적 민주주의자로, 외교독립노선에서 사회주의 국제연대노선으로의 전환이었다. 여운형의 이름이 1918~1919년 독립운동선상에 등장한 이래 1920~1930년대를 거쳐 해방정국까지 계속 부각된 가장 큰 이유는 시대조류에 따라 자신을 단련시키고 변화시켰던 그의 탁월한 능력에 있었다. 이 시기 그의 활동을 대표하는 것은 고려공산당 활동, 극동피압박민족대회 참석, 중국혁명운동 동참이다. 사회주의·공산주의를 접하면서 사상적 외연이 확대되었고, 그는 러시아·중국혁명가들과 연대하는 국제적 활동가로 다시 한번 변화했다.

여운형은 1920년대 초 두 개의 고려공산당, 즉 이동휘의 상해파 고려공산당과 이르쿠츠크파 고려공산당에 모두 관여했다. 주로 공산주의 서적의 번역·배포와 관련된 일을 했다. 여운형은 마르크스의 「공산당선언」을 최초로 번역한 한국인이다.

새로 떠오른 혁명러시아와 사회주의는 파리강화회의 결과에 낙담한 한국 독립운동가들에게 실질적 후원과 새로운 방략을 제시하였다. 기독교적 세계관을 가지고 있던 여운형도 독립운동의 새로운 방향 전환을 위해 사회주의를 수용했다.

1929년 일제의 신문과정에서 여운형은 "개인으로서의 주의는 맑스주의자"이나 "독립운동에 대해서는 민족주의적으로 행동"하였으며, "러시아의 레닌주의, 중국의 삼민주의처럼 조선에는 여운형주의로 하는 것이 해방의 첩경"이라고 진술했다. 이념이란 민족해방을 위한 도구이자 그릇이었다. 그에게 민족해방 없는 이념이란 의미 없는 것이었다.

여운형은 1921년 말 모스크바에서 개최된 극동피압박민족대회에 참석했다. 이 대회는 1차대전 승전국들이 개최하는 워싱턴회의에 맞서기 위해 코민테른이 개최하는 것이었다. 여운형은 23개 단체에서 뽑힌 조선대표 54명 중 한 명으로 이르쿠츠크파의 대표였다.

여운형은 김규식, 김원경, 김단야와 함께 대회운영의장단에 뽑혀 개회식 연설을 했으며, 5회 회의에서는 '박경'이라는 가명으로 「조선의 혁명운동」이라는 보고를 했다. 그는 계급운동이 시기상조이며, 공산주의자들도 현 단계에서는 독립운동에 참여해야 하며, 상해 임시정부를 개조할 필요가 있다고 강조했다. 임시정부의 주역이었던 김규식, 이동휘, 현순, 김철 등이 함께 모스크바로 간 것은 파리강화회의에 대한 실망과 국제정의란 존재하지 않는다는 절망감 때문이었다. 김규식은 "위대한 아메리카공화국조차도 …… 워싱턴회의에서 세계의 악명 높은 흡혈귀 제국주의 국가와 공포의 4개국 조약을 체결"하였다며 워싱턴회의를 격렬하게 비판했다.

여운형은 모스크바에서 두 차례 레닌Vladimir Ilyich Lenin을 만났다. 레닌은 일본의 공산주의자 가타야마 센片山潛, 중국의 공산주의자 취추바이瞿秋白와 함께한 자리에서 "한국에서는 공산주의혁명보다 민족운동과 민족해방이 중요하다"고 강조했다. 여운형은 모스크바에서 레닌, 지노비예프Alexandre Zinoviev, 트로츠키Leon Trotskii 등 러시아공산당 지도자들과 만났다.

1923년 여운형은 국민대표회의에서 임시정부를 해체하고 새로운 독립운동조직을 만들자는 창조파로 활동했다. 외교노선에 따른 파리강화회의·워싱턴회의가 실패한 후 그 후폭풍이 임시정부로 집중되었던 것이다. 임시정부를 조직할 때 있었던 운동의 중심지와 운동노선을 둘러싼 갈등의 재현이었다. 상해 임시정부가 외교중심지인 상해에서 망명정부 형태의 운동을 지향하는 것이었다면, 이제 무장투쟁노선을 택해 조직형태를 바꾸고 중심지도 이동하자는 다양한 의견이 교차했다. 국민대표회의는 레닌이 제공한 20만 루블의 자금으로 시작되었지만, 창조파·개조파·유지파로 나뉘어 갈등 끝에 무산되었다. 임시정부는 분열되었고, 여운형은 임시정부를 떠났다.

상해교민단 단장과 상해 거류 한인 자녀를 위한 인성학교 교장직을 맡았던 여운형은 1925년 북경주재 소련대사 카라한L. M. Karakhan을 만나 중국혁명운동에 동참하게 되었다. 그는 중국공산당 취추바이의 추천으로 중국공산당의 당원 대우를 받았고, 한편으로 쑨원孫文의 권유로 중국국민당에 입당하기도 했다. 여운형은 중국국민당과 중국공산당 양당의 당원 대우를 받은 유일한 한국인이다. 그는 중국이 국공합작을 통해 혁명에 성공한다면, 이것이 한국의 독립운동에 결정적 계기가 될 것이라고 생각했다. 여운형은 1921년 중국인 우산吳山, 임정의 윤현진·조동호 등과 함께 중한호조사中韓互助社를 조직한 바 있는데, 일부 자료에는 쑨원이 사장, 여운형이 부사장으로 기록되어 있다.

또한 중국공산당의 마오쩌둥毛澤東도 중한호조사 창사長沙 지부에서 활동했다. 여운형은 쑨원의 개인고문이자 동지였으며, 마오쩌둥과도 수차례 만난 바 있었다.

이런 인연으로 여운형은 1926년 1월 광둥에서 개최된 중국국민당 제2회 전국대표대회에서 연설했으며, 국민당 군대가 북벌로 우한武漢·삼진三鎭을 점령한 1926년 9월 20만 군중 앞에서 내빈으로 축사를 하기도 했다. 그렇지만 1927년 장제스蔣介石의 4·12 상해쿠데타로 북벌은 좌절되었고, 여운형도 체포·학살의 고비를 넘겨야 했다.

이후 여운형은 생계를 위해 상해 푸단대학復旦大學에 취직해 체육교사로 일했다. 대학 축구부를 이끌고 싱가포르, 필리핀 등지의 원정경기에 나가 싱가포르 해방, 필리핀 독립을 주장해 현지경찰에 체포되어 여권을 빼앗기기도 했다. 그러던 여운형은 1929년 7월 10일 상해야구장에서 일본경찰에 체포되었다. 뜻하지 않은 귀국이었다.

5. 국내 항일 1 : 조선중앙일보 사장으로 뚜벅뚜벅

3년간의 수형생활(1929~1932) 후 출옥한 여운형은 1937년까지의 짧은 4년 동안 합법공간에서 활동했다. 그는 1933년 조선중앙일보 사장으로 국내 항일운동에 복귀했다. 반일논조가 분명했던 조선중앙일보는 수위부터 사장에 이르기까지 정치·사상관계 전과자만 20명에 이르는 신문사였다. 신문사 사장 여운형은 '걸어서 뚜벅뚜벅' 서울을 활보하는 것으로 유명했다. 범죄행위나 총독부 협력자, 특권층 비리엔 엄격한 반면 빈민·노동자·농민·학생에 대한 지지는 최고조였다. 조선중앙일보의 최고이자 최후의 업적은 1936년 베를린올림픽 마라톤에서 우승한 손기정의 가슴에 달린 일장기를 지운 '일

장기 말소사건'(1936년 8월 15일자)이다. 조선중앙일보가 총독부의 검열을 통과하자 동아일보 사진부기자 등이 10일 뒤 이를 따라했다. 조선군 참모부가 개입하자, 조선중앙일보는 자진 휴간했다. 일제는 복간을 조건으로 친일파 사장 등용 등을 내걸었지만, 조선중앙일보는 끝내 타협을 거부하고 1937년 자진 폐간을 선택했다.

한편 스포츠맨이었던 여운형은 현재 대한체육회의 전신격인 조선체육회 회장(1934~1937)으로 청년학생들에게 운동정신을 통한 애국심 고취, 단결과 희생정신을 불어넣었다. 그는 웃통을 벗은 채 아령체조교본에 모델로 등장할 정도로 체육으로 단련된 육체를 갖고 있었다. 그의 주위에 수많은 애국 체육인·청년들이 모여들었다.

또한 그는 충무공 이순신의 묘소재건(1935), 김구의 모친 곽낙원과 아들 김인, 김신의 상해 탈출을 원조하기도 했다.

1937년 중일전쟁 발발 이후 그에 대한 친일 회유와 대중국 화평공작 권유가 끊이지 않았지만, 그는 이를 모두 거부했다. 1930년대 말부터 이미 여운형은 일제의 패망을 예감했기 때문이었다. 그는 1930년대 말~1940년대 초 5차례 정도 동경을 방문했는데, 일본 고위급 인사들과 접촉하여 정세를 파악하고 고급정보를 획득하려는 목적과 국내에서 높아지고 있던 신변위협을 모면하기 위함이었다.

여운형은 동경에서 일본 극우파 지도자 오카와 슈메이大川周明를 만났는데, 그에게 매료된 오카와의 소개로 고노에 후미마로近衛文麿 수상, 우가키 가즈시게宇垣一成 전 조선총독 등과도 회견했다. 여운형의 딸 여연구는 이때 동경에서 일본 천황을 만나 회유를 받았다고 주장했으나 이것은 사실이 아니다.

6. 국내 항일 2 : 조선건국동맹을 조직하다

1942년 12월 동경에서 돌아온 여운형은 제2차 투옥(1942년 12월~1943년 7월)되었다. 1942년 4월 18일 동경에서 목격한 미군기의 공습상황을 친구들에게 설명하며 한국독립의 필연성을 역설했기 때문이었다. 여운형은 서대문형무소에서 최후의 항일을 위한 조직 결성을 구상했다. 그는 출옥하자마자 조선민족해방연맹을 조직했다(1943년 8월). 이후 1년간의 준비과정을 거쳐 조선건국동맹(1944년 8월)을 결성했다. 현우현, 황운, 이석구, 김진우, 조동호 등 좌익계 노장층이 중심이 된 비합법 비밀결사였다. 그의 일생에서 가장 비밀스런 활동기였다.

태평양전쟁 이후 일제의 탄압이 가속화되었고, 노골적 친일파의 발호와 친일파·전향자가 대량으로 양산되는 시기였지만, 여운형과 동지들은 정반대로 일제의 패망과 한국의 해방·독립을 위해 마지막 투쟁을 준비했던 것이다. 건국동맹은 항일투쟁과 건국 준비라는 두 가지 임무를 자임한 비밀조직이었다. 국내에서 좌우를 불문한 애국세력의 민족통일전선으로 항일투쟁을 전개하는 한편 중경 임시정부, 연안 독립동맹 등 해외 독립운동세력과 긴밀한 연락·연대를 추진했다. 특히 연안 독립동맹은 건국동맹을 자신의 국내 분맹分盟으로 여길 정도로 두 조직의 연대는 긴밀했다.

한편 건국동맹은 일제 패망을 전제로 건국을 준비했다. 태평양전쟁 발발 이래 국내외에서는 일제의 패망과 한국의 독립 그리고 건국을 예견하는 다양한 움직임들이 있었다. 임시정부는 건국강령을 제정했고(1941년), 국내에서는 조선건국단·건국위원회 등이 조직되기도 했다. 그렇지만 구체적으로 건국준비 활동을 펼친 것은 건국동맹이 유일했다.

해방 직전 건국동맹은 전국 도道 책임자를 임명하는 한편, 조직을 확대하고 있었다. 농민, 노동자, 청년, 학생 부문에서 산하조직이 꾸려졌으며, 학병·징용·징병 거부자들의 모임도 여운형의 영향을 받고 있었다. 특히 만주군 장교였던 박승환 등을 통해 군사조직의 결성과 도시 무장폭동 등을 계획했다. 이미 1940년대 초 국내외 독립운동 진영에서는 미일개전이라는 결정적 시기를 맞아 독립운동의 최후 결전을 준비 중이었다. 국외에서는 연합군과 공동작전으로 독립운동 무장부대가 국내 진공작전을 계획 중이었고, 국내에서는 이에 맞춰 무장폭동을 계획 중이었다. 이는 건국동맹의 계획이기도 했다.

건국동맹은 좌우를 불문한 애국세력의 항일통일전선이었고, 해방과 건국을 준비하는 조직이었다. 건국동맹을 기초로 해방 직후 조선건국준비위원회(건준)가 결성되었다(1945년 8월 16일). 건준은 해방 이후 한국인들이 자신의 정치·경제·사회적 이해를 표출할 수 있는 정치적 공간을 만드는 데 결정적 기여를 했다.

7. 해방 후 : 좌우합작·남북연합의 길

해방 이후 1947년 암살될 때까지는 여운형의 만년이자 그의 정치적 위상이 만개했던 시기이다. 해방 직전 국내에서 유일하게 조직 기반을 갖고 있었으며, 주도적으로 항일투쟁 및 건국준비를 진행해온 여운형에게 해방은 예견된 미래였다. 일제말 '지하의 투사, 지상의 신사'로 맹활약했던 그는 건국준비위원회 위원장으로 해방정국을 주도했다. 인민공화국이 수립된 후 우익·미군정·이승만·임정과 연대를 시도했지만 성공하지 못했다. 그는 조선인민당·사회로동당·근로인민당이라는 중도좌파 정당의 지도자였지만, 그의 진정한 길은 좌우합작·민족통일전선 결성에 있었다.

그는 1946~1947년간 오랜 동지였던 중도우파 김규식과 좌우합작을 추진했다. 두 사람은 모스크바 3상회의의 한국에 대한 결정이 '선先 임시정부 수립·후後 신탁(후견) 실시'임을 간파하고 임시정부를 수립한 후 신탁문제는 자주적으로 해결하자는 데 합의했다. 즉 좌우합작운동은 모스크바 결정에 따른 임시정부 수립에 동의하는 남한 내 모든 좌우세력의 합작을 의미했다. 또한 이들은 남한 내 좌우합작 성공에 기초해 이를 북한과 연계한다는 남북연합을 구상했다. 실제로 이를 위해 여운형은 1946~1947년 다섯 차례 방북해 김일성·김두봉 등 북한 수뇌부는 물론 소련군 고위장교들과 회담하기도 했다. 미소공동위원회가 진행되는 동안 북한주둔 소련군은 여운형을 남북연합정부의 수상후보에 올릴 정도로 우호적으로 평가하기도 했다. 여운형은 남북분단이 고착화되기 전 공개적으로 남북을 넘나들며 통일·독립을 위해 미소·남북·좌우와 정치협상을 진행한 유일한 정치인이었다.

8. 맺음말 : 여운형을 둘러싼 논란과 평가

여운형은 탁월한 독립운동가이자 대중 정치가였으며, 언론인이자 체육인이었다. 당대의 웅변가로 청년·학생들을 매료시켰다. 그렇지만 그는 논란의 표적이 되었다. 생전은 물론 사후에도 그를 둘러싼 평가는 갈라졌는데 주로 해방 후의 행적과 관련된 것이었다.

해방 후 정치상황에 따라 여운형에 대한 평은 변화무쌍했다. 좌익은 혁명의 노선배·혁명동지라는 찬사에서부터 회색적 기회주의자·친미 허수아비라는 평가를 서슴지 않았다. 심지어 남로당은 좌우합작 7원칙에 찬성하는 여운형을 납치하기까지 했다.

미군정은 자유주의자·민주주의자·진정한 합리적 정치인이라는 평가에서부터 괴뢰극을 막후에서 조종하는 사기꾼, 친공·친북주의자, 기회주의적 공산주의자, 친일 브로커에 이르기까지 양립할 수 없는 인물평을 내렸다. 미군정은 여운형이 일제말 친일행각을 벌였으며, 해방 후 정치자금을 받았을지 모른다고 생각했다. 1946년 여름 미군정 장교가 일본에 건너가 전 조선총독부 고관들을 심문하기까지 했다. 여운형의 정치적 약점을 잡아 회유하기 위해서였다. 그렇지만 전 조선총독·정무총감 등은 이런 의문이 제기된다는 사실 자체에 경악을 금치 못했고, 조사 결과 여운형의 친일혐의는 단 하나도 입증되지 않았다. 이런 미군정의 인식은 일제시기 친일파로 전락했던 일부 극우파들의 무고에 기초해 있었다.

소련은 한반도에 수립될 임시정부의 수상후보로 여운형을 점찍기도 했지만, 미군정에 놀아나는 기회주의자로 의심하기도 했다. 북한은 여운형이 미군정과 좌우합작을 벌이는 정치적 야심가라고 혹평했다.

여운형은 해방 후 한반도의 현실이 미·소 진영의 대립, 남북의 지역분립, 좌우의 이념갈등이라는 세 층위의 갈등구조에 위치하고 있다고 판단했다. 한국이 이를 극복하고 통일·독립국가를 수립하려면 미소·남북·좌우의 중층적 대립·갈등 속에서 어느 한쪽도 무시하거나 경시할 수 없다고 판단했다. 한반도 운명의 주인공인 한국인이 미·소를 손님으로 대접한 후 내보내야 하며, 좌우가 합작하고 남북이 연합해야 통일·독립국가를 수립할 수 있다고 생각했다. 이러한 노선은 당시 상황에 비추어 가장 현실적이며 민족적인 노선이었다.

미·소의 갈등, 남북의 분열, 좌우의 대립 속에서 그는 극단적 논란과 비난의 표적이 되었고, 해방 후 불과 2년 동안 12차례나 테러를 당했다. 혁명가는 길 위의 죽음을 두려워하지 않는다는 그의 지론대로 그는 혜화동 로터리에서 생을 마감했다. 극단의 길을 선택한 한국현대사는 그의 노선을 가장 이상주의적 노선으로 기억하게 되었다. 그가 암살된 뒤 김규식이 좌우합작·남북연합의 길을 계속 추진해 김구와 남북협상에 나섰다.

여운형은 어떤 인물이었는가? 첫째, 그는 탁월한 독립운동가이자 대중정치인이었다. 일제하에서 한국독립을 위해 투쟁했고 두 차례 투옥된 바 있는 독립운동가이자, 합법·공개 공간에서 대중과 호흡하는 대중정치인이었다. 그의 체질은 조직가·혁명가라기보다는 인기와 명망에 기초한 대중정치 쪽이었다. 한국정치사에서 보기 드문 대중정치인이었으며, 특히 청년·학생 등에게 인기가 높았다. 그는 현실적이고 합리적이며 중도적인 노선을 취했다. 정치인으로 여운형은 개인적 권력의지를 갖고 있었으나 개인적 정치목표를 통일·독립이라는 민족적 이익과 연결시키려 노력함으로써 민족지도자로서의 명성을 얻었다. 이것이 대중의 지지를 받은 그의 최대 강점이었으며, 다른 한편 그의 약점이 되었다.

둘째, 그는 신념과 자신감이 넘쳤고 대담한 행동의 실행자였다. "토론에 재능이 있고 정력적이고 자유주의적인 민족주의자"라는 그레고리 헨더슨 Gregory Henderson의 평처럼 그는 세계의 대세, 한국인의 염원, 정의와 진리라고 믿는 일을 위해선 누구와도 만났다. 임시정부 핵심인사로 비난을 무릅쓰고 일본을 방문했고 모스크바를 방문했으며, 총독부와 치안유지권 교섭을 꺼리지 않았다. 해방 후에는 미군정은 물론 북한·소군정을 서슴없이 방문했다. 그는 회담·회견의 달인이었고 상대가 누구든 토론에서 자신의 정견을 관철시킬 수 있다는 자신감의 소유자였다. 반면 이는 정적들에게 그에 대한 불안감과 불신감의 근원이 되었다.

셋째, 그의 생애를 관통하는 유일한 가치는 민족의 통일·단결이었다. 상해 임시정부·국민대표회의·건국동맹 등에서 계급·신분·빈부·사상을 막론한 항일민족통일전선을 추구했고, 해방 후에는 좌우합작·남북연합의 한

길을 추구했다. 때문에 그가 가는 곳마다 민족통일전선이 논의되었다. 그는 더 큰 이익을 위해서 작은 부분을 희생하며 부분적으로 타협·양보할 줄 아는 정치가였다. 그가 지키려 한 원칙은 일제시대에는 민족해방, 해방 후에는 자주적인 통일·독립이었다.

넷째, 그는 사회주의에 공명했으나 공산주의자는 아니었다. 스스로는 진보적 민족주의자, 진보적 민주주의자로 자처했다. 그는 끊임없이 변화했다. 양반가의 후손에서 민족주의자로, 기독교 전도사에서 초기 사회주의를 접한 첫 세대가 되어 모스크바를 방문했다. 그러나 '사회주의를 위한 조선' 보다는 '조선의 사회주의' 에 공명했다. 다양한 사상적 편력을 거쳤으나 어느 한곳에 안주하지 않았다. 그에게 사상은 현실을 타개할 수 있는 방편이었지 추구해야 할 진리의 대상은 아니었다.

참고문헌

李萬珪,『呂運亨鬪爭史』, 민주문화사, 1946.
呂運弘,『夢陽呂運亨』, 청하각, 1967.
李基炯,『몽양여운형』, 실천문학사, 1984.
정병준,『몽양여운형평전』, 한울, 1995.
강덕상,『여운형평전 1』, 김광열 옮김, 역사비평사, 2007.
이정식,『여운형』, 서울대학교출판부, 2008.
Major O'Riodon, "Interrogation Report of Endo Ryusaku", 12 December 1946, U.S. National Archives, Record Group 349, FEL G-2, WDI, Library(SWPA), Box.2432., File E-208.

조소앙
─독립운동의 이념적 좌표를 제시한 사상가·외교가─

김기승

1. 청년기 일본 유학과 중국 망명

조소앙趙素昻(1887~1958)은 경기도 교하군(현 파주시)에서 조정규趙禎圭와 박필양朴必陽의 6남 1녀 중 차남으로 태어났다. 본명은 용은鏞殷이며, 호는 아은亞隱, 소앙이다. 어려서 조부로부터 한학을 수학했고, 1902년 상경하여 성균관에 입학했다. 성균관 재학 시 신채호申采浩 등과 함께 일본에 대한 황무지 개척권 양도에 반대하여 성토문을 작성하였다. 성균관 졸업 후에는 황실

金基承 순천향대학교 인문대학 국제문화학과 교수.
저서로는 『한국근현대 사회사상사연구─배성룡의 진보적 민족주의론』(신서원, 1994), 『조소앙이 꿈꾼 세계─육성교에서 삼균주의까지』(지양사, 2003) 등이 있다.

특파유학생으로 선발되어 1904년 일본으로 건너가 도쿄부립제일중학교에 입학하였다. 1905년 가츠우라 토모오勝浦鞆雄 교장이 한국 학생들이 열등하다는 민족차별적인 발언을 하자 동맹파업으로 항의하였다. 중학교 졸업 후 1908년 3월 메이지대학 법학과에 입학했다. 일본 유학 시 그는 공수학회共修學會와 대한흥학회大韓興學會 간부로서 유학생운동에 적극적으로 참여하였다. 특히 그는 1909년 12월에 일진회 성토문 기초위원으로 선정되었으며, 1910년 8월에는 대한흥학회 차원에서 추진한 '합방' 반대운동의 중심인물로 활동하였다. 이로 인해 그는 경찰에 체포되어 곤욕을 치르기도 했다. 1911년에는 조선유학생학우회朝鮮留學生學友會 회장이 되기도 했는데, 요시찰 인물로 끊임없이 일제 경찰의 감시를 받았다.

1910년을 전후한 시기 국망과 독립운동의 좌절, 일본 관헌의 감시 등으로 조소앙은 정신적 불안감과 우울증에 시달렸다. 그는 이러한 정신적 위기를 기독교 입교와 종교 및 철학 관련 서적에 대한 폭넓은 독서와 사색으로 극복하였다. 이 과정에서 그는 유교, 불교, 기독교 등 동서양의 모든 종교와 철학을 통합하는 새로운 가치관을 형성하겠다는 목표를 갖게 되었다. 이러한 보편적 가치관은 이후 그가 민족과 세계문제를 독자적으로 해결하게 되는 바탕이 되었다.

조소앙은 1912년 3월 메이지대학을 졸업한 뒤 귀국하여 한때 경신학교와 양정학교 교사로 활동하였다. 일본 유학 시부터 계획했던 중국 망명은 1913년 결행하였다. 상해에 도착한 그는 신규식申圭植, 박은식朴殷植, 신채호申采浩 등과 함께 동제사同濟社에 가입하고 박달학원博達學院의 교사로 활동했다. 이때 그는 종교의 통합을 통한 민족문제 해결방안을 구체화했다. 그 결과 1915년 2월 일본유학생들의 잡지인 『학지광學之光』에 그가 창안한 '일신교一神教' 내용을 발표하였다. 그가 제창한 일신교란 단군, 예수, 석가, 마호메트, 공자,

소크라테스 등 6인의 성현을 모두 일신의 아들로 보고, 월요일부터 토요일까지 매일 한 명씩 이들 육성六聖의 가르침을 믿고 실천하자는 것이다. 이렇게 하나로 통일된 인류 보편의 가르침을 실천한다면 민족과 국가 간의 대립과 갈등이 없어지고 세계평화가 이룩된다고 보았던 것이다. 일신교는 1919년 3·1운동 이후 '대동종교大同宗敎'로 이름을 바꾸고, 육성의 대상도 마호메트와 소크라테스를 빼고 대신에 수운 최제우와 노자를 포함시켰다.

2. 독립선언과 대한민국임시정부 참여

1917년 7월 조소앙은 상해에서 신규식, 박용만朴容萬, 박은식, 신채호 등 14인 명의로 발표된 「대동단결의 선언」을 기초하였다. 이 선언문은 해외 독립운동을 통일적으로 지도할 기관을 수립하기 위해 각 단체 대표자회의를 개최하자는 제안이었다. 이것은 제안으로 그치고 말았지만, 대한민국임시정부의 수립과 관련해서는 중요한 역사적 의미를 갖는다. 이 선언문에서 '합방조약'은 이민족에게 주권을 양여한 적이 없다는 민족사의 불문율에 의거하여 '무효'임이 선언되었다. 오히려 그것은 대한제국 '황제의 주권 포기선언'으로 해석되어 경술국치를 기점으로 주권이 한국 인민 전체에게 귀속되었다고 선언되었다. 그러나 국내의 동포는 주권 행사의 제약을 받고 있으므로 동포의 위임을 받아 국외 독립운동가가 행사할 수밖에 없다는 것이다. 이에 주권 행사를 통일적으로 지도하기 위한 무상법인을 조직하기 위한 대표자회의를 소집한다는 것이었다. 「대동단결 선언」에서 대한제국의 법통을 계승하되 황제주권주의가 아닌 국민주권주의에 의거한 임시정부 수립 원칙이 제시되었던 것이다.

조소앙은 1919년 2월 지린吉林에서 여준呂準, 박찬익朴贊翊 등과 함께 대한

독립의군부大韓獨立義軍府를 조직하였다. 대한독립의군부에서는 의열투쟁 방략을 채택하고 국외 각지에서 동지를 모집하기 위해 「대한독립선언서」를 제작하여 배포하였다. 조소앙은 「대한독립선언서」를 기초하는 책임을 맡았다. 그런데 「대한독립선언서」는 국외의 대표적인 독립운동가 39인의 명의로 1919년 2월부로 발표되었다. 이 선언서는 같은 시기 일본 유학생들이 발표한 2·8독립선언서나 국내에서 민족대표 33인 명의로 발표된 독립선언서와는 사상적 바탕과 논지가 근본적으로 다르다. 여기에는 「대동단결의 선언」에서 나타난 국외 독립운동가들의 독립운동론이 그대로 투영되어 있다. 즉, 국외 독립운동가들이 국내 동포들의 위임을 받아 독립을 위한 혈전을 희생적으로 전개하겠다는 무장투쟁 노선이 견지되고 있었다.

그러나 조소앙은 국내에서 3·1운동이 일어났고, 국내외 독립운동가들이 상해로 결집하고 있다는 소식을 듣자 1919년 4월 초 지린에서 상해로 갔다. 그는 상해로 와서 4월 10일과 11일 이틀간에 걸쳐 개최된 제1회 대한민국임시의정원회의에 참석하였다. 이 회의에서 그는 회의의 명칭을 임시의정원으로 할 것을 제안하여 가결시켰다. 이어서 신익희申翼熙·이광수李光洙 등과 함께 임시헌장 기초위원으로 선정되었고, 임시의정원법 기초위원으로도 선정되었다. 그는 「대한민국 임시헌장」을 기초할 때, 임시정부 설립 근거를 자신이 기초한 「대한독립선언서」에서 찾지 않았다. 그는 '한성에서의 기의起義' 즉 국내의 3·1운동에 기초하여 임시정부를 수립했다고 하였다. 이것은 그가 국내 동포들이 3·1운동을 통해 국민으로서 주권 행사를 직접적 행동으로 보여주었다는 점을 중시하였기 때문이었다. 임시의정원회의에서 국무총리 선임 문제는 이승만의 위임통치 청원 사건 문제로 일시 진척되지 못하였다. 이에 조소앙은 후보자 3인을 추천하고 3인의 후보에 대한 무기명 투표 방식을 제안하였다. 이 방법이 채택되어 선거가 실시되었고, 그 결과 이승만李

承晚이 국무총리로 선출되었다. 국무원 인선 과정에서는 해외파와 국내파의 의견 대립으로 논의가 지체되었다. 이에 조소앙이 "여러분의 존내심尊內心 때문에 아무것도 못하겠습니다"라고 하자 분위기가 누그러져 사태가 원만히 해결되기도 하였다. 이날의 회의에서 조소앙은 차장급인 국무원 비서장으로 선임되었는데, 4월 22일 차장제가 폐지되고 위원제가 채택됨에 따라 비서장을 사임하고 국무원 위원이 되었다.

3. 유럽에서의 독립 외교

조소앙은 1919년 5월 유럽으로 건너갔다. 파리강화회의에 참석한 김규식金奎植의 활동을 지원하기 위해서였다. 그러나 그가 영국을 경유하여 파리에 도착한 것은 6월 말로 이미 파리강화회의가 종결된 뒤였다. 파리강화회의에서는 한국 문제가 논의조차 되지 않았다. 후일 그는 '윌슨의 민족자결주의는 백지 복음에 불과하였다'고 한탄하였다. 그렇지만 그는 귀국하지 않고 유럽 각국을 순방하면서 독립 외교 활동을 활발하게 전개했다. 그는 1919년 7월 스위스에서 개최되는 만국사회당대회에 참석하기 위해 3년 전 조선사회당 명의로 한국독립 지원을 요청했던 사실을 말하고 대회 참석과 발언을 요청하는 문서를 보냈다. 만국사회당대회 비서장 명의의 참가승인 전문을 받고 조소앙은 이관용李灌鎔과 함께 한국사회당 대표로 대회에 참가하였다. 이 대회에서 그는 한국독립승인 결의안을 제출하였는데, 대한민국임시정부가 미국식의 자본주의나 소련식의 공산주의가 아닌 사회민주주의적인 정부라고 하면서 지지를 호소하였다. 이 결의안은 25개국 대표들의 협의를 거쳐 8월 9일 정식으로 통과되었다. 이것은 한국의 독립이 국제회의에서 최초로 승인받은 외교적 성과였다.

이어 조소앙은 1920년 3월 네덜란드 로테르담에서 개최되는 제2회 만국사회당 집행위원회에 참석하였다. 그는 이 회의에 참석한 10개국의 대표가 스위스에서 통과된 한국독립승인 결의안을 본국의 국회에서 통과시키도록 하고 한국의 독립문제를 국제연맹회에 제출토록 요구하는 한국독립문제 실행요구안을 제출하였다. 이 안은 영국과 벨기에 대표의 적극적인 지원으로 통과되었다. 1920년 4월 만국사회당 본부는 국제연맹 및 열강에 대하여 대한민국임시정부의 수립을 승인하는 동시에 대한민국이 독립국임을 승인하도록 요구하였다. 이것은 비록 유럽 각국이 정부 차원에서 한국독립을 승인한 것은 아니었지만, 유럽 각국의 사회당이 연합한 국제 조직이 한국의 독립을 지지했다는 점에서 의의가 크다고 할 수 있다.

조소앙의 유럽에서의 독립 외교 활동은 상해의 『독립신문』을 통해 널리 알려지게 되었다. 미국 캘리포니아에서는 그의 독립 외교를 지원하기 위해 1919년 12월 이순기李舜基, 김호金乎 등이 노동사회개진당을 조직하고, 세계인민연맹 결성에 조소앙을 한국인민대표로 파견할 것을 결정하였다. 1920년 2월 노동사회개진당으로부터 신임장과 2천 불을 전달받은 조소앙은 영국으로 건너갔다. 그는 영국 노동당의 토마스James Henry Thomas, 헨더슨Arthur Henderson, 맥도날드Ramsay MacDonald 등의 협조를 얻어 영국 하원에 한국의 독립에 관한 4개의 질문안이 제출되도록 하였다. 이후 그는 영국을 떠나 덴마크, 리투아니아, 벨기에, 에스토니아 등을 거쳐 1920년 11월부터 1921년 5월까지 소련을 여행하면서, 페트로그라드(현 상트페테르부르크)에서 개최된 11월혁명기념대회와 모스크바 공산당대회에 참석하기도 하였다.

3·1운동 이후 조소앙은 유럽 순방을 통해 사회당과 공산당을 두루 체험하였다. 이를 통해 국제 사회주의 세력들이 한국의 독립운동에 우호적인 입장을 견지하고 있음을 확인하였다. 따라서 그는 '공산당'을 '독립당'과 함께

주의에 의거하여 수립된 진일보한 정치세력으로 간주하고 독립운동을 위해 공동으로 협력해야 한다는 입장을 취하였다.

4. 대한민국임시정부 개혁 반대

1921년 말 조소앙은 베이징을 거쳐 상해에 도착하여 다시 대한민국임시정부에 참여하였다. 1922년 6월 그는 대한민국임시의정원의 경기도 출신 의원으로 선출되었고, 임시의정원 의장이 되었다. 이때에는 독립운동 진영이 이념과 파벌 대립으로 분열되어 대한민국임시정부의 지도력이 약화되어 있었다. 이러한 문제를 타개하고자 1923년 1월 국민대표회의가 개최되었다. 국민대표회의에서는 임시정부를 개조하자는 의견과 새로운 임시정부를 구성하자는 창조파의 의견이 대립되어 합의된 결론을 이끌어내지 못했다. 이때 조소앙은 국민대표회의에 대해 비판적 태도를 취하면서 임시정부를 중심으로 독립운동 세력이 통일되어야 한다는 입장을 견지하고 있었다.

1922년 조소앙은 한살림당韓薩任黨(일명 대동당)을 조직하였는데, 한살림이란 '공산' 혹은 '공동 경제'의 한글식 표현이다. 이 단체가 추구하는 가치는 '평등'인데 공간적으로는 민족평등—아시아평등—국제평등으로 확대해나가고자 하는 의미를 지닌다. 시간적으로는 먼저 1단계의 민족혁명을 추진하고 2단계로 계급혁명을 실천함으로써 종국적으로는 권력기관이 없는 일체가 평등한 세계 한살림을 완성하고자 한다. 여기서 빈민이 혁명의 주체가 되는 '빈주혁명貧主革命' 개념이 정립되었다. 이것은 그가 독립운동 상에 나타난 이념적 대립을 '평등'과 '빈주혁명'의 개념을 통해 지양 극복하려는 사상적 노력이라고 할 수 있다.

1920년대 중반 이후 대한민국임시정부는 어려운 상황에 빠지자, 여러 차례 내각이 교체되고 헌법이 개정되는 등의 우여곡절을 거쳤다. 조소앙은 1923년 노백린盧伯麟 내각과 1924년 이동녕李東寧 내각에서 각각 외무총장직을 역임하였다. 그런데 1925년 3월 대한민국임시정부에서 이승만 대통령을 탄핵하고, 4월에는 헌법을 개정하여 대통령제를 국무령제로 바꾸는 개혁이 단행되었다. 조소앙은 이러한 임정 개혁에 대해 반대하면서 이승만 재집권을 위한 운동을 전개하였다. 그는 하와이에 있는 이승만에게 편지를 보내 동지회同志會를 중심으로 지지세력을 결집하여 가칭 '범한독립당汎韓獨立黨'을 결성하고, 『상해주간上海週刊』을 기관지로 삼을 것을 제안했다. 나아가 이승만 대통령 재집권을 위한 3가지 방안을 제시하였다. 상책은 대통령으로서 선포문을 발표하고 무사 수십 명을 동원하여 임시정부를 장악하는 정변을 일으키는 것이라고 했다. 제2책은 선포문을 발표하고, 이상재李商在를 내지 대표로 임명하고 동지회를 '무력적 독립주의' 단체로 개혁하여 원동 독립운동가의 지지를 얻어 수년 내로 권토중래하는 방법이라고 했다. 마지막으로는 하와이에서 의정원을 소집하여 정부를 구성하는 방법이라고 했다. 이러한 그의 제안은 실천에 옮겨지지 않았다. 이것은 그가 이승만 대통령을 중심으로 한 임시정부 체제를 지지하고 있었음을 말해준다.

5. 민족유일당운동 참여와 삼균주의 이론 정립

1920년대 중반 중국 관내 지역 독립운동은 침체기에 빠져들었다. 이에 이념과 지역 대립으로 분열된 독립운동 진영을 통일하여 새로운 활로를 모색하고자 민족유일당운동이 전개되었다. 1927년 3월 한국유일독립당 상해촉성회가 결성되자 그는 안창호安昌浩, 이동녕, 김구金九 등과 함께 이에 참여하여 상임위원에 피선되었다. 좌우익 세력이 연합하여 전개한 민족유일당운동은 베이징, 광저우, 우한, 난징 등지로 확대되었지만, 이념과 방법상의 차이를 극복하지 못하고 소기의 성과를 거두지 못하였다. 이에 독립운동 진영은 이념과 정파에 따라 독자적인 독립운동 정당을 결성하는 방향으로 나아갔다.

1930년 1월 조소앙은 안창호, 이동녕, 김구 등 민족주의 인사들과 함께 한국독립당을 결성하였다. 한국독립당은 대한민국임시정부를 실질적으로 뒷받침하는 지주적 정당이었다. 조소앙은 한독당 결성 초기부터 발기위원으로 참여했고, 상무위원으로 피선되었다. 특히 그는 당의·당강 기초위원으로 선정되어 삼균주의에 의거한 정강과 정책을 기초했다. 1931년 1월 그는 「한국독립당의 근상近像」이란 논문을 통해 삼균주의의 이론 체계를 구체적으로 제시하였다. 이에 의하면 한독당은 정치, 경제, 교육 세 분야에서 균등이 실현된 사회를 추구할 뿐만 아니라 나라와 나라, 사람과 사람, 민족과 민족의 세 수준에서도 균등을 실현하고자 한다는 것이다.

1932년 이봉창李奉昌 의거와 윤봉길尹奉吉 의거로 대한민국임시정부가 상해에서 항저우로 옮겼다. 이에 조소앙도 항저우로 왔다. 항저우 시기 대한민국임시정부에서 그는 국무위원으로 선임되고 내무총장을 맡았다. 이때 그는 김철金澈, 김두봉金枓奉 등과 함께 한국독립당을 주도적으로 이끌었다.

한국독립당은 1935년 민족유일당으로서 민족혁명당이 결성되자 이에 참여한 뒤 해체되었다. 평소 민족유일당 결성을 촉구했던 조소앙도 민족혁명당 결성에 참여했다. 그는 민족혁명당의 정강, 정책 기초위원으로 참가하여 삼균주의를 민족혁명당의 지도이념으로 채택하도록 하였다. 그러나 그는 3개월 뒤 김원봉이 이끄는 의열단계가 중심이 된 데 불만을 품고 민족혁명당을 탈당하여 한국독립당 재건을 선언하였다. 이때 그는 민족혁명당의 노선이 좌익 편향적이라고 비판하면서 한국독립당의 지도 이념인 삼균주의는 공산주의나 무정부주의와 다르다는 점을 강조했다.

1937년 이후 조소앙이 이끄는 재건파 한국독립당은 김구의 한국국민당과 이청천의 조선혁명당 등 우익 민족주의계 정당과 연합전선을 모색하였다. 한국독립당 해체 후 김구 등은 민족혁명당에 합류하지 않고 독자적으로 한국국민당을 결성하고 있었으며, 이청천계는 조소앙계처럼 민족혁명당에 합류했다가 탈당하여 조선혁명당을 결성하였던 것이다. 이에 우익 세 세력은 한국광복운동단체연합회를 결성하여 민족혁명당이 중심이 된 조선민족전선연맹과 대립하였다. 결국, 이들 세 세력은 1940년 5월 통합되어 한국독립당을 결성하였다. 통합된 한국독립당에서 조소앙은 중앙집행위원회 부위원장 혹은 위원장으로 지도적 역할을 담당하였다.

6. 대한민국임시정부 외무부장으로서의 독립 외교

한국독립당은 대한민국임시정부를 뒷받침하는 독립운동 정당이었다. 이에 조소앙은 3당의 통합운동 당시부터 대한민국임시정부에 깊숙이 관여하게 되었다. 1939년 그는 외무부장 겸 선전위원회 주임위원에 선임되었는데, 이후 대한민국임시정부의 독립운동 방략 수립과 독립 외교에 중심적 역할을 수행하게 되었다. 그는 1939년 11월 「독립운동방략」을 집필·발표했는데, 이는 대한민국임시정부의 독립전쟁 수행계획이었다. 여기서는 당·정·군 즉, 한국독립당, 임시정부, 광복군이 삼위일체가 되어 독립전쟁을 3개년에 걸쳐 연차적으로 수행할 내용과 예산계획이 구체적으로 제시되었다.

1941년 11월에는 「대한민국건국강령」을 기초하여 28일 국무위원회에서 공포되도록 하였다. 「대한민국건국강령」은 제1장 총강 7개 항, 제2장 복국 10개 항, 제3장 건국 7개 항 등 모두 3장 24개 항으로 구성되었다. 제1장에서는 독립을 위한 '혈전'을 선언하고 삼균주의의 건국이념을 밝히면서 토지혁명의 역사적 당위성을 강조하였다. 이어서 삼균주의의 민족혁명은 복국―건국―치국의 3단계로 나뉘어 추진되며 세계일가로서 완성된다고 하였다. 제2장의 복국은 독립 선포와 독립전쟁이 개시되는 1기, 일부 국토의 수복과 임정의 국내 진주가 이루어지는 2기, 국토와 인민을 탈환하고 각국 정부와 대등한 국제적 조약을 체결하는 완성기의 3단계로 나누었다. 이 단계에서는 광복운동가가 주권을 대행하여 대중적 반항과 무장적 투쟁으로 일본 제국주의를 타도하고 항일연합군 대열에 동참한다는 것이다. 제3장의 건국 역시 3개의 시기로 나뉘는데, 일제 통치 기구가 박멸되고 정부와 의회가 구성되어 삼균제도가 실시되기 시작한 때를 1기, 삼균제도의 헌법이 제정되고 삼균주의 정책이 전국적으로 전 민중에게 본격적으로 시행되는 때를 2기, 삼균정책의 과반이 성취된 때를 완성기라고 하였다. 3장에서는 정치, 경제, 교육에서 시행되어야 할 정책이 구체적으로 제시되었다.

1941년 태평양 전쟁이 발발하자 조소앙은 대한민국임시정부 외무부장으로서 독립 외교를 활발하게 전개했다. 먼저 대한민국임시정부에서는 주석 김구와 외무부장 조소앙 공동명의로 1941년 12월 10일 '대일선전포고'를 발표하였다. 이 선전포고문은 한국 인민과 정부는 중국, 영국, 미국 등 연합국의 대일선전에 하나의 '전투단위'로 동참하며 1910년의 '합방조약'이 무효임을 선언하였다. 이 성명서에서 주목되는 점은 한국정부가 이미 일본제국주의와 전쟁을 수행하고 있음을 명기하여 대일선전포고가 두 번째임을 강조했다는 사실이다. 즉, 대한민국임시정부는 1920년을 '독립전쟁 원년의 해'로 선포했고, 1921년을 전후하여 대일선전포고를 발표했던 것이다. 이것은 그동안 대한민국임시정부가 수행한 항일독립전쟁이 정당한 주권행사이며, 1941년의 대일선전포고는 그 연장선상에서 이루어졌음을 대외에 천명한 것이다.

1941년의 대일선전포고는 제2차 세계대전에서 대한민국임시정부가 정식 교전단체로 승인받기 위한 것이었다. 따라서 대한민국임시정부 외무부장으로서 조소앙이 추진한 주요한 외교는 대한민국임시정부를 국제사회로부터 승인받기 위한 활동이었다. 임정 승인 외교는 중국국민당정부에 집중되었다. 중국과는 임정 수립 이래 우호 관계를 지속했고, 1940년에는 중국의 지원으로 한국광복군을 창설하게 되었다. 이를 바탕으로 중국 국민당에 임정 승인을 요구하기에 이른 것이었다. 중국에서도 전후 한국에의 영향력 문제를 고려하여 내부적으로 임정 승인 방침을 확정하였다. 중국 측의 방침을 전달받은 미국은 당초에는 긍정적으로 검토했으나 영국이 강하게 반대하자 임정을 승인하지 않기로 하였다. 한국독립운동에서의 임정의 대표성을 인정하지 않았던 것이다.

연합국 측에서 대한민국임시정부 승인에 소극적이었던 이유는 한국에 대한 전후 처리 방안으로 즉시 독립이 아니라 연합국에 의한 공동 신탁통치가 협의되고 있었기 때문이었다. 전후 한국에 대한 국제공관론 혹은 신탁통치 안이 국제사회에서 거론되자 조소앙은 임정 외무부장으로서 연합국 측의 신탁통치 방안에 반대하는 활동을 활발하게 전개했다. 그는 한국의 독립운동이 오랫동안 계속되었다는 점, 영토의 규모와 국민의 역량에서 자주독립의 자격을 갖추었다는 점, 대한민국임시정부가 대일선전포고를 통해 교전단위로 참전하고 있다는 점을 거론하였다. 그는 이러한 주장을 담은 외교 공함을 각국에 전달하였으며, 외국의 언론사에 기고하기도 하였다.

특히 1943년 11월에는 미국, 영국, 중국의 대표가 카이로에 모여 전후 문제를 처리한다는 소식을 접하고서는 구체적 행동을 취하였다. 조소앙은 1943년 7월 주석 김구 등과 함께 중국 국민당의 장제스를 찾아갔다. 이 자리에서 임정 요인들은 장제스에게 카이로회담에서 한국이 즉시 독립할 수 있도록 힘써 줄 것을 요청했고, 장제스는 전후 한국에 대한 국제공동관리에 대해 반대하고 한국의 완전 독립이 이루어질 수 있도록 노력하겠다고 다짐했다. 1943년 11월 이집트의 카이로에서 루스벨트 미국 대통령, 처칠 영국 수상, 장제스 중국 국민당 군사위원장이 전후 처리 문제를 협의하였다. 이 자리에서 장제스는 전후 한국의 독립 보장을 강력히 주장했다. 그러나 영국은 한국의 독립에 반대했고, 이 문제가 카이로선언에 포함되는 것에 대해서도 반대했다. 전후 한국에 대한 국제적 신탁통치를 고려하고 있었던 미국은 양자의 의견을 조정하여 '한국 민중의 노예상태에 유의하여 적절한 절차에 따라 한국이 자유롭게 되고 독립하게 될 것'을 합의하기에 이르렀다.[1] 비록 '적절한 절차'라는 단서가 있기는 하지만, 국제사회에서 한국의 독립이 약속된 것은 처음 있는 일이었다. 이것은 대한민국임시정부가 추진한 독립 외교의 소중한 성과였다.

7. 한국독립운동에서의 조소앙의 역할

조소앙은 청년기 유학시절부터 민족문제를 세계 인류의 보편적 문제의 일환으로 파악하였다. 일제의 한국 강점과 한국의 식민지화를 한국과 일본의 양국 관계만으로 인식하지 않았다. 세계 각국의 사람들이 인류의 보편적 가

---

1 최근 정일화는 카이로선언에 한국의 독립 조항이 포함되도록 하는 데 주요한 역할을 한 국가는 중국이라는 일반적 견해를 부정하는 연구 결과를 발표했다. 중국의 요청에 의해 한국의 독립 문제가 거론되었다는 식으로 회담 내용을 정리한 기록이 있지만, 이 자료는 중국(대만)이 1950년대에 미국에 전달한 것으로 미국 측의 기록과 모순될 뿐만 아니라 내용도 과장되어 있으므로 신뢰할 수 없다고 하였다. 미국 측은 오히려 중국이 전후 한국의 재점령을 요구했다는 기록을 남겼다. 정일화는 미국 측의 회담 기록에 의거하여 카이로선언의 한국 독립 조항이 미국의 주도적인 제안에 대해 중국과 영국이 수동적으로 동의하여 채택되었다고 주장하였다. 정일화, 『카이로선언』, 선한약속, 2010.

치를 공유하여 세계 평화가 실현된다면 민족의 독립 문제도 함께 해결될 수 있다고 보았다. 이러한 그의 사고틀은 일생 견지되었다. 그러나 구체적 해결 방안은 시기와 상황에 따라 변천하였다.

1910년대 청년기에는 세계 각 종교의 융합과 통일 방법을 구상했다. 이에 세계 종교와 철학계의 대표적인 6인의 가르침을 신봉하는 일신교를 제창하였다. 그러나 1919년 3·1운동 이후 '민중'의 실천력을 경험하고 서유럽 및 소련을 시찰한 뒤에는 '민주혁명'을 제창하면서 '평등'의 가치를 내세웠다. 그리고 1단계의 민족혁명과 2단계의 계급혁명을 통해 세계일가의 평화를 성취하고자 하였다. 1920년대 독립운동 진영에서 민족유일당운동이 전개되자 좌우익을 통일적으로 지도할 지도이념으로서 삼균주의를 체계화하였다. 삼균주의는 정치, 경제, 교육의 균등을 실현하고 사람, 민족, 국가 사이의 균등 실현을 통해 민족의 독립과 세계 평화를 달성하고자 하는 이론이었다. 삼균주의는 1930년대 이후 중국 관내 독립운동정당들의 정강과 정책에 공통으로 반영되었으며, 1940년대에는 대한민국임시정부의 지도이념으로 채택되었다. 1941년 채택된 「대한민국건국강령」에 삼균주의가 바탕이 되었다는 점이 이를 반영한다.

조소앙의 독립운동과 사상적 노력이 독립운동사에서 갖는 의미를 정리하면 다음과 같다.

첫째, 조소앙은 근대적 법학 전공자로서 대한민국 수립의 역사적 정통성과 건국 방향을 이론적으로 확립했다. 그는 1917년 「대동단결 선언」에서 황제 주권을 부정하고 국민주권에 의거한 신한국 건설의 원칙을 밝혔고, 1919년 「대한민국임시헌장」에서는 민주공화국 대한민국이 '독립', '자유', '평등'의 보편적 가치를 지향함을 명기하였다. 또한, 1941년에는 「대한민국건국강령」에서 대한민국 건설의 구체적 방향을 제시하였다.

둘째, 조소앙은 국제사회에 대한 풍부한 지식과 경험을 바탕으로 한국의 독립 외교에 뚜렷한 업적을 남겼다. 1919년 3·1운동 이후 그는 유럽으로 건너가 한국사회당 대표 자격으로 만국사회당대회에 참가하여 국제사회에서 한국독립승인안을 가결시키는 성과를 거두었다. 또한, 1940년대에는 대한민국임시정부 외무부장으로서 연합국들 사이에 전후 한국을 독립시키자는 합의를 이끌어내었다. 이것은 대한민국임시정부가 연합국 측이 신탁통치 방안을 협의하고 있다는 사실을 알고 중국을 통해 이를 저지하고 즉시 독립을 요구하여 얻어낸 성과였다.

셋째, 조소앙은 민족유일당운동의 지도이념으로서 삼균주의 이론을 제시했다. 이것은 독립운동 상에서 제기되었던 이념적 대립을 극복하고 통일적 지도이념을 확립하기 위한 지적 노력의 산물이었다. 이러한 경험은 장래 한국의 통일 문제 해결에 중요한 시사점을 제공해줄 수 있을 것이다.

참고문헌

삼균학회, 『조소앙선생문집』(상·하), 횃불사, 1979.
한시준, 「조소앙 연구―독립운동을 중심으로」, 『사학지』 18, 1984.
국학진흥사업추진위원회, 『한국독립운동사 자료집―조소앙편』(1~4), 한국정신문화연구원, 1995~1997.
김기승, 『조소앙이 꿈꾼 세계―육성교에서 삼균주의까지』, 지양사, 2003.

이청천
—일본육사 출신의 항일 무장투쟁 지도자—

이기동

1. 머리말

대한제국이 1910년 일본의 강압에 의해 병합된 뒤 국권 회복을 위한 독립운동이 국내는 물론 국외에서 줄기차게 전개된 것은 잘 알려진 사실이다. 독립운동은 일본의 식민통치에서 벗어나게 된 1945년까지 여러 방면에 걸쳐 갖가지 형태로 일어났는데, 그중 가장 극적인 것이 의열義烈투쟁이었다고 할 수 있다. 이는 한민족의 독립의지를 내외에 천명하는 데에는 큰 효과가 있었

李基東 동국대학교 문과대학 사학과 석좌교수.

　저서로는 『비극의 군인들―일본 육사 출신의 역사』(일조각, 1982), 『한국사강좌―고대편』 (공저, 일조각, 1982), 『신라골품제사회와 화랑도』(일조각, 1984), 『백제사연구』(일조각, 1996), 『신라사회사연구』(일조각, 1997), 『전환기의 한국사학』(일조각, 1999), 『백제의 역사』(주류성, 2006)가 있다. 역서로는 『광개토왕릉비의 탐구』(일조각, 1982), 『일본인의 한국관』(일조각, 1983) 등이 있으며, 그 밖에 한국고대사와 한국사 전반에 관한 논문이 다수 있다.

으나, 성격상 지속적으로 전개될 수는 없었으므로 한때의 의거에 그친 경우가 많았다. 이에 비해 무장투쟁을 통한 독립운동은 비록 희생은 컸으나 국외에서 거의 지속적으로 이루어졌다. 물론 제국주의 일본이 전성을 구가하던 시기에 무장투쟁은 무모한 일처럼 보였고, 실제로 그 성과도 당장 드러나지 않았다. 그러나 일본이 1930년대에 들어와 만주를 점령하고 이어 중국본토로 쳐들어간 다음 1941년 12월 미국을 상대로 태평양전쟁을 일으키면서 사정은 크게 변했다. 즉, 무장투쟁의 필요성이 매우 절실해졌으며 이에 대한 한국 민중의 기대가 전에 없이 높아졌다.

항일 무장투쟁의 역사는 한말 의병운동으로까지 거슬러 올라가는데, 나라를 잃게 되면서 국내에서는 더 이상의 활동이 불가능하게 되었다. 그리하여 의병의 일부 잔존세력은 만주 혹은 시베리아 연해주 지역으로 무대를 옮겨 계속 투쟁을 전개했다. 그러다가 1920년대에 들어오면서 새로운 인물들이 등장하여 무장투쟁을 지도해갔다. 즉, 그간 중국이나 일본에서 신식 군사교육을 받은 젊은이들이 투쟁의 선봉에 나서 광복 당시까지 활약하게 되었다. 특히 주목할 사실은 한말에 국비유학생으로 일본 육군사관학교에 진학했다가 한국병합 후 일본군 장교가 되어 일본군 부대에서 복무했던 사람들 중에 몇 명이 3·1독립운동을 계기로 일본군에서 탈출하여 독립군의 대열에 뛰어들었다는 점이다. 김광서金光瑞·이청천李青天·이종혁李種赫 등이 그 대표적인 인물이다. 김광서는 러시아 영내인 연해주 일대에서 일본군과 볼셰비키 혁명에 반대하는 이른바 백군白軍, 혹은 중국 마적 떼를 상대로 눈부신 전투를 벌였으나 일본군이 시베리아에서 철수한 뒤에는 어제의 동지였던 볼셰비키혁명군(이른바 적군赤軍)에 의해 무장해제를 당해 일찌감치 무장투쟁의 대열에서 이탈하지 않을 수 없었다. 김광서가 1937년 스탈린의 한국인 강제이주정책에 따라 중앙아시아 카자흐스탄으로 끌려갔으며, 1939년 민족주의자라는 이유로 체포되어 소련 최북방 백해白海에 연한 아르한겔스크주 감옥에서 복역하다가 1942년에 옥사한 사실은 반세기가 지난 뒤 비로소 국내에 알려졌다. 또 이종혁은 1920년대 상해 대한민국임시정부 직할 주만참의부駐滿參議府 군사위원장으로 남만주 일대에서 전설적인 일화를 남긴 무장투쟁의 지도자였으나, 1928년 동포의 밀고로 일본 경찰에 검거되어 국내로 압송, 5년 복역 끝에 1934년 평양감옥에서 중병을 얻은 채 출감했다가 곧 불귀不歸의 객이 되고만 비운의 주인공이다. 결국 이청천만이 몇 차례 죽을 고비를 기적적으로 극복하고 끝까지 살아남아 대한민국임시정부 직할의 광복군사령관으로 광복과 더불어 개선 귀국할 수 있었다. 이청천을 같은 연배의 유능한 많은 항일 무장투쟁가들 가운데 대표적 인물로 뽑아 다루게 된 것은 바로 이러한 이유 때문이다.

2. 한말 개화운동의 물결 속에서

이청천(1888~1957)은 서울 삼청동에서 태어났다. 그는 본디 지池씨로 이름은 석규錫奎였는데, 뒤에 대형大亨으로 개명했다. 이청천이란 그가 만주에서 독립운동을 할 때 사용한 변성명인데, 이는 당시 항일 무장투쟁가들 사이에서는 흔히 있던 일이다. 김광서는 김경천金擎天으로 행세했고, 이종혁은 마덕창馬德昌이라 하여 자신의 정체를 감추었다. 이청천은 광복 후 귀국하여 본래의 성명을 쓰겠다고 선언한 뒤에도 지청천으로 불렸다. 그가 이처럼 청천이란 별호別號를 끝내 버리지 못한 것은 그의 생애에서 가장 빛나는 시기였다고 할 수 있는 1920년대 초에 동천東天이라는 별호를 쓴 신팔균申八均, 그리고 김경천과 더불어 추종자들로부터 '남만 삼천南滿 三天'이라 불린 화려한 시절에 대한 향수랄까 미련을 느꼈기 때문인지도 모르겠다. 그가 만년에 사용한 백산白山이란 호도 자의字義로 볼 때 청천과 대응한다. 한편 신팔균은 대한제국 말기 무관학교 출신으로 김경천, 이청천과 함께 잠시 신흥무관학교 교관을 지낸 뒤 1922년 남만주 일대의 무장투쟁가들이 대동단결하여 만든 대한통의부大韓統義府의 군사위원장이 되어 일본군과 수십 차례 교전하다가 1924년에 일본 측의 강압에 못 이겨 한국독립군 탄압에 나선 중국 군대에 의해서 최후를 맞은 비운의 인물이다.

이청천의 집안은 9대에 걸쳐 진사를 배출했다고는 하나, 소년 시절 집안 형편은 매우 어려웠던 듯하다. 그가 다섯 살 때 오랜 동안 병으로 고생하던 부친이 별세하여 50세를 바라보는 모친은 눈물로 세월을 보냈다. 가족으로는 그보다 여섯 살 위인 누님 한 분이 있었다. 소년 시절 이청천에게는 우상이 한 명 있었는데, 그것은 바로 15대 조祖인 지용기池勇奇였다. 지용기는 고려 말 우왕 때에 다년간 왜구토벌에 종사하여 상원수上元帥에까지 오른 이름난 군인으로, 그는 이 군공으로 문하찬성사門下贊成事와 판삼사사判三司事라는 재상직에까지 올랐다. 특히 1388년 요동정벌 때 우군도통사 이성계李成桂 예하의 상원수로 출정에 나섰다가 위화도에서 회군하여 공신이 되었고, 이듬해 창왕을 몰아내고 공양왕을 추대하는 이성계 일파의 모의에 가담하여 이른바 9공신의 한 사람이 되는 등 크게 출세했다. 그러나 머지않아 지용기는 역성易姓혁명을 꾀하는 이성계 일파와 틈이 벌어져 삼척으로 귀양을 가게 되었으며, 조선왕조가 건국되기 직전인 1392년 4월 유배지에서 죽었다. 이청천은 1920년대 중반 만주에서 독립운동을 벌일 때 지용기라는 이름을 잠시 사용한 적도 있다.

이청천이 대한민국 정부 수립과 더불어 제헌국회의원과 무임소장관을 겸직하고 있을 때 나온 지헌모池憲模의 『청천장군의 혁명투쟁사』(1949)에는 그의 누이와 삼청동 거주 노인들의 증언을 토대로 그의 소년 시절 모습이 기술되어 있다. 그 책에 따르면 이청천은 동네 서당에 다니던 여덟 살 때 일본인이 타고 가던 인력거에 돌을 던져 소동을 일으켰다고 한다. 이청천은 몇 달전 명성황후 민비가 일본인들의 손에 시해당한 충격을 억누르지 못해 이 같은 일본인 배척운동을 벌였다는 것이다. 소년 시절부터 그의 성품이 억세고 괄괄했음을 말해주는 일화라고 하겠다.

그 무렵 서울에는 신식교육을 하는 관립소학교(초등학교)가 하나둘씩 생겨나고 있었다. 마침 집안의 재종숙再從叔이 되는 지운영池雲永·지석영池錫永 형제가 개화운동의 일선에서 활약하고 있었는데, 어느 날 이청천을 소학교에 보내 신학문을 가르치도록 그의 어머니를 설득했다. 이렇게 하여 이청천은 교동소학교 4학년생으로 편입하게 되었다. 하지만 그는 수업이 끝난 뒤에는 서당에 가서 공부했다. 그러던 중 모친과 상의도 없이 1904년 5월 미국 선교사가 세운 배재학당에 들어갔다. 그는 여기서 산술과 과학, 기독교 공부에 흥미를 느꼈다. 무엇보다도 당시 교내에서 행해지던 정치토론과 연설에 크게 매료되었다. 바야흐로 애국계몽운동이 전개되던 때였다. 일본이 러시아를 상대로 한 전쟁에서 승리한 여세를 몰아 대한제국 정부를 압박하여 외교권을 박탈한, 이른바 보호조약을 체결함으로써 한국은 장래를 기약할 수 없는 암담한 처지로 떨어진 것이다. 이에 민간의 지사들이 의병운동을 일으켜 한국을 강점한 일본군에 대항하고 있을 때, 이청천은 "우리 청년에게 총을 달라"는 과격한 언설을 펼쳤다고 그의 투쟁사에는 기록되어 있다.

얼마 뒤 그가 배재학당에 적을 두고 있는 사실을 알게 된 모친이 그곳에 다니는 것을 심하게 반대하는 바람에 학교를 그만두어야 했다. 이를 계기로 그는 군인이 되기로 결심했고, 모친은 이에 동의했다. 당시 장교 양성기관이었던 무관학교는 1907년 여름 군대해산 때 간신히 폐교를 면하고 축소된 형태로 존속했다. 그런데 여기에 입학하려면 유력한 사람의 보증이나 추천이 필요했다. 이청천의 모친이 집안사람을 통해 엄 귀비에게 손을 쓴 결과 그는 만 20세가 되는 1908년에 가까스로 입교할 수 있었다. 그러나 그가 2학년으로 올라간 1909년 8월 통감부의 압력으로 군부가 폐지되면서 동시에 무관학교도 폐교처분을 받았다. 이때 일본 측은 선심을 써서 재학 중인 1, 2학년 생도 50여 명을 일본의 군사 교육기관에 위탁하기로 했다. 이에 따라 이청천은 동기생 및 후배들과 함께 일본 유학길에 오르게 된다. 당시의 경위에 대해서는 『한국사 시민강좌』 제43집(2008)에 실린 「이응준, 국군 창설의 산파」에서 상세하게 다룬 적이 있으므로 여기서는 간단히 기술하기로 한다. 이청천은 8월 하순 서울역에서 누나의 전송을 받으며 고국을 떠났다. 그와 동기생들은 육군사관학교의 예비교에 해당하는 동경 소재 중앙유년학교 예과 2년생으로 편입하여 일본 학생들과 함께 공부했다. 이청천은 비록 처음에는 일본어를 잘 알아듣지 못해 학습에 어려운 점이 많았으나 공부는 흥미로웠고, 무관학교에서 배운 것이 그다지 필요 없을 만큼 강대국의 군사교육답다는 느낌이 들었다고 훗날 회고한 바 있다. 그로부터 1년 뒤 대한제국이 일본에 병합되는 망국에 직면하여 유학생들은 정신적으로 크나큰 충격을 받았다. 이때 그는 동요하는 친구들에게 "이왕 군사교육을 받으러 온 것이니 배울 것은 끝까지 배운 다음 장차 육군중위가 되는 날 일제히 군복을 벗어던지고 조국광복을 위해 총궐기하자!"라고 설득했다고 전해진다. 뒤에 이 약속을 최초로 이행한 사람은 경기도 시흥 출신의 조철호趙喆鎬였다. 그는 센다이仙臺 소재 제2사단 제29연대에서 근무하다가 1918년 전역하여 평북 정주에 있는 오산학교 교사가 되었다. 이 학교는 당시 전국을 통틀어 민족주의 학교로 명성이 높았다. 그는 이듬해 3·1독립운동이 일어났을 때 학생들의 반일운동을 지도했다가 상해로 망명했고, 그곳에서 일본경찰에 체포되어 본국으로 압송, 복역했다. 가출옥한 조철호가 1922년 조선소년군을 조직하여 보이스카우트 운동을 전개한 것은 잘 알려진 사실이다.

그는 중앙유년학교 예과를 거쳐 본과(뒷날 육군사관학교 예과에 해당)를 마친 뒤 1912년 5월부터 사관후보생으로 효고兵庫현 히메지姬路에 있는 제10사단 제8여단 예하 제10연대에서 6개월간 이른바 대부隊附교육을 받았다. 이는 일반 병사와는 다른 특별대우를 받으며 병졸에서 하사관에 이르기까지의 실제 근무를 경험하는 과정이었다. 그의 원대原隊인 제10연대가 위치한 히메지는 오사카 서쪽의 세토瀬戸 내해內海에 면한 소도시로, 일본 중세 전국시대에 쌓은 성곽이 거의 원형대로 전해오고 있는 유서 깊은 곳이었다. 대부교육이 끝난 뒤 이청천은 동경의 육군사관학교에 제26기생으로 입교하여 1년 6개월간의 학업을 마치고 1914년 5월 하순 졸업했다. 그의 한국인 동기생 13명 모두 보병 병과였는데, 안성 출신의 홍사익洪思翊은 보병과 471명 중 22등, 평안남도 안주 출신의 이응준은 32등이라는 좋은 성적을 올렸다. 그 밖에 누군가 한 사람이 중간 정도의 성적이었고 나머지 10명은 대체로 하위권에 속했다고 한다.

이청천은 원대로 돌아가 견습사관見習士官으로 6개월간 근무하고 그해 12월 20일 육군소위로 임관되었다. 대부근무는 소속 연대 장교단의 한 사람으로서의 일체감과 연대감을 강화하는 데 목적을 두었고, 임관도 연대 장교회의에서 통과해야만 했다. 동기생 중 경기도 양평 출신인 민덕호閔德鎬가 그와 같은 10사단 예하 제39연대에 배속되어 역시 히메지에서 근무하게 되었는데, 다만 39연대는 제20여단 소속이었기 때문에 두 사람이 자리를 함께 할 기회는 거의 없었던 듯하다. 1년 뒤 육사 제27기생인 한국인 장교 20명 중 서울 출신인 정훈鄭勳이 제20여단 예하 제20연대에 배속되었다. 하지만 이 연대는 히메지에서 멀리 떨어진 동해안 쪽 가까운 후쿠치야마福知山에 있었고, 더욱이 정훈은 그곳 경찰서장의 딸과 혼인하는 등 한국인 장교들과의 접촉을 피하려 한 듯하다.

3. 일본 군적을 박차고 망명의 길로

이청천이 육사를 졸업한 직후인 1914년 8월 초 제1차 세계대전이 일어났다. 일본정부는 처음에는 국외중립을 선언했으나 곧 동맹국인 영국의 요청에 따라 독일에 선전포고를 한 뒤 독일이 차지하고 있던 중국 산둥반도 남쪽 자오저우만膠州灣의 중심지인 칭다오靑島 공략전에 나섰다. 일본의 제2함대가 자오저우만을 해안봉쇄한 가운데 규슈九州 구루메久留米에 있는 제18사단을 주력으로 그 밖에 시즈오카靜岡에 있는 제15사단 예하 제29여단을 포함한 대병력이 자오저우만에 상륙하여 9월 하순 칭다오를 공격, 11월 중순 점령을 완료했다. 고립된 독일수비군 5천여 명은 더 이상 버티지 못하고 항복했다. 일본은 칭다오수비군사령부를 설치하고 자오저우만을 장기간 점유할 야욕을 드러냈다. 이에 중국의 위안스카이袁世凱정부가 일본군의 철수를 요구하자 1915년 1월 중국에 굴욕적인 21개 조항에 달하는 요구안을 제출하여 사태가 악화되었다. 일본은 중국정부를 압박하기 위해 그해 3월 이청천이 소속되어 있던 제10사단에 출동명령을 내렸다. 이청천의 전기에는 이때 독일군이 중포를 난사하는 가운데 칭다오에 적전敵前상륙을 감행한 것처럼 기술되어 있는데, 이는 분명히 사실과 다르다.

그 뒤 사태가 호전되자 이청천은 부대를 따라 귀환하여 평상시의 군생활로 되돌아갔다. 이때부터 고국에서 일어난 3·1독립운동의 소식을 듣게 될 때까지 3년여 동안 평범한 초급장교 생활을 보냈다. 그의 전기에도 이 시절 잠깐 연대장 집에 기거하게 된 그가 시즈코靜子라는 고등여학교 출신의 19세 된 연대장 딸과 교제한 이야기라든지, 사회주의 사상에 물든 동료 고지마小島라는 소위에 대한 이야기가 소개되어 있을 뿐이다. 이청천은 당시 천황제도의 폐지까지 주장하는 사회주의 혹은 무정부주의 사상이 유행하던 시대풍조에 초연할 수만은 없어 마르크스의 『자본론』을 읽었다고 하는데, 다만 이에 공감하지는 않았다고 한다. 이는 국권회복의 원대한 꿈을 가진 식민지 출신 장교로서는 다소간 뜻밖이라는 느낌이 드는데, 그의 투쟁사가 반공을 국시國是로 하는 대한민국 정부 수립 직후에 쓰였기 때문이 아닐까 하는 생각이 든다.

이청천은 1918년 7월 중위로 승진했는데, 그로부터 몇 달 뒤 제1차 세계대전은 연합군의 승리로 끝났다. 그 무렵 그는 민족자결주의니 약소민족 해방이니 하는 세상 돌아가는 이야기를 듣고 마음의 동요를 일으켜 이른 시기에 일본 군적을 벗어나야겠다는 마음을 갖게 되었다. 이청천이 이런 결심을 한 순간, 부산에 있던 아내가 일본으로 오겠다는 전보를 보냈다. 아내에게 오지 말라는 전보를 부치려 하는데 그의 아내는 벌써 열 살 된 아들 달수達洙를 데리고 그를 찾아 관사로 왔다. 이청천의 아내는 그에게 고국의 소식을 전해주었는데, 그중에는 천도교 최고 지도자인 손병희孫秉熙가 그와 연락을 취하고 싶어한다는 뜻밖의 내용이 포함되어 있었다. 과연 그로부터 얼마 뒤인 1919년 2월 손병희가 보낸 사람이 은밀히 그를 찾아와 3월 1일을 기해 서울에서 독립선언서를 발표한다는 놀라운 소식을 전했다. 이처럼 사태가 급박하게 돌아가자 그는 군대를 떠나기 위한 준비에 들어갔다. 일부러 밥을 굶는다거나 하여 폐렴 진단서를 부대에 제출했다. 연대장은 그에게 3개월간의 휴양을 허가하면서 군의관을 보내 진료하게 했다.

그가 휴양에 들어간 지 1주일 만에 고국에서는 3·1독립운동이 일어났다. 그는 이 소식을 듣고 초조해진 나머지 임시 귀국 휴가서류를 작성하여 부대에 제출하려고 했다. 그때 고국에서 그에게 유학생 대표로 일본에 남아 계속 활동하라는 지침이 하달되었다. 그는 유학생이 많이 몰려 있는 동경으로 가기 위해 열차에 올랐다. 하지만 도중에 헌병의 검문을 받고 교토역에서 하차, 경도헌병대의 나카무라中村 대위의 심문을 받은 끝에 히메지의 연대로 호송되었다. 그는 일본에서의 활동이 여의치 않음을 깨닫고 어떻게 해서든지 귀국하려고 결심했다. 그리하여 일부러 설사약을 먹는다든지, 10여 일간 단식을 한다든지 하여 급성폐렴에 걸린 것으로 가장하는 데 성공, 연대장으로부터 1년간의 임시 귀국을 허락받았다. 그는 1919년 5월 하순 처자식을 데리고 귀국길에 올랐다.

당시 서울에는 그의 육사 3년 선배인 김광서 중위가 역시 병가를 얻어 그보다 한 발 먼저 귀환해 있었다. 그는 이청천과 동갑이었는데, 혼자서 일본육사에 진학한 특수한 배경을 가진 인물이었다. 김광서는 1911년 육사를 졸업한 뒤 줄곧 동경 제1사단 예하 기병 제1연대에서 근무했다. 김광서는 동경에서 근무한 까닭에 1912년 10월 결성된 한국 유학생 모임인 학우회學友會에 참여할 수 있었고, 1915년 12월 학우회 망년회 때는 선배 자격으로 경험담을 늘어놓기도 했다. 또한 동경의 군부대에서 근무 중인 육사 26기 홍사익洪思翊·이응준李應俊, 27기 윤상필尹相弼 등이 발기인이 되어 1916년 12월에 결성한 친목단체 전의회全誼會의 회장으로 추대되기도 했다. 발기인 중 한 명인 윤상필은 나라시노習志野 소재 제1사단 예하 기병 제15연대에 근무 중이었다. 이 전의회는 그 뒤 여러 해 동안 회지를 발간하며 육사 동창생들의 소식을 알려주는 등 친목을 다졌다. 그런데 김광서는 3·1독립운동 직전 동경 유학생 중심으로 일어난 2·8독립선언을 계기로 국외에 망명하여 독립운동에 투신하기로 결심하고 2월 하순 서둘러 귀국했던 것이다. 마침 그의 집이 사직동에 있었던 까닭에 삼청동에 사는 이청천과는 서로 연락을 취하기도 편리했다.

이청천은 김광서와 더불어 낮에는 한가롭게 당구를 치고 밤에는 술집에 출입하면서 형사와 헌병대의 눈을 속였다. 이윽고 감시가 느슨해지자 두 사람은 수원으로 내려가 야간열차를 타고 북쪽으로 향했다. 본래의 계획으로는 평남 정주에서 이응준과 만나 함께 망명하기로 되어 있었다. 그러나 이응준은 마침 그때 평양에서 권총을 분실한 사건이 문제가 되어 헌병대의 조사를 받고 있었으므로 이들과 합류할 수 없었고, 더욱이 신혼 초였기 때문에 그 뒤 단독으로 망명할 기회마저 놓치고 말았다.

4. 만주와 시베리아에서 사선死線을 넘다

이청천은 김광서와 함께 압록강 철교를 건넜다. 두 사람은 서간도의 한인 집단거주지인 지린성吉林省 류허현柳河縣 삼원보三源堡에 있는 신흥강습소를 찾아갔다. 이 학교는 남만주로 망명한 이회영李會榮·이시영李始榮 형제를 비롯하여, 이동녕李東寧, 이상용李相龍 등 민족지사들이 설립한 독립군 간부 양성기관으로 이름이 높아 3·1독립운동이 일어났을 때에는 벌써 700~800명 내외의 인재를 양성하기도 했다. 그런데 일본육사에서 최신 군사지식을 익힌 장교 두 사람이 항일 무장투쟁의 대열에 가담하게 되었다는 소문이 퍼져나가자, 만주지역에 살던 동포들이 이에 크나큰 감명과 용기를 얻어 앞을 다투어 강습소로 몰려들었다. 이청천과 김광서 외에도 신팔균 등이 교관으로 초빙되어 이른바 '남만 3천天'의 전설로 회자되는 시기이다. 이 밖에도 남중국 윈난雲南 육군강무당陸軍講武堂 출신의 스무 살 된 이범석李範奭이 교관단에 참여했다. 이범석은 얼마 뒤 북간도 왕청현汪淸縣 서대파西大坡에 설치된 북로군정서北路軍政署 예하 사관연성소의 교관 겸 연성대장으로 옮겼다. 이즈음 서울에서 이청천의 아내가 아들 달수와 1920년 갓 태어난 딸 복영復榮을 데리고 찾아와 그가 망명한 뒤 일본 헌병대에 시달리며 고생한 이야기를 전해주었다.

한편 김광서는 체코슬로바키아 군대의 무기를 구입하기 위해 시베리아 연해주에 잠입했다가 다시는 만주로 돌아오지 않은 채 현지에서 무장투쟁의 최일선에 나서게 된다. 미국·영국·프랑스 등 연합군은 제1차 세계대전에 참전했다가 1917년 가을 러시아 볼셰비키혁명으로 말미암아 귀국하게 된 체코 군대를 블라디보스토크에서 맞아 바닷길로 이동, 유럽전선에 투입하여 독일과 싸우게 한다는 구실로 1918년 8월 시베리아에 출병했다. 이때 병력동원이 가장 손쉬운 일본이 많은 병력을 파견했고, 따라서 연합군 사령관도 일본 군인이 맡았다. 그런데 얼마 뒤 세계대전이 끝나게 되면서 체코군 구출이라는 당초의 전쟁 명분은 러시아의 공산혁명이 동쪽으로 확산되는 것을 막기 위해 우랄전선을 구축하는 것으로 변경되어, 연합군은 공산혁명을 반대하는 옴스크·치타·연해주 등지의 이른바 백군白軍을 도와 볼셰비키혁명군인 적군赤軍을 상대로 각지에서 전투를 벌이게 되었다. 김광서가 연해주에서 귀국을 기다리고 있던 체코군의 무기를 구입하려고 은밀히 공작을 벌이고 있던 1920년 4월 초, 일본군은 3월에 수비대와 교민들이 니콜라예프스크尼港에서 700여 명의 적군에게 살해당한 사건에 대한 보복으로 적군의 근거지와 한국인 거주지를 무차별 공격하여 블라디보스토크 신한촌의 한국인 300여 명을 학살하는 만행을 저질렀다. 이때 연해주의 한국인 최고 지도자로서 상해 임시정부의 재무총장으로 추대되기도 했던 최재형崔在亨이 희생되었다. 김광서는 이에 큰 충격을 받아 연해주 지방에 거주하는 한인 청년들을 규합하여 처음에는 러시아의 적군과 연합하여, 뒤에는 한인 단독으로 일본군 및 러시아 백군 그리고 때때로 동포들을 괴롭히는 중국인 마적 떼를 상대로 피나는 싸움을 전개하게 되었다.

서간도에 남아 있던 이청천의 전도前途 역시 김광서에 못지않게 험난했다.

3·1독립운동 직후 서간도에서 발족한 한족회는 독립군 부대의 편성에 착수하여 상해 임시정부와 협의를 거쳐 1919년 11월 최고 지휘부인 서로군정서를 구성하여 김동삼을 내각의 참모부장에, 이청천을 부대 사령관에 추대했다. 또한 1920년 5월 초 신흥학교가 무관학교로 확대 개편되면서 본교를 통화현通化縣 하니허哈泥河에 신설하고 종래 류허현 삼원보에 있던 교사를 그대로 존치하여 두 개의 교정을 갖게 되었다. 그리하여 8월까지 두 곳에서 군사교육을 받은 사람은 2,000명이 넘었다. 그런데 10월 초 두만강 너머 훈춘琿春의 일본 영사관을 괴한들이 습격하여 일본인 14명이 즉사한 사건이 일어났다. 일본정부는 이를 한국인 소행이라 주장하며 이른바 '간도출병'을 내외에 성명聲明했다. 이에 따라 일본은 만주의 중국 군벌에게 강압적으로 한국독립군을 단속하도록 요구했고, 이에 굴복한 중국군이 일본 영사관 경찰의 감시 아래 토벌작전에 나서게 되어 서로군정서는 더 이상 무관학교를 운영하지 못하고 근거지를 안투현安圖縣 숲 속으로 옮기는 궁지에 몰렸다. 이때 역시 같은 처지에 놓인 북로군정서는 근거지를 이동하던 중 청산리靑山里로 불리는 지린성 허룽현 삼도구에서 독립군을 박멸하기 위한 '간도출병'에 따라 북상北上한 함경북도 나남 주둔 일본 조선군 예하 제19사단 제37여단 일부 병력을 상대로 격전을 벌여 일본군에 비교적 큰 피해를 입혔다. 사관 연성대장 이범석의 보좌를 받은 사령관 김좌진金佐鎭이 지휘한 이 청산리전투는 식민지시대 민족독립운동사의 가장 빛나는 한순간을 장식하고 있다.

이청천은 청산리전투를 치른 김좌진 부대가 싱카이호興凱湖 북방의 미산蜜山으로 이동했다는 소식을 듣고 신속히 동쪽을 향해 출발했다. 이청천은 1921년 초 무단강牧丹江 서남방의 닝안寧安에 도착하여 김좌진뿐만 아니라 봉오동전투의 승리자인 한말 의병장 출신 홍범도洪範圖와 합류했다. 독립군은 이곳에서 은밀히 만주 최대의 군벌 장쭤린張作霖 쪽의 군자금을 받았다고

이청천—이기동 **193**

한다. 이어 이들은 새로운 대오의 편성에 착수했다. 김좌진은 이청천보다 한 살 아래였으나, 오랜 투쟁경력에 청산리전투의 승리자로 명성이 크게 높았기 때문에 이청천은 그 아래 부사령관으로 만족해야만 했다. 독립군은 장차 러시아 영내로 들어갈 준비를 했다. 다만 행선지를 둘러싸고 각자의 의견이 엇갈리게 되어 개별적으로 이동하지 않으면 안 되었다.

이청천은 우수리 강가의 후린虎林으로 진출하여 강 너머 러시아 영토인 이만Iman 시로 이동할 계획을 세웠다. 이만 시는 하바로프스크Khabarovsk와 블라디보스토크Vladivostok의 중간에 위치한다. 그는 후린에서 새로 조직된 대한독립군단의 여단장으로 추대되었다. 당시 그의 예하 중대장에는 한말에 결성된 비밀결사 신민회에 가담한 이래 만주에서 국권회복운동을 줄곧 전개한 김창환 같은 사람이 있었다. 그들은 우수리강으로 이동하던 중 후린의 일본군 국경 수비대로부터 사격을 받았다. 독립군은 2시간 동안 전투를 벌인 끝에 수비대 본부를 점령하는 승리를 거두었다.

이청천은 무사히 이만 시에 도착한 뒤 마침 그곳에서 귀국선편을 기다리고 있던 체코군에게서 성능이 좋은 총기류를 구입할 수 있었다. 이에 병사들의 사기는 크게 높아졌다. 그러나 그가 이끄는 독립군은 러시아 땅에서 두 차례나 볼셰비키군에게 무장해제를 당했는데, 두 번째에는 사형이 집행되기 직전에 가까스로 살아남게 된다. 이처럼 현지사정이 크게 악화된 근본 원인은 시간이 지남에 따라 적군에게 한국독립군의 이용가치가 줄어들었기 때문이다. 볼셰비키 혁명의 확산을 방지할 목적으로 시베리아에 출병했던 연합군은 공산혁명을 반대하여 일어난 백군이 1920년을 고비로 우랄산맥 동쪽의 옴스크Omsk와 자바이칼Zabaikal 방면에서 잇달아 패전함에 따라 철수하고 오직 일본군만이 연해주 방면에 잔류하게 되었다. 그런데 1920년 바이칼호 동쪽 시베리아 철도가 통과하는 교통의 요지인 치타Chita에서 백군파의 세묘노프M.

G. Semyonov 세력과 이에 동조한 자바이칼 코사크 기병대를 제압한 공산혁명파가 세운 극동공화국은 일본에 국교를 맺자고 제의하기에 이르렀다. 치타는 1689년 러시아와 청淸나라 대표가 최초의 국경 획정조약을 맺은 네르친스크Nerchinsk 바로 서쪽에 위치하고 있는데, 일본군은 이곳에 세묘노프를 배후에서 조종하는 특무기관을 1920년경까지 운용하고 있었다. 일본은 당시 사할린 북방 캄차카Kamchatka반도 연해의 어업기지 확보에 혈안이 되어 있었기 때문에 치타정부의 제안에 관심을 나타냈다. 다만 러시아 소비에트 연방정부와 극동공화국에서 일본이 연해주 일대에서 철병할 것을 국교회복의 선결조건으로 요구하여 정식회담이 열리지 못하고 있는 실정이었다. 한편, 일본이 회담의 전제조건으로 혁명정부에 요구한 사항 중에는 한국독립군에 대한 철저한 단속이 포함되어 있었는데, 러시아는 이 문제에 대해서는 양보할 자세를 보였다. 결국 시베리아에서 활동하고 있던 한국독립군은 이 같은 러시아와 일본 양국 간 비밀협상의 제물祭物이 될 수밖에 없는 운명에 놓여 있었다.

이청천이 이끄는 독립군단은 1921년 초 이만 시에서 첫 번째 무장해제를 당했다. 그는 연해주에서 활동하던 민족운동의 지도자들이 근거지를 옮긴 바이칼호 서남쪽의 이르쿠츠크Irkutsk 시를 목표로 이동하다가 흑룡강 중류의 하항河港 블라고베셴스크Blagoveshchensk 부근의 알렉세예프스크 Alexeyevsk 시(일명 자유시)에 이르렀다. 그는 이곳에서 이르쿠츠크에 본부를 둔 국민의회 군무부장으로 400명에 달하는 자유대대를 지휘한 바 있던 오하묵吳夏默의 도움을 받아 치타정부를 상대로 공동작전 및 상호협조에 관한 협약을 맺었다. 이는 독립군이 적군을 도와 각지에서 공산혁명에 저항하고 있는 백군을 치는 데 협력하는 대가로 치타정부는 독립군에게 군관학교를 세워주고 대포·기관총 등 무기를 무상으로 대여한다는 내용이었다. 이에 따라 4

층 건물 2개 동棟을 지어 고려군관학교를 개교, 이청천은 교장에 취임했고 오하묵은 고려혁명군단장이 되었다. 그러나 얼마 뒤 치타정부가 독립군이 민족주의의 입장에서 조국의 독립을 주장하는 파시스트 집단이며, 이는 민족을 초월하여 연방제 국가 건설을 목표로 하고 있는 소비에트 러시아 정부의 이념과는 어긋난다고 성토하면서 차츰 갈등이 깊어져 갔다. 그런데 독립군과 치타정부 사이에 갈등이 커진 데는 독립운동가들의 분열이 보다 직접적인 원인으로 작용했다. 당시 고려공산당 계열의 독립운동가들은 상해파와 이르쿠츠크파로 갈라져 있었다. 러시아 영내에서 군사력이 약한 이르쿠츠크파는 볼셰비키 군대의 힘을 빌려 상해파를 제압하려고 책동을 부렸다. 이청천이 자유시에 도착하기 직전 연해주에서 이곳으로 이동해온 상해파의 일리야 박朴이 지휘하는 1,000여 명의 니콜라예프스크 군대가 오하묵의 자유대대를 무장해제한 것이 그 발단이 되었다. 오하묵이 이청천 지원에 적극 나선 것도 결국 일리야 박에 대항할 무력을 갖추기 위함이었다고 생각된다. 한편 소비에트 러시아 당국과 극동공화국은 그들대로 한국독립군 부대의 처리문제를 둘러싸고 견해 차이를 보였다.

드디어 6월 하순 치타정부는 이르쿠츠크파의 책동에 넘어가 독립군에게 무조건 무장해제를 요구하기에 이르렀다. 이청천을 비롯한 많은 부대장들은 이에 항의했으나 치타정부는 이를 묵살하고 6월 28일 제29연대를 동원하여 독립군 기지를 이중으로 포위한 가운데 중기관총과 대포로 공격을 가해왔다. 이에 독립군은 전사자 272명, 포로 917명, 행방불명자 259명, 물에 빠져 죽은 자 31명이라는 처참하기 이를 데 없는 피해를 입었다. 이것이 독립운동 역사상 유명한 '흑하黑河사변'으로, '자유시 참변'이라고도 불린다. 이청천은 적군에 의해 이르쿠츠크로 끌려가 재판에 회부되어 사형선고를 받았다. 그는 유언장을 쓰기까지 했는데, 얼마 뒤 뜻밖에도 석방되어 시베리아를 떠나게 되었다. 그가 석방된 것은 상해 임시정부의 적극적인 구명운동이 주효했기 때문이다. 그가 체포되자 심복인 오광선吳光鮮이 급히 상해로 달려가 임정에 이를 보고, 임정 차원에서 레닌에게 그의 석방을 간청하여 21일 만에 햇빛을 보게 된 것이라고 한다.

5. 한국독립군에서 임시정부 광복군으로

이청천이 시베리아에서 만주로 근거지를 옮긴 1921년 여름부터 1931년 9월 만주사변이 일어날 때까지 10년간은 한국 무장투쟁의 역사에서 불모의 계절이었다고 할 수 있다. 국외로 줄곧 침략의 손길을 뻗치고 있던 제국주의 일본은 지난날 동맹국가였던 구미 열강의 견제를 받아 더 이상 팽창할 수 없었던 반면, 만주 지역에서는 일본의 강압에 굴복한 중국 군벌세력이 한국독립군에 대한 단속 탄압을 한층 강화했기 때문이었다. 미국의 주도 아래 1921년 11월 워싱턴에서 열린 강대국들의 회의는 해군 군비를 제한하는 목적 외에 태평양 및 극동 문제에서 신생 중국의 자주권을 존중하는 취지에서 진행되어 일본의 대륙 진출 야욕에 족쇄를 채운 꼴이 되었다(한국 독립운동가들은 이를 '태평양회의'라고 불렀다). 1922년 2월 「워싱턴조약」이 체결됨에 따라 일본은 그해 5월 중국 산둥지방에서 철병하기로 했고, 12월 칭다오수비군은 국내로 철수했다. 이와 동시에 일본은 소련 측과 시베리아에서 철병하는 문제를 논의한 끝에 10월 블라디보스토크에서 군사협정을 체결했다. 이에 앞서 7월 일본군은 사할린에서도 철병한다고 발표했다. 일본은 시베리아에서 철병하면서 소련과 어업문제 및 국교회복을 위한 교섭을 본격적으로 추진했다. 이를 위해 요페A. A. Joffe가 만주 장춘과 동경으로 와서 교섭에 임한 결과 1923년 5월 어업계약이 타결되었고(어업문제가 최종 해결된 것은 1924년 4월임),

그 뒤 북경에 온 카라한L. M. Karakhan이 1924년 중국과의 국교 교섭을 타결한 여세를 몰아 중국 주재 일본공사 요시자와 겐키치芳澤謙吉를 상대로 일·소 국교 교섭에 나서서 반년 가까이 절충을 벌인 끝에 마침내 1925년 1월 양국 간에는 기본조약과 이권에 관한 의정서 등이 조인되었다.

　일·소 양국 간의 국교가 회복됨에 따라 한국독립군은 소련 영내에서 더 이상 활동할 수 없게 되었다. 어떤 보고서에 의하면 1919~1922년 러시아 극동에서는 48개의 한인 유격대가 활동했다고 한다. 일본은 또한 만주에서의 독립군 활동을 원천적으로 봉쇄하기 위해 1925년 6월 조선총독부 경무국장 미쓰야 미야마쓰三矢宮松를 봉천(현 선양瀋陽)으로 보내 만주 최대의 군벌일 뿐아니라 그즈음 산해관을 넘어 북경 정계에까지 손을 뻗치고 있던 장쭤린을 상대로 한국독립군을 단속하게 하는 협약을 맺었다. 이로써 만주 및 시베리아 방면에서의 독립군의 무장투쟁은 실제로 불가능해졌다. 비록 참의부 소속의 일부 대원들이 압록강을 건너 평안북도 국경지대 산간 마을의 경찰서 주재소를 기습하는 등의 게릴라투쟁은 끊이지 않았으나, 이는 의열투쟁의 범위를 벗어난 것은 아니었다. 이러한 게릴라투쟁도 1925년 이후 뜸해졌다. 이처럼 암담한 시들은 새로운 투쟁의 방법을 모색하고 또한 각지에 흩어져 있던 혁명 역량을 결집할 목적으로 끊임없이 비밀집회를 열어 토론을 벌였다. 때는 바야흐로 정치협상의 계절이었다. 이청천이 만주로 돌아온 지 6개월 뒤인 1923년 1월, 소련의 세계 적화기구인 코민테른의 지원을 받던 세력의 주동하에 상해에서 독립운동에 종사하는 지역대표·단체대표 120여 명이 모여 국민대표대회를 열었다. 그는 대한독립군 대표의 한 사람으로 뽑혀 어렵게 상해에 도착했다. 하지만 임시정부를 그대로 두고 개편만 하면 된다는 논자들(개조파)과 해체 후 다시 만들자고 주장하는 논자들(창조파)로 갈려서 아무런 타협점을 찾지 못한 채 회의는 6개월간 공전한 끝에 해산하고 말았다.

이청천은 본래의 근거지인 류허현 삼원보로 돌아왔다. 마침 1923년 11월 양기탁梁起鐸의 발의로 만주에 있던 여러 독립운동단체를 통합하자는 논의가 일기 시작했다. 그리하여 이듬해 7월 준비발기인 모임이 열려 서로군정서를 모체로 한 정의부正義府가 결성, 삼원보에 본부를 두었다. 이청천은 이에 참여하여 9명의 중앙행정위원 가운데 한 사람으로 뽑혀 군사위원장을 겸했다. 그러나 통일단체를 만드는 일은 쉽사리 실현되지 않았다. 한·만 국경지대에 가까운 집안현(옛 고구려 수도가 있던 곳)을 근거지로 한 임시정부 육군주만 참의부와 김좌진을 중심으로 하여 북간도에서 북로군정서를 주축으로 결성된 신민부新民府가 정의부를 통일기관으로 인정하지 않았기 때문이다. 그렇지만 정의부는 남만주 동포사회의 통일정부를 자임하면서 세력확장에 힘썼다. 정의부는 1926년 4월 고려혁명당을 조직하고 예하의 무장대를 고려혁명당군으로 개칭하면서 민족유일당民族唯一黨 촉성운동을 추진하기 시작했다. 이에 따라 정의부·참의부·신민부의 3부府 대표가 몇 해 동안 합석하여 통합촉진운동을 벌였다. 하지만 결국 유일당이 탄생하지 못한 채 1920년대는 끝나고 말았다. 다만 그 뒤 몇 가지 변화 요인이 발생했다. 정의부는 1929년 3월 '발전적' 해체를 단행하여 기득권을 포기했고, 그해 7월 재만한족총연합회를 조직한 신민부 군사위원장 김좌진이 1930년 1월 공산주의자에게 암살된 것이었다. 이에 민족운동가들은 1930년 7월 한족총연합회를 모체로 한국독립당을 결성했는데, 이는 그들이 염원해 온 민족유일당으로 손색이 없다고할 수 있다. 당의 중앙위원장에 임정 국무령을 지낸 대한제국시대 검사 출신의 홍진洪震이, 군사위원장에 이청천이 각각 추대되었다. 당은 소속 무장대를 한국독립군이라 이름 붙였는데, 이청천은 사령관을 겸했다. 정의부 시절 그는 군사위원장이었으나, 사령관직은 동료 중앙행정위원인 오동진吳東振이 겸해 지휘계통에 문제가 없지 않았던 것으로 짐작된다.

1931년 9월 일본의 만주 침략이 시작되면서 독립운동가들에게 모처럼 기회가 찾아왔다. 중국에서는 반일 감정이 매우 높아졌고 또한 워싱턴체제로 상징되던 일본과 미국·영국 등 강대국들 간의 협조관계는 회복되기 어려운 균열의 조짐을 보이기 시작했다. 한국독립당은 1932년 11월 지린성 우창현五常縣에서 중앙회의를 열고 앞으로 당의 일체의 공작을 오로지 군사방면에 집중하기로 결의했다. 이 같은 정세변화에 발맞춰 이청천은 만주 전역에서 궐기한 중국인의 구국의용군과 연대하여 일본군을 상대로 투쟁하게 되었다.

　처음 이청천은 하얼빈과 장춘 사이의 교통의 요충인 솽청雙城을 공격, 경빈선京濱線을 차단하려는 대담한 작전을 벌여 큰 성과를 거두었다. 이때 중국 지린 구국군의 참모로 그에게 협력을 아끼지 않은 고복식 장군은 전사했으나, 그는 운 좋게 살아남아 일본 측으로부터 60만 원의 현상금이 걸린 주목을 끄는 인물이 되었다. 그는 1933년 2월 독립군을 이끌고 동남쪽으로 이동, 징포호鏡泊湖 부근에 이르러 3월 쓰다오허쯔四道河子, 6월 둥징성東京城(옛 발해국 수도 상경 용천부가 있던 곳) 등지에서 일본군과 전투를 벌였다. 특히 이청천은 중국군과 연합하여 6월 하순 일본군 동만지대 사령부가 있는 왕칭현 동쪽 다뎬쯔大甸子 뤄쯔거우羅子溝전투에서 일본군에 큰 피해를 입혔다. 일본군은 이에 대한 보복으로 11월 하순 만주에 출동한 제10사단 예하 제63연대장 이이츠카 토모키치飯塚朝吉에게 출동명령을 내렸으나, 그는 중상을 입고 물러났다(그는 이듬해 3월 10일 사망함). 일본군 제10사단은 14년 전에 이청천이 복무한 부대였으니만큼 그로서는 실로 감개무량했을 터이다.

　그런데 이청천은 이보다 조금 앞서 9월 초순 둥닝현성東寧縣城전투에서 중국군 부대의 비협조로 큰 손실을 입었고 그 자신은 부상을 당해 퇴각하지 않으면 안 되었다. 당시 중국 측은 1차 다뎬쯔전투 때 노획한 전리품의 분배문제를 놓고 한국독립군과 다툰 적이 있는데, 그 앙갚음으로 병력지원 약속을 제대로 지키지 않았던 것이다. 더욱이 10월 이청천은 지린구국군 전방사령인 우이청吳義成에게서 민족주의 사상을 버리고 공산주의 혁명에 매진할 것을 제의받았는데 이를 거절하여 330여 명의 부하와 함께 체포 구금되는 곤경에 처하기까지 했다. 이때 그를 구금하도록 모함한 자가 몇 년 뒤 동북항일연군의 사령관이 된 저우바오중周保中이었다. 그는 중국 공산당 만주성위원회의 비밀지령을 받고 우이청부대의 참모로 암약하고 있었다. 다행히 10여 년 전 이르쿠츠크에서 감금되었을 때와 마찬가지로 오광선이 중국본토로 달려가 김구에게 이청천의 구명을 청원한 데다가 우이청이 뒤늦게 저우바오중의 음모임을 알게 되어 10월 하순 전원 석방되었다. 이청천은 이 사건을 계기로 만주에서의 항일 무장투쟁에 한계를 느끼고 김구의 권유를 받아들여 2차 다뎬쯔전투가 끝나자 활동무대를 중국본토로 옮기기로 했다.

이청천은 독립군의 정예 23인을 뽑아 중국옷으로 갈아입히고 만주를 떠났다. 일행은 랴오둥반도 잉커우營口에서 기선을 타고 톈진에 도착한 뒤 상인 행세를 하며 중화민국 수도인 난징으로 이동했다. 이청천은 1932년 4월 윤봉길의 의거 후 상해를 떠나 각지로 피신 중이던 김구를 어렵게 만날 수 있었다. 당시 임정의 집행부에서 물러나 군사 엘리트 양성의 필요성을 절실히 느끼고 있던 김구는 장제스와 교섭하여 1933년 12월 난징 중앙군관학교의 제7분교인 뤄양洛陽군관학교 내에 2년제의 한국인 훈련반을 설치하기로 합의를 보았다. 이청천은 이듬해 2월 92명의 생도로 시작된 훈련반의 총단장을, 이범석은 교관 겸 학생대장직을 맡아 정치학습과 군사훈련을 실시했다. 어느덧 20대 중반이 된 그의 아들 지달수도 이곳에서 공부했다. 신흥무관학교 시절처럼 한국인 학생들이 사방에서 몰려들어 성황을 이루게 되자 난징 주재 일본 총영사관이 장제스정부에 강경히 항의한 결과 1935년 4월 제1기생을 앞당겨 졸업시킴과 동시에 한인반을 해산하고 말았다. 이에 수료생 62명 전원은 끝까지 일제와 싸울 것을 결의하는 등 후일을 기약했다.

　당시 중국에서 활동하고 있던 독립운동가들은 만주사변과 1932년의 상해사변을 계기로 새로이 조성된 정세 변화에 적극 부응하기 위해 크게 5개로 갈려져 있던 독립운동 단체들을 하나로 통합하는 방법을 모색하고 있었다. 이청천은 1934년 3월 한국독립당이 난징의 한국혁명당과 합당하여 신한독립당이 창당되었을 때 이에 참여한 바 있었는데, 그 대표 자격으로 난징에서 소집된 비밀회의에 참여했다. 마침내 1935년 7월 김규식金奎植을 주석으로 하여 조선민족혁명당이 창당되었다. 그러나 신당의 총서기 겸 조직부장이 된 조선의열단장 김원봉金元鳳 일파가 공산혁명론에 기울어져 있는 데다가 임정 해체를 주장했으므로 곧 당의 결속이 깨어져 분당사태를 빚고 말았다. 임정 해산을 극력 반대한 군무부장 이청천은 전 한국독립당의 양기탁, 전 조선혁명당의 유동열柳東說·최동오崔東旿, 만주에서 항일무장투쟁을 벌였던 이복원李復源 등과 함께 비상대표회의를 열어 김원봉일파를 제명하고 조선혁명당을 재건했다.

　1937년 7월 일본의 중국 침략이 본격적으로 시작되었다. 바야흐로 한국독립운동가들에게 전열을 가다듬어 중국의 지원을 받아 대일항전에 나설 기회가 찾아왔다. 실제로 중국정부도 임정과 한국인 무장대를 적극 도울 태세를 갖추기 시작했다. 임정은 중·일전쟁이 일어나자마자 군무부에 군사위원회를 설치하여 이청천을 비롯한 유동열·이복원·현익철玄益哲·김학규金學奎·안공근安恭根(안중근의 동생) 등 6인을 위원으로 선임했다. 또한 임정을 지지하는 우익 진영의 9개 단체가 연합하여 한국광복진선陣線을 결성했는데, 이청천의 아들 지달수와 만19세가 된 딸 지복영이 임정을 따라 피난하던 중 광시성 류저우柳州에 머물 때인 1939년 2월 경 광복진선의 청년공작대가 만들어졌을 때 그 일원이 되어 광시성 남쪽에서 중국군을 돕는 일에 나서는 등

이청천 일가는 광복진선에 투신하게 된다. 그런데 이보다 조금 앞서 임정이 난징을 떠나 한커우漢口를 거쳐 1938년 2월 창사長沙로 옮기고 그해 5월 김구가 주도하는 한국국민당과 홍진·조소앙의 한국독립당, 그리고 이청천과 최동오가 대표하는 조선혁명당의 3당 영수가 모여 합당을 논의하는 자리에 조선혁명당 중앙위원인 이운환이 뛰어들어 총을 난사하는 바람에 조선혁명당의 간부 현익철이 중상을 입고 사망한 데다 김구와 유동열이 큰 부상을 입고 이청천도 경상을 입는 불행한 사건이 발생하기도 했다.

그 뒤 임정이 류저우에서 쓰촨四川성 남쪽의 치장綦江으로 옮긴 1939년 가을 김구의 한국국민당이 국무원의 문호를 개방하여 3당 연립내각이 구성되자 이청천은 국무위원의 한 사람으로 뽑혀 군무부장을 맡았다. 이듬해 4월 3당은 합당하여 새로이 한국독립당을 만들었는데, 이청천은 집행위원으로 선출되었다. 이때 임정은 중국정부에 직할부대의 창설을 승인해줄 것을 간곡히 요청했다. 아직 국제적 승인을 받지 못한 망명정부가 중국 영토 내에서 군사력을 보유하는 문제에 대해 동의하기는 어려운 일이었으나, 장제스는 고심 끝에 5월 이를 허가했다. 임정은 9월 장제스정부가 있는 충칭重慶으로 옮기면서 17일 중국 측의 고위 장군들이 임석한 가운데 광복군 창군식을 거행했다. 그리고 10월 의정원에서 헌법 수정안을 의결 통과시킬 때 광복군총사령부 조직 조례條例를 통과시킴에 따라 광복군은 비로소 법적 근거를 갖추게 되었다. 이청천은 군무부장에서 물러나 광복군 총사령관에 취임했다. 이범석이 참모장으로 그를 도왔다.

이처럼 별다른 준비 없이 30여 명의 사령부 구성만으로 광복군은 탄생했으나, 그 앞길에는 많은 난관이 가로놓여 있었다. 무엇보다도 병력을 충원하는 일이 급선무였다. 그 당시 만주나 연해주에는 한인 집단거주지가 곳곳에 형성되어 있어 인적 자원이 그렇게 부족한 편은 아니었다. 하지만 충칭 일대에는 임정 관계자의 가족 이외에 이렇다 할 교민조직이 없었다. 이청천은 11월 사령부를 시안西安으로 옮겨 이른바 초모招募공작에 착수했다. 그런데 중국정부는 중국군이 관할하는 지역 내에서의 병사 모집활동을 단속했으므로, 일본군 점령지역으로 은밀히 손을 뻗치지 않으면 안 되었다. 1945년 3월 당시 광복군 대원 총수는 중국군 장교 65명을 포함하여 514명에 불과했다.

　이청천은 광복군과 조선의용대의 통합문제로 줄곧 신경을 써야 했다. 김원봉은 중·일전쟁이 일어난 직후인 1937년 10월 우한武漢에서 임정의 광복진선에 맞서 조선민족전선연맹을 조직한 뒤 1938년 10월 한커우에서 엘리트 대원 120여 명으로 조선의용대를 만들어 겉으로는 중국의 대일 항전을 돕는 국제지원군 형식을 취하면서 실제적으로는 병력 증강에 나섰다. 그가 권위 있는 황푸黃埔군관학교 출신인 점과 일찍부터 혁명간부 양성에 주력한 것이 큰 자산이 되어 장제스정부는 군사위원회 정치부 전지공작대를 통해 조선의용대를 지원했다. 그러나 광복군이 창설되면서 중국은 김원봉에게 광복군과 통합할 것을 끈질기게 설득했다. 이에 김원봉은 맹렬히 저항하며 버티었다. 그런데 1941년 봄 그간 뤄양洛陽에 집결해 있던 조선의용대의 대원 대부분이 대장 김원봉을 충칭에 남겨둔 채 중국공산당 점령지역인 화베이華北 산시성 타이항산으로 이동해 가버린 사건이 발생했다. 중국 군사위원회는 이에 큰 충격을 받아 광복군과 잔여 의용대를 보다 확실하게 통제하기 위해 10월 두 기관을 중국군 참모총장의 지휘감독 아래 운용하도록 하는 강경한 조치를 취했다. 다만 중국은 이를 계기로 부대 운영에 절실히 요구되는 재정적 원조를 약속했으므로, 광복군은 한 가지 어려움에서 벗어날 수 있었다. 광복군이 중국 군사위원회로부터 임정으로 '예속'이 변경된 것은 1945년 5월의 일이었다.

　1941년 12월 일본군의 하와이 진주만 공격으로 태평양전쟁이 일어났다. 임정은 즉각 일본에 대한 선전포고를 발표했다. 광복의 서광曙光이 비치기 시작한 것을 직감했기 때문이다. 한편 사태가 급박하게 돌아가자 중국 측의 두 기관에 대한 통합 요구는 더욱 강경해졌다. 부대 장비와 인건비를 중국 측에 의존하고 있던 광복군과 조선의용대는 더 이상 버틸 수 없어 1942년 5월 의용대를 광복군의 제1지대로 개편했다. 이청천보다 10세 아래인 김원봉은 신설된 광복군 부사령관과 제1지대장을 겸했다. 이때 본래의 제1지대가 제5지대와 합쳐 새로이 제2지대로 개편되어, 1개월 전 참모장직을 중국군 장교에게 인계한 이범석이 지대장을 맡는 것으로 수뇌부가 조정되었다. 그 뒤 1944년 4월 중국정부의 계속된 압력으로 임정이 개편되어 부주석에 김규식이 취임할 때 김원봉은 군무부장이 되어 이른바 군정권을 장악했다. 하지만 이청천을 비롯한 광복군 간부들은 때때로 그의 지시를 따르지 않고 우파 노선을 끝까지 고수했다. 광복군이 1945년 5월까지 중국 군사위원회의 통제를 받았던 점이 임정 군무부로부터 독자적인 판단과 행동을 일정 부분 허용했기 때문이다.

6. 맺음말

광복군은 제2차 세계대전 중인 1943년 조선의용대 출신인 한지성韓志成을 대장으로 한 9명의 공작대를 인도·버마(현 미얀마)전선에 보내 일본군과 싸우고 있던 영국군을 도와 선전활동을 벌이기도 했다. 그런데 한지성은 6·25전쟁 때 북한군 소장 계급장을 달고 서울시 인민위원회 부위원장으로 있으면서 남한 측 인사와 정전문제를 놓고 모종의 접촉을 가졌다는 후일담이 전해지고 있다. 또한 광복군은 미국 전략정보국Office of Strategic Services: OSS의 중국지부와 합작하여 '독수리 작전'이란 이름 아래 일본군에 대한 첩보 수집 및 후방 교란작전을 벌이기 위해 제2지대와 제3지대의 일부 요원들에게 특수훈련을 실시하기도 했다. 그러나 이들이 미얀마전선과 중국 시안 종남산終南山에 마련된 훈련장에서 땀을 흘리고 있는 동안 전쟁은 일본의 항복 선언으로 끝나고 말았다. 이처럼 '독수리 작전'은 불발로 그쳤으나, 제2지대장 이범석이 OSS 중국지부 책임자인 미국 육군대령을 포함한 광복군 대원 몇 명으로 구성된 광복군 '국내 정진대挺進隊'를 이끌고 일본이 항복한 다음날 미군 비행기를 타고 시안을 출발, 충칭을 경유하여 8월 18일 서울 여의도비행장에 착륙하여 29시간 동안 일본 군대와 대치한 것은 당시 광복군의 넘치는 기백을 엿보기에 충분하다고 하겠다.

8월 15일 광복과 함께 광복군의 역사적 사명은 끝났다. 다만 중국군이 일본 군대의 무장해제를 접수하는 과정에서 한국인 병사들을 추려내어 이들 몇만 명을 광복군에 인계함으로써 그 관리 및 본국 송환문제로 바빴다. 중국 측 자료에는 5만여 명에 달한 것으로 되어 있고, 이청천의 투쟁사에는 2만 명이라고 기록되어 있다. 당시 남한에 진주한 미군 당국이 임정을 한국을 대표하는 정부로 인정하지 않아 그 요인들은 개인 자격으로 귀국할 수밖에 없었는데, 이는 그대로 광복군에도 적용되어 군을 해산한 뒤 각자 귀국하지 않으면 안 되었다. 이에 대해 이청천은 본국에 정식으로 정부가 들어선 뒤 광복군을 신정부에 바쳐야 한다는 집념을 버리지 않았다. 이 때문에 그의 귀국은 아주 늦어졌다. 그는 1947년 4월 21일 장제스 총통의 전용기인 자강호를 타고 귀국했다. 마침 미국을 방문하고 귀국 중이던 이승만 박사에게 제공된 자강호에 그가 동승한 것이다.

이청천보다 먼저 귀국한 이범석은 그간 조선민족청년단을 조직하여 머지 않아 닥쳐올 건국사업에 대비하고 있었다. 이범석은 이청천에게 청년단의 명예단장을 약속했다. 그러나 새로운 청년단을 만들자고 찾아오는 사람도 많아 이청천은 1947년 9월 대동청년단을 창설하고 단장에 취임했다. 1948년

5월 10일 제헌의회를 구성하는 역사적 총선거가 실시되어 이청천은 서울 성동구에서 출마, 무난히 당선했다. 이때 대동청년단 출신이 11명, 민족청년단 출신이 6명 당선했다. 이청천은 헌법 및 정부조직법 기초위원 30명 중 한 사람으로 참여했다. 그리고 8월 정부 수립 때 이윤영李允榮과 함께 무임소장관으로 임명되었다. 이는 그의 광복군 시절 부하였던 이범석을 국무총리 겸 국방부장관으로 임명한 데 대한 일종의 배려에서 나온 예우로 볼 수도 있겠으나, 실제로는 청년단장으로서의 그의 지위를 의식한 정치적 회유의 뜻이 강했다. 과연 오래지 않아 대통령과 그 측근세력은 이청천이 국회의장 신익희申翼熙(임정 내무부장 역임), 전 임정 외무부장 조소앙趙素昻과 함께 신당을 만들겠다고 선언한 이래 분열상태에 놓여 있던 대동청년단 조직을 대폭 흡수하여 그해 12월 24일 대한청년단을 발족시켰다. 이날 내무부장관에 임명된 신성모申性模가 단장으로 추대되었다. 그리고 이듬해 1월 12일 국무총리 이범석은 자신이 총재로 있는 대한민족청년단의 해산과 대한청년단으로의 통합을 촉구하는 성명을 발표했으며, 1월 20일 민족청년단은 전국이사 및 도단장 연석회의에서 해산을 선언했다. 이범석은 허울 좋은 총리직의 매력에 끌려 스스로 무장해제를 당하는 길을 택했다.

이청천은 무임소장관에 취임한 지 40여 일밖에 안 된 9월 27일 사표를 제출하여 수리되었으므로 청년단이 흡수되는 곤욕을 치르지 않아도 되었다. 그는 사표를 만류하는 외무부장관 장택상張澤相에게 "싹을 보니 틀렸어!"라고 말하면서 국무회의실을 나왔다고 한다. 실은 이보다 이틀 전 이청천은 대한국민당의 창당을 발기한 바 있다. 그는 이듬해 1월 국회 외무·국방위원장이 되어 여수·순천 반란사건의 수습대책 마련에 힘썼고, 2월 한국민주당과 대한국민당이 통합하여 민주국민당이 발족되었을 때 김성수金性洙·신익희·백남훈白南薰과 함께 최고위원으로 추대되었다. 그 뒤 이청천은 신당의 상임최고위원, 최고위원회 의장 등의 직함을 가졌는데, 그가 원내 제1당의 대표로서 얼마만큼 정치력을 발휘하였는지는 확실히 알 수 없다. 이청천은 1950년 5월 30일 제2대 국회의원 선거 때 역시 성동구(갑구)에서 출마하여 당선했으나, 그가 대표로 있던 민주국민당은 참패했다. 6년간의 국회의원 생활을 끝으로 정계에서 은퇴한 이청천은 1957년 1월 15일 69세를 일기로 세상을 떠났다. 정부가 일주일 뒤 그를 사회장으로 모신 것은 김구의 국민장에 비춰볼 때 그리 섭섭한 대접은 아니었다고 생각된다.

참고문헌

지헌모, 『청천장군의 혁명투쟁사』, 삼성출판사, 1949.
지복영, 『역사의 수레를 끌고 밀며』, 문학과지성사, 1995.

김두봉
─혁명가가 된 한글학자─

한홍구

1. 머리말

히못(한자로는 백연白淵) 김두봉金枓奉(1889~?1961)은 흔히 남과 북에서 모두 '잊혀진 혁명가'라고 불린다.[1] 남에서는 그가 이북정권의 수장인 최고인

韓洪九 성공회대학교 교양학부 교수.

저서로는 『대한민국사』 1~4 (한겨레출판, 2003~2006), 『특강 ― 한홍구의 한국현대사 이야기』(한겨레출판, 2009), 『한홍구와 함께 걷다』(우리교육, 2009), 『지금 이 순간의 역사 ― 한홍구의 한국현대사 특강 2』(한겨레출판, 2010) 등이 있다.

1 김두봉의 생애에 대한 주요한 저술로는 「白淵 김두봉 주석의 투쟁사」, 『新天地』 1946년 3월 호 ; 김오성, 「김두봉론」, 『지도자군상』, 대성출판사, 1946 ; 심지연, 『김두봉 ― 한글 연구에 서 무장투쟁으로』, 동아일보사, 1992 ; 심지연, 『김두봉 연구 : 잊혀진 혁명가의 초상』, 인간사 랑, 1993 ; 한상도, 「김두봉의 항일역전과 인생유전」, 『인문과학논총』 39, 2003 ; 노기영, 「김 두봉 ― 한글학자 출신의 항일무장투쟁 지도자」, 『시민을 위한 부산인물사 ― 근현대 편』, 부 경역사연구소, 선인, 2004 ; 이준식, 「최현배와 김두봉 ― 언어의 분단을 막은 두 한글학자」,

민회의 상임위원장을 지냈기 때문에, 북에서는 그가 그 자리에서 숙청되었기 때문에 아주 오랜 동안 아예 언급되지 않거나, 불가피한 경우 김ㅇㅇ으로 표기되었다. 그러나 20세기의 우리 역사에서 그만큼 다양한 방면에 뚜렷한 발자취를 남긴 인물을 찾기는 어렵다. 김두봉은 주시경周時經의 수제자로서 한글의 문법체계를 확립하는 데 결정적인 기여를 했고, 대종교 교주 나철羅喆이 순교할 때 나철을 수행한 대종교의 핵심인물이었다. 나라가 망할 무렵 투철한 저항민족주의자로서 정치활동을 시작한 김두봉은 3·1운동에 참가했다가 상해로 망명해 한국독립당, 민족혁명당 등 다양한 정치단체에서 활동했고, 인성학교의 교장으로 동포 자녀들의 민족교육에 힘썼으며, 1940년대 초반 활동무대를 화북으로 옮겨 독립동맹의 주석이 되어 해방을 맞았다. 평양으로 귀국한 그는 초기 십여 년간 이북정권에서 최고지도자의 한 사람으로 활동했다. 그의 활동영역과 사상적 궤적은 한국독립운동사에서 아주 독특한 의미를 지닌다. 그는 20세기를 대표하는 한글학자로 민족문화연구와 민족교육을 통한 독립운동에서 시작해서 정당활동을 거쳐 조선의용군이라는 군사조직을 가진 독립동맹의 최고지도자로 무장투쟁을 정치적으로 이끌었다. 해방 후에는 이북이라는 제한된 공간이지만 독립운동 시기에 꿈꿨던 나라를 세우는 작업에서 최고 지도부의 일원으로 활동했다. 완고한 국수주의자로 평가받던 그가 사회주의 국가의 수장이 되는 과정은 한국독립운동의 사상적 발전과정에서 중요한 의미를 지닌다고 할 수 있다.

『역사비평』 82, 2008 ; 이이화, 「김두봉 — 독립운동의 원로로 북한정권의 원수」, 『끝나지 않은 역사 앞에서』, 김영사, 2009 ; 이준식, 「허못(白淵) 김두봉의 삶과 활동」, 『나라사랑』 116, 2010 등이 있다.

2. 국내 활동 시기

김두봉은 1889년 경남 동래군 기장읍 동부리에서 김돈홍金敦洪의 장남으로 태어났다. 그의 가계는 잘 알려져 있지 않은데, 본관은 김해 김씨이고, 그의 동생은 『동아일보』 사회부 기자로 이름을 떨친 김두백이다. 일제하의 대표적인 사회주의자로 해방 후 국회부의장을 지내다가 한국전쟁 당시 납북된 김약수(본명 金枓佺)는 그의 사촌이다. 김두봉의 집안은 지역에서 택호가 '안일호장安逸戶長' 댁이라고 불렸다 한다. 안일호장이라 함은 지역에서 대대로 향직에 종사해온 집안을 일컫는 말이다. 김두봉의 조카뻘인 김태엽(노동운동가)의 할아버지 김규홍이 기장현의 이방을 지낸 것으로 볼 때, 김두봉은 지역의 영향력 있는 향리가문 출신이라 할 것이다. 김두봉과 김약수 이외에도 그의 일가에는 고려공산청년회 간부로 모스크바공산대학을 졸업한 김도엽金度燁(일명 金石然), 김웅엽(동래반제동맹사건 주모자), 김하엽(사회단체 활동) 등이 있다. 김원봉金元鳳의 부인인 박차정朴次貞과 그의 오빠인 박문희朴文熹(신간회 중앙집행위원), 박문호朴文昊(중국에서 독립운동) 등 삼남매의 어머니는 김두봉과 사촌간이었다. 이처럼 김두봉의 일가에서는 수많은 사회주의자나 독립운동가가 나왔는데, 이는 재력과 학식을 갖춘 지역의 향리 집안이 새로운 시대에 적극적으로 대응한 흥미 있는 사례라 할 것이다.

해방 직후 『신천지』에 소개된 김두봉의 약력에 의하면, 그는 "어릴 적부터 왜놈에 대한 원심이 불타기 시작하였으며 그들이 경영하는 보통학교에 들어가는 것을 꺼려 17세 시까지 엄친 밑에서 한문을 배우다가 뜻한 바 있어 서울로 올라왔었다"라고 한다. 그러나 김두봉의 당질녀인 권은해權銀海(전 최고인민회의 대의원)에 따르면, 그는 고향인 기장에서 지역의 지주들이 사재를 털어 세운 보명학교를 다녔다고 한다. 1908년 서울에 온 김두봉은 기호흥학회가 설립한 기호학교(중앙학교의 전신)에 입학하여 1년 반 과정의 특별과를 1회로 졸업하고, 배재학당에 입학하여 학업을 계속했다. 김두봉은 안희제, 남형우, 윤현진, 이경희, 신백우 등과 1909년 10월경 대동청년단이라는 비밀결사를 조직했다.

　김두봉의 생애에서 큰 전기가 된 것은 주시경과의 만남이었다. 김두봉이 주시경을 처음 본 것이 기호학교였는지, 아니면 1910년 국어연구학회 강습소에서였는지는 분명하지 않다. 김두봉은 주시경의 수제자로, 김윤경金允經의 회고에 따르면 사람들이 주시경에게 어떤 문제를 물어보면 "그 자세한 것은 김두봉 선생에게 물어보시오. 그가 나보다 더 잘 알으십니다"라고 할 정도로 주시경으로부터 높은 평가를 받았다.[2] 김두봉의 첫 번째 저서는 1916년 신문관에서 간행한 『조선말본』인데, 그 머리말에서 "나는 이 말본을 이렇게 빠르게 만들라고는 아니하였고, 다만 말모이 만들기에만 얼을 받히었더니, 슬프다 꿈도 생각도 밖에 지난 여름에 우리 한힘샘 스승님이 돌아가시고 이 답지 못한 사람이 이 말본까지 짓기에 이르렀도다"라고 밝히고 있다. 김두봉은 주시경이 생전에 문법체계의 확립을 위해 우리말본을 저술하는 데 힘을 쏟는 동안, 말모이(한글사전)를 만드는 데 주력했다. 그런데 주시경이 1914년 7월 갑자기 세상을 떠남에 따라 『조선말본』을 급히 저술하게 된 것이다.

　1916년 김두봉은 또 하나의 큰 사건을 겪는다. 그의 또 다른 스승인 대종교 교주 나철이 자결한 것이다. 나철이 자결을 결심하고 서울에서 구월산 삼성사로 떠날 때 그를 수행한 대종교도는 모두 6인이었다. 이때 6인 중 김두봉만 상교尙敎였고, 엄주천은 지교知敎, 나머지 4인은 참교參敎였다. 참교는 입교 6개월 이상, 지교는 참교된 지 1년 이상, 상교는 지교가 된 지 2년 이상의

2　김윤경, 「朝鮮文字의 歷史的 考察(16), 韓末風雲과 訓民正音」, 『東光』 38호, 1932년 10월호.

사람 중에서 선발된다는 것을 고려하면 김두봉의 대종교 입교는 상당히 빨랐던 것으로 보인다. 김두봉은 나철이 순교하기 일주일 전쯤 서울로 올라와 그의 임종을 지키지는 못했다.

　김두봉이 주시경과 나철을 만나고 두 스승을 뜻하지 않게 떠나보내게 된 것은 김두봉의 일생에 큰 영향을 미쳤다. 민족주의자로서의 김두봉에게 한글연구와 단군신화는 분리된 것이 아니었다. 김두봉이 대종교에 입교하게 된 것은 스승 주시경, 조선어강습원 원장 남형우, 최현배 등 '배달말글몯음' 회원들과 함께였다. 해방 후 김오성이 쓴 『지도자군상』은 김두봉을 '본래 완고한 국수주의자'라고 소개했고, 상해 시절 김두봉의 옆방에 살았던 언론인 우승규는 그가 '국조 단군'을 숭배했고, 언제나 자신에게 민족혼을 일깨워주었으며, 말끝마다 반만년의 국사를 일러주기도 했다고 회고했다.[3] 대종교 측의 기록이나 일제의 자료에도 김두봉은 박은식, 신규식, 조완구, 박찬익 등과 함께 상해의 대종교 서이도본사西二道本司의 핵심간부로 나온다. 김두봉은 뒷날 공산국가의 최고지도자 반열에 오르지만, 그 출발은 철저한 민족주의자였고, 그는 공산주의자가 된 뒤로도 민족적 입장을 견지했다.

　김두봉의 젊은 시절에 관한 자료로는 『신천지』(1946년 3월호)에 실린 「백연 김두봉 주석의 투쟁사」가 유일한 것인데, 여기에는 그가 "최남선이 주재한 광문회란 비밀단체에서 『붉은 저고리』, 『청춘』 등의 소년잡지를 편찬"하였고, 28세 때는 보성·휘문·중앙 등 각 고보에서 시간강사를 하다가 "비밀단체에 관계하고 있다는 것이 판명되자, 당시의 보성고보 교장 최린 씨로부터 면직처분을 당하고 말았다"고 기술되어 있다. 김두봉은 이 무렵 교원양성소 학생 및 남형우 등의 교사들과 같이 조선식산장려계를 조직하여 실력양성운

3　우승규, 『나절로漫筆 — 新聞生活 半世紀의 조각보』, 探究堂, 1978, 15쪽.

동을 벌였는데, 이 운동은 1920년대 중반에 일어난 물산장려운동의 선구라할 수 있다. 주시경의 뒤를 이어 한글 강습소를 열어 한글을 강의하던 김두봉은 만주를 오가며 국내외의 연락을 담당하다가 옥고를 치른 일도 있다고 한다. 1919년 3·1운동에 참가한 김두봉은 한 달여를 피신해 다니다가 장건상張建相과 함께 과거 대동청년단 조직원들의 도움을 받아 신의주에서 압록강을 건너 안동에서 영국 기선을 타고 상해로 망명하였다.

3. 상해 망명 시절

상해에 도착한 김두봉은 1919년 7월 2일 설립된 사료편찬위원회에 이광수, 김병조, 이원익, 조동호, 김홍서 등과 함께 10명의 위원 중 한 사람으로 임명되었다. 김두봉은 여기서 김병조, 이원익 등과 함께 사료편찬위원회의 중추적인 역할을 담당했다. 김두봉은 1919년 7월 7일 열린 제5기 임시정부 의정원의원에 경상도 대표로 선임되었으나, 어찌된 이유인지 선임된 지 며칠만에 해임되고 말았다. 그는 이때부터 20년이 넘게 임시정부 소재 지역에 거주하였지만 임시정부와는 일정한 거리를 두었다. 뒷날 그가 옌안으로 가자많은 사람들이 '임시정부의 푸대접' 때문이라 했는데, 그 역사는 이때부터시작된 것으로 보인다.

김두봉은 신채호申采浩가 주필이 되어 발행하던 주간신문 『신대한』의 책임편집을 맡았다. 『신대한』은 임시정부 기관지 『독립신문』에 대항하여 발간된 것인데, 신문이 16호로 폐간되어 김두봉도 언론인 생활을 접게 되었다. 김두봉이 이 무렵 상해파 고려공산당에 가입했느냐의 여부는 매우 흥미로운 쟁점이다. 우승규 등 생전에 그와 가깝게 지낸 인사들은 김두봉이 "좌익편향이있는 사람들과는 애초 상종도 하지 않았"다고 회고하고 있다. 반면 『신천지』

의 기사와 여운형이 일본경찰에 체포되었을 때 작성된 조서는 김두봉이 고려 공산당에 가입했다고 쓰고 있다.

그런데 우리가 주목해야 할 점은 초기 공산주의운동사에서 민족주의자, 특히 주시경의 제자들이 수행한 역할이다. 임경석에 따르면, 상해파 고려공산당의 핵심 활동가인 홍도洪濤는 자신들의 연원을 1911년 국내에서 주시경을 지도자로 하여 조직된 비밀결사, '배달말글몯음'에서부터 찾고 있다. 홍도에 의하면, 배달말글몯음은 1915년 이후 일본에서 결성된 신아동맹단의 한국지부 역할을 했는데, 신아동맹단은 1920년 사회혁명당을 거쳐 상해파 고려공산당으로 발전했다는 것이다. 상해파 고려공산당과 대립했던 이르쿠츠크파 고려공산당 지도자인 김철훈金哲勳 역시 상해파 공산당 국내 간부의 근간을 배달말글몯음으로 지목했다.[4] 제3차 조선공산당 책임비서였던 김철수에 따르면 신채호의 역사편찬과 김두봉, 이극로李克魯 등의 '중로한 회화저작中露韓 會話 著作', 즉 한글 연구에 든 비용은 레닌이 한형권을 통해 보낸 40만 원에서 지출되었다고 한다.[5] 이로 미루어 보면 이준식이 지적한 것[6]처럼 "일제 강점기의 민족 운동을 민족주의 운동과 사회주의 운동으로 나누고 한글 운동을 민족주의 운동에 속하는 것으로 고정시키는 생각"은 사실에 부합하지 않는다.

상해 시절 김두봉의 활동에서 가장 중요한 것은 역시 한글연구였다. 그는 스승 주시경의 갑작스러운 죽음 때문에 1916년 급하게 간행한 『조선말본』을 증보·수정하여 1922년에 『깁더 조선말본』을 펴냈다. '깁더'란 깁고 더했다는 뜻이다. 우승규에 따르면 동래 출신인 박춘천朴春泉이란 학생이 집에서 큰 돈을 훔쳐 상해로 도망왔는데, 동향인 김두봉을 찾아 2천 원의 거액을 『깁더

---

4 임경석, 「20세기 초 국제질서의 재편과 한국 신지식층의 대응 — 사회주의 지식인의 형성 과정을 중심으로」, 『대동문화연구』 43집, 2003, 13~21쪽.
5 한국정신문화연구원 현대사연구소 편, 『遲耘 金錣洙』, 1999, 11쪽.
6 이준식, 「히못(白淵) 김두봉의 삶과 활동」, 『나라사랑』 116, 2010, 112쪽.

조선말본』의 출판비로 내놓았다고 한다. 『독립신문』을 보면 1922년 4월 이후 『깁더 조선말본』의 광고가 실려 있는데, '상해 새글집 朴春泉'으로 되어 있다. 1916년 국내에서 『조선말본』을 간행할 때도 속표지에는 '경성 신문관' 대신 '서울 새글집'이라고 적혀 있었다. 당시 상해에서 김두봉과 함께 한글을 연구했던 이극로에 따르면 김두봉은 스스로 창안한 한글 자모분할체 활자를 만들려고 상무인서관商務印書館 인쇄소에 여러 번 드나든 일이 있다고 한다.[7]

김두봉이 자모분할체 활자를 만들려고 했다는 것은 그가 주시경의 뒤를 이어 풀어쓰기를 연구했던 것과 관련이 있다. 김두봉은 한글의 가로쓰기와 풀어쓰기 이외에도 아라비아 숫자 대신 한글 자음을 숫자로 표기하는 실험도 했다. 백범 김구 선생이 부인 최준례 여사를 여윈 뒤 어머니 곽낙원 여사와 인, 신 두 아들과 함께 찍은 묘비사진이 남아 있는데, 그 묘비에는 'ㄹㄴㄴㄴ 해 ㄷ달 ㅊㅈ날 남, 대한민국 ㅂ해 ㄱ달 ㄱ날 죽음'이라고 적혀 있다. 이 묘비를 쓴 사람이 바로 김두봉인데 이를 풀어보면 단기 4222년 3월 19일 태어나 대한민국 6년(1925년) 1월 1일에 죽었다는 뜻이다. 이 사진은 한글 자음으로 숫자를 표기하려는 김두봉의 독특한 실험을 보여주는 동시에 그가 비록 임시정부와 일정한 거리를 두었지만, 백범과의 사이가 아주 돈독했음을 보여준다. 뒷날, 1948년의 남북협상이 백범이 김두봉에게 서신을 보내는 것으로 시작되었는데, 그 인연 또한 예사롭지 않음을 알 수 있다. 김두봉은 이역에서 심혈을 기울여 『깁더 조선말본』을 내놓았으나, 이 책의 판매는 부진했고, 일부에서는 "가뜩이나 독서열이 없는 우리, 더구나 민족의 사활을 걸고 광복운동하는 판국에 누가 유한하게 그따위 책을 읽느냐"는 냉대를 받았다고 한다.

---

7 이극로, 『苦鬪四十年』, 을유문화사, 1947, 33쪽.

상해에서 그와 가깝게 지낸 소설가 김광주는 "이마에는 노상 내천(川)자를 그리고 언제나 아래층 대청 한구석 책상에 쭈그리고 앉아서 어린아이 딱지장 같은 데다가 한글 어휘를 한 마디씩 써가지고 한 장 한 장 들여다보며 말을 고르고 말을 다듬고 하는 것이 그의 생활의 전부였다"고 회고했다.[8]

김두봉의 책은 상해의 동포사회에서는 외면을 받았지만, 국내에서는 좋은 평가를 받았다. 1930년 봄, 『동아일보』는 창간 10주년을 맞아 각 방면 공로자를 선정했는데, 이때 김두봉이 10명의 조선어 공로자 가운데 첫 번째로 뽑힌 것이다. 『동아일보』는 "『깁더 조선말본』의 발간으로 한글연구의 기초를 닦아 놓았기에 그 공헌은 실로 크다고 하지 않을 수 없으며, 앞으로의 기대 또한 적지 않다"고 평가했다(1930년 4월 1일자, 9월 3일자). 이후 『깁더 조선말본』은 1934년 경성 회동서관匯東書館에서 다시 출판되었다.

한글 사전의 편찬은 일제하 전 민족의 숙원사업과도 같은 것이었다. 그러나 국내에서 계명구락부 등이 추진한 사전편찬사업이 난관에 부딪히자 한글학자 이윤재李允宰는 1929년 상해로 김두봉을 찾아와 협조를 구하였다.[9] 이때 김두봉은 자신이 모은 30만 장의 카드를 내주지는 않았지만, 적극적인 협력을 다짐했고, 이윤재는 서울로 돌아와 2백 원이라는 거금을 김두봉에게 보냈다. 또 과거 신아동맹단에서 활동했던 김양수가 미국유학을 마치고 1931년 귀국할 때 상해에서 김두봉을 만나 "한갓 조선어문의 연구 또는 사전 편찬은 민족운동으로서 아무런 의미가 없고 연구의 결과, 정리 통일된 조선어문을 널리 조선 민족에 선전, 보급함으로써 처음으로 조선 고유문화의 유지 발전, 민족의식의 배양도 기할 수 있으며, 조선 독립의 실력 양성도 가능한

---

8 김광주, 「上海時節回想記(上)」, 『世代』 1965년 12월호, 256~257쪽.
9 이윤재, 「한글大家 金枓奉氏 訪問記 — 在外名士訪問記」, 『別乾坤』 24호, 1929년 12월호, 12~16쪽.

것이니 다음으로부터 이와 같은 방침으로 진행하라"는 전갈을 받았다.[10] 일제는 1942년 조선어학회 사건을 일으키면서 이윤재의 자금 제공과 김양수를 통한 김두봉의 전갈을 조선어학회와 해외독립운동의 연결고리로 삼았다.

상해 시절 김두봉의 활동에서 또 하나 빼놓을 수 없는 것은 교육 사업이었다. 김두봉은 상해 동포사회가 1923년 세운 소학교인 인성학교의 교장으로 1928년 11월부터 1932년 9월까지 일했다. 김두봉은 이윤재에게 당시 남녀교사는 5~6인, 학생은 100여 명이 된다고 말했다. 1924년 처음 인성학교와 인연을 맺은 김두봉은 처음에는 한글을 가르쳤지만, 1928년부터는 4대 교장이 되어 학교살림을 떠맡았다. 김두봉은 아이들을 중국 소학교에 보내니 모국말을 다 잊어버리고 중국말만 하게 된다며 "어찌 조선 사람의 구실을 할 수 있습니까"라고 자신이 학교 일에 힘을 쓰게 된 연유를 설명했다. 인성학교는 늘 재정난에 허덕였다. 김두봉은 조선마술단이 상해에 왔을 때 인성학교 주최로 학교기금 마련 공연을 하였으나, "운수 사나운 놈은 자빠져도 코를 깬다고" 비용만 많이 들어 손해를 보기도 했다. 당시 상해의 동포사회에서는 옥관빈玉觀彬이 삼덕양행이라는 회사를 통해 부를 축적하였는데, 김두봉이 학교를 인수한 후 2천 원의 거금을 내놓아 학교의 재정난을 일시 타개하였다.[11] 그런데 신민회 출신의 민족주의자였던 옥관빈은 처음에는 독립운동에 종사하였지만, 부를 축적한 이후, 친일의 길에 들어섰다. 옥관빈은 임시정부와 인성학교에 모두 돈을 내놓겠다고 제의했는데, 정치기관인 임시정부는 이 돈을 거부했고, 교육기관인 인성학교는 중론에 따라 이 돈을 받았다. 그런데 옥관빈의 기부가 국내 신문에 실리자 "옥관빈은 우리나라 신문을 이용하여 자기를 과대선전하고 독립운동가들을 비방하기 시작"했다. 그는 독립운동가들을

10 이극로, 「朝鮮語學會事件, 咸興地方法院 豫審終結書」, 앞의 책, 72쪽.
11 『동아일보』, 1928년 12월 12일자.

"돈 몇 푼 던져주면 모두 내 밑에 와서 아부나 할 사람들이라고 멸시" 했고, 독립운동가들과의 관계가 더욱 악화되어 결국 1933년 서간단鋤奸團에 의해 처형되었다.[12] 미국에서 발행되는 『신한민보』 1930년 7월 17일자에는 「상해 인성학교의 곤경」이라는 제목으로 김두봉의 편지와 이동녕, 안창호, 김구 3인의 연명으로 된 편지가 1면 첫 기사로 실려 있어 인성학교의 재정난은 여전히 심각하였음을 알 수 있다. 1929년 상해로 망명을 와 김두봉에게 한글을 배운 구익균具益均이 김두봉이 교장으로 있는 동안 인성학교에서 무보수로 한글을 가르쳤다는 것으로 볼 때,[13] 김두봉은 교장이 된 뒤에는 직접 학생을 가르치기보다는 학교의 운영에 힘쓰면서 정치활동에도 관계한 것으로 보인다.

4. 정치활동의 길

김원봉은 1920년대 중반까지는 정치활동보다는 한글연구에 몰두했지만, 1927년부터 아마도 안창호安昌浩의 권유로 정치활동에도 관여하게 된다. 중국의 국공합작과 국내에서 민족단일당으로 신간회가 결성(1927.2)되는 분위기 속에서 중국의 독립운동 진영 내에도 민족유일당 결성을 위해 1927년 3월 한국유일독립당 상해촉성회가 조직될 때 김두봉은 이동녕, 조완구, 윤기섭 등 민족주의자, 조봉암, 홍남표 등 공산주의자들과 함께 집행위원이 되었고, 같은 해 11월 한국독립당 관내촉성회연합회에서 상해촉성회 측 대표로 상무집행위원에 선출되었다. 『신천지』에 의하면, 김두봉은 촉성회가 해산된 뒤 안창호와 함께 "각파혁명이론비교연구회를 조직하여 그 주임을 떠맡아 1932년까지 계속하여 과학적 혁명이론을 연구하기에 몰두" 하였다고 한다.

---

12 정화암, 『이 조국 어디로 갈 것인가 — 나의 회고록』, 자유문고, 1982, 159~165쪽.
13 구익균, 『새 역사의 여명에 서서 — 격동 속의 일생을 돌아보며』, 일월서각, 1994, 113~118쪽.

1930년 한국독립당이 조직될 때에도 김두봉은 한국독립당의 발기인으로 안창호 등과 더불어 당의·당강 등을 작성하였다. 안창호는 "임시정부가 그간 조선인의 기대에 부응하지 못하고 도리어 국외 조선인 민족사상의 발달을 저해하는 경향이 있다는 이유로 임시정부를 해산하고 민족해방운동의 새로운 구심체로서 '독립당' 조직을 추진"했다.[14] 김두봉은 안창호가 대독립당으로 구상한 한국독립당에서 비서장의 중책을 맡았다. 그러나 안창호가 1932년 4월 윤봉길 의사 의거의 여파로 체포되어 국내로 압송된 뒤 대독립당으로서의 한국독립당의 건설은 난관에 봉착했다. 안창호의 국내압송 이후 김두봉은 한국독립당 대표의 한 사람으로서 여러 항일단체를 묶어 한국대일전선통일동맹을 결성(1932.11)하는 데 주도적인 역할을 수행했다. 이후 그는 1935년 5당 통합으로 조선민족혁명당이 결성될 때까지 한국독립당의 주요 간부로 있으면서 항일운동단체를 하나로 묶기 위해 노력했다.

　김두봉이 의열단의 김원봉과 손을 잡은 것이 정확히 언제부터인지는 알 수 없다. 김두봉은 김원봉이 주도한 조선혁명간부학교에서 3기(1935.4~1935.9)에 가서야 유물사관, 한국역사, 한국지리를 담당한 강사로 이름이 나온다. 이 시기는 김두봉이 한국독립당 내에서 강력하게 단일당 결성을 추진하고 있었기 때문에 김원봉 등 의열단 지도부와 적극적인 협력을 하고 있을 때였다. 그런데 김두봉은 김원봉과 인척관계에 있었다. 일부 연구에서는 중국인 쓰마루司馬璐의 회고록을 인용하여 김두봉을 김원봉의 외숙이라고 소개하고 있으나, 정확하게 얘기하면 김두봉의 당질녀 박차정이 국내에서 항일운동에 종사하다가 1930년 중국으로 망명하여 의열단에 합류한 뒤 1931년 3월 김원봉과 결혼했으므로 김두봉은 김원봉의 처외당숙이 된다. 김두봉은 박차정의 어머

14　노경채,『한국독립당 연구』, 신서원, 1996, 48쪽.

니 김맹련의 사촌동생으로, 박차정은 김두봉이 고향을 떠난 뒤인 1910년 태어났기 때문에 국내에서부터 잘 알고 지낸 사이는 아니었을 것이다. 그러나 5촌이라는 가까운 혈연을 해외 망명지에서 혁명동지로 만났을 때는 남다른 친밀감을 느끼지 않을 수 없었을 것이다. 안창호의 제자로 이 무렵 김두봉, 김원봉과 가까이 지낸 구익균에 따르면, 이 당시 김두봉은 "무정부주의적인 사상경향을 가진 민주사회주의자로서 김원봉 씨와 사상을 같이하고 있었다"고 한다.

1935년 민족혁명당이 창설될 때 김두봉은 내무부장 겸 선전부장을 맡았고, 곧이어 조직부장이 되는 등 당의 핵심간부가 되었다. 조소앙趙素昂 등 민족혁명당에 참여했던 한국독립당계 인사 상당수가 당의 주도권이 김원봉에게 넘어간 것에 반발하여 탈당하였으나, 김두봉은 민족혁명당에 남아 김원봉과 협력관계를 유지했다. 민족혁명당은 혁명무력의 양성을 위해 노력하였고, 이는 1938년 조선의용대의 창설로 귀결되었는데, 한국혁명의 기본 성격을 민족혁명으로 규정하면서 이를 위한 혁명무력의 성격을 설명하는 김두봉의 연설이 일제자료에 남아 있다.[15] 그러나 민족혁명당이 결성되고 조선의용대가 만들어지는 과정에서 김두봉이 어떤 역할을 수행했는지는 뜻밖에 자료가 남아 있지 않다. 민족혁명당과 조선의용대의 결성 이후 한동안 독립운동의 일선에서 보이지 않던 김두봉은 1942년 7월 화북조선독립동맹의 주석으로 선출되었다.

---

15 朝鮮總督府 高等法院 檢事局 思想部,『思想彙報』5號, 1935.12.

5. 독립동맹 주석으로서의 활동

김두봉이 갑작스럽게 옌안으로 가게 된 이유에 대해서는 구구한 억측만 있을 뿐 딱 떨어진 설명은 없다. 지면의 제약으로 억측의 내용을 소개할 수는 없으나, 대부분 그동안 민족주의 진영에 몸담아 왔으며, 한글 연구와 단군숭배로 민족주의자 냄새가 물씬한 김두봉이 갑자기 독립동맹의 주석이 되고, 해방 후 이북으로 귀국하여 이북정권의 제2인자가 된 것에 놀라움을 표하며 나름 이를 설명하려한 것이라고만 지적하고자 한다.

많은 자료에는 김두봉의 옌안행을 뜻밖의 것으로 얘기하고 있지만, 중일전쟁 발발이후 많은 젊은이들이 중국국민당 지구를 떠나 화북의 중국공산당 지역으로 가고 있었음에 우리는 주목해야 한다. 그 대표적인 예가 1938년 말 최창익崔昌益이 허정숙許貞淑, 마춘식馬春植, 한성도韓聖島 등 조선청년전위동맹에서 이탈한 동지 18명과 함께 옌안으로 간 것을 들 수 있다. 최창익, 한빈韓斌, 허정숙 등 국내의 공산주의운동에서 잔뼈가 굵은 경험 많은 활동가들은 국내의 암담한 상황을 벗어나 중국으로 망명하여 민족혁명당에 가담했었다. 한편 김학무金學武 등 중국 내의 진보적이고 전투적인 청년들은 1936년 여름 조선청년전위동맹을 결성했는데, 이들은 "비밀조직으로서의 조직체계를 그대로 보존한다는 원칙 아래 맹원들이 개인자격으로 민족혁명당에 가입하여 당내의 진보적 청년들을 더욱 많이 쟁취하여 항일투쟁에 참가시킬 것을 결정"했다.[16] 이 과정에서 최창익은 전위동맹의 지도자로 추대되었다. 1937년 7월 중일전쟁의 발발 이후, 1938년 6월 우한에 집결한 조선민족혁명당 내에

---

16 나의 논문, 『華北朝鮮獨立同盟의 조직과 활동』, 서울대학교 대학원 국사학과 석사논문, 1988, 6쪽.

서는 최창익, 김학무 등이 북상항일을 주장하다가 전위동맹에 이중으로 소속된 당원들을 이끌고 탈당하여 전위동맹의 조직을 공개적으로 선포했다. 그러나 한빈은 이때 최창익 등의 행동을 분열하기라 비판하면서 조선민족혁명당에 잔류했다. 전위동맹 계열의 이탈로 민족혁명당의 당세가 크게 약화되자 김원봉은 이들을 다시 포섭하기 위해 조선민족전선연맹을 만들었다. 전위동맹은 조직적 차원에서 조선민족전선연맹에 합류했고, 조선민족전선연맹은 자체의 무장력으로 1938년 10월 조선의용대를 창설했다. 최창익과 허정숙 등은 이 과정에서 조선의용대에 합류하는 대신 옌안으로 가버린 것이다. 한편 중국국민당의 지원하에 조선의용대가 만들어졌지만, 국민당은 조선의용대를 독자적인 항일부대로서보다는 중국군에 배속된 선전부대로만 활용하려고 하였다. 이것은 항일의지에 불타는 청년들의 불만의 원인이 되었다. 청년들은 나라 없는 죄로 항일투쟁에서도 중국국민당의 '곁방살이'를 해야 하느냐는 불만을 토로했다. 조선의용대는 모두 3백여 명으로 적지 않은 인원이었지만 소수의 인원으로 쪼개져 화중과 화남의 넓은 지역에서 중국군에 배속되어 선전활동에 투입되었기 때문에, 대원들은 조선의용대의 분산된 역량을 한곳에 집중해서 활동할 것을 강력히 원하고 있었다.

한편 중국공산당은 화북지역에 조선인이 증가하고, 또 당내에 조선인 당원들의 숫자가 늘어나자 보다 적극적으로 조선인들의 존재에 주목하기 시작했다. 팔로군 포병의 창건자의 한 사람인 무정武亭은 중국공산당 내에서 조선인 당원의 중심인물이었다. 그는 최창익 등이 북상해오자 팔로군 부사령 펑더화이彭德懷 등과 중국공산당 해방구 내에 한인대중조직인 화북조선청년연합회를 결성하는 문제를 협의했다. 중국공산당은 1939년말 경부터 조선의용대 내에 중국공산당 소조를 조직하여 비밀리에 당원을 확보해가고 있었다. 옌안의 무정, 최창익은 국민당 지역의 한빈 등과 연락하면서 조선의용대의

북상과 화북조선청년연합회의 창립에 합의했다. 독립동맹의 전신이라 할 수
있는 화북조선청년연합회는 이런 과정을 거쳐 1941년 1월 10일 팔로군 전방
총사령부 소재지인 산시성 진둥난晉東南 타이항산太行山에서 무정을 회장으
로 조직되었다. 화북조선청년연합회가 창립 직후 가장 주력한 활동은 조선
의용대를 북상시키는 일이었다. 조선의용대는 국민당의 봉쇄선을 돌파하여
중국공산당 지역으로 북상하여 1941년 6월 조선의용대 화북지대로 재편되
었다.

　김두봉이 충칭을 떠나 중국공산당 지구로 온 것은 조선의용대의 북상이 이
루어진 직후였던 것으로 보인다. 김두봉이 중국공산당 지역으로 올 때 큰 딸
상엽을 김원봉에게 맡기고 갔다는 점으로 볼 때 그가 김원봉과 깊은 논의를
하였음은 분명하다. 당시 김성숙은 김두봉이 충칭을 떠나 옌안으로 가는 것
에 강력하게 반대했다고 한다. 김두봉은 바로 옌안으로 간 것이 아니라 1942
년 4월 화북조선청년연합회가 있는 진둥난 타이항산에 도착했다. 김두봉은
다음 달 이곳에서 유명한 '반소탕전反掃蕩戰'을 겪었다. 반소탕전이란 일본
의 북지파견군이 20개 소단의 대규모 병력을 동원하여 타이항산 항일근거지
를 공격한 것에 맞서 싸운 것을 말한다. 이 전투에서 팔로군은 참모장 쮀취안
左權을 잃고 조선의용군은 의열단 시절부터 역전의 용사였던 석정(본명 尹世
冑)과 화북조선청년연합회의 핵심 활동가인 진광화(본명 金昌華) 등을 잃었
다.[17] 김두봉은 3·1운동 직후 중국으로 망명한 이래 계속 혁명운동에 몸바쳐
왔지만 일제와 총칼로 맞서는 전장에 놓인 것은 이때가 처음이었다. 김두봉
과 그의 어린 딸을 포함한 십여 명이 일본군의 포위망을 빠져나오다가 석정
과 진광화 두 동지가 김두봉의 눈앞에서 희생된 것이다. 두 동지의 희생을 겪

17 서병곤, 「1942年 5月 反掃蕩戰!」, 『新天地』 1946년 3월호, 210~217쪽.

고 조선의용대에서는 노약자들을 전방인 타이항산에서 옌안으로 이동시키기로 결정했다.

화북조선청년연합회는 1942년 7월 10일 제2회 대표대회에서 화북조선독립동맹이라는 지역통일전선조직을 결성하고 발전적으로 해소하였다. 김두봉은 새로이 조직된 독립동맹의 주석으로 추대되었다. 이때 독립동맹이 내건 강령은 1939년 5월 김구와 김원봉이 발표한 「동지·동포에게 보내는 공개서한」이나 「대한민국임시정부 건국강령」의 내용과 매우 유사했다. 이는 독립동맹의 강령이 공산주의자만이 아니라 우익 민족주의자들의 동의를 얻을 수 있는 민족해방운동의 공약수를 정리한 것이라 할 수 있다. 대종교도 출신의 저명한 한글학자인 김두봉을 주석으로 추대한 것도 통일전선조직으로서의 독립동맹의 성격에 부합하는 일이었다. 아마도 김두봉의 북행은 사전에 무정, 최창익 등 화북의 공산주의자들과 김두봉, 김원봉 등 충칭의 민족주의자들 간에 일정한 협의를 통한 것으로 보인다. 김두봉의 도착을 기다려 화북조선청년연합회를 독립동맹으로 개편하려 하였으나, 반소탕전의 뜻하지 않은 희생으로 조직의 결성이 다소 미루어졌다고 할 것이다.

독립동맹의 주석이 됨으로서 김두봉은 생애 처음으로 주요 정치단체의 장이 되었다. 김두봉이 독립동맹의 주석으로 추대된 것은 민족주의자로서의 그의 높은 명망성과 상징성 때문이지 꼭 그의 정치력과 지도력 때문이었다고는 할 수 없다. 독립동맹의 구성원은 조선의용대원들, 중국국민당 지구의 한국민족해방운동 단체에서 활동했던 공산주의자와 민족주의자들, 일본군에 강제징병되었다가 귀순한 조선인 병사들, 화북지역의 조선이민자 중 독립동맹에 가담한 사람들이 다수였지만, 실권은 무정, 박일우 등 일찍이 중국공산당과 인연을 맺은 한인 공산주의자들이 쥐고 있었다. 여기에 개성과 자기주장이 강하고 공산주의 운동의 경험도 풍부한 최창익, 한빈, 허정숙 등 다양한 인물이 포진하여 구성이 매우 복잡했다. 조선혁명간부학교 3기생들의 경우 김두봉에게 직접 배운 제자들이지만, 이들의 숫자는 많지 않았다. "이불을 꿰맬 때도 자로 재어서 꿰매는 사람"[18]이라는 평을 듣는 꼼꼼한 학자풍의 김두봉이 독립동맹 내에서 자신만의 직계 추종세력을 형성한 것으로 보이지는 않는다.

해방 후 연안파가 귀국한 뒤에 이북의 정치 지형과도 직결된 것이지만, 독립동맹이 중국공산당에 대해 어느 정도의 독자성을 가졌느냐는 매우 중요한 문제가 아닐 수 없다. 독립동맹이 조직되던 1942년 7월은 이미 중국공산당 내에서 마오쩌둥毛澤東의 주도하에 정풍운동이 벌어지고 있을 때였다. 정풍운동 과정에서 조선 국내에서의 공산당운동과 조선의용대의 북상 이전 중국국민당 지구에서의 활동은 기회주의운동 또는 반혁명운동으로 비판을 받았다. 중국국민당 군대에서 헌병 장교로 근무한 이춘암李春岩(=潘海亮)이나 국내에서 탈출해온 국문학자 김태준金台俊 등은 스파이혐의를 받고 혹독한 심사의 대상이 되었다. 정풍운동이 한창일 때 김두봉 등 옌안에 살고 있던 조선인 200여 명에 대한 심사 총책임은 박일우朴一禹(=王巍)가 담당했다.[19] 일찍이 중국공산당에 입당하여 항일근거지인 진차지晉察冀 변구邊區에서 현장을 지냈고, 1945년 4월 중국공산당 7차 대회에서 조선인을 대표하여 발언을 하기도 했던 박일우는 김두봉이 교장으로 있던 조선혁명군정학교에서 부교장 겸 중공당 지부 서기로서 무정과 더불어 독립동맹 내에서 강력한 영향력을 행사했다.

정풍운동이 본격화되면서 민족주의자로서의 색채가 짙은 김두봉은 물론

---

18 이현희 대담, 「文應國 志士 證言」, 『韓國獨立運動證言資料集』, 한국정신문화연구원, 1986년, 108~109쪽.
19 염인호, 『조선의용군의 독립운동』, 2001, 304~305쪽.

이고, 중국공산당과 인연이 깊지 못했던 최창익, 한빈 등의 영향력은 급속히 축소되었다 할 것이다. 이는 독립동맹이 충칭의 임시정부는 물론이고, 김원봉 등 조선의용대 및 민족혁명당 계열과의 통일전선이나 협력도 원활치 않았음을 의미한다. 독립동맹의 지역조직이 결성되던 초창기인 1942년 12월만 해도 진서북분맹晉西北分盟 결성식에서는 쑨원, 장제스, 마오쩌둥, 일본의 가타야마 센片山潛의 초상과 함께 '조선혁명수령 김구 선생'의 초상이 내걸렸지만[20] 정풍운동이 본격화된 뒤 김구의 초상이 독립동맹의 행사에 내걸렸다는 기록은 찾아볼 수 없다. 그러나 독립동맹은 충칭의 임시정부와의 협력을 포기하지 않았다. 독립동맹은 1944년 초 북상파의 핵심간부로 한때 김구의 휘하에 있었던 김학무를 충칭으로 보내 김두봉의 편지를 전달했고, 김구가 김학무 편에 3월에 보낸 답장은 뒤늦게 10월에야 김두봉에게 전달되었다. 1948년 남북협상 당시 김구가 김두봉에게 보낸 편지에 의하면, 김구는 김학무를 통해 보낸 편지에서 자신이 옌안에 가면 독립동맹과 중국공산당이 자신을 환영할 것인지 물어보았고, 김두봉은 이에 물론 환영할 것이라고 답한 것으로 되어 있다. 두 사람 사이의 연락은 김학무가 1944년 초겨울 타이항산에서 전사하여 한동안 중단되었다. 1945년 일제의 패망이 임박하자 임시정부에서는 국무위원 장건상張建相을 옌안으로 보내 한동안 중단되었던 독립동맹과의 합작을 모색했다. 장건상은 동향 출신으로 자신을 '형님'이라 부르는 김두봉을 만나 좌우통일전선을 충칭에서 결성하자고 제의하여 김두봉으로부터 긍정적인 답변을 얻어냈다. 장건상은 좌우합작이 성사된다고 꿈에 부풀었으나, 그가 옌안에서 사흘을 묵고 깨어보니 일제가 항복했다는 것이다.[21]

해방 후 독립동맹 경성특별위원회 선전부장으로 이남 사회에 독립동맹의

---

20 『解放日報』, 1942년 11월 21일자.
21 이정식 면담, 「소해 장건상」, 『혁명가들의 항일회상』, 민음사, 2005년(개정판), 253～254쪽.

활동상을 널리 알린 고찬보高贊輔에 따르면, 당시 『해방일보』편집실에 근무하던 자신이 1945년 8월 11일 오후 5시 일본의 항복소식을 듣고 7리 정도 떨어진 독립동맹 본부로 달려가 소식을 전했다고 한다. 대원들은 모두 운동장으로 뛰어나와 얼싸안고 소리를 질렀고, 해가 지자 횃불을 밝히고 온 동리가 떠나가도록 노래를 부르는 가운데 김두봉이 나타나자 갑자기 운동장이 정숙해졌다고 한다. 그가 연단에 오른 후 어느 대원 한 명이 "우리의 영도자 김두봉 주석 만세"를 외치자 우렁찬 박수가 터져 나왔고, 그는 감동적인 연설을 했다고 한다. 그는 "우리들이 가진 힘을 다하여 벼려온 총과 칼로써 최후의 일전을 할 기회를 놓치게 되었다는 것"에 대한 아쉬움을 표하면서 "조선의 참된 행복을 위한 지루하고도 힘찬 싸움"은 "이제부터"라고 강조했다.[22] 섭섭함이 남지만 그의 생애에서 최고의 순간이었을 것이다.

6. 이북의 지도자가 되어

1945년 8월 11일 일제의 패망소식이 전해졌을 때 팔로군 총사령 주더朱德는 "조선의용군 총사령 무정, 부사령 박효삼, 박일우는 즉각 소속부대를 통솔하고 팔로군과 원原 동북군 각 부대를 따라 동북으로 진병하여 적위敵僞를 소멸하고 동북의 조선인민을 조직하여 조선해방의 임무를 달성하라"는 '명령6호'를 발하였다. 이보다 앞서 조선의용군의 총사령과 부사령을 임명한 것역시 주더였다. 조선의용군 지휘부의 임명과 진군 명령이 독립동맹 주석 김두봉의 이름이 아니라 팔로군 총사령 주더의 이름으로 나왔다는 것은 조선의용군이 독립동맹의 무장력이라기보다는 팔로군의 지휘를 받는 한 부대였다

---

22 『現代日報』, 1946년 8월 14일자.

는 냉혹한 현실을 보여주는 것이다.[23]

또 하나 주목해야 할 사실은 김두봉이 일제의 패망 시까지 중국공산당 당원이 아니었다는 점이다. 김두봉, 최창익, 한빈 등 독립동맹 내에서 장년층에 속했던 지도급 인사들은 일제의 패망 이후 조선으로 귀국할 무렵에 중국공산당 당적을 획득했다고 한다. 독립동맹과 조선의용군의 귀국이 순탄했던 것만은 아니다. 해방 직후 이들은 귀국 과정에서 크게 세를 불렸다. 김태준이나 김명시 등 서울로 귀환한 인사들이 독립동맹과 조선의용군의 숫자를 8만 또는 5~6만이라 한 것은 분명 과장된 것이지만, 독립동맹이 귀국 과정에서 재중동포와 일본군에 소속된 조선인 병사들을 적극적으로 인입하여 세력을 크게 늘렸던 것은 분명한 사실이다. 독립동맹과 조선의용군 구성원들은 1945년 11월 조·중국경지대인 안동에 도착했으나 이들은 뜻밖의 상황을 맞이했다. 소련군은 미국과 소련이 한반도의 남과 북을 각각 분할 점령하고 있는 상황에서 대규모의 조선의용군이 무장을 갖춘 채 귀국하는 것은 미국과의 약속 위반이라며 이들을 무장해제했다. 소련군에 의해 무장해제 당한 조선의용군은 다시 만주로 돌아가 중국의 동북해방전쟁에 참가했고, 일부 지휘관과 독립동맹의 정치 간부들만 비무장상태로 귀국해야했다. 이른바 연안파의 귀국은 이렇게 쓸쓸했던 것이다.

문제가 되었던 것은 국제정세만은 아니었다. '연안파' 내부의 사정도 간단치 않았다. 중국공산당을 배경으로 연안파 안에서 막강한 영향력을 행사했던 무정은 조선의용군 대원들의 지지조차 받지 못했다. 과거 무정의 오만한 행동에 대한 반발이 폭발하여 대원들은 귀국하는 기차 안에서 무정의 머리에 모포를 씌워 한 사람이 한 대씩 때리는 일까지 벌어졌을 정도였다고 한다. 연

---

23 염인호, 앞의 책, 339쪽.

안파는 "너무 늦은 시점에 아무런 계획도 없이 분열의 씨앗마저 안고 들어왔던 것"이다.[24] 김두봉 일행이 귀국할 무렵, 독립동맹과 조선의용군 출신은 세 갈래로 갈라져 있었다. 김두봉, 최창익, 한빈 등은 독립동맹이라는 이름을 유지하다가 1946년 2월 조선신민당으로 명칭을 변경했다. 반면 무정, 김창만, 허정숙 등은 조선공산당북조선 분국의 지도간부로 활동했다. 그리고 박일우, 이상조, 김웅, 주덕해, 박훈일 등은 만주에 남아 조선의용군을 이끌고 동북해방전쟁에 참가했다.

해방 후 김두봉은 이북정권의 2인자로 부상했다. 1946년 2월에 조직된 북조선임시인민위원회에서 김두봉은 위원장 김일성에 이어 부위원장으로 선임되었다. 국내의 대표적인 민족주의자였던 조만식이 신탁통치에 반대하여 북한의 정치무대에서 사라진 이후 김두봉의 상징성과 명망성은 더욱 중요해졌다. 이북정권기관의 제2인자 김두봉은 민주개혁의 각 분야에서 개혁의 필요성을 설명하고 방향을 제시하는 역할을 수행했다. 소련은 1946년 중반 이북과 동구 등 소련군의 점령지역에서 전위전당인 공산당을 대중정당인 노동당으로 개편하는 작업을 추진했다. 이북의 경우 이 작업은 1946년 7월 23일 김두봉이 김일성에게 신민당과 공산당 양당의 합당을 제의하는 편지를 보내는 형식으로 이뤄졌다. 8월 말 공산당과 신민당 두 당은 합당하여 북조선로동당을 조직했다. 38도선 이남에서 공산당, 인민당, 신민당 3당의 합당으로 수립된 남조선로동당이 위원장에 허헌을 선임하고 부위원장에 공산당의 실력자 박헌영을 선임한 것처럼 북조선로동당의 위원장으로는 김두봉이 선임되었고 김일성은 부위원장에 선임되었다. 김두봉은 이북정권이 수립되는 과정에서 새로운 헌법의 제정과 태극기를 대신하여 새로운 국기를 제정하는 사

24 중앙일보특별취재반, 『비록秘錄 조선민주주의 인민공화국』, 중앙일보사, 1992, 156~161쪽.

업에서 주도적인 역할을 수행했다. 그는 또 1946년 김일성종합대학이 설립되었을 때 초대 총장을 맡았다.

남북의 분단이 심화되고 남북에 각각 분단정권이 수립되어 갈 때 김구는 과거 독립운동을 했던 사람들이 힘을 합쳐 분단정권의 수립을 막고 통일정부를 수립해보고자 노력했다. 이때 김구는 김규식과 공동명의로 김두봉에게 편지를 보냈다. '백연白淵 인형仁兄 혜감惠鑑'이라 시작하는 이 편지에서 김구는 과거 두 사람이 옌안과 충칭에 떨어져 있을 때 합작을 위해 연락을 주고받은 일을 상기하면서 "4년 전에 해결하지 못하고 둔 현안 해결의 연대책임과 애국자에게 호소하는 성의와 열정으로써 남북지도자 회담을 제의"했다. 이 같은 제의에 대해 이북의 지도부 내에서 소련파는 김구, 김규식의 제의를 '미군정의 입김'이 개입된 것이라고 경계하였지만 김두봉, 최창익 등 연안파는 '애국적 결단'이라 주장하였고, 김일성, 김책 등 빨치산파는 연안파의 주장에 동조하였다.[25] 이렇게 하여 1948년 4월 남북협상이 열리게 되었을 때, '민족주의자 김두봉'은 "북로당 위원장 명의로 연석회의에 소련군의 참가를 배제하여 소련군의 견제를 당하기까지 하였다"고 한다.[26] 평양에 온 김구가 "북의 헌법은 단독정부를 수립하자는 것 아닌가"라고 비판하자 '공산주의자 김두봉'은 "그것은 뱃속에 있는 아이를 놓고 아들이냐, 딸이냐 하는 것과 같다" 하고 받아쳤다.[27] 장건상이나 조소앙趙素昻 측의 회고에 의하면, 남북협상 당시 북측에서 장건상이나 조소앙 등의 언행을 문제 삼아 그들을 억류하려한 일이 있었는데, 이때 '옛 동지 김두봉'이 적극 나서서 힘을 쓴 덕에 이들이 무사히 서울로 돌아올 수 있었다고 한다.[28]

25 도진순, 『한국민족주의와 남북관계』, 서울대학교 출판부, 1997, 232쪽.
26 김광운, 『북한정치사연구 1 — 건당·건국·건군의 역사』, 선인, 2003, 613쪽.
27 도진순, 앞의 책, 264쪽.
28 이정식 면담, 앞의 책, 291~292쪽 ; 이현희 대담, 「趙鏞九 先生 證言」, 앞의 책, 108~109쪽.

김두봉은 1949년 이북정권이 수립되면서 최고인민회의 상임위원장이 되어 명목상 이북의 국가원수가 되었다. 1949년 남로당과 북로당이 합당하여 조선로동당이 결성될 때 그는 당위원장 자리를 김일성에게 내주었다. 한국전쟁이 발발한 이후, 남쪽에서 미국의 영향력이 결정적으로 증대한 것처럼 북쪽에서도 수십만의 대군을 파견한 중국의 발언권은 매우 강해졌다. 연안파는 그 내부의 구성이 매우 복잡했지만 중국군이 강력한 발언권을 행사하는 상황에서 친중국세력인 연안파의 입지도 강화되었다고 할 수 있다. 스탈린의 사망 이후 1956년 소련에서 개인숭배에 대한 문제제기가 있자 연안파의 서휘徐輝, 윤공흠尹公欽 등은 당중앙위원회 전원회의에서 김일성의 개인숭배 문제를 제기했다. 그러나 김일성의 직계 세력이 거세게 반발하자 세 불리를 직감한 이들은 그 길로 중국으로 망명해버렸다. 김일성이 이 사건의 배후로 최창익, 박창옥朴昌玉(소련파 부수상) 등을 지목하여 이들을 출당시키자 소련과 중국이 이에 개입하여 이들의 출당처분을 취소하게 했다.[29] 절치부심하던 김일성은 1958년 3월의 조선로동당 제1차 대표대회에서 '종파분자'들의 반혁명음모를 비판했다. 김두봉도 이때 김일성으로부터 강력한 비판을 받았다. 김일성은 이렇게 주장했다.

　"김두봉은 이 10년 동안 딴 꿈을 꾸고 있습니다. 우리한테는 속을 안 주고 한빈과 최창익에게만 속을 주었습니다. 한빈은 우리 당의 파괴분자로서 당이 증오하는 사람인데 김두봉은 한빈을 제일 친한 사람으로 인정하고 있었습니다. 만약 김두봉이 공산주의자라고 하면, 당을 위하는 사람이라고 하면 당이 미워하는 사람과 제일 친근히 하는 것은 도대체 어찌된 일입니까? …… 김두봉은 한빈한테 가서 하루 저녁만 자고 오면 무얼 하나 딴 것을 제기하곤 했습니다. 제기하는 것은 다 우리 당을 못 쓰게 만드는 것이었습니다. …… 김두봉의 죄가 참 큽니다. 그는 적지 않은 젊은

29 스칼라피노·이정식, 『한국공산주의운동사 3』, 돌베개, 1987, 642~644쪽.

사람들을 못 쓰게 만들었습니다. 당과 국가에서는 순진한 사람들에게 당의 임무를 주어서 최고인민회의 상임위원회에 가서 일하라고 보냈는데 많은 사람들이 거기에서 못 쓰게 되었습니다."[30]

모든 공직에서 축출된 김두봉은 순안농목장의 농업노동자로 추방되었다고 한다. 한 시대를 풍미한 대학자가 뜻하지 않게 노동자의 나라의 국가수반이 되었다가 노동자로 추락한 것이다. 숙청될 무렵 이미 건강이 좋지 않았던 칠십 고령의 김두봉은 1961년 병사한 것으로 전해진다.

7. 맺음말

주시경의 학맥을 이은 당대 최고의 한글학자이자 교주 나철의 순교길에 동행했던 대종교단의 핵심이라는 경력은 그가 민족주의자로서 고도의 상징성을 지녔음을 보여준다. 최근 김두봉의 삶을 정리한 이준식이 강조한 것처럼, 김두봉은 "민족주의와 사회주의라는 이분법으로 파악될 수 없는 삶"을 살았다. 그가 평생을 바친 한글운동은 "한마디로 좌와 우의 경계를 넘나드는 운동"이었다.[31] 김두봉은 사회주의 국가의 최고지도자가 되었지만, '민족'에 대한 사랑과 헌신을 떼어내고서는 그의 삶을 이야기 할 수 없다. 민족주의자인 동시에 사회주의자여야 했던 삶, 서구에서는 성립될 수 없는 모순이 꼭 모순으로 발현되지 않는 것이 동아시아 혁명가들의 숙명이었는지도 모른다. 한국 사회주의 운동의 발생에서 김두봉을 포함한 주시경의 제자들이 중요한

---

30 김일성, 「제1차 5개년 계획을 성과적으로 수행하기 위하여 — 조선로동당 제1차대표자회의에서 한 결론」, 1958년 3월 6일, 『김일성 저작 선집』 제2권, 조선로동당출판사, 1968년, 124~130쪽.
31 이준식, 앞의 책, 145쪽.

역할을 했고, 레닌이 보낸 자금이 김두봉의 한글연구에 쓰였다는 점은 초기 공산주의운동사를 다시 써야 할 만큼 중요한 일이 아닐 수 없다. 지역의 향리였던 그의 집안에서 김두봉과 김두전(김약수), 박문희, 박일형 등 굴지의 사회주의 운동가가 다수 배출되었다는 점은 한말 일제하 중인집단의 사회적 진출과 관련하여 흥미 있는 시사점을 제공한다. 김두봉이 1920년대에 상해에 체류하면서도 임시정부와 일정한 거리를 둔 이유도 몇 가지 추측은 가능하지만 지금으로서는 단정할 수 없다.

김두봉의 정치생애에서 그가 따른 두 인물을 꼽으라면 주시경과 안창호를 들 수 있다. 김두봉은 주시경과는 1914년 그의 갑작스러운 서거로, 안창호와는 1932년 안창호의 갑작스러운 체포와 국내 압송으로 헤어졌다. 주시경, 안창호와 동년배인 김구와는 김구 부인의 묘비를 써줄 정도로 가까운 사이였으나, 정치적 스승이나 선배로 모셨던 것은 아니다. 김두봉은 안창호와 같이 추진한 대독립당 건설과제가 안창호의 체포로 뜻하지 않게 무산된 뒤, 김원봉과 손을 잡고 일했다. 김원봉은 김두봉의 5촌 조카사위로 김두봉보다 9살 연하였다. 독립동맹의 주요 간부들은 최창익만 김두봉보다 7년 아래이고, 무정, 한빈 등은 15년 정도, 김학무 등 청년층은 약 25년 아래였고, 그에게 배운 제자들이었다. 해방 이후 정치적 파트너가 된 김일성은 김두봉보다 23세 연하였다. 안창호의 체포 당시 44세였던 김두봉은 그 이후는 주로 후배나 제자들과 일해야 할 위치에 놓이게 된 것이다.

김두봉이 주로 가까이 지낸 인물들은 사상적으로 민족주의에만 묶여 있던 사람들보다는 사회주의에 경도된 진보적 청년들이나 정화암鄭華巖, 백정기白貞基 등 무정부주의자들이었다. 한글과 단군으로 상징되는 당시의 '고루'한 이미지와는 달리 그는 사상적으로 열려 있었고, 행동하는 사람들과 정치적 행보를 같이하려 했다. 이것은 그가 끊임없이 시대적 과제에 맞추어 자신을 변모시키려 했다는 것을 의미한다. 김두봉을 개인적으로 잘 아는 사람들은 그가 이불도 자로 재어 꿰매는 '골샌님'이었다고 평한다. 그런 그가 1942년 독립동맹의 주석으로 추대되는 등 1958년 숙청될 때까지 독립운동단체와 사회주의 정당, 나아가 사회주의 국가의 최고지도자로 15년이 넘게 활동했다는 것은 단순히 사상적 변화만을 겪은 것이 아니라 기질 자체를 변화시키지 않고서는 불가능했다 할 것이다. 그런 점에서 그는 민족의 해방과 자신이 선택한 분단조국의 한쪽을 위해 모든 것을 바쳤다 할 것이다.

민족주의자로서의 강력한 상징성을 지닌 김두봉은 일제 말기 항일무장투쟁의 대명사 격으로 떠올라 역시 민족주의자로서의 강력한 상징성을 지닌 김일성과 긴밀하게 협력하면서 이북정권의 초기 10년을 이끌었다. 그 기간은 김두봉이 오랜 독립운동 시절 꿈꾸었던 새 나라를 건설하는 행복한 기간이었다. 독립운동가나 정치지도자 중에서 국가권력의 정점에 서서 자신이 몸담았던 단체의 정강정책을 국가의 시책으로 채택하고 자기 손으로 집행하는 것을 경험한 사람은 많지 않다. 그러나 1956년, 연안파인 윤공흠, 서휘 등이 시도한 김일성 비판은 김두봉의 몰락을 가져왔다. 연안파 숙청 문제는 이 글에서 다루기에는 너무나 복잡한 문제이지만, 김두봉이라는 대학자이자 노 혁명가가 이 사건에 연루되어 이북의 역사에서 그 공적이 지워지게 된 것만으로도 대단히 비극적인 일이다.

김두봉이 북조선임시인민위원회 부위원장으로 김일성대학 총장을 겸하고 있던 시절, 평양을 방문하여 짧게 그를 인터뷰한 남쪽의 기자는 "손수 기자의 연필을 빼앗아 메모하는 종이에 '가'자 '아'자를 적으며" "입가에 거품까지 소량 띄우면서 설명"하는 "혁명가 김두봉은 완전히 한글학자 『깁더 조선말본』의 저자 김두봉의 면목으로만 집중 육박"했다고 묘사했다.[32] 이북에서

---

32 「會見記 ― 金枓奉 先生과의 六分間」, 『民聲』 제3권 1·2 합병호, 1947년 2월, 34~35쪽.

『깁더 조선말본』을 학교 말본으로 채택하려는 움직임이 있자 김두봉은 남쪽의 미군정청 문교부 편수국장으로 있으면서 한자폐지와 한글전용, 한글 가로쓰기, 한글 풀어쓰기 등 주시경 학파의 숙원사업을 남쪽의 말글정책에 반영시키고자 애쓰고 있던 후배 최현배의 『중등 조선말본』을 대신 추천했다.[33] 김두봉은 이북의 말글정책을 실질적으로 주도했는데, 지금 남과 북의 언어가 몇십 년간의 완벽한 차단에도 불구하고 의사소통에 아무런 지장이 없는 것은 주시경의 두 제자들 덕분이라 할 수 있다. 남북 모두에서 한자 사용이 폐기되고, 풀어쓰기까지는 아니더라도 가로쓰기가 시행되는 등 "대한제국 시기나 일제 강점기에는 상상도 할 수 없었던 말글 혁명에 성공"[34]한 데에는 주시경 학파, 특히 김두봉의 기여가 결정적이었다. 지구상에서 가장 역사가 짧은 문자인 한글로 이 땅의 지식인들이 글을 쓰기 시작한 지 겨우 100년 남짓, 그 100년 중 분단의 세월이 60년이 넘는데도 남북의 말글살이가 이 정도의 공통성을 유지하고 있는 점은 우리 시대가 히못 김두봉에게 지고 있는 큰 빚이다. 나라가 망할 무렵 스무 살 남짓한 나이로 새 세상으로 나와 한글과 단군을 모시고 젊은이들을 가르치고 배우며 자신을 변모시켜 독립운동가들이 꿈꾼 나라를 자기 손으로 건설했던 그의 삶은 마지막 단락이 비극적이었지만, 우리가 한글로 기록해야 할 혁명가의 삶이었다.

---

33 이준식, 「최현배와 김두봉─언어의 분단을 막은 두 한글학자」, 『역사비평』 82, 2008, 54~59쪽.
34 이준식, 「히못(白淵) 김두봉의 삶과 활동」, 『나라사랑』 116, 2010, 146쪽.

김원봉
―의열투쟁과 무장독립운동의 선구자―

염인호

1. 머리말

약산若山 김원봉金元鳳(1898~?)은 중국에서 의열단 단장, 민족혁명당 총서기, 조선의용대 대장, 한국광복군 부사령 그리고 대한민국임시정부의 군무부장을 역임하면서 오로지 민족독립을 위해 헌신했던 독립운동가이다. 3·1운동 직후에 그는 의열단을 조직, 암살·파괴의 폭력투쟁을 전개하여 일본에게는 큰 충격과 공포심을 불러일으켰고 국내외 동포들에게는 희망을 주었다. 이러한 폭력투쟁으로 인해 그는 20대 중반 나이에 그 명성을 내외에 떨치게

廉仁鎬 서울시립대학교 국사학과 교수.
   저서로는 『김원봉 연구』(창작과비평사, 1993), 『조선의용군의 독립운동』(나남, 2001) 등이 있다.

되었는데 특히 중국인들에게 강렬한 인상을 심어주어 이후 중국인들의 전폭적인 지원을 받을 수 있었다.

김원봉은 의열단 단장의 신분으로 중국의 유명한 황푸군관학교黃埔軍官學校에 학생으로 입교해 스스로 정치·군사적 능력을 배양하였으며 졸업 후에는 레닌주의정치학교와 조선혁명간부학교를 창설하여 중국과 국내 청년들을 모집, 항일투사로 양성하였다. 또 조선 청년들을 중국 중앙육군군관학교의 뤄양洛陽분교나 싱쯔星子분교에 입교시켜 군사·정치 교육을 받게 해 보다 수준 높은 항일투사로 양성하였다. 그의 손을 거쳐 수백 명의 청년투사가 양성되었는데 그들은 항일독립운동에서와 해방 이후 건국운동에서 한몫을 하였고 일부는 문화예술 방면에 깊은 족적을 남겼다. 중일전쟁 발발 후 1938년 10월 10일에 김원봉은 그가 양성한 청년들로써 조선의용대를 창설하고 대장에 취임하였다. 조선의용대는 한국광복군이나 동북항일연군과 함께 항일무장 독립운동에 크게 공헌하였다.

해방 후 김원봉은 대한민국임시정부 요인 자격으로 귀국했으나 친미 세력이 발호하는 남한 정계에서 실권 있는 지위에 오르지 못하였다. 다만 '독립투쟁의 상징적 인사'로 대접을 받아 여러 직책을 맡았는데 그 중 하나가 좌파 통일전선체였던 민족주의민족전선의 공동의장(박헌영·여운형·허헌·백남운·김원봉)이었다. 그는 1948년에 월북하여 친소 북한정권의 초대 내각의 국가검열상을 역임하였다.

2. 암살·파괴 폭력투쟁의 지도자

김원봉은 1898년 경남 밀양의 한 농가에서 9남 2녀 가운데 장남으로 태어났다. 김원봉의 소년 시절은 김원봉의 회고담에 기초하여 소설가 박태원이 집필한 『약산과 의열단』(1947)에 잘 드러나 있다. 김원봉은 어린 시절부터 남달리 의협심과 기개가 출중하였는데 일제를 몰아내기 위해서는 무력武力이 있어야 한다고 생각하였다. 그래서 15세 때 집에서 50리 떨어진 표충사라는 절에 들어가 『손자孫子』, 『오자吳子』 등의 병서를 1년간 읽었다. 한때 서울의 중앙학교에서 수학하였으나 18세(1916년) 때에는 세계 최강의 군대를 가진 독일 유학을 꿈꾸어 중국 톈진天津에 있던 덕화학당德華學堂(학교 경영자는 독일인)에 입학하였다.

김원봉이 독립운동에 직접 가담하게 된 계기는 중국에서 맞이한 3·1운동이었다. 『약산과 의열단』에 따르면 3·1운동의 민중봉기 소식을 전해들은 그는 조선 민중의 크나큰 힘을 실감하였다. 그런데 뒤늦게 받아본 「조선독립선언서」를 읽고는 크게 실망하였는데, 민중의 위력은 저렇듯 크나큰데도 선언서에서는 오로지 평화적 수단을 통한 독립만을 주장하고 있었기 때문이다. 김원봉은 오직 민중의 힘이 뒷받침하는 폭력투쟁만이 조국을 해방시킬 수 있다는 신념을 더욱 굳혔다.

김원봉은 자신의 생각을 실천에 옮기기 위해 폭탄 제조 기술을 습득하는 한편 동지들을 모았다. 그리하여 마침내 1919년 11월 9일 만주 지린吉林 시 교외의 어느 중국인 집에서 의열단義烈團을 조직하였는데 창단 성원은 13명이었다. 이때 이미 김원봉이 단장으로 추대되었다는 설과 나중에 단장이 되었다는 설이 있다. 창단된 의열단은 암살 대상으로서 조선총독 이하 고관, 군 장성, 대만 총독, 매국노, 친일파 거두, 밀정, 반민족적 양반·지주 등 이른바 '의열단 7가살七可殺'을 정하고 파괴 대상으로는 조선총독부, 동양척식주식회사, 매일신보사, 각 경찰서, 기타 왜적의 중요 기관 등을 정하였다.

의열단의 암살·파괴 폭력투쟁은 이듬해인 1920년 3월부터 본격적으로 개시되었다. 의열단원들은 대담하게 국내의 조선총독부나 경찰서에 들어가 폭탄을 던지거나 암살을 시도하였으며 때로는 동경과 상해 같은 대도시에서도 거사를 하였다. 의열단원의 투쟁으로 경찰서장이 중상을 입거나 밀정이 죽임을 당하기도 하였으며, 일제의 시설이 파괴되었다. 의열단의 주요 투쟁을 열거하면 아래와 같다.

① 1920년 3월 곽재기·이성우 등 16명이 참가한 밀양 폭탄사건(제1차 암살·파괴 계획)
② 1920년 9월 박재혁이 부산경찰서에 폭탄 투척
③ 1920년 12월 최수봉이 밀양경찰서에 폭탄 투척
④ 1921년 9월 김익상이 조선총독부에 폭탄 투척
⑤ 1922년 3월 상해에서 김익상·오성륜·이종암 등이 일본군 대장 다나카 기이치田中義一를 저격
⑥ 1923년 1월 김상옥이 서울 종로경찰서 폭탄 투척 후 교전
⑦ 1924년 1월 김지섭이 일왕이 사는 동경 황거皇居 입구의 니주바시二重橋에 폭탄 투척
⑧ 1925년 3월 베이징에서 밀정 김달하 암살

위에서 열거한 사건에 가담했던 의열단 단원은 현장에서 사살당하거나, 체포되어 처형당했거나 옥사하였다. 비장했던 하나하나의 사건들은 대부분 국내외에 큰 반향을 불러일으켰다. 특히 어떤 사건은 국내의 신문에 대서특필되거나 심지어 그 내용이 호외로 배포되기까지 하였다. 위의 사건들을 주도할 당시 김원봉은 20대 초·중반으로 현재 우리나라 대학생 나이였다. 이후에도 김원봉의 항일투쟁은 8·15 때까지 계속되었지만 국내 민중에게 가장 깊은 인상을 남긴 것은 바로 위의 사건들을 전개한 때였다. 8·15 후 귀국한 김원봉의 전기를 소설가 박태원이 발간했는데 그 전기(『약산과 의열단』)에서 사실상 이 의열투쟁을 전개했던 때만을 한정하여 다룬 것도 그만큼 의열투쟁

이 국내 민중에게 깊은 인상을 남겼기 때문일 것이다.

위의 여러 사건에 가담했던 단원들은 기본적으로 의열단의 취지에 공감하여 단에 가담했던 사람들이며 투신했던 것은 전적으로 본인들의 결단에 따른 것이었다. 그런 가운데서도 단장 김원봉의 역할 또한 적지 않았다. 그들의 의열단 가입에는 김원봉의 설득이 크게 작용하였다. 김원봉은 열혈 조선 청년들을 붙들고 "자유는 우리의 힘과 피로 얻어지는 것이오. 결코 남의 힘으로 얻어지는 것이 아니오. 조선 민중은 능히 적과 싸워 이길 힘이 있소. 그러므로 우리가 선구자가 되어 민중을 각성시켜야 하오."[1] 김원봉의 절절한 설득에 많은 열혈 청년들은 감화되어 죽기를 맹세하고 입단하였다. 이 점은 말미에서 소개한다.

3. 황푸군관학교 학생

시간이 갈수록 의열단의 암살·파괴 폭력투쟁은 한계를 드러내기 시작하였다. 이 폭력투쟁은 단원의 크나큰 희생을 지불하면서도 그것을 통해 얻는 대가는 너무 적었다. 장렬한 암살·파괴 투쟁은 압제하에 신음하는 조선 민중들의 가슴을 한순간 후련하게 해줄 수는 있었으나 그들을 조국 독립투쟁에 떨쳐 일어나도록 하게까지는 못하였다. 러시아혁명의 영향으로 점차 국내와 중국에서 공산주의운동이 확산되고 있었다. 의열단원 가운데서도 기존의 암살·파괴 폭력투쟁에 회의를 느끼고 이탈하는 사람이 나오기 시작하였다.

김원봉과 의열단 동지들은 오랜 숙의 끝에 기존의 노선을 청산하기로 결정하였다. 그들은 기존의 분산적이고 개인적인 투쟁에서 조직적인 투쟁으로

---

1 박태원, 『약산과 의열단』, 깊은샘, 2000, 59~60쪽.

전환할 것과 그것을 위한 준비로서 중국 내의 군관학교에 입학하여 정치·군사기술을 체계적으로 배우기로 결정하였다. 이 결정에 따라 김원봉과 20여 명의 동지들은 1925년 가을 황푸군관학교에 제4기생으로 입학하였다.

황푸군관학교는 1924년 6월 중국국민당 지도자 쑨원孫文이 세운 학교로 군사 및 정치 인재 배양을 목표였고 중국 광저우廣州의 황푸黃埔에 있었다. 학교를 세우는 과정에서 소련의 고문이 참여하여 경비를 원조해주고 무기를 제공했다. 장제스蔣介石가 교장을, 랴오중카이廖仲愷가 학교 당대표를, 공산주의자였던 저우언라이周恩來가 정치부 주임을 맡았다. 그 아래 정치·교수敎授·훈련의 3부, 관리·군수·군의軍醫 등 3처를 두었다. 군사교육은 전술·병기·축성築城·지형地形·교통통신 등의 과정으로 이루어졌으며, 이 외에도 삼민주의三民主義와 마르크스주의 이론이 내부적인 정치교육 과목에 속해 있었다. 김원봉과 의열단 동지들은 1926년 10월 군관학교를 졸업하였다.

김원봉의 황푸군관학교 이력은 그의 항일역정에 큰 영향을 미쳤다. 먼저 훈련을 거치면서 군장교로서의 능력을 갖추었다는 것을 지적할 수 있다. 더욱 중요한 사실은 황푸군교를 졸업함으로써 항일운동을 지속하는 데 필요한 강력한 지원세력을 중국의 군대와 정부 내에서 구축할 수 있게 되었다는 점이다. 황푸군교 출신들은 이후 중국 국민당·국민정부에서 중요한 역할을 하였는데 특히 이들은 국민정부 주석 장제스의 친위세력을 형성하였다. 김원봉은 국민당·국민정부 내의 황푸군교 인맥들을 적극 활용하여 지난한 독립운동을 추진할 수 있었던 것이다. 나아가 저우언라이가 황푸군교 정치부 주임이었다는 사실이나, 중국공산당 군대의 탁월한 장군인 린뱌오林彪가 황푸군교 4기 출신이었다는 점에서 알 수 있듯이 중공 진영 내에서도 황푸군교 출신들은 유력한 지위에 있었다. 김원봉과 그가 지도했던 독립운동 단체들이 중공과 우호관계를 형성할 수 있었던 것도 황푸의 경력이 작용했음이 분

명하다. 재중국 조선인 독립운동 진영 내의 좁은 공간에서 주로 활동했던 김
원봉과 의열단은 황푸군교 졸업 이후 비로소 항일운동을 국제적 시야 속에서
전개할 수 있게 되었다.

4. 조선혁명간부학교 교장

김원봉과 의열단 동지들은 졸업 후 중국혁명군에 배속되어 장교 신분으로
북벌전쟁北伐戰爭에 참여하였으나 활동이 순탄하게 전개된 것 같지는 않다.
그 이유는 북벌의 완성을 눈앞에 두고 국민당과 공산당 간에 대분열이 일어
나고 상호 항쟁했기 때문이었다. 장제스는 1927년 4월 12일 반공 쿠데타를
일으켜 공산주의자들에 대한 대대적인 탄압을 개시했고, 공산주의자들은
1927년 8월 1일 장시성江西省 난창南昌에서 반란을 일으킴으로써 피 흘리는
내전이 본격적으로 전개되었다. 그런 가운데 조선인 청년들도 자발적 또는
자신의 의지와는 무관하게 어느 한편에 가담하게 되고 그 결과로 희생되는
일이 많았다.

이 대격동기에 김원봉이 어떤 입장과 처지에 있었는지는 분명하지 않다.
어떤 기록에 따르면 김원봉이 공산당의 난창 봉기에 가담했고 특히 공산혁명
군(중공 홍군)을 따르다가 국민당군에 체포되었다는 설도 있으나 모두 정확하
게 확인된 것은 아니다. 그런 가운데서도 1928년 상반기, 김원봉이 국·공 간
내전의 현장에서 벗어나 과거 의열투쟁 본거지 중 하나였던 상해로 돌아왔다
가 1929년 가을에는 역시 의열투쟁의 거점의 하나였던 베이징으로 활동 중
심지를 옮겼다는 사실은 분명하다. 베이징에 온 김원봉과 일부 의열단원들
이 국내 항일운동세력과 연계를 맺었다는 사실은 당시 자료에서 확인할 수
있다. 특히 일제의 탄압을 피해 망명해온 조선공산당 출신 안광천安光泉과 베

이징에서 '레닌주의정치학교'를 만들어 국내에서 망명해온 청년들을 재교육시키고, 다시 국내로 파견한 일 또한 확인할 수 있다.

그러나 그와 같은 활동은 정세의 대변동 가운데서 오래 지속되지 않았다. 일본은 1931년 9월 중국 만주를 침략하여 점령하고 이듬해 3월 괴뢰 만주국滿洲國을 세웠는데 이 사태는 중국 민중들 사이에서 광범위한 반일의식을 고양시켰다. 김원봉은 이제야말로 일제를 반대하는 모든 사람들과 제휴하여 항일투쟁을 과감하게 전개할 때라고 생각하였다. 그는 1932년 봄에 급히 중국 국민정부의 수도 난징으로 갔다. 그곳에서 황푸군관학교 동창생들을 찾아 다니며 의열단이 지내온 역사를 설명하였고 지원을 요청하였으며, 결국 그들로부터 지원하겠다는 약속을 얻어냈다.

김원봉과 의열단원들은 지원받은 자금으로 국내와 만주에 편지를 보내거나 사람을 파견해 학생을 모집하는 한편, 국민정부 측이 구해준 난징 교외 강령진江寧鎭 탕산湯山에 있던 선수암善壽庵을 교사校舍로 삼았다. 조선독립투사를 길러낼 조선혁명간부학교가 1932년 10월 개설되었는데 김원봉은 교장에 취임하였다. 개설된 혁명간부학교는 1933년 4월 27명의 제1기 졸업생을 배출하고, 이어 제2기(1933년 9월~1934년 4월) 졸업생 55명을 배출하였다. 그리고 제3기생(1935년 3월~1935년 10월) 44명을 교육하였다. 한편 김원봉은 2기 교육생 20여 명을 김구·이청천이 깊이 관여했던 중국중앙군관학교 뤄양분교로 전학시켜 학습게 하였다.

혁명간부학교 졸업생들은 김원봉 등의 지시를 받고 3~4명이 한 조를 이루어 각각 조선 국내와 만주로 파견되었다. 특히 1933년 말에는 1·2기 졸업생 20여 명이 국내에 들어가 각자의 연고지로 흩어져 침투하였다. 이 가운데 평안도에 들어간 4명은 용강 등지의 공산당재건운동조직 내에 파고들었다. 이들은 이 재건운동조직에서 조직원의 일원으로 일하면서 대중사업을 전개하였다. 이들은 유능한 청년들을 난징의 혁명간부학교에 보내는 한편 국제정세에 큰 변화가 오면 국내 폭동을 추진할 단체를 조직하는 데 몰두하였다. 그러나 이들 중 3명이 검거됨으로써 공작의 전모는 드러났고 전국 각지에서 추가로 6명(경남 3명, 경북 1명, 경기 2명)이 검거되어 사업은 큰 타격을 입었다.[2]

이처럼 이들은 공작원으로 파견되어 희생되는 경우도 적지 않았으나 다른 한편 중국 관내지방關內地方(산해관山海關 이남의 중국)에 남아 이후 조선의용대에 가담하는 등 김원봉 이후 항일독립운동의 중요한 자원이 되기도 하였다. 김원봉이 유능한 인재를 모으고, 청년들을 교육시킬 수 있었던 것은 의열투쟁에서 쌓은 그의 명성, 중국의 정부와 당 군대에 있는 그의 인맥 때문이었고, 역으로 그가 중국의 인정을 받을 수 있었던 것은 그의 교육을 받고 있는 유능한 청년들의 존재 때문이었다. 군관학교에서 교육을 받았던 인물들은 대체로 유능한 청년들이었지만, 그 가운데서도 후세에 이름을 남긴 사람들이 적지 않은데 이 점은 이 글의 마지막에 덧붙이겠다.

난징에서 새로운 활동을 시작한 김원봉은 또한 지금까지 분열되어 있던 중국 관내지방 조선인 혁명가들의 단결을 위해 노력하였다. 그 결과 1932년 11월 한국독립당, 조선혁명당, 한국혁명당, 의열단, 한국광복동지회 등 5개 단체가 제휴한 한국대일전선통일동맹韓國對日戰線統一同盟(이하 통일동맹)이 상해에서 결성되었다. 이 통일동맹은 좌·우 당파를 망라하였기 때문에 혁명간부학교를 운영하는 데에도 도움을 받았다. 김원봉은 이제 더욱 손쉽게 교관을 초빙하고 학생을 모집할 수 있었으며, 졸업생들의 국내 및 동북지방으로의 파견공작 또한 쉬워졌다.

그런데 이 통일동맹은 연맹체였던 관계로 통일·단결의 수준이 그리 높지

---

2 『동아일보』 1934년 8월 5일자.

못하였다. 김원봉 등의 노력으로 1935년 7월 민족혁명당民族革命黨이 결성되었다. 이에 따라 통일동맹 소속 각 정당은 자진 해체하고 그 구성원들은 이 새로운 당의 당원이 되었다. 이제 관내지방 항일독립운동가들은 전보다 더 강력하게 단결하게 되었다. 이 새로운 정당에서 김원봉은 사실상 당수 격이었던 서기부장(나중에는 총서기)을 맡았다.

5. 조선의용대 대장

중일전쟁이 발발하고(1937년 7월 7일) 조선의용대가 창설되면서 김원봉은 국제적인 인물로 부상하였다. 일제의 중국 침략에 맞서 중국인들도 끈질긴 저항정신을 발휘하였다. 일본군은 베이징, 톈진은 쉽게 점령했지만 상해에서는 끈질긴 저항을 받았다. 상해를 점령한 일본군은 국민정부의 수도인 난징마저 점령하게 되는데 중국의 공식 기록에 따르면 이때 일본군은 난징에서 30만 명에 이르는 중국인을 학살했다. 그러나 이러한 것이 곧 중국 측의 굴복으로 이어지지는 않았다. 중국 측은 대본영을 후베이성湖北省 우한武漢으로 옮기고 저항체제를 구축하였다. 이에 일본은 다시 60만 명에 이르는 군대를 동원하여 동쪽과 동북 방면에서 우한을 포위공격해 들어왔다. 일본군의 대대적인 공격에 즈음하여 중국인들은 이념을 초월해 단결했는데 대본영 우한에 공산당의 주요 간부들이 와서 활동했던 것은 그 하나의 실례이다. 조선인들 가운데서도 일부는 창사長沙 등 후방으로 이동했지만 김원봉과 그를 따르는 사람들은 일본군이 시시각각으로 포위망을 좁혀오는 우한으로 이동하여 중국인들의 항전에 참여하였다. 이에 앞서 김원봉은 자신을 따르는 청년 100여 명을 장제스의 동의를 거쳐 중앙육군군관학교 싱쯔분교星子分校에 입교시켜 정치 군사 훈련을 받게 하였다. 학생들은 6개월간의 훈련을 마치고 1938

년 5월 저항의 중심지 우한으로 이동해 들어왔다.

김원봉은 황푸군교 출신의 국민정부 유력인사들을 만나고, 심지어 일본에서 온 반전 일본 인사들까지 접촉하여 마침내 중국 수뇌부의 조선인 부대 결성에 대한 동의를 얻어내었다. 그리하여 우한이 일본군에 의해 유린되기 20여 일 전인 1938년 10월 10일 우한에서 조선의용대가 창설되었다. 그간 중국 국민정부는 비밀리에 특무기관을 통해 조선인을 지원해왔지만 이제는 공개적으로 항일조직인 조선의용대를 지원하게 되었다. 중국의 중앙정부가 최초로 지원해서 만들었던 조선인 군사대오가 되었으며 김구 계열의 한국광복군보다는 2년이나 앞서서 창설된 것이다. 조선의용대는 조선의용대 지도위원회의 지도를 받게 되어 있었는데 지도위원회는 각 조선인 독립운동단체 대표 그리고 중국군사위원회 정치부에서 파견한 인사들로 구성되었다. 이 조선의용대의 대장으로 바로 김원봉이 선출되었다.

김원봉이 대장이 될 수 있었던 데에는 그가 중국군 내에 광범한 인맥을 구축하고 있었고 그들에게 협조해온 경력이 작용했다. 또 그가 이때를 미리 대비하고 있었기 때문이기도 하다. 이상조, 김창만 등은 광주에서 대학을 다니고 있었는데 전쟁이 발발하자 학업을 중단하고 난징으로 상경하여 처음에는 김구 진영을 찾아갔다고 한다. 그런데 김구 진영에는 청년들을 어떻게 동원할 것인지에 관한 구체적인 체계가 갖춰져 있지 않았다. 이에 따라 그들은 발길을 돌려 김원봉이 이끄는 진영으로 왔고 중일전쟁을 활용하여 조선무장부대를 결성한다는 계획을 세우고 있던 김원봉은 이들을 중앙군교 싱쯔분교에 입교시켰던 것이다.

6. 호가장전투, 반소탕전

우한함락 직전 조선의용대는 우한을 빠져나왔다. 제1구대는 호남전선으로, 제2구대는 호북전선으로 이동하였다. 우한함락 후 호남과 호북의 전선에서는 중·일 간에 치열한 격전이 진행되었다. 항일정신으로 충만한 대원들은 이 같은 격전장을 찾아가 중국군에 배속되어 일본군을 상대로 선전 활동을 전개하거나 체포된 일본군 포로를 심문했으며 때로는 중국 민간인들에게 항일정서를 고취시키는 활동을 전개하였다. 대장 김원봉은 조선의용대 대본부 요원들과 함께 중국군사위원회 전방 사령부(서남행영西南行營)의 소재지 광시성 구이린으로 이동하여 본부를 설치하고 한편에서는 중국군 장군들을 만나 작전을 협의하거나 최전선으로 가 조선의용대 활동을 시찰·지도했으며 다른 한편에서는 중국 임시수도인 충칭으로 가 한국 독립운동단체의 통합을 위해 노력하였다.

조선의용대의 활동 가운데 역사에 길이 남아 전해지는 것은 호가장전투胡家莊戰鬪와 반소탕전反掃蕩戰이다. 화남과 화중에서 활동했던 조선의용대의 각 부대는 1939년 가을부터는 점차 북상하였다. 더 많은 대원을 확보하기 위해서는 조선인이 많이 거주하는 곳에서 작전할 필요가 있었는데, 화북에는 일본군을 따라 조선인들이 많이 이주해오고 있었기 때문이다. 그 지역은 중공 팔로군의 유격지가 넓게 퍼져 있어 작전을 벌이기에도 유리하였다. 1941년 봄과 여름에 걸쳐 조선의용대 주력 80여 명은 나뉘어서 황하를 건너 공산당 지구로 들어갔다. 대장 김원봉은 충칭에 남았으나 화북행 대오에는 김원봉의 절친한 친구이자 대오에서 위상이 높은 윤세주尹世胄, 황푸군교를 졸업한 박효삼朴孝三이 함께 하였다. 이들은 사실상 김원봉의 대리 격이었다. 화북에 도착한 대원들은 현지의 조선 청년들과 합세해 조선의용대 화북지대華

北支隊를 편성했고 지대장은 박효삼이 담당하였다.

대오를 정비한 조선의용대 화북지대는 1941년 가을 3개의 대를 편성하여 일본군 점령지역을 넘나들면서 무장선전 활동을 전개하였다. 그중 조선의용대 화북지대 제2대(대장 김세광金世光) 대원 20여 명은 허베이성 위안스현原氏縣 경내를 돌면서 무장선전 활동을 전개했는데 12월 12일 호가장胡家莊 마을에서 숙영하던 중 일본군의 습격을 받았고 양측 간의 교전이 시작되었다. 이 전투에서 손일봉, 박철동, 왕현순, 최철호 등 대원 4명이 현장에서 전사하였다. 대장 김세광은 팔에 총상을 입어 팔 하나를 잃고 말았다. 김세광은 난징의 조선혁명간부학교 1기를 졸업한 직후 바로 제2기에서는 교관으로 활동했다. 김원봉의 남다른 신임을 받았던 그는 1939년 가을 신설된 조선의용대 제3구대 구대장에 임명되었다. 한편 대원 김학철은 다리에 총상을 입고 포로가 되어 일본으로 압송되었다. 일본이 패망한 후에야 석방되어 조국으로 귀국할 수 있었다. 호가장전투는 조선의용대 대오의 항일의지를 피로써 증명한 사건이었다. 이후 조선의용대(조선의용군)는 '호가장전투'라는 연극을 상연하는 등이 전투는 대오의 중요한 역사로 자리 잡게 되었다. 충칭에 있던 김원봉은 아끼던 부하이자 동지들의 죽음에 매우 가슴이 아팠을 것이며 그것은 크나큰 손실이기도 하였다. 김원봉과 조선의용대 대본부(총대)가 거행한 추도식에는 장제스를 비롯한 많은 중국 지도자들이 추모의 글을 보내와 애도를 표하였다.

큰 슬픔은 또 이어졌다. 1942년 봄 일본군은 화북 팔로군을 소탕하기 위해 대규모의 군대를 동원하였는데 팔로군 측은 이에 맞서 반소탕전을 전개하였다. 이때 일본군은 팔로군 전방총사령부를 직접 겨냥하였다. 팔로군 전방총사령부 요원들이 포위망을 뚫고 나오는 데에는 조선의용대 부대가 적잖은 역할을 하였다. 특히 이 반소탕전에서 조선의용대의 최고 간부 윤세주가 전사하였다. 김원봉으로서는 너무나 큰 손실이었다. 당시의 자료에서도 윤세주의 죽음으로 김원봉의 조선의용대에 대한 장악력이 현저히 약화되었다고 나와 있다. 반소탕전이 끝난 후인 1942년 7월 조선의용대 화북지대 대원들은 집회를 열고 조선의용군 화북지대(지대장 박효삼)로 개칭하고, 화북조선독립동맹華北朝鮮獨立同盟을 조직하여 체제를 정비하였다. 그러나 그해 연말 태항산太行山[3]에 들어온 정통 팔로군 장군 김무정金武亭이 조선의용군과 독립동맹에 깊이 관여하여 체제를 개편하면서 김원봉의 조선의용군에 대한 영향력은 아주 미미해지고 말았다.

7. 대한민국임시정부 군무부장, 귀국·월북

조선의용대 주력이 화북으로 이동하여 활발한 활동을 전개하고 있을 당시 충칭의 김원봉은 민족혁명당을 이끌고 대한민국임시정부에 가담하였다. 잔류한 조선의용대 일부 대원들은 1942년 7월 한국광복군 제1지대로 개편하였고, 특히 1942년 가을에는 민족혁명당이 임시의정원에 참여하였다. 1944년에는 한국독립당 등과 연립정부를 건립하였는데 이때 민족혁명당의 김규식金奎植은 임정 부주석으로, 김원봉은 임정 군무부장에 추대되었다. 이후 김원봉은 국민당 지구 항일조선인의 통일만이 아니라 화북의 팔로군 지역 조선인 세력까지 통일하고자 노력하였는데 무엇보다도 임정의 문호를 개방하여 그들을 받아들일 수 있도록 노력했다. 그러나 한국독립당 측의 반대로 그것은 성공을 거두지 못하였다. 해방 후에는 다시 측근이나 처남까지 조선의용군에 보내 연계를 시도했으나 모두 여의치 않았다.

대신 해방 후 임정 요인의 일원으로 서울로 귀국하였다. 중국에 있을 때는

---

3 태행산이라고 읽지 않고 태항산이라고 읽는다.

황푸군교 동창들의 강력한 지원 세력이 있었지만 해방된 조국은 달랐다. 국내에서 항일을 해온 토착세력의 힘이 강력했고, 또한 한반도를 분할 점령한 미국이나 소련과 연고가 있는 사람들이 힘을 얻고 있었다. 이 모두에 해당되지 않은 김원봉은 귀국한 후 비주류에 머물 수밖에 없었다. 다만 그가 의열단 창단 이래 항일운동에 매진해온 애국자로 이름이 높았기 때문에 실권은 없으나 김원봉의 위상에 걸맞은 명예로운 자리가 주어졌다. 해방 후 조선공산당 같은 좌익정당, 조선노동조합전국평의회 같은 좌익 사회단체 등 여러 좌익 단체들이 총망라하여 1946년 2월 15일 조선민주주의민족전선朝鮮民主主義民族戰線(민전)을 결성하였다. 이때 민전에서는 공동의장 중 한 명으로 김원봉을 추대하였다. 이후 김원봉은 민전의장으로서 각종 기념행사를 주관하였고, 좌익단체를 대표하여 기자회견을 하거나 미군정에게 건의 혹은 항의하는 일을 많이 하였다. 1948년 남북연석회의南北連席會議가 평양에서 개최되었을 때 김원봉도 여타 좌익 대표들과 마찬가지로 거기에 참석하였는데 이후 잔류하였으며 초대 내각에서 국가검열상國家檢閱相을 맡았다. 그러나 그것은 그의 명망성을 배려한 자리였을 뿐 실권 있는 자리는 아니었다. 이후 8월종파 사건 후인 1957년 9월에는 최고인민회의 상임위원회 부위원장에 올랐다. 이 듬해 3월에 북한정부는 그의 탄생 60주년을 기념하여 노동훈장을 수여하였으나 그해 9월 모든 공직을 사임하고 물러났다.

8. 맺음말 : 김원봉의 특징과 항일독립운동사에서의 위상

항일독립운동가 김원봉의 첫째 특징은 사상의 개방성이다. 그는 1920년대 후반 한반도와 중국에서 공산주의 사조가 활발해졌을 때 이를 적극 수용하였다. 그의 밑에 진보적인 청년들이 많이 몰려들었던 것도 이 같은 그의 사상적 개방성 때문이었다. 그러면서도 그는 정통 공산주의자들과는 선을 그었다. 이러한 사고의 유연성 때문에 그는 만주사변 발발 후 중국국민당의 남의사藍衣社 계열과 협조체제를 구축할 수 있었다. 반면 그의 개방성과 유연성은 때로는 약점으로도 작용하였다. 한쪽으로부터는 위험한 공산주의자로, 다른 한 쪽으로부터는 기회주의자로 낙인찍히는 일이 있었다.

두 번째 특징은 그의 남다른 열정이다. 그와 함께 의열단 활동을 했던 김성숙은 당시의 김원봉에 대해 다음과 같이 말한다. "김원봉은 굉장한 정열의 소유자였습니다. 동지들에 대해서도 굉장히 뜨거운 사람이었지요. 그는 자기가 만난 사람을 설득시켜 자기의 동지로 만들겠다고 결심을 하면 며칠을 두고 싸워서라도 모든 정열을 쏟아서 뜻을 이루었지요. 그렇기 때문에 동지들이 죽는 곳에 뛰어들기를 겁내지 않았던 것 아닙니까? 그만큼 남으로 하여금 의욕을 내게 하는 사람이었지요." 그는 동지들에게만 아니라 중국인, 심지어 일본인 반전反戰인사들에게도 열정적으로 대했다. 결국 이러한 애국심에 바탕을 둔 열정으로 인하여 그는 중국의 군대와 정부 그리고 당내에 많은 지원자들을 확보할 수 있었다.

세 번째, 그는 젊은이들을 많이 양성한 교육자였다. 레닌주의정치학교, 조선혁명간부학교를 창설하여 많은 청년들을 직접 육성하거나 청년들을 뤄양 군관학교나 중앙군교 싱쯔분교 등에 입교시켜 인재로 육성했다. 그의 손을 거친 대표적인 인물을 꼽는다면 의열단 간부학교 1기 졸업생으로 항일 시를 많이 남긴 이육사李陸史가 있다. 또 한국보다 중국에서 더 잘 알려진 중국인민해방군 군가(팔로군 행진곡)를 작곡한 정율성鄭律成도 그가 설립한 혁명간부학교 출신이었다. 김원봉의 주선으로 싱쯔분교를 졸업한 인재가 많았는데 그 중 대표적인 인물은 호가장전투에서 다리 하나를 잃고 해방 후 연변에서 『해란강아 말하라』, 『격정시대』, 『20세기의 신화』 등 훌륭한 작품을 많이 써서 중국과 한국에서 유명해진 김학철金學鐵이다. 김학철이 묘사한 김원봉의 모습은 다음과 같다. "폭탄과 권총으로 모든 문제를 해결하려 했던 테러조직의 영수답지 않게, 그리고 목에 일제의 막대한 상금이 걸려 있는 사람답지 않게 김원봉의 모습은 병원 원장이나 학교 교장선생님처럼 온화했으며 이야기는 가식이 없었다."[4]

참고문헌

강만길,『조선민족혁명당과 통일전선』, 화평사, 1991.
김영범,「조선의용대 연구」,『한국독립운동사연구』 2, 1988.
──── ,「1930년대 의열단의 항일청년투사 양성에 관한 연구」,『한국독립운동사연구』 3, 1989.
염인호,『조선의용군의 독립운동』, 나남, 2001.

---

4 김학철,『격정시대』 2, 풀빛, 1988, 260쪽.

장지연

노관범

1. 장지연은 역사가인가? 3. 장지연의 역사학은 어떻게 전개되었는가?
2. 장지연 역사학의 기본 배경은 무엇인가?

1. 장지연은 역사가인가?

장지연張志淵(1864~1921)은 역사가인가? 쉽지 않은 질문이다. 역사가의 주된 직무는 역사책을 짓는 것이다. 역사가가 있어서 역사책이 나오는 것이지만 역사책이 있기에 역사가가 기억되는 것이다. 그렇다면, 『삼국사기三國史記』 하면 김부식金富軾이 떠오르고, 『고려사高麗史』 하면 정인지鄭麟趾가 떠오르고, 『동사강목東史綱目』 하면 안정복安鼎福이 떠오르는 것과 같이 제목만 들으면 척 하고 장지연을 떠올리게 하는 역사책이 있는가? 아니, 멀리 갈 것 없이 대한제국기에 김택영金澤榮이 『동사집략東史輯略』을 편찬하고, 현채玄采가 『동국사략東國史略』을 편찬하고 있었을 때 장지연은 김택영과 현채의 친

盧官汎 경제·인문사회연구회 전문위원.

주요 논문으로 「『한국통사』의 시대사상 : 자강, 인도, 혁명의 삼중주」(『한국사상사학』 33, 2009), 「청년기 장지연의 학문 배경과 박학풍」(『조선시대사학보』 43, 2008), 「장지연의 경세사학」(『한국사상과 문화』 40, 2007) 등이 있다.

구로서 여기에 자극을 받아 어떤 역사책을 지었는가? 언론계에서 함께 활동하였던 박은식朴殷植과 신채호申采浩가 나라가 망한 후 중국에 망명하여 각각 『한국통사韓國痛史』와 『조선상고사朝鮮上古史』를 지어 민족주의 역사학을 고취하고 있었을 때 그는 식민지 조선에 남아 어떤 역사책을 지었는가?

질문의 방향을 바꾸어가며 물어보아도 딱히 생각나는 책이 별로 없다. 장지연이 별로 저술을 즐기지 않아 역사책으로 내세울 만한 것이 없어서 그런 것이 아니다. 정반대로 그는 박학과 다작으로 소문난 사람이었다. 단국대학교 동양학연구소에서 10년이 넘는 장기간에 걸쳐 영인한 『장지연전서張志淵全書』(전 10권)를 보면 장지연이 남긴 단행본이 매우 많다는 사실에 놀라고 만다. 역사학과 관련된 책에 한정해보더라도 『대한강역고大韓疆域考』, 『대한신지지大韓新地志』, 『애급근세사埃及近世史』, 『희국부인전』, 『대동문수大東文粹』, 『만국사물기원역사萬國事物起原歷史』, 『대동시선大東詩選』, 『조선유교연원朝鮮儒教淵源』, 『일사유사逸士遺事』 등 많은 책들이 즐비하게 늘어서 있어서 저술가로서 그의 명성을 짐작하게 해준다. 하지만 그가 남긴 저술 중에서 전형적인 역사책, 역사책다운 역사책이라고 느껴지는 책을 발견하기 어렵다. 그가 지은 책들은 대부분 형식상으로 보자면 엄밀히 말해 역사학이 아니라 지리학, 문학, 사전학, 전기학의 범주에 속하는 것들이었다. 굳이 말한다면 시대사가 아니라 분류사의 감각으로 역사학에 접근했다고 할까? 혹은 전통 역사학의 사체史體로 말한다면 편년編年의 역사학보다는 지志나 전傳의 역사학을 선호했다고 할까? 어느 의미에서 역사학의 안이 아니라 역사학의 바깥에서 역사학을 성취하고자 하였다는 것, 역설적인 말처럼 들릴지 모르겠지만 장지연의 역사학은 그러했기에 시대전환기의 새로운 역사학을 담아낼 수 있었는지도 모른다.

역사가의 직무는 단순히 역사책을 짓는 것에 국한되지는 않는다. 역사가는 한편으로 역사적 지식을 바탕으로 현실세계의 문제들과 씨름하며 해결책을 추구하는 경세가의 역할을 담당한다. 이와 같은 관점에서 장지연이 역사가인지 다시 묻는다면 앞에서와는 달리 별 어려움 없이 그렇다고 대답할 수 있겠다는 생각이 든다. 장지연은 언론인으로 활동하면서 현실세계의 문제 해결을 목적으로 끊임없이 역사 지식의 현재화를 추구하며 역사학의 교훈성 내지 실용성을 제고하였기 때문이다. 특히 장지연은 같은 언론인이라도 여느 언론인과는 달랐다. 그는 1899년『시사총보時事叢報』에서 시작해서 1918년『매일신보每日新報』에 이르기까지 시간적으로 약 20년이라는 장기간 동안 언론계에 몸담았다. 『황성신문皇城新聞』과 같은 중앙지의 언론, 『희죠신문』과 같은 해외 교민지의 언론, 『경남일보慶南日報』와 같은 지방지의 언론에 이르기까지 공간적으로 다양한 장소에서 폭넓게 언론계에서 활동하였다. 다양한 장소에서 장기간에 걸쳐 언론 활동을 하면서 그는 신문 지면을 통해 자신의 역사학을 발휘한 많은 소품과 논설을 발표할 수 있었다. 근대계몽기에 들어와 성장한 대중매체 덕분에 역사학을 담는 그릇이 전통적인 단행본 형식에서 새로운 미디어 형식으로 변하게 되는데, 이와 같은 제도적 변화에 능동적으로 대응하여 그는 언론사학言論史學이라 칭할 만한 새로운 역사학의 장르를 개척한 것이다. 언론사학은 동시기 신식 학교 제도의 성립과 함께 생성된 교과서 사학과 더불어 한국 근대 역사학의 새로운 동향으로 주목되는바, 장지연의 역사학은 언론사학의 최전선에서 역사학의 경세론적 소임을 추구하였다는 점에서 특색이 있다.

장지연이 단행본과 신문 소품으로 자신의 역사학 세계를 일반 대중에게 전하였던 시기는 1900년대와 1910년대의 약 20년간이었다. 이 시기는 우리나라가 조선에서 대한으로 일신하였다가 다시 대한에서 조선으로 돌아가는 회귀의 시대였고, 왕국에서 제국으로 유신維新하였다가 제국에서 식민지로 전락하는 쇠망의 시대였다. 시대의 변화를 반영한 듯 그는 제국 대한의 독자들과 식민지 조선의 독자들에게 각각 역사 이야기를 달리하여 들려주었다. 즉, 그는 제국 대한의 독자들을 위해서는, 정약용의 『아방강역고』를 대한제국의 역사적 현실에 맞게 증보해서 『대한강역고』를 편찬하였고, 대한제국의 실용적인 국가 지리를 담은 『대한신지지』를 편찬하였다. 영국에 국권을 상실한 이집트 현대사의 비극을 역술한 『애급근세사』, 프랑스의 잔 다르크의 활약상을 소설체로 묘사한 『히국부인전』 등 외국의 역사와 전기를 번역한 출판물도 선보였다. 한국의 역대 명문을 정선하여 한국의 문화사를 문명사적으로 새롭게 전달한 『대동문수』, 백과사전의 형식으로 동서양의 다양한 문명 지식을 집성한 『만국사물기원역사』 등의 저술도 산출하였다. 애국과 문명을 향한 현재적·실천적 역사학의 발로였다. 반면 식민지 조선의 독자들을 위해서는, 조선시대 시선집 편찬의 전통을 계승하여 한국의 역대 명시를 선별한 『대동시선』, 조선시대 유교사의 체계적 서술을 시도한 『조선유교연원』, 조선시대 지배계층 바깥에 있는 다양한 주변인들의 삶을 기록한 『일사유사』 등을 안겨주었다. 셋 다 조선시대를 중심 대상으로 하는 국학 세계의 표출이었다. 이처럼 장지연의 역사학은 단행본으로 보면 애국과 문명을 설파하는 현재 실천적인 역사학에서 연원淵源과 유사遺事를 탐색하는 과거 회귀적인 역사학으로 이동하였다. '대한'을 탐구하는 역사학에서 '조선'을 성찰하는 역사학으로 초점이 바뀐 결과였다.

장지연의 역사학이 1910년대 이후 '대한'의 역사학을 끝내 붙들지 못한 것은 동시기 김택영과 박은식의 역사학과 비교하여 서로 상반된 지점이다. 김택영은 『한사경韓史綮』(1918)과 『한국역대소사韓國歷代小史』(1922)를, 박은식은 『한국통사韓國痛史』(1915)와 『한국독립운동지혈사韓國獨立運動之血史』(1921)를 지어 끝까지 역사학에 '대한'의 정체성을 보존하려고 하였다. 이는 물론 김택영과 박은식이 해외 망명에 성공하여 중국에서 활동하고 있었기에 가능한 일이기도 하였다. 김택영은 1905년 을사늑약 직전에 중국 강남으로 건너갔고, 박은식은 1911년 경술국치 이후 서간도로 건너갔던 것이다. 사실은 장지연도 해외 망명을 시도하여 러시아와 중국에서 체류한 적이 있었다. 그는 1908년 러시아 교민사회의 초청으로 블라디보스토크로 건너가 『히죠신문』 발간에 관계하였다. 그러나 그는 교민사회에 적응하지 못하고 중국으로 떠날 수밖에 없었고 중국까지 추격해온 교민들에게 피살 직전까지 내몰렸다가 결국 실패한 망명자로 귀국할 수밖에 없었다. 이것은 그가 1905년 정부 사절단과 동행하여 일본 도쿄에 가서 일본인의 환대를 받으며 근대 문물제도를 시찰했던 것과는 매우 대조적인 양상이었다. 문명을 견문하기 위한 일본행은 성공으로 끝났으나 애국을 실천하기 위한 러시아행은 실패로 끝났다는 것, 일본에서는 일본인에게 환대를 받았으나 러시아와 중국에서는 도리어 동포들에게 핍박을 받았다는 것, 이와 같은 모순적인 상황은 그의 역사학이 대한제국기에 추구했던 문명과 애국이라는 양대 가치의 상호관계에 균열을 일으켰으며, 결국 대한제국기에 관찰된 일본의 문명과 동포의 구습은 대한이 말살된 식민지 조선에서 더욱 그 격차가 벌어질 수밖에 없었다. 그럼에도 그는 식민지 조선에서 역사학을 포기하지 않았고 비록 1900년대와 같이 '대한'에 관한 문명사를 계속 탐구하지는 못하였으나 그 대신 '조선'에 관한 문화사 연구에 전념하여 많은 업적을 남길 수 있었다.

2. 장지연 역사학의 기본 배경은 무엇인가?

그러면 장지연 역사학의 기본 배경은 어떻게 설명할 수 있을까? 그는 어떻게 역사학의 소양을 길렀으며 어떤 환경에서 역사학에 착수할 수 있었을까?

여기에는 다양한 요인들이 있기 때문에 어느 한 가지 요인만 단정적으로 제시하기는 어렵지만 장지연이 일찍부터 박학한 학식을 갖출 수 있었다는 사실이 가장 중요하다고 할 수 있겠다.

사실 장지연의 어린 시절은 불행하였고 그가 역사학자로 성장하기에는 불리한 환경이었다. 그는 조선중기 퇴계학파의 뛰어난 학자였던 장현광張顯光의 12대손으로 경상도 인동仁同 지방의 사족 가문 출신이었지만, 5대조 장윤혁張胤赫과 그의 세 아들 장시경張時景, 장시욱張時昱, 장시호張時皥가 정조正祖 승하 후 역모를 꾸몄다는 혐의를 받아 죽음을 당한 후 직계 가문이 몰락하고 말았다. 장지연의 조부 장기원張璣遠은 상주尙州로 이주하였으며 부친 장용상張龍相은 상주에서 지탱하지 못하고 이리저리 유랑하며 근근이 생계를 유지하였다.

장지연의 불행한 초년기에 인생의 운이 달라질 수 있었던 결정적인 계기는 14세(1877)에 장석봉張錫鳳(1820~1882) 문하에 나아가 학업을 시작했던 일에서 마련되었다. 장석봉은 장현광의 9대손으로 인동 오산吳山의 고가古家에서 장현광의 가학을 계승하여 문중을 지도하면서 활발히 강학하여 '강우맹주江佑盟主'의 명성이 있었다. 장지연은 장석봉 문하에서 문헌 고가의 수많은 장서와 접하며 향학의 열정을 불태웠는데, 특히 고서를 읽으면서 수천 수만의 중요한 구절들을 하나하나 직접 기록하는 정성을 보였다.

장지연은 19세(1882)에 장석봉이 타계하자 그해 허훈許薰을 찾아가 공부를 계속하였다. 그는 후일 허훈의 의발衣鉢을 전수받았다는 평을 들을 정도로 허훈의 학풍을 충실히 계승하였다. 허훈은 허목許穆의 육경고학六經古學에 관심을 갖고 허전許傳을 찾아가 그 문인이 됨으로써 근기近畿 남인 학맥에 입지한 학자로, 실용적인 경세치용經世致用의 정신하에 광범위한 분야를 연구하는 박학풍博學風을 갖추고 있었다. 장지연은 허훈의 박학풍을 계승하였고, 이

미 25세(1888)에 인동부사에게 자신을 소개하는 편지를 보내면서 "시서육경詩書六經 · 제자백가諸子百家 · 사필史筆의 글에서부터 천문天文 · 지리地理 · 음양陰陽 · 율력律曆 · 악기握機 · 구각句股의 학문을 거쳐 범서梵書 · 도록道籙에 이르기까지" 자신의 박학을 자부하는 모습을 보였다. 장지연의 역사학은 이와 같은 청년기의 박학에 기초한 것이었다.

박학을 추구하는 장지연과 허훈의 학풍은 '허목—이익李瀷—안정복安鼎福—황덕길黃德吉—허전'의 근기 남인 학맥의 학문적 특성에서 유래하는 면도 있지만 이들이 거주했던 영남 강안江岸 지방의 지역적 정서에 기인하는 면도 있었다. 낙동강 연안의 강안 지방은 '길재吉再(선산)—김숙자金叔滋(선산)—김종직金宗直(밀양)—김굉필金宏弼(현풍)'로 이어지는 영남 사림파가 활동한 지역으로 퇴계학과 남명학이 번창하기 전 영남 주자학의 중심지였고, 퇴계와 남명 이후에는 퇴계학과 남명학을 동시에 수용했던 정구鄭逑(성주)와 김우옹金宇顒(성주), '이기경위설理氣經緯說'과 같은 독창적인 성리설을 발표한 장현광張顯光(인동) 등의 학맥이 포진해 비교적 다채롭고 개성 있는 풍토를 조성하고 있었다. 조선후기에는 서인—노론 학맥이 유입되어 정착하였고 19세기에 들어와 중앙의 경화학계京華學界와 비교적 활발히 소통하는 가운데 이진상李震相과 허전의 신흥 학파가 전파되어 학적 활력이 높아가고 있었다. 성장과정에서 강안 지방의 이러한 지역적 분위기를 체감한 장지연은 후일 「조선유교朝鮮儒敎의 원류源流」에서 퇴계학이 크게 조목趙穆과 정구의 양대 학풍으로 대별되는데 정구는 우주 간의 모든 일을 자기 책무로 삼아 박학을 추구하였고 그것이 허목으로 전해졌다고 하여, 자신의 박학이 비단 근기 남인 학맥의 학문적 특성일 뿐만 아니라 정구의 학문적 영향력이 미치는 영남 강안 지방의 전통이라는 점을 암시하였다.

장지연의 박학풍이 역사학의 토대를 구축하는 기본적인 동력이었다면 구체적으로 장지연의 역사학에 기본적인 방향성을 제공한 것은 지리학과 실용정신이었다. 그는 어려서부터 지리학을 매우 좋아하여 산수에 유람을 가도 자연 풍광의 감상보다는 역사 유적의 답사에 열중하였고 조선시대 지방 지지地志에 담긴 다양한 실용적인 지식들을 풍부히 습득하였다.

장지연의 역사학이 이렇게 지리학 중심의 실용적인 역사학으로 형성된 데에는 본인의 깨달음과 더불어 허훈의 영향이 컸다. 허훈은 각별한 사학정신을 지니고 실용적인 주제로 역사를 탐구하였는데, 가령 우경牛耕은 언제 시작했는가, 역대로 포제砲制는 어떻게 변천하고 차제車制는 어떻게 변천하였는가, 역사상의 패수浿水와 수양산首陽山의 지리적 위치는 어디에 비정해야 하는가 등의 문제에 대하여 소품을 남겼다. 이것은 장지연이 문물전장과 지리 강역을 중심으로 역사학을 추구하는 바탕이 되었으리라 생각된다.

장지연이 고향을 떠나 서울에 상경한 것은 27세 되던 해(1890) 정월이었다. 과거 응시를 위한 체류였다. 그는 뛰어난 문장 실력으로 이듬해 도시度試에 응시하여 상격賞格에 들었는데, 이때 민씨 척족 세도의 한 사람인 민영규閔泳奎의 눈에 띄어 민영규를 주대감(主台)으로 모시고 문객 생활을 하였고, 민영규의 후원으로 갑오경장 직전 문과 소과에 합격하여 입신의 발판을 마련할 수 있었다. 그는 빼어난 문장 솜씨를 바탕으로 민영규와 그 주변 고관들을 위해 국가 예식에 필요한 의례적인 문장들을 대작代作해주며 두각을 나타냈다. 34세(1897)에는 고종에게 경운궁 환궁을 청하고 황제에 즉위할 것을 청하는 상소운동에서 제소製疏의 직임을 얻었고, 고종이 경운궁에 환궁한 사실을 종묘사직에 알리는 고유문告由文과 고종이 황제에 즉위한 것을 하례하는 표문表文을 대신 지어 명성을 높였다. 그는 동년 남정철南廷哲의 건의로 대한 제국의 의례를 정하는 사례소史禮所가 설치되자 역시 민영규의 후원으로 사례소 직원直員에 임명되고 내부주사內部主事를 겸임하며 관계官界에 진입하여 사교의 폭을 넓힐 수 있었다. 서울 시단에서 시명이 높았던 김택영金澤榮, 김택영으로부터 서울 문학계의 제일로 평가받은 윤희구尹喜求 등 경화학계의 많은 문인들을 사례소를 통해 만났다. 사지학史志學의 성격이 짙은 『대한예전大韓禮典』(1898)과 『황례편皇禮篇』(1899)의 편찬은 사례소 활동의 산물과 부산물이었다.

장지연은 언론인으로 활약하면서 그의 문명을 전국적으로 높이고 교유의 폭을 넓힐 수 있었다. 그는 1899년 민영기閔泳綺가 추진하여 『시사총보』가 창간되자 주필을 담당하였고, 1902년 봄 『황성신문』에 정식으로 입사하여 주필로 활동하며 많은 열혈 논설들을 발표하고 문물전장과 지리강역의 역사학을 발휘한 소품들을 다수 게재하였다.[1] 그가 『시사총보』와 『황성신문』에 발표한 작품들은 신문이 닿는 곳곳에 퍼져나가 독자들의 반응을 얻어냈다. 예를 들면, 『해동역사海東繹史』를 지은 한치윤韓致奫의 손자 한용원韓龍源은 장지연에게 편지를 보내 자신이 『시사총보』를 읽고 그의 식견에 감탄하였음을 밝히고 『황성신문』의 논설 가운데 울릉도의 역사에 관한 것을 읽다가 안용복 사건과 관련하여 『해동역사』에서 관련 사실을 적어 보내니 참고하라고 하였다. 이는 장지연이 신문 매체를 통해 실학파의 후예와 소통하는 데 유리한 환경에 있었음을 의미한다. 그가 정약용의 현손 정규영丁奎英을 찾아가 손쉽게 『아방강역고』를 얻어 이를 증보하여 『대한강역고』로 출간할 수 있었

---

1 장지연은 을사늑약의 울분을 토로한 「시일야방성대곡時日也放聲大哭」을 『황성신문』에 게재하여 『황성신문』을 대표하는 언론인으로 알려져 있지만 정작 『황성신문』 발간과 관련된 구체적인 행적은 해명되지 못한 부분이 많다. 그는 1898년 『황성신문』 창간 당시 출자하여 신문사 설립에 참여하였고 1900년부터 비정기적으로 논설을 간간이 발표하다 1902년 봄에 정식 주필로 고용되어 동년 9월 사장으로 취임하였을 것으로 생각된다. 을사늑약으로 정간된 『황성신문』이 1906년 2월 재간되면서 그는 신문사 사장에서 물러났으나 적어도 동년 5월까지는 주필 직을 계속 수행하였던 것으로 보인다(노관범, 「대한제국기 장지연 저작목록의 재검토」, 『역사문화논총』 4, 신구문화사, 2008).

던 것도 실은 그가 『황성신문』의 주필로서 정약용의 지리학을 신문 독자들에게 적극적으로 홍보할 수 있는 유리한 위치에 있었기에 가능한 일이었을 것이다.

장지연은 『시사총보』와 『황성신문』의 주필로 활동하면서 조선후기 실학자들의 학문을 독자들에게 알리기 위해 많은 노력을 기울였다. 그는 대한제국기에 구황책을 마련하기 위해 조선후기 대표적인 황정론荒政論으로 이익李瀷, 박지원朴趾源, 정약용丁若鏞 등의 논의를 채택하고 있었고, 한국의 의관제도를 고찰하는 소론을 지어 안정복, 박지원, 정약용 등의 학설을 검토하고 있었으며, 한국의 농업 발전 방안과 관련하여 수리 문제를 논하면서 박지원의 학설을 검토하거나 농기 개량을 주장하면서 정약용의 농업관을 되새겼다. 그는 특히 정약용의 학술을 중시하고 이를 대한제국의 신민들에게 널리 알리기 위해 많은 노력을 기울였다. 그가 신문 주필의 권한으로 『황성신문』에 『아방강역고我邦疆域考』와 『아언각비雅言覺非』를 연재한 것도 이 때문이었으며, 현채玄采 · 양재건梁在謇과 더불어 광문사廣文社에서 활동하면서 『목민심서牧民心書』와 『흠흠신서欽欽新書』 등의 출판에 힘을 쏟은 것도 이 때문이었다. 아울러 그는 『황성신문』 지면에 김택영이 지은 역사책 『동사집략東史輯略』과 『숭양기구전崧陽耆舊傳』, 헐버트Homer B. Hulbert가 지은 역사책 『대동기년大東紀年』의 출간을 기념하고, 현채가 번역한 『만국사기萬國史記』를 소개하고, 『애급근세사』의 독후감을 발표하고, 일본 유학생 박용희朴容喜로부터 입수한 광개토대왕비 비문을 연재하는 등 신문 독자들을 대상으로 역사 계몽에 주력하였다.

장지연의 역사학이 산출된 사회적 공간과 관련하여 신문사와 더불어 주목할 곳은 학교이다. 1905년 을사늑약으로 대한제국이 독립국으로서의 국권을 잃고 일본에 예속되는 사태가 발생하자 대한제국의 지식인들은 대한의 독립은 자강 여하에 달려 있다고 보고 일본에 의지함이 없이 스스로의 힘으로 교육과 식산에 매진하여 실력을 양성하는 자강운동自强運動을 추구하였다. 이 과정에서 신학문을 가르치는 신식 학교가 다수 설립되었고, 이에 따라 신학문을 가르치는 데 사용할 새로운 교과서가 필요하게 되었다. 장지연은 1906년 자강운동을 선도하는 사회단체인 대한자강회大韓自强會를 조직하여 자강운동을 주도하고 있었거니와, 동년 민영휘閔泳徽가 세운 휘문의숙徽文義塾에서 교편을 잡고 유근柳瑾, 원영의元永義, 안종화安鍾和 등과 더불어 많은 교과서를 편찬하였다. 그는 자신이 『고등소학독본高等小學讀本』, 『중등수신교과서中等修身教科書』, 『신정동국역사新訂東國歷史』, 『대동문수』, 『대한신지지』 등을 편집했다고 밝혔는데, 이 가운데 『대한신지지』는 장지연이 직접 저술한 지리 교과서였고, 『대동문수』는 편집은 휘문의숙편집실에서 했지만 장지연의 관점에서 한국의 명문을 선별한 한문 교과서였다. 『신정동국역사』는 원영의와 유근이 공동 편집하고 장지연이 교열한 것으로 간행본은 단군조선부터 고려시대까지를 포괄하고 있다. 장지연은 이 밖에 지리학에 대한 특별한 관심으로 김교홍金教鴻이 지은 『중등만국신지지中等萬國新地志』를 교열하는 정성을 기울였는데 이 책 역시 휘문의숙에서 나왔다. 휘문의숙은 을사늑약 이후 설립된 대표적인 사립학교로 당시 교육계에서 차지하는 비중이 워낙 컸기 때문에 휘문의숙에서 출간된 교과용 도서들의 사회적 파급력은 결코 작지 않았다. 1909년 장지연, 원영의 등 휘문의숙 교육가들이 주축이 되어 강사친목회講師親睦會를 조직한 것도 휘문의숙 교육가의 위상을 보여주는 사례이다.

그러나 장지연의 사회 활동의 본령은 역시 교육계보다는 언론계에 있었다. 그는 『황성신문』을 떠난 뒤 대한자강회와 대한협회大韓協會를 중심으로 자강운동을 전개하는 동안에도 『조양보』, 『히죠신문』, 『경남일보』에서 계속 필설을 드날렸으며, 일제식민지시기 경남일보사의 내부 분열로 신문사를 퇴사한 뒤에는 아베 미쓰이에阿部充家의 권유로 조선총독부의 기관지 『매일신보』에서 활동하였다. 그는 황성신문사에서 활동할 때 쏟았던 역사학의 열정을 다시 재개하여 '조선'의 종교학술과 문화풍속에 대한 다양한 역사학 소품들을 발표하였다. 그가 50대 초반의 나이에 식민지 지배 권력과 협력하여 총독부의 기관지를 위해 활동한 것은 1910년 이전 그의 애국주의적인 행적과 비교하면 분명 이율배반적인 행위였으나,[2] 정작 장지연의 역사학에서 조선의 문화사 전반에 걸친 풍부한 역사 소품들이 산출된 곳은 『매일신보』 지면이었다. 장지연의 역사학을 둘러싼 정치적 배경은 식민지 이전과 이후의 시기가 '대한'과 '조선'의 거리만큼이나 확연히 구분되었지만, 그 주요한 제도적 배경은 한결같이 언론 제도라고 하는 근대적인 기제에 의해 마련되었다.

3. 장지연의 역사학은 어떻게 전개되었는가?

그러면 장지연의 역사학은 시기별로 어떻게 전개되었는지 구체적인 작품들을 통해서 살펴보도록 하자. 앞에서 본 것처럼 역사학과 관련된 장지연의 저술 가운데 최초의 단행본은 정약용의 『아방강역고』를 대한제국의 현실에

---

2 장지연이 『매일신보』에 기고한 것은 을사늑약을 규탄했던 『황성신문』의 지사적인 주필의 모습과는 어울리지 않았으며, 당시에도 많은 비난을 받았다. 장지연 본인은 '객원客員으로 대하고 사원社員으로 대하지 않는다, 작성 원고는 일사유사逸士遺事, 종교풍속宗教風俗 등의 내용에 한정하고 신문사 안이 아닌 밖에서 작성해 보낸다, 아베 미쓰이에가 귀국하면 자신도 신문사 활동을 마친다'는 세 가지 조건에 입각해 『매일신보』에서 활동한 것이었다고 변명했지만 실제로 『매일신보』에 발표된 그의 작품에는 조선총독부의 시정에 호응하는 정치적인 언설들도 적지 않았고, 대한제국기에 추구했던 자강사상을 완전히 부정하는 자기부정의 언설들도 존재하였다. 그럼에도 그의 주위에서는 세상에는 악평이 있을지라도 그의 '경우'를 이해하는 지인들은 악평을 하지 못할 것이라고 보는 사람도 있었다. 와세다대학을 졸업한 강주한姜周漢은 1915년 장지연에게 이 같은 내용의 편지를 보내 장지연을 동정하였고, 하와이 교민들이 발행하는 『태평양의 한인』이라는 영문 잡지에 하와이 교민과 샌프란시스코 교민의 상호 단합을 권고하는 발간 축사를 써줄 것을 청하였다.

맞게 증보한 『대한강역고』(1903)이다. 『대한강역고』는 일차적으로 장지연이 정약용으로 대표되는 조선후기 근기 남인 실학의 역사학적 전통을 계승, 발전시키고 있음을 상징하는 저술이었지만 실은 그 이상으로 신생 제국 대한의 강역을 상징하는 저술이기도 하였다. 그는 사실 대한이 남으로 탐라에서 북으로 말갈까지 다양한 고대 국가를 아우른 나라이고 명明이 멸망한 후 명의 적통을 계승한 나라이기 때문에 『만국공법萬國公法』에서 제시하는 제국의 요건을 충족한다고 주장할 정도로 대한의 제국됨에 관하여 예민한 편이었다. 그러한 그가 『대한강역고』의 권두에 특별히 삽입하여 제시한 「삼한전도三韓全圖」, 「사군전도四郡全圖」, 「신라도新羅圖」, 「백제도百濟圖」, 「고구려도高句麗圖」, 「발해도渤海圖」, 「북간도도北間島圖」는 정약용의 저술에 없던 것으로 제국을 시각적으로 상징하는 대한의 역사적 강역이었으며, 특히 「북간도도」에서 보듯 이는 조속히 청과 담판하여 회복해야 할 대한의 현실의 강역이기도 하였다. 『대한강역고』는 『아방강역고』에 없는 「백두산정계비고白頭山定界碑考」를 추가하여 한·중 간 국경 교섭 문제를 논한 저서인데, 여기서 장지연은 '성조聖祖'의 발상지, 즉 대한 황실의 요람을 수복하지 못하고 이역에 방치하고 있음을 비통해하면서 러시아 연해주까지 포함하는 '구강舊疆'을 모두 수복하지는 못한다 해도 간도만큼은 반드시 판도에 편입해야 한다고 주장하였다. 이는 아직 타결되지 못한 제국의 강역을 조속히 확정하라는 메시지였으며, 권중현權重顯이 말한 것처럼 '옛 땅의 회복'은 물론 '신계新界의 개척'이라는 의미까지 함축하는 것으로 해석될 수 있었다. 그래서일까, 이기李沂는 1904년 러일전쟁이 발발하자 일본이 러시아 세력을 몰아낸 뒤 만주 동부는 일본이, 만주 남부는 한국이, 만주 서부는 청국이 차지하여 동양 삼국의 정족지세鼎足之勢를 이룩하자는 삼만론三滿論을 제안하기도 하였다.

그러나 장지연이 『대한강역고』에서 만주를 향한 제국 대한의 고토 회복 또는 강역 팽창을 희구하기는 하였으나 실제로 그가 『황성신문』에 『대한강역고』를 소개하면서 염두에 두었던 것은 그와 반대로 만주의 러시아 세력으로부터 압박받고 있는 제국 대한의 위기 상황이었다. 그는 「아한강역서북연혁고我韓疆域西北沿革考」, 「북변개척시말北邊開拓始末」, 「서변정복시말西邊征服始末」 등의 소품을 지어, 대한의 서북 지방의 지리적 연혁과 정치적·군사적 통합 과정을 고찰하였고, 『대한강역고』를 소개하는 자리에서 역대로 동아시아 정세가 불안정해질 때마다 한국이 항상 서북으로부터 입었던 역사적 환란들을 주시하면서 러시아의 지원을 받는 청의 비적 떼가 홍건적紅巾賊처럼 대한에 침입했을 때의 대처 방안을 고심하였다. 이렇게 러일전쟁 전야에 러시아의 위협에 맞서는 방안으로 그는 의주義州 개시開市의 재개라는 해결책을 강구하였고, 이를 위해 의주 개시의 지리적 가치를 계산하고 한국 대외교역사의 국면들을 고찰하였다. 그 결과 의주는 중국 및 압록강 상류와 육해로가 통하는 교통의 요지, 연강沿江 지역에서 삼림과 인삼을 공급받는 물산의 집결지로서 지리적 가치가 있는 도시이고, 한국 대외교역사의 전개 과정에서 볼 때 개시 그 자체는 대외교역이 부진했던 조선시대에 출현하였지만 열국 통상이 활발한 개방의 시대를 맞이하여 압록강의 연강 7군과 더불어 확장된 형태로 개시를 재개하는 것이 타당하다는 결론을 내릴 수 있었다. 이처럼 초기 장지연의 역사학은 대한제국의 성립을 배경으로 대한제국의 현실 문제를 해결하기 위해 역사적 사실을 탐구하는 경세사학經世史學이었다. 그는 지리강역의 역사뿐만 아니라 화폐 제도, 의관 제도 등 사지학史志學의 영역에 속하는 다양한 문물제도의 역사를 검토하여 신문 지면에 발표하였다.

장지연의 역사학이 대한제국의 수립을 배경으로 제국의 지리강역과 문물전장에 집중하였다면, 러일전쟁 이후에는 자강운동을 전개하면서 애국과 문명의 색채를 강화하며 새로운 모습으로 변모하였다. 그가 1905년 『황성신문』 독자들에게 『애급근세사』의 독서를 당부하고 스스로 『애급근세사』를 역술한 것은 을사늑약 직전 한일관계의 역사적 상황을 이집트가 영국의 식민지로 전락해갔던 과정에 투시하면서 그 위험성을 경고하는 동시에 정의도 없고 공리도 없는 우승열패의 현실세계를 일깨우기 위해서였고, 그가 1907년 고종이 퇴위한 직후 『회국부인전』을 출간한 것은 제국을 시작했던 광무년간이 사라진 충격적 상황에서도 한국 국민에게 잔 다르크 같은 애국의 민중 영웅으로 거듭날 것을 촉구하기 위해서였다. 그는 이처럼 외국의 역사와 전기를 통해 애국의 가치를 설파하는 한편, 『대동문수』(1907), 『대한신지지』(1907), 『만국사물기원역사』(1909) 등과 같은 책을 통해 문학, 지리학, 사전학의 형식으로 문명사文明史의 영역을 개척하였다. 특히 『대한신지지』는 군현 지지 중심의 전통적인 지지 체계에다 새롭게 국가 지지 관념을 도입하여 자연지리와 인문지리를 추가한 것으로, 이 가운데 제2편 「인문지리人文地理」는 한국의 인종, 가족, 언어·문자, 풍속·성질, 의식주, 종교, 호구, 황실, 재정, 병제, 교육, 화폐, 산업(농·공·상·수산·목축·산림·광업), 교통(철도·항로·우편·전신·전화) 등 다양한 분야에서 한국의 지사학地史學을 서술한 것이다. 또한 『만국사물기원역사』는 천문, 지리, 인류, 문사文事, 과학, 교육, 종교, 예절, 의장儀仗, 정치, 군사, 위생, 공예, 역체驛遞, 상업, 농사, 직조물, 복식, 음식, 건축, 음악, 기계, 기용器用, 유희, 방술方術, 식물, 광물, 풍속잡제風俗雜題 등 총 28장으로 나누어 동서고금의 다양한 실용적인 문명 지식들을 백과전서 형식으로 집적한 것이다. 이것은 전통적인 정치사 중심의 역사 이해를 탈피하고 인간의 삶을 둘러싼 다양한 문명의 외연들을 탐사한 것으로 장지연의 박학풍이 도달한 극한점이었다고 볼 수 있다.

그러나 그는 대한문명사와 세계문명사를 그 이상으로 끌고 가지 못했다. 대한제국기에 그가 추구한 역사학, 곧 제국의 역사학, 애국의 역사학, 문명의 역사학은 식민지 조선에 들어와 단절되었다. 대한이 지워지면서 대한에 아로새겨져 빛나던 역사의식도 함께 사라졌다. 그는 복고적인 역사학으로 돌아섰고 조선의 종교학술과 문화풍속을 탐구하는 방향으로 역사학의 방향을 바꾸었다. 그는 『매일신보』에 많은 관련 소품들을 연재하였고, 『대동시선』, 『일사유사』, 『조선유교연원』 등을 남겼다. 이 시기 장지연의 역사학에서 가장 주목되는 점은 본격적인 '일사逸史' 탐구를 성취하였다는 것이다. 사실 그의 역사학에서 '일사'에 대한 열망은 오래된 것이었다. 그는 1902년 김택영의 『동사집략』 출간을 기념하는 논설에서 금석문이나 일본의 역사책을 적극적으로 활용하여 한국사의 결락된 부분을 보충해야 한다고 주장하였고, 실제로 이듬해 『대한강역고』를 편찬할 때 『아방강역고』에 없는 「임나고任那考」를 별도로 두고 『일본서기』의 기록을 '일사'로 활용하여 가야의 강역을 논구論究하는 자세를 보였다. 또 그는 1909년 고구려 을지문덕의 오언시보다 이른 시기에 나온 작품으로 고구려 승려 정법定法의 오언시 「고석孤石」을 발굴하여 고구려시사高句麗詩史를 다시 쓰는 쾌거를 이룩하였고, 자신의 이러한 성과를 『대동시선』에 반영하였다. 또 그는 『경남일보』에서 활동할 당시 경상남도 각 군의 충신, 효자, 열녀, 절사節士 등의 행적을 발굴하여 「삼강일사三綱逸史」를 연재하였다. 『일사유사』는 말하자면 그의 역사학에서 발현된 이러한 오랜 '일사' 취향의 결정판이라 이를 만하다. 『일사유사』는 문벌과 신분에 막혀 뜻은 컸으나 시대에 등용되지 못한 한미한 인재들의 이야기인바, 국조 정사에서는 잘 포착되지 않는 여항閭巷 세계의 숨은 역사〔逸史〕를 이야기한 것이기 때문이다. 어쩌면 그 이야기는 자신의 이야기일 수도 있었다. 그리고 식민지의 현실에서 조선시대를 바라보는 회한의 시선이기도 하였다. 그것은 이미 수준 미달로 급격히 쇠락해버린 조선 유교계의 현실을 통분해하며 조선 유학사를 역사적으로 정리하고자 하였던 그의 마음과도 통하는 것이었다. 이렇게 그는 대한제국기에 애국과 문명의 실천에 몰입하느라 충분히 맞닥뜨리지 못했던 조선사회의 사상적·문화적 유산들을 식민지의 현실에서 조우하였다. 제국 대한의 현실이 아닌 식민지 조선의 현실에서 조우하였다는 특수성이 있기는 하지만 시대전환기에 언젠가는 거쳐 가야 하는 것이 전통 문화의 역사화 작업이라면 1910년대 장지연의 역사학은 그런 역할을 담당했다고 평가할 수도 있지 않을까?

참고문헌

『위암장지연서간집』, 위암장지연서간집편찬위원회, 2004.
『장지연전서』, 단국대학교부설 동양학연구소, 1979~1989.
강명관, 「장지연 시세계의 변모와 양상」, 『한국한문학연구』 9·10, 1987.
구자혁, 『장지연 : 민족주의 사학의 선구』, 동아일보사, 1993.
─── , 「장지연 사상 연구」, 단국대학교 박사학위논문, 1990.
권영민, 「개화기의 문학사상 연구 (1)」, 『진단학보』 55, 1983.
김도형, 「장지연의 변법론과 그 변화」, 『한국사연구』 109, 한국사연구회, 2000.
─── , 「한말·일제시기 구미 지역 유생층의 동향」, 『한국학논집』 24, 계명대학교, 1997.
김문식, 「장지연이 편찬한 『대한예전』」, 『문헌과 해석』 35, 문헌과해석사, 2006.
김영문, 「장지연의 양계초 수용에 관한 연구」, 『중국문학』 42, 한국중국어문학회, 2004.
노관범, 「대한제국기 장지연 저작목록의 재검토」, 『역사문화논총』 4, 신구문화사, 2008.
─── , 「대한제국기 장지연의 자강사상 연구」, 『한국근현대사연구』 43, 한국근현대사학회, 2008.
─── , 「장지연의 경세사학」, 『한국사상과문화』 40, 한국사상문화학회, 2007.
─── , 「청년기 장지연의 학문 배경과 박학풍」, 『조선시대사학보』 43, 조선시대사학회, 2008.

──────, 「대한제국기 박은식과 장지연의 자강사상 연구」, 서울대학교 박사학위논문, 2007.

박민영, 「장지연의 북방강역인식 : 『대한강역고』의 「백두산정계비고」를 중심으로」, 『한국독립운동사연구』 25, 독립기념관 한국독립운동사연구소, 2005.

신용하, 「19세기 말 장지연의 다산 정약용의 발굴」, 『한국학보』 110, 일지사, 2003.

우남숙, 「자강·독립사상 연구 : 장지연·박은식·신채호를 중심으로」, 이화여자대학교 박사학위논문, 1994.

위암장지연기념사업회 편, 『위암 장지연의 사상과 활동』, 민음사, 1994.

이강옥, 「장지연의 의식변화와 서사문학의 전개 (상)」, 『한국학보』 60, 일지사, 1990.

──────, 「장지연의 의식변화와 서사문학의 전개 (하)」, 『한국학보』 61, 일지사, 1990.

이훈옥, 「한말 장지연의 역사인식」, 『한국민족운동사연구』 3, 한국민족운동사학회, 1989.

──────, 「장지연의 변혁사상 연구」, 인하대학교 박사학위논문, 1989.

천관우, 「장지연과 그 사상」, 『백산학보』 3, 백산학회, 1968.

홍원식, 「애국계몽운동의 철학적 기반」, 『동양철학연구』 22, 2000.

황재문, 「장지연·신채호·이광수의 문학사상 비교」, 서울대학교 박사학위논문, 2004.

『상해시기 대한민국임시정부 연구』

윤대원

1. 좌불안석坐不安席

원고 청탁에 '선뜻' 응하기는 했지만 내내 부담스러웠다. 은사님으로부터 전화로 청탁을 받고 별다른 생각 없이 선뜻 그리하겠다고 대답을 했지만 그 뒤『한국사 시민강좌』에 실린 '나의 책을 말한다'라는 코너를 확인하고는 그 때부터 좌불안석이었다. 아직 연구 경륜이 일천하고 대한민국임시정부 연구에 훌륭한 업적을 내신 분들이 많은 현실에서 이런 글을 쓴다는 것이 부담스럽지 않을 수 없었다.

尹大遠 규장각한국학연구원 HK연구교수.

　저서로는 『한국근대사』(풀빛, 1993), 『21세기 한·중·일 역사전쟁』(서해문집, 2009), 『한국근대사회와 문화』3(공저, 서울대학교출판부, 2007), 『대한민국임시정부의 현대사적 성찰』(공저, 나남, 2010) 등이 있으며, 논문으로는 「한말 일제초기 정체론의 논의과정과 민주공화제의 수용(『중국현대사연구』 12, 2001)」, 「서간도 대한광복군사령부와 대한광복군총영에 대한 재검토」(『한국사연구』 133, 2006), 「玄楯에게 '秘傳'된 임시정부의 실체와 대한공화국임시정부」(『한국독립운동사연구』 33, 2009)등이 있다.

더구나 이 책의 장단점을 누구보다도 잘 알고 있는 필자 스스로가 이런 글을 쓴다는 것에 자신감이 없기도 하고 그동안 이 코너를 거쳐 가신 분들의 면면을 생각해보면 이 책이 그 대열에 함께 한다는 것 자체가 부담이었기 때문이다. 그렇다고 용기 있게 원고 청탁을 취소해달라는 '역청탁'도 드리지 못하고 차일피일하다가 결국 원고를 써야 할 지경에 이르렀다.

평소 강의나 원고와 관련한 지인들의 간곡한 부탁을 잘 거절하지 못하고 응했다가 나중에 후회한 일이 한두 번이 아니었다. 다음에는 좀더 신중하고 냉정하자고 다짐하지만 이번에도 이 다짐을 지키지 못하고 말았다. 그래서 이 글이 은사님께는 물론, 앞서 '나의 책을 말한다' 코너에 좋은 글을 기고하신 분들과 나아가서는 『한국사 시민강좌』에 누를 끼치지나 않을까 걱정이 앞선다.

2. 한참을 돌아서 온 길

'한참을 돌아서 온 길'이란 제목 자체가 좀 뜬금없이 들릴지 모르겠지만 이 길로 오는 데는 약 8년간의 외도의 길이 있었다. 1984년 석사학위 논문을 쓰고 군에 입대, 1986년 6월에 만기 제대를 하여 학교로 돌아왔다. 주지하듯이 이때는 학교는 물론 사회 전체가 민주화 문제로 격심한 격랑에 휩싸였던 시절이었다.

군대를 갓 제대하고 처음 마주친 현실은 이른바 대중교육이었다. 잘 아는 선배의 부탁으로 한 종교 단체가 농민지도자를 대상으로 실시한 교육 과정에 한국사를 주제로 하는 강의를 맡게 되었다. 당시로서는 이런 강의가 매우 생소한 일이었고 시절이 시절인 만큼 농민단체에서 이런 강의를 하는 것 자체가 개인적으로는 상당히 부담이 되는 일이었다. 강의에 응한 것은 존경하던 선배의 부탁도 있었지만 그렇게라도 민주화운동에 작은 힘이나마 보태고 싶었기 때문이었다. 또한 당시 대학 시절 누구나 한번쯤은 고민했을 '지식인으로서의 사회에 대한 부채의식'의 발로이기도 했다.

짧은 1박 2일의 일정이었지만 이 일은 이후 약 8년간 필자가 대학원을 떠나 외도를 하게 되는 중요한 계기가 되었다. 순박했지만 아주 진지했던 농민들과 거의 밤을 새우며 우리 역사와 현실에 대해 이러저러한 이야기를 나누었던 그때를 생각하면 지금도 등에 식은땀이 흐른다. 자료를 통해서만 과거와 현실을 보아온 필자와 팍팍한 농촌 현장에서 온몸으로 역사와 현실에 맞서 살아온 농민과의 대화는 긴장의 연속이었고 역사를 연구하겠다는 나를 새삼 되돌아보게 했다.

특히 그분들과 나눈 대화 가운데 가슴을 무겁게 짓누른 것은 그분들의 하나같은 주장, "왜 역사가 어려워야 하는가?", "왜 우리들이 쉽게 읽을 수 있는 역사책은 없는가?" 하는 항의반 부탁반의 이야기였다. 그분들의 하나같은 지적을 듣는 순간 한말 개화지식인들의 '우민관愚民觀'을 비판했던 화살이 나를 향하고 있다는 느낌이 들었다. 이 일을 계기로 나의 고민은 이런 분들이 우리 역사를 쉽게 접하면서 올바른 역사인식을 가질 수 있는 방법이 무엇인가라는 데 집중되었다. 그래서 내린 결론이 역사의 대중화라는 외도였다. 이후 박사과정 진학을 잠시 미루고 뜻을 같이하는 선후배들과 함께 8년 가까이 대중적인 역사 글쓰기와 역사책 쓰기 그리고 당시 막 태동하기 시작한 시민단체나 노동조합 등을 찾아 8년 가까이 바쁘게 전국을 다니며 역사 대중화를 위해 노력했다.

이렇게 시작한 일은 나름 보람도 있었지만 하루하루가 유형무형의 이데올로기적 억압과 사회적 편견과 맞서야 하는 긴장의 나날이었다. 그런데 해를 거듭하며 대중교육의 현장에서 여러 계층의 다양한 대중을 접할수록 '뭔가'

부족하고 답답해하는 나를 발견했다. 그것은 '과연 나는 그들이 진정 듣고 싶어 하는 이야기를 확신을 가진 나의 목소리로 하고 있는가' 하는 의문이었다. 강의와 글쓰기를 위해 학계의 연구성과를 섭렵, 정리하면서 나름대로 박학다식해졌을지는 몰라도 정작 중요한 나의 생각, 나의 목소리는 없었기 때문이다. 역사의 대중화 역시 제대로 하려면 최소한 학문적 전문성은 물론 깊이 있는 연구와 철학이 바탕이 되어 있어야 한다는 생각이 절실히 다가왔다.

이때부터 다시 진로를 고민했고 오랜 고민 끝에 제대로 된 역사의 대중화를 위하여 그리고 강의와 글쓰기 과정에서 항상 느꼈던 불안감을 해소하기 위하여 이쯤에서 외도를 멈추기로 했다. 이는 그동안 가슴 한쪽에 품고 있었던 욕구, 즉 풀리지 않는 우리 역사의 매듭에 대한 갈증을 나름 풀어보려는 것이었다. 그래서 결정한 것이 대학원 진학이었다. 그렇다고 하여 지난 8년을 헛되이 보낸 것은 아니었다. 필자가 우둔하여 늦게 깨우친 것이지만 막연하던 역사 연구의 방향을 분명히 할 수 있었고 그 과정이 얼마나 치열해야 하는지를 깨닫게 되었다. 또한 과거의 기록인 자료를 그냥 글로서 보고 읽는 것이 아니라 그 속에 숨겨진 무수한 사람과 대화하는 상황을 상상하는 중요한 경험을 하게 되었다.

이렇게 하여 나는 약 8년간의 외도를 끝내고 늦었지만 1994년 다시 대학원으로 돌아와 박사과정을 밟게 되었다.

3. 대한민국임시정부와의 만남

8년간 외도를 한 탓인지 대학의 풍경은 매우 낯설었고 대학원의 분위기도 내가 다녔던 시기와 크게 달라 학교생활에 적응하는 데 무척 애를 먹었다. 그런 일정한 적응 기간을 거친 뒤 무엇을 어떻게 연구할 것인가 하는 문제로 고민이 옮겨갔다. 그 고민 끝에 만난 것이 대한민국임시정부였다.

대학원에 다시 돌아오면서 처음부터 대한민국임시정부를 연구하겠다고 생각한 것은 아니었다. 외도를 하는 동안에도 최소한 학계의 연구 동향이나 관심을 둔 시대인 근현대사와 관련된 새로운 연구 성과들을 섭렵하면서 줄곧 가져온 의문이 하나 있었다. 그것은 한말에서 1920년대 초에 이르는 '사상' 문제였다. 예컨대 한말 개화기 한국사회에는 근대화의 방향을 두고 보수적인 척사론과 서구 사상을 받아들인 입헌군주론이 횡행했고 반면 국민주의에 기초한 공화주의는 '우민관'을 전제로 처음부터 배격되었다. 그런데 1910년 8월 한일병합 이후 독립운동선상에서는 척사론을 계승한 복벽주의 그리고 공화주의, 무정부주의, 사회주의사상이 거의 같은 시기에 수용되거나 성장했다.

나의 의문은 약 10여 년이란 짧은 기간에 어떻게 이런 사상적 변화가 가능했을까 하는 것이었다. 이것은 사상사적으로 한국사회의 근대성 문제를 해명하는 중요한 단초이자 식민지시기 복잡한 사상의 변용 과정을 이해할 수 있는 출발점이라 생각했다. 1910년대 이후 사상적 변화에 대한 연구들은 많았지만 이런 변화들을 이전 시기와 연계하여 계기적으로 설명해주는 연구는 거의 없었다. 이 의문에 대한 고민 끝에 붙잡은 주제가 대한민국임시정부였다. 우선 임시정부가 임시헌장 제1조에 선택한 공화주의는 개항 이후 근대화 과정에서 철저하게 개화지식인들에 의해 무시 내지는 배격되어 왔는데 이것이 1910년대 초부터 독립 이후의 정체政體 이념으로 자리 잡게 된 계기와 과정을 추적하다보면 이 의문을 풀 수 있는 실마리를 찾을 수 있으리라 판단했다.

그래서 이와 관련된 기존 연구성과를 검토하고 관련 자료들을 조사, 확인해보았지만 이러한 문제의식을 가진 연구는 거의 없었고 자료 또한 찾기 힘들어 결코 의욕만으로 해결할 수 있는 만만한 주제가 아니었다. 반면 임시정부에 관한 연구사를 정리하면서 의외로 임시정부 연구가 부족하고 내용적으로도 공백이 많다는 사실을 확인하고 깜짝 놀랐다.

독립운동사 연구와 관련된 단일 주제로서 가장 많은 연구성과와 업적이 있는 주제 가운데 하나가 대한민국임시정부 분야다. 임시정부를 주제로 한 박사학위 논문은 물론 수많은 단행본과 함께 수백 편의 논문들이 연구, 생산된 상태였다. 그런데도 연구성과의 상당 부분이 연구 주제와 분야 면에서 동어반복적인 감이 있고 연구대상 시기도 주로 임시정부 수립기인 초기와 충칭시기에 집중되어 1920년대와 1930년대는 거의 연구사적으로 공백으로 남아 있었다. 더욱이 임시정부가 실제 어떻게 운영되면서 자신의 길을 가게 되었는지에 대한 연구도 거의 없는 상태였다. 즉, 임시정부에 대한 외형적 성과에 비해 내실은 매우 취약한 형편이었다. 또 다른 한편에서는 학문적 논쟁보다는 정치·이데올로기적 차원에서 '임정법통론' 내지 '임정정통론'이 쟁점이 되면서 임시정부 연구의 학문적 발전이 가로막힌 현실이었다.

이런 소모적인 논쟁을 불식하고 임시정부 연구의 질적 전환을 꾀할 목적에서 대한민국임시정부를 박사학위 논문 주제로 정하고 우선 가장 쟁점이 되고 있고 또한 연구사적으로 공백이 있는 상해시기 임시정부를 연구 대상으로 정했다. 『상해시기 대한민국임시정부 연구』는 이 박사학위 논문을 수정·보완하여 발간한 것이다.

4. 역사의 제자리 찾기를 바란 상해시기 임시정부 연구

대한민국임시정부는 1919년 4월 수립되어 1945년 임시정부 요인들이 환국하기까지 약 27년 동안 존속한 독립운동 단체이자 정부기관이다. 임시정부는 세계 민족해방운동사상 유례를 찾아볼 수 없을 정도로 단일 기관으로서 오랜 기간 존속한 항일조직이라는 사실 하나만으로도 그 존재가치와 역사적 의의는 충분히 평가되어야 한다. 그러나 임시정부는 말 그대로 해방 이후 새로운 독립 국가를 준비할 임시기구였고 조직 형태상 전체 독립운동을 책임질 독립운동의 최고기관이자 정부기관이라는 이중적 성격을 띠었다. 또한 지역적으로 중국 관내에 위치하여 영토와 국민이 없는 태생적 한계를 가지고 출범했다.

그러나 임시정부는 독립운동의 최고기관이자 정부기관이란 이중적 성격과 태생적 한계를 극복하는 데 실패하면서 줄곧 '임정해체론'과 마주해야 했다. 최고 독립운동기관인 임시정부는 국내외 항일운동세력을 총괄하고 해외 동포를 하나의 세력으로 아우를 역할을 요구받았지만 실제에서는 그러하지 못했다. 때문에 임시정부는 전체 독립운동에서의 역할과 기능, 독립운동 노선 등의 문제로 안팎으로부터 끊임없는 비판과 도전을 받았다.

이런 도전은 해방 이후에도 다른 형태로 계속되었다. 오랜 외교적 노력에도 불구하고 임시정부는 해방될 때까지 연합국의 승인을 받지 못함으로써 '사실상' 해체되고 임시정부 요인들은 개인자격으로 환국해야 했다. 해방 후 남북에 분단 정부가 수립되면서 임시정부는 본의 아니게 남북 대결이라는 냉전의 한복판에 서게 되었고 그 결과로서 등장한 것이 임정법통론 내지 정통론이었다. 뿐만 아니라 정통성의 결여라는 비판을 받았던 과거 정권들이 임정정통론을 정치적으로 활용하면서 임시정부는 한국사회 안에서도 정치·이데올로기적 쟁점의 중심에 서게 되었다. 이처럼 임정정통론은 임시정부에 대한 객관적 연구를 가로막은 이데올로기적 장애물이 되었다.

대한민국임시정부 연구는 이런 이유 때문에 매우 조심스럽지 않을 수 없었다. 또한 필자에게도 이미 임시정부에 대한 부정적 인식이 각인된 상태였기 때문에 이런 인식에서 벗어나 객관적 관점을 유지하면서 관련 자료들을 실사구시적實事求是的으로 해석하고 평가한다는 것이 결코 쉬운 일이 아니었다.

이런 문제의식 아래 임시정부를 있는 그대로 드러내어 역사적 위상을 바로 잡아보려는 것이 연구의 목적이었다. 이를 위해 임시정부 연구는 상해시기로 제한되었지만 이 시기 임시정부가 실제로 어떻게 구성, 운영되고 변화하는 주·객관적 정세에 대해 어떻게 조직적으로 대응하고 극복하려고 했는지를 통해 임시정부의 활동을 재구성하려고 했다.

우선 임시정부의 수립 배경과 그 구성원들을 검토하면서 초기 내부적인 분열요인으로 안창호安昌浩를 정점으로 하는 서북파와 이승만李承晩을 정점으로 하는 기호파의 갈등과 대립을 확인할 수 있었다. 하지만 이 '지방열'은 일제가 한국 독립운동의 고질병처럼 폄훼한 그런 정도의 지방열은 아니었다. 초기 임시정부에 부정적인 영향을 미친 것은 사실이지만 민족해방이란 대의 앞에서 지방열은 극복될 수 있었다.

오히려 초기 임시정부의 분열과 혼란을 가중시킨 것은 임시정부라는 조직형태였다. 이런 우려에 대해서는 임시정부 수립 단계에서 여운형呂運亨과 이회영李會榮 등이 독립운동의 최고기관이 정부형태가 될 경우 극심한 분열을 낳을 것이라고 지적한 바 있었다. 이 문제로 인한 임시정부 수립 초기의 분열과 혼란의 중심에는 이승만이 존재했다.

정부 수립 초기 상해와 미주, 국내 등 각지와의 연락이 원만하지 않은 관계로 정보 전달 과정에서 다소 오해도 있었지만 초기 임시정부와 이승만 사이의 갈등과 대립은 임시정부의 위상에 큰 흠집을 내는 데 중요한 결과를 가져왔다. 예컨대 1919년 4월 정부 수립 초기부터 위임통치청원 사건과 이승만이 제기한 정부명칭 문제, 외국인 독립공채 발행 및 미주한인사회의 독립자금 관리 문제, 대통령 자임문제 그리고 상해 임시정부를 근원적으로 부정하는 한성정부계통론 등은 임시정부의 권위와 기능을 약화시키고 내부의 극심한 분열을 초래했다. 더구나 초기 임시정부를 이끈 삼두마차인 안창호의 준비론, 이승만의 외교독립론, 이동휘李東輝의 독립전쟁론과 같은 독립노선의 차이, 그리고 각자 지역을 기반으로 한 임시정부 내 활동의 '비밀주의' 형태는 상호 불신을 낳는 중요한 원인으로 작용했다.

이런 와중에 이승만은 1920년 12월 상해로 오기 전까지 상해에 자신의 비밀공작원이라고 할 수 있는 '비선秘線'을 은밀히 두고 임시정부의 내부 동향을 정탐하고 간도와 국내를 연결하는 독자적인 세력을 구축하려고 했던 사실도 확인할 수 있었다. 이러한 내부 분열은 1925년 그가 대통령직에서 탄핵될 때까지 임시정부뿐만 아니라 서·북간도의 독립군단체와 임시정부를 분열시키는 원인이 되었다.

한편 임시정부의 실상을 보다 정확히 파악하기 위해 지금껏 거의 연구되지 않았던 임시정부의 재정문제의 해명에도 노력했다. 해외에서 독립운동을 하자면 독립자금의 확보는 필수적인 요인이었다. 그래서 임시정부의 재정정책은 물론 재정 상태와 그 사용처를 중심으로 분석했지만 자료상의 한계로 기대한 성과를 거두지는 못했다. 부족하지만 임시정부의 재정 상태 역시 임시정부의 활동과 동전의 양면을 이룬다는 사실을 확인할 수 있었다.

1920년대 중반 임시정부의 연구사적 공백기를 메우는 작업을 하면서는 흥미 있는 사실을 확인할 수 있었다. 1921년 2월 박은식朴殷植 등 14인이 성명한 '우리 동포에게 고함'을 계기로 시작된 국민대표회의 개최는 그 준비 과정에서부터 개최를 반대하는 임정 옹호파와 이를 지지하는 개조파 및 창조파와의 대립 양상을 볼 수 있었다. 이 과정에서 임시의정원의 역할은 물론 지역적으로 제한되었지만 상해 한인사회에서 나타난 여론정치라는 민주정치의 실험적 현상을 볼 수 있었다.

1923년 6월 국민대표회의가 결렬된 뒤 임시정부는 큰 타격을 입었지만 국민대표회의 흐름의 연장선에서 변화된 독립운동 정세에 부응하는 조직 체제의 정비와 활동에 노력했다. 즉, 임시정부는 내부적 분열을 극복하고 외연을 확대하려고 끊임없이 애썼다. 국민대표회의가 결렬된 뒤 임시정부의 개조에 앞장섰던 여러 세력은 임시의정원을 중심으로 '정국쇄신운동'을 벌이고 1920년대 중반 이후에는 폐해가 많았던 대통령제를 폐지한 임시헌법 개정과 함께 '이당치국以黨治國'에 바탕을 둔 '민족유일당운동'을 벌여나갔다. 이 시기는 독립운동이 사상적으로 민족주의와 사회주의계열로 분화되던 때로서 이 일련의 운동은 '민족혁명론'을 전제로 한 중국 관내 좌우 진영의 민족통일전선운동의 일환이었다.

때문에 임시정부는 1929년 민족유일당운동이 결렬되기까지는 중국 관내에 활동하던 좌우합작 정부였음도 파악할 수 있었다. 1919년 9월 정부통합 과정에서 한국 최초의 사회주의 단체인 이동휘의 한인사회당이 참여했고 이후 한인사회당은 상해파 고려공산당으로 확대 발전했다. 국민대표회의가 결렬된 이후에는 윤자영尹滋瑛을 중심으로 하는 상해파 고려공산당의 잔존세력, 여운형 등의 이르쿠츠크파 고려공산당 그리고 1925년 국내에서 창설된 조선공산당이 이듬해 상해에서 조직한 조선공산당 임시상해부 세력이 합세하여 민족주의 진영과 함께 민족유일당운동을 벌였다. 이처럼 노선과 이념에 따른 차이도 있지만 1929년 민족유일당운동이 결렬될 때까지는 중국 관내의 좌우 양 진영이 임시정부를 중심으로 항일의 단일전선을 형성하고 있었다.

이런 사실을 통해 해방 뒤 분단과정에서 형성, 고착된 이분법적인 반공이데올로기로 임시정부를 평가하는 것은 결코 사실에 부합하는 것이 아님을 알 수 있다. 민족유일당운동이 결렬되면서 관내 좌익세력이 임시정부와 결별하게 되는 것 역시 내부적 요인도 있지만 외부적 요인이 더욱 크게 영향을 미쳤다. 당시 극좌적 편향을 띠었던 국제공산당 즉 코민테른의 영향, 1927년 장제스의 반공쿠데타와 함께 강화된 반공분위기와 같은 중국 내부의 급격한 정세변화 등이 남의 땅에서 활동하던 임시정부와 독립운동가들의 운신의 폭을 크게 제한했던 것이다.

1929년 민족유일당운동의 결렬과 중국 혁명 정세의 급격한 변화는 결국 초기 기대와는 달리 임시정부의 쇠락을 재촉했다. 그리하여 임시정부는 스스로 "현재에서는 그 세력이 전혀 쇠퇴하여 단지 역사적 체면상 그 잔해만" 남았다고 평가할 정도로 침체되고 말았다.

5. 남은 과제

돌이켜보면 박사학위 논문은 자료 문제로 두 번이나 '유산'될 위기를 겪기도 했다. 첫 번째 유산 위기는 지도교수께서 소개한 자료 때문이었다. 이 자료는 지도교수께서 일본외무성 사료관에서 찾은 것을 마이크로필름으로 복사하여 국내 모 기관에 보낸 것이었다. 곧바로 그 기관을 찾아가 확인해보았지만 아는 사람이 아무도 없었다. 자료의 행방도 오리무중이었다. 다행히 그 기관에 근무하던 한 후배의 도움으로 자료를 찾을 수 있었다. 그 자료를 담당하던 분이 외국으로 장기 출장을 가서 자료가 그 분의 연구실 서랍장에 아무런 표기 없이 보관되어 있었는데 고마운 후배가 어렵게 찾아주었던 것이다. 이 자료는 상해 일본총영사관에서 1925년 초까지 임시정부와 상해 주요 인사의 동향을 파악하여 본국과 조선총독부에 보고한 문서철인데 아마 그때 자료를 찾지 못했다면 담당자가 귀국할 때까지 기다리거나 논문을 당분간 포기해야 했을 것이다.

두 번째 유산 위기는 논문 심사를 받는 도중에 일어났다. 심사 기간 중에 발간된 『이화장소장 우남이승만문서: 동문편』[1] 때문인데 무려 18권이나 되

---

1 우남이승만문서편찬위원회, 『이화장소장 우남이승만문서: 동문편』, 중앙일보사 · 연세대학교 현대한국학연구소, 1998.

는 방대한 자료였다. 심사위원 몇 분께서는 논문 제출을 연기하는 것이 어떻겠냐고 완곡하게 말씀했다. 사실 이 자료는 임정연구에 있어 절대적으로 중요한 1차 자료로서 반드시 논문에 반영되어야 했다. 부랴부랴 자료집을 구입하여 며칠 밤을 새우며 자료를 정리하고 논문에 다시 반영하는 작업을 계속했다. 정말 다행인 점은 자료 부족 때문에 추론에 그쳤던 많은 부분이 이 자료를 통해 객관적 사실로 뒷받침되어 오히려 나의 입론과 주장을 더욱 강화할 수 있었다는 것이다. 그 덕에 논문 심사도 무사히 통과될 수 있었다.

논문은 통과했지만 애초 목표했던 내용에는 부족한 부분도 많고 그 부분을 추후 연구를 통해서 심화시켜 나가겠다는 생각도 했다. 이런 문제 가운데 하나로 지금껏 생각만 하고 있는 주제가 서북파와 기호파의 '지방열' 문제다. 처음부터 끝까지 기호파와 서북파의 대립과 분열만을 강조하는 일제 측 자료는 임시정부와 독립운동을 폄훼하기 위한 의도적인 것이지만 그렇다고 지방열이 없었던 것은 아니다. 이것이 임시정부 내분에 상당한 영향을 미친 것도 사실이다. 문제는 이 지방열의 실상과 함께 이 현상을 어떻게 보아야 할 것인가 하는 점이다. 지방열은 임시정부만의 문제가 아니라 일제시기 중요한 사회문제 가운데 하나였고 그 연원은 조선왕조의 서북인 차별정책에서 시작된다는 점에서 확대된 역사적 관점에서 고찰되어야 할 중요한 과제이다.

임시정부의 재정문제도 여전히 중요한 연구 분야다. 논문 발표 이후 「대한민국임시정부 전반기 재정정책과 운용」과 「대한민국임시정부 후반기 재정정책과 운용」이라는 논문을 발표, 임시정부 전 시기의 재정정책을 검토했지만 이 역시 임시정부에서 임시의정원에 보고한 예산·지출명세서를 중심으로 개량적 분석을 한 것에 지나지 않는다. 재정문제는 임시정부의 실상을 파악하는 데 빠뜨릴 수 없는 분야이므로 보다 치밀한 분석이 요구된다 하겠다.

그 밖에도 임시정부와 국내 및 서·북간도 독립군 단체와의 관계에 대해서도 앞으로 더욱 심화된 연구가 필요하다. 임시정부의 내정통일책 내지 대간 도정책의 관점에서 고찰하여 기본적인 관계만을 밝혔을 뿐이다. 이를 위해 서는 임시정부의 관점에서뿐만 아니라 당시 서·북간도 독립운동의 정세, 이 들 단체 사이의 길항관계 등을 함께 고려하면서 서·북간도 독립군 단체의 관 점에서 임시정부와의 관계 설정 문제를 고찰해야 할 것이다. 이럴 경우 임시 정부와 서·북간도 독립군 단체의 관계가 보다 실질적으로 보일 것이다.

그러나 임시정부 연구와 관련하여 연구 해명되어야 할 가장 시급한 문제는 임시의정원이다. 그동안 임시의정원에 대한 연구가 전혀 없었던 것은 아니 지만 시기와 영역에 있어 제한되어 있고, 연구 성과 역시 열 손가락에 꼽을 정도이다. 임시의정원은 행정부 격인 정부와 함께 임시정부를 구성하는 양 대 축이며 대통령 선출 및 탄핵, 국무원 임면 등 임시정부의 인사와 정책, 활 동 등을 구체적으로 뒷받침하는 중요한 헌법 기관이다. 더구나 독립운동 과 정에서 입법부와 행정부를 두고 민주적 공화정치를 실현하면서 독립운동을 벌인 사례는 극히 이례적인 경우다. 비록 상해 및 충칭이라는 극히 제한된 지 역과 인구의 한계는 있었지만 임시의정원의 경험은 중요한 근대적 민주정치 의 경험이자 훈련장이었다.

이런 중요성에도 불구하고 대한민국임시정부 하면 행정부인 임시정부를 생각하지 임시의정원은 곧잘 무시되거나 잊혀온 것이 사실이다. 이런 점에 서 지금까지의 임시정부 연구는 온전한 연구가 아니라 반쪽 연구라고 할 수 있다. 이런 절박함 때문에 필자도 다른 연구를 뒤로 미루고 임시의정원에 대 한 연구를 준비하고 있지만 앞으로 많은 연구자들이 다양한 시각과 각도에서 임시의정원 연구를 진행하기를 희망한다.

1999년 12월에는 임시정부수립 80주년을 맞이하여 원로학자와 소장학자 를 망라한 52명의 연구자가 참여한 총 60편의 논문을 담은 『대한민국임시정부수립 80주년기념논문집』²이 발간되었다. 1990년대까지의 임시정부 연구 성과를 집대성한 논문집의 발간으로 임시정부 연구는 새로운 전환기를 맞이하고 있다. 김구, 이승만, 안창호 등 주요 인물 중심의 연구에서 벗어나 임시정부 구성원 전체로 연구가 확대되고, 임시정부 활동의 기반이었던 중국 관내 한인사회와 한인의 생활, 문화적 활동 등으로 연구 영역이 확대되고, 좋은 연구 성과로 그 내용 또한 풍부해지고 있다. 이런 임시정부 연구가 항상 전체 독립운동의 관점을 놓지 않고 그리고 정치사회적 시류에 휩쓸리지 않고 진전된다면 대한민국임시정부는 자신이 자리 잡아야 할 역사의 위치에 보다 가까이 가게 될 것이다.

---

2 한국근현대사학회 편, 『대한민국임시정부수립 80주년기념논문집』 상·하, 국가보훈처, 1999.

안동지역 독립운동 사료 발굴과 기념사업

김희곤

1. 안동사람도 몰랐던 안동 이야기

홀륭한 조상을 둔 후손들은 누구나 조상을 자랑하기 마련이다. 퇴계退溪학
맥이 형성되고, 이를 계승해온 안동사람들의 조상 자랑은 결코 어느 지역에
도 뒤지지 않는다. 그렇지만 정작 조상들의 빼어난 독립운동에 관해서는 제

金喜坤 안동대학교 사학과 교수, 안동독립운동기념관장.

저서로는 『중국관내 한국독립운동단체연구』(지식산업사, 1995), 『대한민국임시정부 좌우
합작운동』(공저, 한울아카데미, 1995), 『박상진자료집』(독립기념관, 2000), 『신돌석 ; 백년 만
의 귀향』(푸른역사, 2000), 『새로 쓰는 이육사 평전』(지영사, 2000), 『잊혀진 사회주의운동가
이준태』(공저, 국학자료원, 2003), 『대한민국임시정부 연구』(지식산업사, 2004), 『조선공산당
초대 책임비서 김재봉』(경인문화사, 2006), 『순절지사 이중언』(공저, 경인문화사, 2006), 『안
동사람들의 항일투쟁』(지식산업사, 2007), 『대한민국임시정부 1—상해시기』(한국독립운동
사편찬위원회, 독립기념관 한국독립운동사연구소, 2008), 『오미마을 사람들의 민족운동』(공
저, 지식산업사, 2009), 『제대로 본 대한민국임시정부』(공저, 지식산업사, 2009), 『만주벌 호
랑이 김동삼』(지식산업사, 2009), 『권오설』1 · 2(공저, 푸른역사, 2010) 등과 편찬서로는 『백
범김구전집』전 12권(대한매일신보사, 1999, 공저) 등이 있다.

대로 알지 못했다. 필자는 독립운동 관련 사료를 정리하는 과정에서, 안동사람들이 펼친 항일투쟁이 한국독립운동사만이 아니라, 전 세계 식민지해방운동사에서도 중요한 의미를 가진다는 것을 깨달았다.

필자가 안동대학교에 부임한 때가 1988년이다. 안동지역의 역사에 대해 관심을 가진 것도 그때부터였다. 그렇다고 안동에 부임하면서부터 이곳의 독립운동사 연구에 매달린 것은 아니다. 대한민국임시정부사에 주된 관심을 둔 탓이다. 부임 후 몇 년이 지나서 시작한 안동지역 독립운동사 연구는 10년이 지날 무렵에야, 비로소 그 규모를 제대로 가늠할 수 있게 되었다. 시간이 지나면서 산처럼 거대한 안동지역 독립운동사의 실체를 확인하기에 이른 것이다.

그 내용을 정리해보면 이렇다. 첫째, 안동은 독립운동의 발상지이다. 독립운동의 출발점은 전기의병인데, 1894년 7월 안동에서 일어난 갑오의병이 그것이다. 둘째, 가장 많은 독립운동유공자를 배출한 곳이 안동이다. 330명이나 되니, 전국 시군 평균치의 10배나 된다. 셋째, 독립운동 시기 목숨을 끊어 순국한 인물이 90명 정도인데, 안동사람이 10명으로 가장 많다. 넷째, 한 지역의 독립운동으로 한국독립운동 50년 역사를 이야기할 수 있는 거의 유일한 곳이다.

안동사람들은 늘 자신들을 퇴계와 연결시켜 이야기한다. 자기 집안이 그 학맥이나 혈맥과 관계가 있다면서 그것을 이어온 조상이야기를 자랑스럽게 여긴다. 따라서 그들의 시선이 늘 조선 중·후기에 머물러 있는 것은 당연하다. 그러다 보니 나라가 무너져가던 무렵, 민족문제 해결에 앞장선 빼어난 안동 인물이 많았다는 사실을 제대로 알지 못했다. 이러한 내용들이 대중들에게 알려지게 된 때는 1990년대 후반에 들어서이다.

2. 실마리를 풀기까지

필자가 안동대학교에 부임하기 앞서, 안동지역의 독립운동에 관한 연구는 논문 두 편이 고작이었다. 그중 하나인 「안동유림의 도만경위渡滿經緯와 독립 운동사의 성향」[1]은 나라가 무너지자마자 안동유림들이 서간도에 독립군기지 를 건설하기 위해 망명한 과정을 다룬 역작이다. 이는 안동의 유림세계와 혁 신유림들의 동향을 이해하는 데 큰 도움을 주었다.

또 하나는 필자가 안동에 부임하기 3년 전인 1985년 발간된 『안동판독립 사』[2]였다. 저자는 안동지역 출신 독립운동가들의 후손을 찾아다니며 자료를 찾고, 또 후손의 부탁을 받아 국립문서보관소를 다니며 판결문을 찾아 독립 유공자 포상을 도왔다. 그런 결실을 담아서 정리한 것이 바로 이 책이다. 그 는 책 발간에 이어, 독립운동가들의 명단을 새긴 기념비를 세우는 데도 앞장 섰다. 안동댐 언저리에 세워졌다가, 최근 안동댐 여수로 확장 공사로 말미암 아 안동독립운동기념관 안으로 옮겨진 기념비가 바로 그것이다. 이 책은 주 제별로 내용을 나누고 간략하게 설명한 뒤, 거기에 맞는 인물을 편제시켜 열 전 형식으로 서술하였다. 출신 문중, 생몰연대, 호와 별명, 가족관계, 활동 내 용 등이 담겨 있다. 후손들을 하나하나 만나고 정리한 것이다 보니 자세한 정 보를 담기도 했지만, 반대로 부정확하고 부풀려진 서술도 적지 않다. 그렇더 라도 이 책은 두고두고 안동지역 독립운동 자료를 추적하고 독립운동가와 그 후손을 찾아내는 데 도움을 주어왔다.

---

1 조동걸, 「안동유림의 도만경위와 독립운동상의 성향」, 『대구사학』 15·16, 1978.
2 김을동, 『안동판독립사』, 명문사, 1985.

3. 추모학술강연회의 위력과 양 방향 자료 수집

자료 수집은 양 방향으로 이루어졌다. 상담객이 자료를 들고 찾아오는 경우가 하나요, 직접 찾아 나서서 구하는 것이 다른 하나다. 다른 지역도 대개 그렇겠지만 안동은 앞의 사례가 두드러지게 많은 곳이다. 자료도 많고 그 자료를 이해하고 있는 인물도 많다.

먼저, 스스로 찾아오는 경우를 보자. 이런 분위기가 만들어진 데는 1992년 시작된 독립운동가 추모학술강연회가 중요한 계기가 되었다. 이 일은 향산響山 이만도李晩燾의 후손 이동석 씨와 함께 했는데, 그는 '독립운동 명문가' 출신으로 작년 초에 세상을 뜨고 말았다. 안동에는 전통명가도 많지만, '독립운동 명가'도 많은 편이다. 어느 시군에는 독립유공자가 30명만 넘어도 기념사업을 펼친다고 떠들썩한데, 안동에는 한 마을에서 25명 정도를 배출한 곳도 몇 군데나 된다. 심하게는 직계 가족만으로도 포상된 인물이 열 명 가까운 집안도 여럿이다. 이만도의 집안도 그런 집안이다.

이동석 씨가 필자에게 제안한 행사가 독립운동가 추모학술강연회였다. 그는 자신이 이끌던 청년유림의 모임인 안동청년유도회를 추모학술강연회를 이끌 에너지로 들었다. 첫 강연회는 1992년 석주石洲 이상룡李相龍을 주제로 삼아 이뤄졌는데, 필자가 강연자로 나섰다. 그 자리에는 주요 문중의 종손들이 빠짐없이 참석하였고, 후손들도 구름처럼 몰려들었다. 다른 지역에서는 청중 동원이 큰 문제인데, 이곳은 그렇지 않았다. 그런 걱정은 기우일 뿐이었다. 제1회 강연회에서는 혹시나 싶어 자리를 메우기 위해 동원되었던 대학생들이 어른들에게 자리를 빼앗겨 밀려나는 일도 일어났다. 그 뒤로는 빈자리를 걱정해 학생을 동원하는 일은 결코 없었다.

강연회를 마친 뒤, 자료를 들고 찾아오는 노인들이 늘어났다. 여기에 1993

년 협동학교協東學校기념비를 세운 일도 작업에 순풍을 달게 만들었다. 협동학교는 경북북부지역에 최초로 들어선 구국계몽운동 학교였다. 전통 성리학 체제를 고수하던 안동에 서양의 문화를 받아들여 최초로 문을 열었으니, 혁명적인 변화를 가져온 현장이요, 독립운동가를 길러낸 곳이다. 안동시 임하면 천전동 내앞마을, 그 현장에 기념비를 세우던 날, 안동유림의 후손들은 빈자리가 없을 만큼 행사장을 메웠다. 기념비 건립에 유수한 문중 종손들이 주역을 맡았고, 그 영향은 폭발적이었다. 문중마다 독립운동가 발굴에 적극성을 보이게 된 것이다.

안동출신 독립운동가 추모학술강연회는 대중의 관심만이 아니라 자료 발굴에 끼친 영향이 컸다. 강연회는 한 해도 거르지 않고 이어졌고, 그 사이에 완성도가 높은 강연 원고에다, 집안에 비장되어온 자료까지 햇빛을 보게 되었다. 더구나 이들 행사는 안동유림의 후손들이 집집마다 자료를 찾아 문의해오는 흐름을 만들어냈다. 후손들은 한문학을 전공하지 않더라도 대충이나마 독립운동과 관계가 있음을 헤아리고, 자료들을 들고 상담하러 왔다. 또 자료에 대한 기본 인식도 바뀌었다. 자료라면 늘 조선시대 문집류만 생각하던 그들이 발표장에서 프레젠테이션을 통해 사진과 문서, 엽서와 편지 등이 주요 자료라는 사실을 알게 되면서, 집집마다 새로운 자료를 찾아내는 바람이 일었다.

추모학술회의 열기가 이렇게 새로운 흐름을 만들게 된 데는 안동청년유도회의 역할이 컸다. 청년유림을 자처하는 그들은 새로운 정보를 가져다주었고, 새로운 사업을 논의하였다. 일반 강연회와 달리 추모학술강연회는 발표원고의 완성도가 높았다. 이를 묶어 출판한 책이 『민족 위해 살다간 안동의 근대인물』[3]이다.

---

3 안동청년유도회, 『민족 위해 살다간 안동의 근대인물』, 한빛출판사, 2003.

대개 후손들이 갖고 오는 자료들은 문집이거나 원본 기록들이다. 안동지역은 사실상 기록의 보고이다. 아무리 집이 초라해도 '글하는 사람'과 그들이 남긴 '전적'이 그득한 곳이 안동이다. 또 그것을 자랑으로 삼는 곳이 이곳 안동이다. 이들 자료는 활동의 내용만이 아니라, 철저하게 얽힌 등장인물의 관계를 잘 보여준다. 우선 내려오는 학맥이 씨줄이고, 통혼으로 이루어진 혈연이 날줄이다. 매우 치밀하게 엮인 그물처럼 인맥이 얽혀 있는 것이다. 따라서 문집류나 서간류는 이들의 관계와 독립운동에 연결된 사정을 파악하는 데 매우 중요한 자료다.

　자료 수집의 또 다른 방법은 필자가 찾아 나서는 것이었다. 필자는 대학도서관 고문서실부터 안동대학교 안동문화연구소와 퇴계학연구소에 이르기까지 구석구석 다니며 확보한 자료들 가운데 관련 자료를 찾기 시작했다. 또 학부학생들을 훈련시켜 신문과 잡지를 뒤졌다. 대학원생이 배출되기 이전, 자료 수집은 학부학생의 몫이었다. 그렇다고 이들의 활용도가 낮은 것만은 아니었다. 당시는 인터넷이 발달하지 않은 터라, 안동 독립운동가를 추적하는 작업은 신문과 잡지를 뒤져 하나하나 손으로 할 수밖에 없었다. 학생들은 여러 종류의 신문과 잡지를 학기마다 나누어 맡아 인물과 사건을 추적하였다. 신문, 잡지 찾기와 정리 작업은 학부 강좌의 실습과정이었다.

　신문 자료 가운데 『조선일보』와 『동아일보』는 마이크로필름으로 제작되고 있었다. 이를 읽어내자면 마이크로필름 리더기가 있어야 했다. 학교 본부와 도서관을 설득하여 겨우 이를 마련하고, 학생들은 그 앞에 앉아 관련 자료를 찾아내고 복사했다. 리더기를 다룰 줄 아는 학생은 사학과 학생들이 많았다. 리더기가 고장이 나도 손질하는 학생 또한 사학과 소속인 경우가 대부분이었다. 몇 년 동안 진행하여 내용을 종합적으로 정리하니, 안동 출신 인물들의 활동과 위상이 자연스럽게 드러나게 되었다. 요즘에는 인터넷 검색으로 대부분 해결할 수 있지만, 그때는 그렇지 않았다. 물론 요즘이라고 검색으로 100% 해결되지는 않는다. 입력 과정에서 생긴 오류도 있고, 정보화 처리가 되지 않은 자료도 있기 때문이다.

안동지역 독립운동에 관한 배경지식을 어느 정도 알고 있는 대학원생들은 형사기록부와 판결문을 비롯한 일제의 공식문서를 맡았다. 자료 수집을 위해 관련 기관 모두를 대상으로 삼고 학생들을 보냈다. 당시 부산에 있던 국립문서보관소 분관만이 아니라 국회도서관, 국립중앙도서관, 독립기념관, 국가보훈처, 국사편찬위원회, 백범김구기념관, 한국학중앙연구원 등의 기관이 모두 포함되었다. 카드를 뒤지고, 복사하는 작업이 진행되었다. 국사편찬위원회에 소장되어 있던 독립운동가들의 수형카드를 누구보다 일찍 촬영하여 활용한 것도 이런 덕분이었다.

한국국학진흥원 개원은 자료 수집에 또 다른 힘을 보태주었다. 한국국학진흥원은 1996년에 사무소를 열고 집무에 들어갔는데 5년 만인 2001년 본관이 준공되자, 자료를 맡기는 문중이 등장했다. 시간이 갈수록 여러 문중이 다투어 자료를 기탁했고, 목록을 만드는 과정에서 의병 관련 자료들이 나오기도 했다. 그 가운데 대표적인 사례가 오미마을에서 의병들의 동정이 담긴 일기가 나온 것이다. 일기의 주인공인 김정섭은 의병에 참가한 것이 아니라, 마을에 배정된 의병 자금과 소문으로 들리는 의병의 동향, 그리고 마을을 지나가는 의병의 모습을 자세하게 담았다. 이런 기록에 덧붙여 박한설 교수(강원대 사학과)가 기증한 한 장짜리 자료 '안동의소파록安東義所爬錄', 곧 안동 의병진의 간부명단도 귀중한 것이었다.

4. 발간사업과 학술회의

학술회의는 학문적 업적을 축적하는 데 기여했다. 안동대학교 안동문화연구소 사업으로 시작된 학술회의는 해마다 열렸다. 의병과 계몽운동, 1910년대 항일투쟁, 만주 망명과 독립군기지 건설, 3·1독립선언, 대한민국임시정부, 1920년대 사회운동, 6·10만세운동, 유일당운동과 신간회, 의열투쟁, 사회주의와 아나키즘, 1940년대 학생항일투쟁 등 거의 모든 주제가 다루어졌다. 그 과정에서 연구 업적만이 아니라, 새로운 자료도 발굴되었다. 전국에서 참가한 연구자들은 안동에서 제공하거나 나오는 자료에만 기대지 않고, 서울을 비롯한 전국 곳곳에서 새로운 자료를 확보해주었다. 그러한 성과 가운데 가장 큰 것이 바로 이긍연李肯淵의 일기이다.

그 공로는 김상기 교수(충남대 국사학과)의 몫이다. 그는 진성 이씨 주촌파 종손 이긍연이 남긴 일기를 발굴·번역하고 연구하여, 한말 의병운동의 기점이 1895년이 아닌 1894년 안동 갑오의병이라는 사실을 밝혀냈다. 학술회의를 거듭할수록 자료 수집은 한 걸음씩 나아갔고, 따라서 연구도 새롭게 진척을 보였다.

연구물의 발간사업도 활발하게 이루어졌다. 쌓여가는 글을 묶어 논문집을 발간하였고, 이를 바탕으로 마침내 1999년 독립운동 개설서인 『안동의 독립운동사』[4]를 펴냈다. 급하게 만드느라 오류도 있었지만, 한 지역의 독립운동사가 국가사 차원에서 정리되었다는 데 책의 의의가 있을 것이다. 이 책을 통해 이 글의 시작부분에 언급하였던 안동지역 독립운동의 특징들이 정리되었고, 기념관을 짓자는 제언도 담을 수 있었다.

---

4 김희곤, 『안동의 독립운동사』, 영남사, 1999.

    그러나 실제로 전시관을 꾸미는 것이 가능할 정도로 자료의 축적과 시민의 인식이 깊어졌는지에 대해서는 실험이 필요했다. 마침 필자가 안동대학교 박물관장을 맡으면서, 두 가지 전시회를 열어보았다. 하나는 '퇴계학맥의 독립운동'이고, 다른 하나는 '사진으로 보는 근대 안동'이었다. 두 가지 모두 실험적인 전시였고, 다행히 성황을 이루었다. 앞의 것은 안동 출신 독립운동가들의 학맥을 추적하여 그 맥락을 확인하고, 인물들이 얽힌 혈연과 사상적인 성향, 활동 내용을 전시했다. 뒤의 것은 사진 자료를 찾아 전시한 것이었다. '사진으로 보는 근대 안동' 전을 위해 대학원생들을 이끌고 한국전쟁 이전에 촬영된 안동사진을 찾아 여러 마을을 다녔다. 마을 경로당에 들러 사진 자료를 찾는다면 모두들 자료가 없다고 손사래 쳤다. 하지만 희미하고도 볼품없어 보이는 사진 한 장을 보이면, 그 정도는 있다고 답했다. 집을 방문하거나 경로당으로 들고 나온 사진을 보고, 자료가 될 듯하면, 현장에서 포터블 스캐너로 읽어 노트북에 담았다. 사진을 빌려 오면, 문제가 여럿 발생하기 때문이다. 나중에 돌려주는 인력도 필요하고, 사진 훼손이라거나 분실과 같은 문제가 생길 수 있었다.

    이렇게 수집한 사진에는 시대의 특성과 함께, 독립운동가들의 모습을 담은 것도 있었다. 특히 신간회 안동지회 정기총회 사진이나, 안동청년동맹 사진은 기가 막힐 정도로 좋은 자료였다. 1927년부터 이듬해까지 안동지역에서 활동하던 대표적인 인물들이 그 사진에 담겨 있었다. 더구나 이 자료는 당시 『조선일보』와 『동아일보』에 보도된 기사 내용과 딱 맞아떨어지는 것이어서, 두 가지 자료를 묶으면 그 당시의 상황이 생생하게 되살아날 정도였다. 신간회 안동지회는 평양지회 다음으로 규모가 컸다. 안동지회의 총회 사진은 그날 다루어진 회의안건이나 임원 명단을 생생하게 보여주었고, 안동청년동맹 사진도 많은 정보를 담고 있었다. 이를 읽어내면서 사진 해석이 얼마나 중요한 것인지 확신을 가지게 되었다. 이런 경험으로 국사편찬위원회로 가서 사료조사위원들에게 사진 자료를 찾고 해석하는 방법, 그리고 이를 활용하는 방안에 대해 강연하기도 했다.

안동대학교 박물관에서 전시 실험을 마치면서부터는, 열전 발간에 나섰다. 2001년 드디어 안동출신 독립유공자(포상자 250명, 미포상자 450명) 700여 명에 관한 내용이 정리되었다. 그동안 이 분야의 조사를 익혀온 대학원생들을 중심으로 지역을 세분화하여 조사를 벌였고, 그렇게 모인 700명의 인물들에 대한 기본 내용을 담아 정리한 책이 『안동 독립운동가 700인』[5]이다. 이러한 작업은 안동 독립운동가 발굴의 종점이 아니라, 새로운 시작점이었다. 그 뒤로 9년 만에 안동출신 독립유공자가 포상자 330명, 미포상자 700명을 넘게 되었으니 말이다.

5. 기념관을 짓고, 나라사랑 인재 키우기

연구를 거듭할수록 안동사람들이 펼친 독립운동은 참으로 대단한 것임을 확인할 수 있었다. 시민들도 이를 확인하게 되면서 자랑스럽게 여기기 시작했다. 필자는 『안동 독립운동사』, 『안동 독립운동가 700인』 간행과 안동대학교 박물관의 두 차례 전시 이후 '구국기념관'을 짓자고 제안했다. 여기에 호응하는 분들이 점점 많아지면서 2002년 봄, 안동독립운동기념사업회가 출범했다. 대표적인 문중의 원로들이 나서서 기념관을 짓자고 발의하고, 직접 시민들의 서명을 받으러 나섰다. 이듬해 2003년 3월 국가보훈처에 사단법인으로 등록하고, 기념관 건립 계획을 밀고 나갔다. 2004년부터 예산이 투입되기

---

5 김희곤, 『안동 독립운동가 700인』, 안동시, 2001.

시작하여, 마침내 2007년 8월 12일 안동독립운동기념관이 문을 열게 되었다.

필자가 구상한 기념관은 두 가지 특징을 지닌 것이었다. 첫째, 작은 기념관과 알찬 내용 구성이다. 어디에나 마찬가지지만, 지역에서는 관리운영비 부담이 가장 중요한 문제이기 때문이다. 전시실은 국내관과 국외관으로 나누고, 영상전시실을 추모영상실로 특화시켰다. 전시 시나리오를 직접 쓰고, 디자인과 기법까지 직접 협의하고 최종 교정까지 손을 댔다. 그래서 내용이 잘못되는 것을 미리 막았다. 또 민족독립을 목표로 삼은 사회주의운동을 전시 내용에 과감하게 포함시켰다.

둘째, 연수원을 고집했다. 전시만으로 거둘 수 있는 교육 효과는 제한적이므로, 필자는 처음부터 작은 규모라도 연수원을 넣기로 작정했다. 버스 두 대 정도의 관람객과 교육생을 수용한다는 목표를 세우고 강의실과 식당, 분임토의가 가능한 회의실까지 만들어 넣었다. 이 계획과 의도는 들어맞았다. 전국대학에서 답사 코스를 정하면서 이곳 연수원을 연수숙박장소로 잡았다. 또 여러 단체와 직장, 일반 시민과 동호인 가족까지 연수차 들리고 있을 정도이다. 게다가 안동시와 안동교육청에서 나라사랑 정신을 이어갈 새 세대를 기른다는 목표를 세우면서 이를 위해 초등학교 5학년에게 1박 2일 이곳의 연수 과정을 거치도록 만들었다. 자랑스러운 조상의 옛날 일만이 아니라, 미래에 또 자랑스러운 인물이 이곳에서 나와야 한다는 생각 때문이다. 다른 지역에서는 그 어디에서도 찾기 힘든 일이다.

교사 연수는 일찍부터 시작하였다. 개관도 되기 전에 역사교사들을 위한 한국근현대사, 특히 독립운동사 강의를 진행하였다. 근현대사 강좌에 목마른 역사교사들의 참여는 대단히 열광적이었고, 매달 두 차례 열리는 세미나는 그래서 만 3년이 넘게 이어지고 있다. 전국역사교사모임은 개관 무렵 집중적으로 방문하였다. 방학에는 경북교육청의 인가를 받은 연수 프로그램을 진행했다. 국사편찬위원회 교원연수를 공동으로 진행하기도 했다. 이제 일반 교사들을 위한 독립운동사 연수도 시작했고, 공무원 연수도 준비하고 있다.

대중들을 위한 연수 강좌도 필수적이다. 그냥 강좌를 진행하면 활용도가 시들해지기 마련이다. 그래서 찾아낸 방안이 '독립운동유적해설사' 과정이다. 1기에 40명씩, 한 해에 한 번 선발하였다. 1주에 4시간씩, 모두 14주 강의를 진행하고 있다. 독립운동사 자체는 어려워도, 유적 현장을 이해하고 설명하는 것은 비교적 쉽다. 그래서 이론 수업에 이어 현장 탐방과 해설을 진행했다. 안동사람들이 활동한 서울지역 유적도 탐방했다. 독립운동가 후손들이 나와서 현장감을 높이고, 서울에서는 6·10만세운동의 현장에서 바로 그 운동에 몸을 던졌던 분의 후손이 직접 강의와 안내를 맡기도 했다. 그 후손의 열정은 연수생들의 마음을 움직일 정도이다.

연수생들은 열기도 대단하고, 긍지도 높았다. 세 번 결석하면 탈락하는 조건에도 중도에 그만두는 경우는 드물었다. 그렇다고 수료한 뒤에 특별한 기회가 주어지는 것은 아니다. 원한다면 기념관에 나와서 봉사활동으로 안내해설을 맡을 뿐이다. 그마저도 교통비는 본인이 부담한다. 말 그대로 순수한 봉사활동이다. 그럼에도 참여도는 대단히 높았다. 퇴직 교장과 교사를 비롯하여 은퇴한 전문직업인들, 그리고 주부들이 대부분이다. 지금 이 과정을 마친 160명이 시내에 움직이고 있다. 예전에는 안동사람들 사이에 독립운동에 관한 대화가 드물었는데 이제는 어디에서나 독립운동가 이름이 등장하고 독립운동 이야기가 들린다. 이야기를 넘어 사람을 기르자는 주장도 거듭된다. 모든 학생이 이곳에서 연수를 받도록 프로그램을 만들어낸 힘도 거기에 있다. 분위기가 그렇게 무르익은 덕이다.

6. 인문학의 대중화를 위해

근자에 인문학의 위기라는 말이 떠돈다. 그렇다. 인문학이 설 수 있는 자리가 점점 좁아진다는 느낌을 지우기 힘들다. 하지만 돌파구는 있다고 생각한다. 순수학문으로서의 인문학은 당연히 존재하지만, 대중을 대상으로 하는 인문학도 있다. 필자는 스스로를 흔히 '사기꾼'이라고 자평한다. 눈에 보이지도 않는 것을 가져다가 팔아먹기 때문이다. 눈에 보이지 않는 산소와 수소를 통에 담아 팔 듯, 역사도 자원이다.

역사자원을 눈에 보이도록 만들어내면, 보는 사람들이 모여들게 마련이다. '안동이 독립운동의 성지'라는 말을 처음 언급했을 때, 같은 대학에서 인문학을 전공하는 어느 동료교수는 웃기지 말라고 했다. 그런데 이를 밝혀 형상화해놓으니, 지금은 이를 소중한 역사문화 자원이자 자산이라고 인정한다. 요즘 이를 문화콘텐츠라고 일컫는다.

인문학은 대중화시킬 때 새로운 생명력을 갖는다. 순수학문으로서 연구하는 세계이기도 하지만, 이를 퍼트릴 때 새롭게 창조되는 성격도 가진다. 그래서 필자는 인문학의 위기라기보다는, 인문학이 새로운 방향을 찾을 때이기도 하다고 생각한다.

고대사 논쟁에 부쳐

안병영

1. 고대사에 대한 오랜 관심

한국 고대사에 대한 나의 관심은 따져보면 지금부터 약 40여 년 전 유럽 유학시절부터 시작된다. 1965년 가을부터 5년 가까이 오스트리아 빈대학에 유학해서 정치학을 전공했는데, 유학 초기에 겪었던 언어적 어려움을 얼마간 극복하고 나면서부터 자연스레 유럽 친구들과 서로 역사와 문화에 대한 토론을 많이 했다. 그런데 그곳 친구들이 처음에는 서양사에 대한 나의 지식에 많이 놀라는 눈치였다. 특히 주요연대를 줄줄 외는 것을 무척 신기하게 여기며,

安秉永 연세대학교 행정학과 명예교수.
　저서로는 『현대공산주의 연구』(한길사, 1982), 『자유민주주의를 위한 변론』(전예원, 1987), 『한국정치론』(공저, 박영사, 1988), 『자유와 평등의 변증법』(나남, 1992), 『세계화와 신자유주의』(공저, 나남, 2000), 『한국의 공공부문』(공저, 한림대출판부, 2007) 등이 있다.

어떻게 그게 가능하냐고 묻곤 했다. 그러나 실제로 내가 서양사에 대해 아는 것은 고교시절 시험 준비하며 암기했던 겉핥기 지식이 전부였고 제대로 생각하며 탐구했던 내용이 아니어서, 깊이가 없었고 실제로 밑천도 크게 달렸다.

그런데 더 큰 문제는 한국 역사와 문화에 대한 나의 지식의 공허함이었다. 당시 국가유학시험에 국사가 필수였기 때문에 그런대로 열심히 공부를 했다고 생각했는데 막상 비교문명·문화적 차원에서 서양 친구들과 지적 토론을 할 때면, 내게는 뚜렷한 역사적 관점은 고사하고 무엇 하나 제대로 정리된 견고한 지식이 없는 것이 확연히 드러났다. 특히 곤혹스러웠던 것은 우리 민족의 기원이나 고대국가 형성과정 및 그 문화에 대해 아는 게 전무했다는 것이다. 적지 않은 서양인들은 한국이 서양에 앞서는 유구한 역사와 문명을 지녔으리라고 믿고 있었으며 그에 대한 관심이 컸다. 그런데 정작 내가 아는 한국사의 출발은 기원 전후 시기, 이른바 삼국시대 시작부터이고, 한국 상고사, 특히 고조선에 대해서는 고작 단군신화 이외에는 아는 게 없었다. 우리가 자주 내세우는 4천여 년 한국사에서 처음 2천 수백 년의 역사는 내 머릿속에 전혀 존재하지 않았다. 또 그게 내 책임인지 한국 역사학이나 역사교육의 문제인지도 분명치 않았다. 자신의 뿌리도 모르면서 서양사 연대만 줄줄 외는 내 자신이 그렇게 부끄러울 수 없었다.

유럽의 주요 도서관을 뒤져보았으나 별 소득이 없었다. 그래서 가까운 친구에게 이 방면의 내 지적 공백을 메워줄 자료를 찾아 내게 부쳐줄 것을 간곡하게 청했다. 그랬더니 의외의 소득이 있었다. 그것이 고려대학교 민족문화연구소에서 발간한『한국문화사대계』제1권(1964년 간행)과 제2권(1965년 간행)이었다. 제1권은 민족·국가사였고, 제2권은 정치·경제사였다. 나는 내 전공에 속하는 제2권은 거들떠보지 않고 제1권에 매달렸다. 거기에는 김원룡의「한국문화의 고고학적 연구」, 김정학의「한국민족형성사」, 김철준의

「한국 고대국가 발달사」 및 나세진의 「한국민족의 체질인류학적 연구」 등이 수록되어 있었는데, 이역만리에서 이 방면의 지식에 크게 갈증을 느끼고 있던 나에게는 복음처럼 느껴졌다. 수차례 읽고 메모하고 머릿속에 정리했다. 개중에는 무리한 주장이나 논거가 부족하게 느껴지는 부분도 적지 않았으나 그런대로 가뭄 끝에 단비처럼 급한 목마름을 해소하는 데 크게 도움이 되었다. 이렇게 얼마간 이론적 무장을 갖춘 이후 나는 서양 친구들과의 비교문화 토론에서 한결 여유를 가질 수 있었다.

그러나 귀국 후 한국 고대사에 대한 관심은 다시 퇴조했고 이를 일깨우기 위해 남다른 노력도 하지 않았다. 그러던 중 월간 『신동아』에 연재되었던 토론을 모아 발간한 『한국상고사의 쟁점—신동아 심포지엄』(천관우 편, 일조각, 1975)이 그때까지의 논의를 비교역사적 관점에서 폭넓게 논의해 나의 한국 고대사 인식에 큰 도움이 되었던 기억이 있다. 그러한 가운데 한국 고대사에 관한 쟁점이 국내외적으로 부각되거나, 그와 연관된 새로운 관점이나 지적 논박이 언론에 보도가 될 때에는 불현듯 고대사에 대한 옛 관심이 향수처럼 다시 피어오르곤 했다. 그러다 보니 일본의 한국 고대사 왜곡, 중국의 '동북공정'에 대해 남달리 예민하게 반응했고, 재야학계의 논점을 포함해서 크고 작은 한국 상고사 쟁점과 주제들이 그때그때 나에게 관심사로 다가왔다. 고고학의 학문적 성과나 북한 리지린의 『고조선 연구』(열사람, 1989)로부터 김지하의 『율려란 무엇인가』(한문화, 1999), 김용운의 『한일민족의 원형』(평민사, 1989), 정수일의 『고대문명교류사』(사계절, 2001), 김운회의 『대쥬신을 찾아서』(해냄, 2006), 그리고 신용하의 「다시 보는 한국역사—부여족과 불가리아」(『동아일보』, 2007. 5. 19일자)에 이르기까지 다양한 한국 고대사의 쟁점과 주제들이 그때그때 나에게 지적 관심사로 다가왔다. 그러나 분명한 것은 한국 고대사, 특히 그중 고조선은 언제나 아마추어로서의 관심과 탐구의 대상이었지 전문 연구가로서의 연구 대상은 아니었다. 따라서 정리된 입장이나 논점이 있었던 것은 아니었고 아는 것도 별로 없었다.

그런데 내가 교육부 장관을 두 번 역임하는 동안 한국 역사 연구와 연관하여 크게 두 번 관여한 일이 있었다. 그 첫 번째가 1997년 2월에 한국정신문화연구원(현 한국학중앙연구원)의 부설기관으로 '한국현대사연구소'를 세운 일이고, 두 번째가 2004년 3월 '고구려연구재단'의 창설을 주도한 일이다. 큰맘 먹고 힘들게 세웠던 한국현대사연구소는 새 정권이 들어선 후 이렇다 할이유 없이 폐쇄되었고, 중국의 동북공정에 맞서 부랴부랴 설립한 고구려연구재단은 이후 독도 영유권문제가 불거지자 새로 출범한 동북아역사재단에 흡수·통합되었다. 여기서 길게 논의할 수는 없으나 한국현대사연구소의 조기폐쇄에 대해서는 아직도 유감과 아쉬움이 크다. 고구려연구재단의 출범은고구려사의 전사로서 고조선 연구와 맞물려 있기 때문에 한국 고대사 연구의새로운 계기라는 의미도 함축하고 있었다. 장관이기에 앞서 학자이자 역사애호가인 나는 두 연구소를 창설하는 일에 기획 단계부터 매우 열정적으로관여했고 그 과정에서 보람을 느꼈다.

2005년 나는 성삼제 교육과학기술부 국장(당시 지방교육재정담당관)으로부터 그가 쓴 『고조선—사라진 역사』(동아일보사, 2005)라는 책을 받고 신선한충격에 사로잡혔다. 한때 일본 역사교과서왜곡대책반 실무반장으로 일했던성삼제 씨는 실무반장으로는 1년밖에 활동하지 않았지만, 놀라운 집념과 열정으로 계속 '사라진 역사' 찾기에 나서 4년여 만에 고조선 역사논쟁을 주제로 책을 낸 것이다. 그의 책은 출간 즉시 낙양의 지가를 올려, 현재 11쇄를 거듭하고 있다. 나는 그와의 대화에서 한국 역사연구의 첫 단추인 고조선 연구가 지닌 의미를 되새김할 수 있었다.

지난 5월 15일 나는 성삼제 국장과 고조선 연구가인 복기대 교수와 함께 국립중앙박물관을 찾았다. 작년이 우리나라에서 박물관이 세워진 지 100주년이 되던 해여서 국립중앙박물관은 100주년 기념으로 다양한 사업을 펼쳤는데 그중의 하나가 '고조선실'의 개관이었다. 고조선실의 신설과 더불어 원삼국실이 부여·삼한실로 바뀌었다. 고조선 관련 유물들은 국립중앙박물관이 소장하고 있던 일제강점기 때 수집된 북한지역 유물이 중심을 이루고 있었다. 특히 고조선에서 사용한 화폐로 추정되는 명도전의 출토 모습을 재현해 놓아 눈길을 끌고 있었다. 박물관 '100주년'이 되어서야 '고조선실'이 만들어졌다는 것은 우리 고대사를 둘러싼 논쟁을 상징적으로 보여주는 일이다.

그날 나는 오랜 시간 성 국장과 복 교수와 함께 고조선 연구와 연관된 쟁점 토론을 했다. 흥미롭고 자못 진지했던 그날의 토론이 없었다면, 이 주제에 대한 내 생각이 이만치도 정리되지 못했을 것이다. 두 분께 진심으로 감사한다. 그런가 하면 오랜 친구인 민현구 교수는 따뜻한 조언과 자문으로 한국 상고사에 대한 나의 인식지평을 넓혀주고 편벽된 생각을 바로잡아주었다. 고마움을 전한다.

아래의 글은 고조선과 연관한 쟁점들 중 주요한 몇 가지를 정리하고, 고대사 연구의 발전을 위한 내 나름의 제언을 한 것이다. 이 글을 쓴다는 것 자체가 전문적인 연구 없이 국외자가 저지르는 주제넘은 일이기에 독자들의 많은 양해를 바란다.

2. 신화와 역사

고조선을 비롯한 상고사에 대한 우리 학계의 연구성과는 오히려 러시아나 중국학자에 미치지 못한다는 평가가 있다. 그 원인이 어디에 있을까? 중요한 이유는 고조선을 비롯한 초기 고대사가 은연중에 역사의 영역이 아니라 신화의 영역으로 다루어져왔기 때문이 아닐까 한다. 그 결과 한국의 고대사 연구는 정체되었고, 그러는 사이에 한국 상고사가 서서히 사라져갔다. 그러면서 한국 역사의 원형이 무너져버린 것이다.

어느 민족의 경우나 고대의 역사는 신화나 전설로 시작된다. 그러나 신화이기 때문에 그 역사성이 부정되거나 낮게 평가되어서는 안 된다고 본다. 왜냐하면 신화와 전설 속에 그 민족의 역사적 체험과 사상, 문화가 상징적으로 혹은 은유적으로 함축되기 때문이다. 신화의 내용이 설혹 구체적인 역사적 사실과 차이가 있다 하더라도, 그 내면에 흐르는 함의는 한국 상고사 연구와 해석에 값진 실마리를 제공한다고 본다. 그러므로 고대사 연구가는 고조선의 건국과 단군신화를 신화라는 이유로 소홀이 다룰 게 아니라, 신화 속에 담긴 한민족의 문화적 원형과 역사적 체험을 찾아내려는 노력을 게을리하지 말아야 할 것이다.

한국 고대사 연구에서 민족주의 역사학은 상고사에 대한 관심을 일깨우고, 민족의식을 드높이며 민족적 정체성을 세우는 데 큰 몫을 했다. 그러나 그에 지나치게 몰입하면 역사를 왜곡할 수 있음을 경계해야 한다. 실증주의 방법론은 객관적이고 과학적인 역사를 탐구한다는 면에서 장점이 있으나, 엄밀한 고증만을 앞세우다가 자칫 살아 있는 역사를 외면하는 우를 범하기 쉽다.

수천 년 전의 역사를 복원한다는 것은 쉬운 일이 아니다. 우선 문헌사료가 빈약하고, 그나마 후대에 쓰인 것들이기에 신빙성의 문제가 자주 제기된다. 고고학 자료는 문헌사료의 빈틈을 메우고, 그 사료적 신빙성을 검증하는 데 큰 몫을 한다. 특히 그것이 현대과학과 접목될 때 성과가 증폭된다. 앞으로 인류학, 고고학, 그리고 현대과학의 발전은 우리나라 고대사를 바르게 다시 세우는 데 크게 기여할 것으로 본다.

이 방면에 대한 중국학자나 일본학자들, 그리고 북한학자들의 연구는 그들

특유의 역사인식체계에서 출발하는 경우가 많고 정치적 이해관계와 자주 맞물린다. 따라서 그 학문적 성과를 분별력 있게 살피고 바르게 평가해야 한다. 바로 이 점이 우리가 더욱 열심히, 또 주체적으로 한국의 고대사 연구에 천착해야 하는 까닭이기도 하다.

나는 우리나라 고대사를 얼마간은 '적극적으로' 해석하는 입장에 설 필요가 있다고 본다. 미리 가리고 조심하며 낱낱에 대한 엄밀한 고증과 과학성에만 집착하다 보면, 거둘 것이 없어진다. 좀 더 열린 마음으로 다양한 사료에 접근하고 관련 학문의 도움을 받아 큰 물줄기를 찾아야 한다. 해석에 있어서도 적절한 인문학적 통찰력을 발휘할 필요가 있다고 본다. 총체적으로 따져보고 거기에 왜곡이나 거품이 있으면 그것을 바로잡으면 된다는 얘기다.

『조선왕조실록』 데이터베이스에서 '단군'이라는 단어를 검색해보면 560건이나 나온다. 『조선왕조실록』에 서술된 기록들을 살펴보면 사관들이 단군을 포함한 고조선을 역사적 실체가 희미한 가상의 존재로 인식한 것이 아니라 역사적 실체가 뚜렷한 인격체와 국가로 인식한 것을 알 수 있다. 그렇다면 적어도 단군과 고조선에 대해 좀 더 '적극적' 입장에서 접근할 필요가 있다고 하겠다.

3. 국가 형성과 청동기 문화

그동안 주류 사학계가 고조선을 역사적 실체로 인정하지 않은 주요한 논거 가운데 하나는 "고대국가는 청동기시대에 형성된다"라는 것이었다. 청동기란 청동으로 만든 기구를 말한다. 신석기시대 말기에 구리에 주석이나 아연 등을 합금한 청동기가 발명되면서 인류 역사에 큰 변화가 찾아오는데, 이는 청동기가 석기와는 비교가 되지 않는 강력한 무기와 도구로 쓰일 수 있기 때문이다. 청동기시대를 국가단계에 진입으로 보는 입장이 세계 학계의 정설이다. 그런데 한국의 청동기시대는 아무리 올려잡아야 기원전 10세기경이기 때문에[1] 기원전 2333년 단군의 고조선 건국은 허구일 수밖에 없다는 것이 오랜 동안 주류학계의 관점이었다. 그러나 최근 연구결과들은 이 논리를 뒤흔들고 있다. 대표적 청동기 유적지인 강원도 춘천시 서면 신매리 유적 거주지의 경우 연대측정 결과 기원전 1510년경의 것으로 나타났다. 그런가 하면 한반도의 청동기 문화 유적인 경기도 양평군 양수리 고인돌과 전라남도 영암군의 장천리 집자리는 기원전 25~24세기의 것으로 확인되었다. 더욱이 고조선 지역의 발상지가 한반도가 아니라 요동·요서 지역이라는 주장이 옳다면 얘기는 크게 달라진다. 특히 요즈음 요하와 하가점 하층문화 지역에서 발견되고 있는 유물들은 기원전 24세기 이전의 것들이기 때문이다.[2] 이렇게 본다

---

1 주류 사학계는 한민족의 청동기 문화 개시 연대를 처음에는 기원전 7~6세기(김원룡, 김철준)으로 보았고, 이후 기원전 10~9세기일 것으로 올려잡았다. 이 연대는 비파형 동검의 연대를 따른 것이다. 그런데 비파형 동검과 같은 청동기가 제조되기까지는 상당히 긴 기간의 청동기 제조기술의 발전과정이 있어야 한다. 따라서 한국의 청동기시대의 개시는 기원전 10세기보다 훨씬 이전이었다는 추정이 가능하다.

2 중국 내몽고 자치구에 있는 적봉시는 홍산과 하가점촌에서 각기 다른 성격의 문화층이 발견되어 고고학적으로 주목을 받고 있다. 1935년 일본인 학자들에 의해 발굴된 홍산의 신석기 문화층은 중국의 신석기 문화인 황하 유역의 '앙소 문화'와 다른 성격을 지녀 '홍산 문화'라 지칭되었다. 이후 1960년대에 적봉의 하가점촌에서 홍산 문화와 또 다른 성격의 청동기 문화층이 발견되었다. 이 청동기 문화층에는 기원전 14세기를 기점으로 하여 성격이 다른 두 개의 문화가 존재한 것으로 조사되었다. 학계에서는 이를 '하가점 하층문화'와 '하가점 상층문화'로 구분하여 동일 계열의 청동기 문화를 분석하는 기준으로 삼고 있다. 적봉 하가점 지역을 고조선 문화와 어떤 형태로든 관련이 있을 것으로 보는 학자들이 늘어나고 있다. 이 지역의 청동기시대는 기원전 24세기경 하가점 하층문화의 모습으로 시작되는데, 당시 하가점 하층문자 형태의 부호가 있었고, 화폐 경제가 존재했던 것으로 밝혀지고 있다. 이후 하가점 하층문화가 기원전 14세기경 와해되고, '위영자 문화'(기원전 14~10세기)를 거쳐 비파형 동검으로 유명한 '능하 문화'로 발전한다. 임운 등 중국학자들이나 한국의 일부학자들은 이 문화, 즉 능하 문화를 고조선 문화로 보고 있는 것이다. 그러나 고조선을 보다 적극적으로 해석하는 입장은 하가점 하층문화의 특징을 고려하면 이때를 이미 국가 단계로 볼 수 있고, 사서에 나오는 기록들과 맞추어 보면 이 시기를 고조선으로 볼 수 있다는 것이다.

면 고조선의 건국 연대에 관한 『삼국사기』와 『제왕운기』의 기록이 허구라는 논리도 재고될 수 있는 게 아닐까?

고조선의 역사를 적극적으로 해석하는 관점에 따르면, 고조선은 기원전 23~24세기에 건국되어 기원전 1세기경에 붕괴되었을 것으로 추정된다. 그러므로 한반도와 만주에서 발견된 이 기간의 청동기와 초기 철기의 유적과 유물은 모두 고조선의 것으로 추정되며, 따라서 이들은 모두 고조선을 복원하는 데 귀중한 사료가 된다고 볼 수 있다. 그러나 문화유형이 유사하다고 동일한 정치체제에 속했으리라고 추정하는 것은 무리라는 이론이 자연스레 제기된다. 따라서 이 점에 대해서는 더 깊은 연구와 후속 논의가 필요하리라고 생각한다.

고조선이 청동기 문화의 산물임을 인정하는 경우에도 고조선의 국가형태와 연관하여 관점이 나뉜다. 윤내현은 고조선은 이미 다수의 거수국들을 거느린 고대국가의 단계에 진입했다고 보는 데 반해, 이기백은 초기 고조선은 '성읍국가' 유형에 불과했으나 후기에 들어서면서 다른 성읍국가들과의 연맹형태를 지닌 '연맹왕국'으로 발전한 것으로 보고 있다. 한편 서영수는 고조선도 다른 고대국가와 마찬가지로 '성읍국가-연맹왕국-집권적 영역국가'의 순서로 발전했을 가능성이 높은 것으로 보고 있다.

고조선이 비교적 장구한 역사를 지닌 국가였음을 전제로 할 때, 그 국가형태나 사회경제 제도에 있어 적지 않은 변화가 있었으리라 생각된다. 초기의 고조선과 후대 중국의 통일왕조와 대결했던 고조선은 국가형태와 권력구조에 있어 큰 차이가 있었을 것이 분명하다. 무엇보다 청동기 문화를 기반으로 한 시대와 철기 문화를 기반으로 한 시대 간에 차이는 매우 컸으리라고 추정된다. 따라서 고조선에 대한 학문적 성과의 축적과 더불어 고조선에 대한 시기별 접근이 필요하다고 본다.

4. 고조선의 강역

　고조선의 중심 강역이 어디인가는 뜨거운 쟁점 중의 하나이다. 『삼국유사』에 따르면, 단군왕검이 평양성에 처음 도읍을 정하고 이후 백악산 아사달로 옮겼다가 1,500년 후에 장당경藏唐京으로 다시 도읍을 옮겼다고 기록되어 있다. 일제강점기 기간 중 한국 고대사 연구자들은 평양성이 오늘의 평양성이며, 아사달이나 장당경도 오늘날의 평안도 지역일 것이라고 위치를 설정했다. 말하자면 그들은 고조선이 도 지역의 영역을 갖고 있던 일개 지방 국가에 지나지 않는다는 인식을 기초로 하고 있었다. 그러나 고조선 영역을 평안도 지역으로 국한하는 것은 다른 역사 기록에 비추어 부합하지 않는다고 할 수 있다. 고려시대 이승휴가 쓴 『제왕운기』에는 고조선이 요동에 있었다고 적고 있다. 그런가 하면 러시아학자 유 엠 부찐이 쓴 『고조선―역사·고고학적 개요』(이항재·이병두 역, 소나무, 1987)에는 고대 맥족의 분포지역을 오늘날의 요서지역으로 보고 있고, 고조선의 중심 강역도 요동 지방으로 비정하고 있다. 윤내현은 고조선은 서쪽은 롼허灤河강, 북쪽은 어얼구나額爾古納 강, 동북쪽은 헤이룽黑龍 강, 남쪽은 한반도 남부 해안선을 국경으로 하여 한반도와 만주 전 지역을 영토로 하고 있었다고 본다. 그런가 하면 서영수는 고조선이 요동지역에서 대동강 유역으로 이동했을 가능성이 높다고 보고 있다.

　이처럼 고조선의 위치와 강역에 관한 학설은 대동강 중심설, 요동 중심설, 이동설 등 다양하다. 고조선은 장기간 존속한 일종의 연방국가일 개연성이 크며, 또 당시 주변국과의 세력판도에 따라 축소된 적도 있고 팽창된 적도 있기 때문에 하나로 그어 그것을 단군조선의 강역이라고 말하기 어려운 것도 사실이다. 더욱이 북한이나 만주지역의 새로운 고고학적 발굴성과에 따라 이 논의는 더욱 복잡하게 이어지고 있다. 그러나 대체로 큰 흐름은 기존의 대동강 중심설에서 벗어나고 있다는 판단이다.

고조선의 강역 문제는 기자조선, 위만조선, 한사군 문제와도 연결된다. 고조선 역사를 적극적으로 해석하는 입장들은 단군조선은 토착세력에 의해서 건국된 나라인 데 반해, 기자조선과 위만조선은 중국의 망명세력에 의해서 건립된 정권으로 보며, 단군조선의 서쪽 변경에 위치했다고 추정한다. 한편 중국학계는 기자조선은 은과 상의 후예가 조선반도에 세운 지방정부로, 이것이 바로 중국동북사의 개시라고 주장하여 대조적인 입장을 보이고 있다. 한사군 설치지역과 연관해서도 논란이 많다. 사마천의 『사기』 「조선열전」을 보면, 한나라는 위만조선과의 전쟁이 끝난 뒤 고조선의 옛 영토에 4개의 군, 즉 한사군을 설치한다. 그런데 고조선 역사를 소극적으로 해석하는 입장은 한사군을 평양을 중심으로 한 한반도 북부 지역으로 보는 데[3] 반해, 적극적으로 해석하는 입장은 대체로 요동과 한반도 북부 지방에 걸치는 지역이라는 주장이며, 아예 설치되지 않았다는 주장도 있다. 이와 연관하여 『사기』에 나오는 패수浿水의 위치도 논란의 초점이 된다. 소극적인 입장은 오늘날의 대동강(청천강이나 압록강이라는 주장도 있다)으로 보는 데 반해, 적극적 입장은 북경 근처의 롼허로 추정하고 있다. 고조선 후기 내지 말기의 경우, 그 이전 시기에 비해 비교적 신빙성 있는 문헌자료도 존재하고, 앞으로 고고학 등 연관 학문의 연구성과가 계속 축적될 것이므로, 후속 논의과정에서 보다 많은 이가 합의할 수 있는 논증과 해답이 나올 것이라고 본다.

---

3 현재 가장 영향력을 발휘하는 견해이다. 이 견해는 조선 후기 실학자 사이에서 주장되기도 했으나, 이 입장이 굳어진 것은 일본학자들이 1920년대에 문헌기록과 발굴자료를 이용하여 한사군 중 낙랑군이 오늘날 평양지역이라고 고증한 데서 비롯된다. 그러나 1945년 이후 북한 학계에서는 과거 일본학자들이 주장했던 고고학적 근거가 나타나지 않는 것으로 밝혀지는 등 적지 않은 논란이 되고 있다.

5. 고인돌

고인돌은 고대에 제례를 치른 제단과 무덤양식이다. 고대 국가는 청동기 시대에 세워졌다는 이론과 더불어 고조선이 역사적인 실체를 지닌 국가인가라는 논쟁에 가늠자가 되고 있는 유물 중 하나가 고인돌이다. 고인돌은 무게가 수십 톤, 큰 것은 수백 톤에 달하기 때문에, 이를 옮기려면 많은 인원을 조직적으로 동원할 수 있는 정치권력이 있어야만 가능하다. 고인돌은 아시아, 유럽, 아프리카에 걸쳐 전 세계적으로 6만 또는 7만 개에 이른다고 하는데, 우리나라에만 3만 개 이상이 된다고 한다. 위에서 언급한 경기도 양평군 양수리 고인돌 유적에서 채취한 숯을 방사성 탄소 연대측정법으로 연대를 측정한 결과 기원전 2325년경의 것으로 산정되었다.

유럽의 고인돌과 한반도의 고인돌의 관계를 체계적으로 연구해온 변광현 교수는 고인돌의 기원을 한반도로 보고 있다. 한반도와 그 주변에서 발견되는 원초적 고인돌 양식이 유럽대륙의 서쪽 끝인 영국과 아일랜드 지방에서 발견되는 데 반해, 영국에서 흔한 고인돌 양식은 한반도에서 전혀 발견되지 않는다는 것이다. 변 교수는 이를 근거로 고인돌이 한반도를 비롯한 극동 지역에서 기원했다고 보고 있다.

고인돌은 유럽과 아시아뿐만 아니라 아프리카에도 분포되어 있어 고고학자들이나 이 분야의 각국 연구자들이 역사자료로 연구하기에 좋은 유적이다. 공동연구가 활성화되어 고인돌에 대한 연구결과가 축적되어 간다면 우리나라 고대사의 실체규명에 도움이 될 것으로 본다.

6. 명도전

화폐의 존재는 당시 사회를 해석하는 데 매우 중요한 열쇠가 된다. 얼마 전까지만 해도 고조선에 화폐가 존재했다는 사실을 주장하는 연구결과는 없었다. 그런데 최근 국립중앙박물관 고조선실에 전시되어 있는 '명도전'이 고조선 논쟁의 한 축으로 자리하며 새롭게 조명을 받고 있다. 명도전은 중국 춘추전국시대 연나라에서 제조된 칼 모양의 화폐라고 우리 학계에 알려져 있다. 그런데 중국학자인 장보촨張博泉 교수는 기원전 7세기부터 기원전 3세기 무렵까지 만주지역에는 첨수도, 원절식도폐, 방절식도폐 등 3가지 종의 칼 모양 화폐가 있다고 조사했다. 그중 첨수도와 원절식도폐가 고조선과 관련된 화폐라는 주장이다. 그의 주장에 따르면, 명도전은 만주지역에서 매우 많이 발견되는데, 이는 거꾸로 만주지역이 고대에는 중국영토가 아니었다는 역설적인 결과를 설명하고 있다. 왜냐하면 기존의 주장처럼 연나라의 화폐였다면 연나라 지역에서 많이 출토되어야 하는 것이다. 그러나 명도전이 고조선의 화폐라고 주장한 우리나라의 학자는 거의 찾아보기 어렵다.

7. 위서 논쟁

『규원사화』와 『환단고기』는 고조선 역사가 담긴 일종의 재야 사서들인데, 이른바 위서 논쟁의 중심에 있는 대표적 저서들이다. 『규원사화』는 근대에 쓰인 책으로 알려져 있고, 4종의 옛 역사서를 묶은 『환단고기』도 실제로 편찬·출간된 것은 비교적 최근의 일이다. 주류 역사학계는 이 책들을 위서로 보고 사료로서의 가치를 인정하지 않고 있는 실정이다. 이 책들을 보면, 고조선의 1대 왕인 단군왕검으로부터 47대 단군 고열기까지 역대 왕들의 이름과 그들의 구체적 치적이 등장하고 있는데, 신기하고 쉽게 믿기 어려운 내용이 많이 담겨 있다. 또 그 내용을 보면 우리 민족의 영광을 드높이려는 민족주의적 동기가 크게 배어 있는 것도 사실이다.

대체로 주류 사학계는, 이 책들에서 근거로 내세우는 인용서목들이 현재에는 전해지지 않는 비기·기서들이며, 다른 문헌들과 기록이 일치하지 않고, 훗날 가필한 흔적이 분명하며, 종교적 색채가 너무 강하고, 집필시기·과정 등에 의심이 간다는 등의 이유를 들어 이 책들을 신빙성 있는 사료로 받아들이기를 거부하는 입장이다.[4] 주류 학계는 이 서적들을 대체로 잘못된 민족주의의 발로로 보고 있다.

학계의 논쟁과는 별도로 이 책들에 대한 일반인들의 관심과 반응은 뜨거웠다. 2002년 한일 월드컵 당시 빨간색의 티셔츠를 입고 응원을 했던 붉은 악마들이 상징적으로 내세운 인물이 『환단고기』에 나오는 치우천왕이었다는 사실은 흥미로운 일이다. 『환단고기』에 따르면 치우천왕은 환인이 다스리던 환국의 뒤를 이어 환웅천왕이 건국한 배달국의 14대 천왕이다. 그에 대해서는 『삼국사기』, 『삼국유사』 등 우리 역사책에는 언급이 없으나 중국의 40여 역사책에 언급이 되어 있다고 한다.

그런가 하면 1993년 박창범 전 서울대학교 천문학과 교수가 『환단고기』의 비밀을 천문현상으로 검증해 보이는 독창적 시도를 통해 역사학계에 큰 충격을 주었다. 그는 『단기고사』나 『환단고기』에 실린 『단군고기』에 수록된 천문 관련 기록 중 13대 단군 50년(기원전 1733년)에 기록된 5성(금, 수, 목, 화, 토)의 별이 한곳에 결집했다는 이른바 오성취루五星聚婁현상을 증명하기 위해 8

---

4 '보류'의 입장을 피력하는 학자도 있다. 정영훈은 "이 책(『환단고기』)의 내용을 반증해주는 고고학적, 문헌적 자료가 확보되기까지는 이 책을 토대로 상고사를 연구하는 것은 보류해야 한다"고 주장한다.(정영훈, 「환단고기 어떻게 볼 것인가」, 『제주대신문』, 2004년 3월 31일자)

개월 동안 초고속 컴퓨터를 사용하여 기원전 1733년을 전후하여 550년간의 오행성의 위치를 조사했다. 그 결과 기원전 1953년 2월 25일 새벽에, 그리고 기원전 1734년 7월 13일 초저녁에 실제 현상이 일어났다. 단군조선의 기록과는 약간의 차이가 있었으나 당시의 시간 계산법과 3천 년이 지난 지금의 계산법을 고려하면 무시해도 좋을 수치이고, 만약 후대에 누군가가 조작으로 기술해 넣었을 경우 서로 맞아 떨어질 확률은 0.007%로 거의 불가능하다고 한다. 『환단고기』에 기록된 천문현상을 검증한 연구 결과가 발표되자, 『환단고기』 논쟁은 예견치 않은 차원으로 확대되었다.[5]

상식적으로 생각해도 이 책들이 정밀한 역사서가 아닌 것은 분명하다. 오랜 세월 동안 그것이 여러 가지 방식으로 전승되는 과정에서 적지 않은 풍화 작용이 있었을 것이고, 후대에서 어느 정도 윤색되거나 가필되었을 것으로 보인다. 그러나 그렇다고 이 책들이 후대 어느 작가의 총체적 상상력의 결과라고 보기는 어렵다. 그것은 정밀한 역사서는 아니나 인문학적 텍스트로서 의미가 있다고 본다. 따라서 한마디로 이를 위서라고 단정하기보다는 그 함의를 되새겨보고, 필요한 경우 전문적·과학적 검증을 통해 그 진위의 정도를 더욱 엄밀히 가려야 하지 않을까 한다.

8. 몇 가지 제언

고조선을 비롯한 우리나라 고대사에 관한 논쟁은 앞으로도 계속될 것이다. 재야학자를 포함한 학자 간의 논쟁을 넘어 일반 시민들까지 이 논쟁에 참

---

5 1999년 10월 2일 KBS의 '역사 스페셜' 프로그램은 『환단고기』 열풍을 방영했고, 그 후 대학마다 『환단고기』를 비롯한 상고사 연구 동아리가 생겼는가 하면, 천문학 전문가가 참여한 학회도 결성되었다.

여하는 양상이다. 그런데 우리 고대사의 논쟁을 적어도 학문적으로 회피할 이유는 없다고 본다. 쟁점 자체가 '민족주의적' 정서와 깊게 연관이 되고 있고, 개중에는 극단적인 관점에 과도하게 집착하는 일부 재야사학자들도 없지 않아 얼마간 우려되는 면이 있는 게 사실이다. 그러나 고대사에 관한 증대된 관심과 다양한 논쟁은 이 분야의 학문적 깊이와 성과를 풍성하게 해주는 계기가 될 수 있을 것으로 본다.

크게 보아 우리나라의 고대사 연구는 아직 그 연구기반이 극히 취약하고 연구역량도 기대에 많이 모자란다. 주류 사학계의 관심과 참여도 약할 뿐더러, 집중적으로 이 방면 연구에 전념하고 있는 연구자도 적고 연구할 터도 변변치 못하다. 역사 연구와 연관된 주요 국책연구소에 고대사 연구비중이 매우 낮을 뿐더러, 유수한 대학교에 고대사 연구소가 한 곳도 없다는 사실이 이를 뒷받침한다. 기초연구와 심화연구 모두 강화되어야 하며 무엇보다 전문가 양성, 특히 차세대 연구자 양성 문제에 대해서 더 깊은 관심을 쏟아야 한다. 고대사를 전공해도 실제로 마땅한 일자리를 찾기 어려운 현재 상황에서 우수한 차세대 학자들을 고대사 연구분야로 모은다는 것은 쉬운 일이 아니다. 따라서 한국 고대사의 복원 내지 바로 세우기를 위해서는 고대사 연구 및 고대사 주요논점에 대한 집중적인 연구지원이 절실히 필요하며, 이와 맞물려 있는 차세대 연구인력 양성에도 더욱 큰 노력을 쏟아야 할 것이다. 국내 연구자의 국외 연구활동 지원도 확대되어야 할 것이다. 이러한 연구지원은 국가 차원의 정책적 의지와 밀접히 연관되는 게 사실이다. 공공지원뿐만 아니라 민간 및 대학 차원의 연구지원도 중요하다. 그런 관점에서 2007년부터 시작된 미국 하버드대학교 한국학연구소의 한국 고대사 연구지원은 매우 고무적이라고 생각한다.

앞으로 국가 및 정책 차원의 고대사 연구지원은 더욱 조직적·지속적으로 이루어져야 한다고 생각한다. 중·장기적 비전을 갖고 전략적·체계적으로 고대사 연구를 지원해야 한다. 과거의 예를 보면 일정 역사적 쟁점이 국제적 분쟁의 소용돌이에 휘말렸을 때에만 관련 역사연구에 대한 정치적·정책적 차원의 관심이 고조되었던 경우가 많았고, 대체로 그 지원방식도 대중적·비조직적·산발적이었다. 그러나 앞으로 우리의 고대사 연구는 정치적·정권적 이해의 차원을 넘어 본질적·장기적 차원에서 조직적·체계적으로 진행될 필요가 있다. 이렇게 해서 한국 고대사에 대한 심층적 연구가 축적되면, 인접 국가와의 역사논쟁에서 우위를 점할 수 있을 뿐더러, 국내 학계에서의 불필요한 소모적 논쟁도 많이 정리될 수 있으리라고 본다.

다음으로 고대사 연구와 연관하여 역사학자, 고고학자, 인류학자, 언어학자, 민속학자 등은 물론 생명공학과 천문학, 금속학 분야의 학자들과의 학제적 연구를 강화할 필요가 있다. 이러한 학제적 연구는 고대사 탐구의 연구 시각을 넓히고 고대사를 바르게 복원하는 데 획기적으로 기여할 수 있을 것이다. 이미 상고사 및 고대사 연구는 문헌사학자들의 노력만으로 큰 성과를 거두기 어렵다는 것이 너무나 명백해졌다. 특히 고고학의 중요성은 날이 갈수록 더해가는 추세이다. 고고학적인 유물·유적의 조사, 발굴 및 그 자료연구의 지원 없이 한국 고대사를 복원한다는 것은 거의 불가능한 일에 가깝다. 그러나 실제로 고대사 연구는 연구의 초점, 연구방법 및 시대명칭 사용의 차이, 연구대상지 설정의 장애 등 여러 가지 이유로 인해 고고학적 연구 성과를 충분히 수렴하고 이를 활용하지 못하는 경우가 많다. 따라서 한국 고대사 연구에서 문헌사학과 고고학 간의 잦은 학문적 소통과 협업 및 공동연구는 필수적이라고 생각한다. 그런가 하면 앞으로 『과학으로 찾은 고조선』(이종호, 글로연, 2008)과 같이 과학(자)에 의한 역사연구방법의 비중도 날이 갈수록 더 커질 것으로 예상된다. 그런 의미에서 앞으로 한국 고대사의 성공적·입체적

복원은 이들 여러 학문 간의 공동노력에 의해 이루어질 것으로 본다.

우리 고대사와 연관된 무수한 논쟁을 해결하고 고대사를 바르게 복원하기 위해서는 일본이나 중국의 고대사 연구가 필연적인 것으로 보인다. 따지고 보면 고조선과 관련된 논쟁들은 우리 고대 역사책이 아닌 중국의 역사책에 기록된 것을 근거로 시작된 것이 대부분이다. 또한 고조선의 기원, 그 강역과 국가성격, 그리고 열국시대 등을 논의하기 위해서는 중국 고대사 연구는 필수적이다.[6] 따라서 그들의 시각이 아닌 우리 고대사의 관점에서 중국과 일본 고대사를 더욱 깊이 연구할 필요가 있을 것이다.

아울러 중국과 일본학계, 그리고 북한학계와의 지적 소통과 공동연구도 한국 고대사의 논쟁을 학문적으로 해결하는 데 큰 몫을 할 수 있다고 본다. 그러나 그것이 소기의 목적을 이루기 위해서는 우리의 고대사 연구 역량이 높은 수준에 있어야 하는데, 이 문제는 여전히 숙제로 남는다.

참고문헌

김두진, 「단군에 대한 연구의 역사」, 『한국사 시민강좌』 27, 일조각, 2000.
김정배, 「고조선의 주민구성과 문화적 복합」, 『한국민족문화의 기원』, 고려대 출판부, 1973.
노태돈, 『단군과 고조선사』, 사계절, 2000.
리지린, 『고조선 연구』, 열사람, 1989.

---

6 중국학계는 2007년 2월 동북공정이 완료된 이후에도 고구려를 비롯하여 그 전사인 고조선과 후사인 발해의 역사를 중국사에 귀속시키기 위한 정치적 배경의 학문적 노력을 계속하고 있다. 그러므로 한국 고대사의 바른 복원을 위해서는 중국의 고대 역사에 대한 심층적 연구는 필수적이라고 본다. 그런가 하면 주지하듯이 『일본서기』의 여러 기록들도 우리 고대사와 겹친다. 또한 일본의 한국 고대사 왜곡은 과거의 일이 아니라 보기에 따라서는 '현재 진행형'일 수 있다.

박창범,『하늘에 새긴 우리 역사』, 김영사, 2002.

변광현,『고인돌과 거석문화—세계』, 미리내, 2001.

복기대,「중국 요서지역 청동기시대문화의 역사적 이해」,『단군학 연구』5, 단군학회, 2001.

서영수,「고조선의 위치와 강역」,『한국사 시민강좌』2, 일조각, 1988.

성삼제,『고조선—사라진 역사』, 동아일보사, 2005.

유 엠 부찐,『고조선—역사·고고학적 개요』, 이항재·이병두 역, 소나무, 1987.

윤내현,『고조선 연구』, 일지사, 1995.

이기동,「북한에서의 고조선 연구」,『한국사 시민강좌』2, 일조각, 1988.

이기동, 김두진,「고대」,『한국의 학술연구—역사학』, 대한민국 학술원, 2006.

이기백,「고조선의 국가형성」,『한국사 시민강좌』2, 일조각, 1988.

이기백 외,『한국사 대토론』, 삼성문화사, 1977.

이병도,『국사대관』, 보문각, 1953.

이종호,『과학으로 찾은 고조선』, 글로연, 2008.

임 운,「중국 동북계 동검 초론」,『고대 동북 아시아의 민족과 문화』, 김영수 주편, 여강 출판사, 1994.

정수일,『고대문명 교류사』, 사계절, 2001.

정인보,『정인보의 조선사 연구』, 박성수 편역, 서원, 2000.

조인성,「『규원사화』와 『환단고기』」,『한국사 시민강좌』2, 일조각, 1988.

천관우,『고조선사·삼한사연구』, 일조각, 1989.

천관우 편,『한국상고사의 쟁점』, 일조각, 1975.

최몽룡 외,『동북아 청동기시대 문화 연구』, 주류성, 2004.

최재인,『상고조선삼천년사』, 정신문화사, 1998.

최태영,『인간 단군을 찾아서』, 학고재, 2000.

한영우,『우리 역사』, 경세원, 2003.

| 한국사 시민강좌 제48집 |

(2011년 2월 발간 예정)

한국사 시민강좌

연2회
발 행

제1집 ~ 제23집 특집 주제

『한국사 시민강좌』 편집위원회

편집위원 : 민 현 구
유 영 익
이 기 동
이 태 진
(가나다순)

한국사 시민강좌 2010년 제2호 〈 제47집 〉

2010년 8월 12일 1판 1쇄 인쇄
2010년 8월 20일 1판 1쇄 발행

편집인 『한국사 시민강좌』 편집위원회
발행인 김   시   연

발행처 (주) 일   조   각
서울특별시 종로구 신문로2가 1-335
전화 (02)733-5430~1(영업부), (02)734-3545(편집부)
팩스 (02)738-5857(영업부), (02)735-9994(편집부)
www.ilchokak.co.kr
등록 1953년 9월 3일 제 300-1953-1 호(구 : 제 1-298 호)

ISBN 978-89-337-0594-0 03900
ISSN 1227-349X-47

값 10,000 원